Physikunterricht

Hoffmann / Häußler / Peters-Haft

An den Interessen von Mädchen und Jungen orientierter Physikunterricht

Institut für die
Pädagogik der Naturwissenschaften
an der Universität Kiel

IPN

Der Modellversuch „Chancengleichheit – Veränderung des Anfangsunterrichts Physik/Chemie unter besonderer Berücksichtigung der Kompetenzen und Interessen von Mädchen" wurde von August 1991 bis Januar 1994 vom Ministerium für Bildung, Wissenschaft, Forschung und Kultur des Landes Schleswig-Holstein und vom Bundesminister für Bildung und Wissenschaften gefördert.

Projektleitung:
Institut für die Pädagogik der Naturwissenschaften (IPN)

Zeichnungen: Erika-Anna Kolaczinski

Horst Bayrhuber, *Geschäftsführender Direktor*
Thorsten Kapune, *Leiter der Zentralabteilung*

Wolfgang Gräber, *Vorsitzender des Wissenschaftsausschusses*

Lore Hoffmann
Peter Häußler
Sabine Peters-Haft

An den Interessen von Jungen und Mädchen orientierter Physikunterricht

Ergebnisse eines BLK-Modellversuchs

IPN 155

Die Deutsche Bibliothek – CIP-Einheitsaufnahme

Hoffmann, Lore:
An den Interessen von Jungen und Mädchen orientierter Physikunterricht : Ergebnisse eines BLK-Modellversuchs / Lore Hoffmann ; Peter Häussler ; Sabine Peters-Haft. [Institut für die Pädagogik der Naturwissenschaften an der Universität Kiel]. - Kiel : IPN, 1997

ISBN 3-89088-110-6

Inhalt

1 Vorwort

Das IPN hat in Kooperation mit sechs Physik- und sechs Chemielehrkräften des Landes Schleswig-Holstein in den Jahren 1991 bis 1994 den Modellversuch der Bund-Länder-Kommission „Chancengleichheit – Veränderung des Anfangsunterrichts Physik/Chemie unter besonderer Berücksichtigung der Kompetenzen und Interessen von Mädchen" (im folgenden kurz Modellversuch „Chancengleichheit" genannt) durchgeführt. Konzeption und Ergebnisse dieses Schulversuchs sind bisher nur insoweit veröffentlicht worden, als es den an die Bewilligung eines BLK-Modellversuchs geknüpften Auflagen entspricht. So sind insgesamt vier kürzere Sachberichte (Hoffmann 1992, 1993, 1994, 1995), ein umfangreicher Abschlußbericht (Hoffmann, Häußler, Bünder, Nentwig & Peters-Haft, 1995a) und eine Dokumentation zum Abschlußbericht (dieselben Autoren 1995b) entstanden. Mit dem Band „Affektive und kognitive Wirkungen eines an den Interessen von Mädchen orientierten Physikunterrichts – Ergebnisse eines BLK-Modellversuchs" wollen wir nun diese „grauen" Materialien durch einen Forschungsbericht ergänzen, der allgemein zugänglich ist. Er basiert im wesentlichen auf Teilen des Abschlußberichts und enthält auch den Großteil des Dokumentationsbandes.

Der Modellversuch „Chancengleichheit" baut auf einer Reihe von Vorstudien auf, nämlich auf einer Studie zur Neubestimmung von Zielen und Inhalten des Physikunterrichts (Häußler et al. 1988) sowie zwei Studien, in denen jeweils die physikbezogenen (Häußler & Hoffmann 1995, Hoffmann, Lehrke & Häußler 1996) bzw. die chemiebezogenen Interessen von Jugendlichen (Gräber 1992a und 1992b) erhoben wurden. Diese Studien legen eine didaktische Unterrichtskonzeption nahe, bei der die Lerninhalte bevorzugt in einem Kontext zu vermitteln sind, der es Schülerinnen und Schülern erleichtert, Brücken zwischen ihren alltäglichen Erfahrungen und Interessen und den vom Lehrplan geforderten Fachinhalten zu schlagen.

Dieses didaktische Programm sollte in beiden Teilen des Modellversuchs, also sowohl im Physikteil (7. Klasse) als auch im Chemieteil (9. Klasse) verwirklicht werden. Während im Physikteil die Entwicklung von Unterrichtsmaterialien auf der Grundlage einer an der Lebenswelt der Schüler orientierten Gestaltung der Lerninhalte relativ problemlos verlief, gab es im Chemieteil Schwierigkeiten: Der oben beschriebenen Grundkonzeption folgend, sollten z.B. die Lehrplanabschnitte „Luft" und „Verbrennung" so gestaltet werden, daß die chemischen

Verbrennungsvorgänge bei der Müllverbrennung, die Rolle und Zusammensetzung der Luft und die Verbrennungsprodukte im Zentrum stehen und dabei die Möglichkeiten und Grenzen dieser Technologie deutlich werden. Diese Konzeption hat sich dann aber in der Arbeitsgruppe, die für die Entwicklung der Chemiematerialien zuständig war, nicht durchsetzen lassen. Die Mehrheit vertrat die Ansicht, daß im Chemieunterricht erst einmal Grundlagenwissen zu vermitteln sei, bevor man sich komplexen Fragestellungen zuwenden könne. Die daraus resultierenden Spannungen haben bei der Entwicklung der Unterrichtsgänge zu Kompromissen und Brüchen geführt, mit denen alle Beteiligten unzufrieden waren: den einen ging die Neugestaltung nicht weit genug, den anderen zu weit. Herausgekommen ist dabei ein Unterricht, in der die neue Konzeption nur halbherzig angegangen wird, und der insgesamt relativ traditionell ausgefallen ist. Anders als die Physikmaterialien (Faißt, Häußler et al. 1994) sind deshalb die entwickelten Materialien zum Chemieunterricht des Modellversuchs nicht veröffentlicht worden. Wir haben uns deshalb entschlossen, im vorliegenden Band nur die Konzeption und Entwicklung der Unterrichtsmaterialien zum Physikunterricht darzustellen (Kapitel 5.1).

Unabhängig davon sind im Chemieteil des Modellversuchs auch Probleme bei der Datenerhebung in den Kontrollschulen und am Ende des Schuljahres aufgetreten: (1) Die Lehrkräfte der Kontrollschulen haben sich teilweise nicht an die vereinbarte Stoffabfolge gehalten, so daß die über das Schuljahr verteilten Leistungstests mitunter Aufgaben enthielten, die von den Schülerinnen und Schülern nicht bearbeitet werden konnten, weil der entsprechende Unterricht zum Zeitpunkt der Testvorgabe noch nicht erteilt war. (2) Am Ende des Schuljahres zeigte eine der Klassen einen extremen Leistungsabfall. Da diese Klasse übers Jahr keine besonderen Auffälligkeiten zeigte (ihr mittlerer Testwert lag sogar etwas über dem Durchschnitt), kann der Abfall nicht dem Unterricht zugeschrieben werden, sondern ist wahrscheinlich besonderen Umständen bei der Testvorgabe am Schuljahresende anzulasten (Details s. Kapitel 8.1.3). Wir werden die in den Chemieklassen erzielten Ergebnisse nur insoweit mitteilen, als wir sicher sein können, daß die Voraussetzungen für einen fairen Vergleich gegeben sind.

Da aber andererseits der Chemie- und der Physikteil des Modellversuchs die gleichen Ziele verfolgten, der gleiche Untersuchungsplan zugrundegelegt wurde und die Chemie- und Physiklehrkräfte an vielen Aktivitäten gemeinsam beteiligt waren, stellen wir in allen anderen Kapiteln den Modellversuch so dar, wie er stattgefunden hat, nämlich als den Versuch, den Anfangsunterricht in Physik und Chemie unter besonderer Berücksichtigung der Kompetenzen und Interessen der Mädchen zu ändern.

2 Mädchen und Frauen in der naturwissenschaftlichen Bildung[1]

2.1 Zur Ausbildungssituation von Mädchen und Frauen im Bereich Naturwissenschaften und Technik

Ende der 60er Jahre sollten mit der Strukturreform des Bildungswesens alle Hindernisse, die einer Chancengleichheit im Bildungswesen entgegenstehen, beseitigt werden. „Ziel der Bildungsreform war es, das grundsätzlich gleiche Recht auf Bildung und den uneingeschränkten Gleichheitsgrundsatz für Mädchen und Jungen zu garantieren". Im Zusammenhang damit wurde die Koedukation als Unterrichtsprinzip flächendeckend eingeführt (Wildt/Naundorf 1986, S. 90).

Heute stellt die Koedukation im staatlichen Schulwesen den Normalfall dar und „die heutigen Lehrpläne weisen überwiegend keine expliziten geschlechtsspezifischen Lernziele oder -gegenstände mehr auf" (Faulstich-Wieland 1988, S. 125).

Wie sieht die Bildungssituation und berufliche Situation von Mädchen und Frauen im Bereich Naturwissenschaften und Technik heute nach etwa 20 Jahren Koedukation aus?

Die Beteiligung von Mädchen/Frauen in unterschiedlichen Bereichen naturwissenschaftlich-technischer Bildung

Unter den Studierenden im Bereich Mathematik/Naturwissenschaften aller Hochschulen in der Bundesrepublik Deutschland waren im Wintersemester 1991/92 insgesamt 31,9% Studentinnen, bei der Physik/Astronomie waren es 10,4%, bei der Informatik 13,5% und bei den Ingenieurwissenschaften insgesamt 13,0% (Elektrotechnik 3,6%; Architektur 40,2%). Im Gegensatz dazu betrug der Anteil der Studentinnen bei Biologie 53,7% und bei der Pharmazie 69,8%. Tabelle 2.1 gibt einen Überblick über die Veränderung der Prozentanteile von Frauen unter den Studierenden in verschiedenen Fachrichtungen vom Wintersemester 1977/78 bis zum Wintersemester 1991/92.

Es fällt auf, daß während in den Fachbereichen Rechtswissenschaften sowie Sprach- und Kulturwissenschaften der Anteil der Frauen unter den Studierenden teilweise relativ stark zugenommen hat, sich

1 Die in diesem Kapitel wiedergegebene Übersicht folgt größtenteils einem Aufsatz von Hoffmann (1992). Die Daten und Tabellen wurden aktualisiert und neuere Foschungsergebnisse hinzugefügt.

beim Fachbereich Mathematik/Naturwissenschaften (insgesamt) die Situation kaum verändert hat. Im Fachbereich Informatik ist sogar eher ein rückläufiger Trend zu beobachten. Eine Ausnahme bildet die Fachrichtung Pharmazie, bei der der Frauenanteil nahezu 70% beträgt und ein stetiger Anstieg des Frauenanteils zu beobachten ist.

	Wintersemester					
Fachbereich	77/78	82/83	85/86	87/88	89/90	91/92
Mathematik/Naturwiss. insgesamt	33,2	34,3	31,8	31,3	31,5	31,9
Physik/Astronomie	9,1	10,0	9,6	10,1	10,0	10,4
Chemie	28,3	31,5	29,2	28,8	29,7	29,9
Pharmazie	52,2	58,9	63,3	66,0	68,5	69,8
Biologie	52,6	53,6	53,0	52,8	53,2	53,7
Mathematik	35,2	36,4	33,6	33,3	35,2	37,4
Informatik	17,5	17,6	15,6	15,3	15,0	13,5
Humanmedizin allgemein	30,6	37,1	41,0	42,1	43,1	43,7
Ingenieurwissenschaft insges.	7,8	11,0	11,6	11,9	12,3	13,0
Maschinenbau Verfahrenstechnik	5,0	6,2	7,2	8,1	8,7	9,2
Elektrotechnik	1,7	2,6	2,8	3,0	3,3	3,6
Architektur Innenarchitektur	28,7	36,6	38,1	38,8	39,8	40,2
Rechtswiss.schaft	28,3	36,4	39,1	40,3	41,6	42,4
Sprach- und Kulturwissenschaften	56,7	60,3	61,1	61,6	62,6	63,1
Psychologie	51,3	56,6	69,6	61,9	63,8	65,1
insgesamt	**34,3**	**38,1**	**37,8**	**38,0**	**38,2**	**38,7**

Tab. 2.1: Prozentanteile von Frauen unter den Studierenden an Hochschulen[1]

1 Errechnet anhand der Daten aus: Statistisches Bundesamt (Hrsg.): Bildung im Zahlenspiegel 1979; 1984; 1989; 1990; 1991; 1993.

Auf der Ebene des Hochschulpersonals sind die Frauen im weitaus geringeren Maße vertreten: So betrug 1988 im Gesamtbereich Mathematik/Naturwissenschaften der Anteil der Frauen bei den Professoren 2,0%, bei den wissenschaftlichen Mitarbeitern 16,2%. Die entsprechenden Anteile für Physik/Astronomie waren 0,1%/ 6,0%, für Information 1,8%/11,5%, für Biologie 5,0%/28,4%, für Pharmazie 3,3%/ 27,0%, für Ingenieurwissenschaften insgesamt 0,9%/5,5% (Elektronik 0,5%/2,5%; Architektur 2,1%/19,5%). Tabelle 2 gibt einen Überblick über die Situation in unterschiedlichen Fachrichtungen.

Ein deutlicher Schwund von Frauen ist bereits bei den Promotionen festzustellen, der sich dann auf der Ebene der Habilitationen weiter verstärkt. Frauen erhalten deutlich seltener, als ihrem Anteil bei den Studienabschlüssen entsprechen würde, eine Assistentenstelle, die eine Habilitation und damit die Befähigung zum Hochschullehrer zum Ziel hat. Weit häufiger werden Frauen als wissenschaftliche Mitarbeiterinnen eingestellt.

Vergleicht man die in Tabelle 2.2 dargestellte Situation mit den entsprechenden Daten aus 1981 (Statistisches Bundesamt 1983), so zeigt sich, daß während im Gesamtbereich Mathematik/Naturwissenschaften der Anteil der Frauen unter den Professoren von 2,6% auf 2,0% (Chemie von 3,1% auf 1,2%) zurückgegangen ist, der Anteil der Frauen bei den Doktorprüfungen von 12,8% auf 21,4% (Physik von 3,1% auf 6,0%; Chemie von 11,0% auf 21,3%; Mathematik von 9,7% auf 13,3%; Informatik von 2,9% auf 14,9%) anstieg .

Ein ähnlicher Anstieg ist bei den wissenschaftlichen Mitarbeiterinnen von 10,5% auf 16,2% und bei den Dozentinnen/Assistentinnen von 4,3% auf 9,5% zu beobachten. Ein rückläufiger Trend zeigt sich jedoch beim Anteil der Dozentinnen/Assistentinnen im Fachbereich Mathematik.

Ein ähnliches Bild wie bei den Studierenden an den Hochschulen ist bei den Leistungskursfachwahlen in der gymnasialen Oberstufe zu beobachten: Mädchen wählen deutlich seltener als Jungen Leistungskurse in Mathematik, Physik und Chemie. – Die geringe bildungspolitische Relevanz, die der naturwissenschaftlich-technischen Bildung von Mädchen lange Zeit beigemessen wurde, zeigt sich unter anderem darin, daß bis heute keine flächendeckenden Statistiken zur geschlechtsspezifischen Fächerwahl vorliegen –. Vereinzelt, so zum Beispiel in Rheinland-Pfalz, Nordrhein-Westfalen, Hamburg und auch Schleswig-Holstein hat man mit solchen Statistiken begonnen. Die jeweiligen Anteile der Mädchen bei den Leistungskurswahlen betragen für das Fach Physik um 10%, für Chemie 30-40%, für Biologie 50-60%, und für Mathematik um 35% (Heinrichs/Schulz 1988; Wetzel-Schumann 1989).

In Wahlpflichtkursen der Realschule aus dem naturwissenschaftlich-technischen Bereich sind Mädchen nur selten anzutreffen, während sie in wirtschaftspraktischen Kursen (wie Hauswirtschaft, Kochen, Nähen, Weben) und den verwaltungspraktischen Kursen (wie Schreibmaschine, Steno) zum Teil unter sich bleiben (Heinrichs/Schulz 1988).

Fachbereich	Studentinnen[2]	Diplom-/Doktorprüfungen[3]	Wiss. Mitarbeiterinnen	Dozent./Assistentinnen[4]	Professorinnen[4]
Mathematik/Naturwiss. insgesamt	31,5	32,5/ 21,4	16,2	9,5	2,0
Physik/ Astronomie	10,0	6,6/ 6,0	6,0	4,2	1,0
Chemie	29,7	26,8/ 21,3	17,6	14,8	1,2
Pharmazie	68,6	66,9/ 34,9	27,0	13,9	3,3
Biologie	53,2	50,8/ 33,2	28,4	17,1	5,0
Mathematik	35,2	25,1/ 13,3	9,8	3,9	1,8
Informatik	15,0	16,1/ 14,5	11,5	10,0	1,8
Humanmedizin allgemein	43,1	39,8/ 33,2	27,6	13,8	4,1
Ernährungs- und Haushaltslehre	86,0	94,6/ 58,0	56,3	33,4	24,6
Ingenieurwissenschaften insgesamt	12,3	9,9/ 3,0	5,5	3,0	0,9
Maschinenbau Verfahrenstechnik	8,7	4,2/ 2,8	3,6	1,4	0,8
Elektrotechnik	3,3	2,5/ 1,5	2,5	1,9	0,5
Architektur Innenarchitektur	39,8	34,8/ 15,6	19,5	11,1	2,1
Bauingenieurwesen	13,3	12,7/ 2,0	6,6	2,2	0,4
Rechtswissenschaft	41,6	41,0/ 16,1	25,5	10,5	1,6
Sprach- und Kulturwissenschaften	62,6	59,7/ 35,8	30,9	19,5	8,6
Psychologie	63,8	63,5/ 35,7	34,4	24,0	10,5
insgesamt	**38,2**	**40,7/ 27,1**	**20,5**	**13,5**	**5,2**

Tab. 2.2: Prozentanteile von Frauen auf verschiedenen Ebenen im Hochschulbereich[1]

1 Errechnet anhand von Daten aus: Statistisches Bundesamt (Hrsg.): Bildung im Zahlenspiegel 1991.

2 Studierende an Hochschulen im Wintersemester im WS 1989/90.

3 Diplom (Univ.)- und entsprechende Abschlußprüfungen an anderen Hochschulen ohne Fachhochschulstudiengänge in 1989.

4 Hauptberufliches Personal an Hochschulen 1988.

5 In absoluten Zahlen gibt es hier nur sechs Frauen und Männer, d.h. der Mittelbau ist extrem gering besetzt.

Der Anteil der Schülerinnen in den technischen Zweigen der Fachhochschulen und Fachgymnasien war beispielsweise in Schleswig-Holstein im Schuljahr 1983/84 unter 10% (Hoffmann 1990a).

In gewerblich-technischen Ausbildungsbereichen sind Mädchen und Frauen kaum anzutreffen. Tabelle 2.3 veranschaulicht, daß sich das Berufswahlverhalten der weiblichen Auszubildenden bezüglich der gewerblich-technischen Berufsfelder von 1975 bis 1991 kaum verändert hat.

	Anteile der Mädchen an den Auszubildenden						
Beruf	1975	1980	1983	1986	1988	1989	1991
Kfz-Mechaniker/-in	0,1	0,6	0,9	0,8	1,1	1,4	1,1
Elektroinstallateur/-in	0,1	0,5	0,7	0,7	1,1	1,1	1,0
Maschinenschlosser/-in	-	0,7	1,3	1,3	-	-	-
Werkzeugmacher/-in	0,1	1,4	2,2	2,2	-	-	-
Gas- und Wasserinstallateur/-in	0,1	0,4	0,7	0,7	0,9	1,0	1,3
Tischler/-in	1,0	3,7	5,9	6,8	9,2	10,2	10,3
Maler-in und Lackierer/-in	4,3	5,4	9.1	8,8	9,1	9,9	10,8
Neugeordnete Ausbildungsberufe:							
Industriemechaniker/-in Betriebstechnik					2,9	3,1	2,4
Industriemechaniker/-in Maschinen und Systemtechnik				1,7	2,2	2,7	
Werkzeugmechaniker/-in Stanz und Umformtechnik				3,2	3,8	4,9	
Industriemechaniker/-in Geräte- und Feinwerktechnik				2,3	1,9	-	
Kommunikationselektroniker/-in Telekommunikationstechnik				1,6	1,7	6,7	
Energieelektroniker/-in Betriebstechnik					2,5	2,5	2,9
Energieelektroniker/-in Anlagentechnik					0,9	1,2	-

Tab. 2.3: Prozentanteil der weiblichen Auszubildenden in ausgewählten Berufen im gewerblich-technischen Berufsfeld

1 Errechnet anhand der Daten aus: Statistisches Bundesamt, (Hrsg.): Bildung im Zahlenspiegel 1980; 1985; 1988; 1991.

Bereits auf der Sekundarstufe I äußern Mädchen im Durchschnitt deutlich geringere Interessen an Naturwissenschaften und Technik als Jungen. Eine Ausnahme bildet hier Biologie, an der Mädchen im Durchschnitt gesehen höheres Interesse als Jungen äußern. Im Kanon der Unterrichtsfächer zählt Physik auf Seiten der Mädchen im Durchschnitt durchgängig als das Fach, das am wenigsten interessant ist, auf Seiten der Jungen zu den interessantesten Fächern (Todt 1978; Todt et al. 1974; Hoffmann/Lehrke 1985; 1986).

In nahezu allen naturwissenschaftlich-technischen Berufen stellen Frauen eine verschwindende Minderheit dar.

Dieses Bild ist in ähnlicher Weise auch in anderen europäischen und außereuropäischen Ländern zu beobachten (Raat et al. 1981) und seit langem bekannt (Gardner 1975; Ormerod/Duckworth 1975).

2.2 Die wachsende Aufmerksamkeit gegenüber dem „Fehlen von Frauen" im Bereich Naturwissenschaften und Technik

Erst seit Mitte der 70er Jahre wird, ausgehend von Amerika und England, diesem „Fehlen an Frauen" in den meisten Bereichen naturwissenschaftlich-technischer Bildung und Berufsorientierung erhöhte Aufmerksamkeit entgegengebracht. Dies führte zu einer Reihe von Forschungsarbeiten und Initiativen im Bildungsbereich. Es liegen Empfehlungen von der KMK, der UNESCO und der Ständigen Konferenz der Europäischen Erziehungsminister vor, die Chancengleichheit für Mädchen im Bereich naturwissenschaftlicher Bildung sicherzustellen.

Die folgenden Daten können die wachsende Aufmerksamkeit in diesem Bereich illustrieren: 1975 fand die erste „Girls and Science Education Conference" (GASAT) in London statt.

1978 richtet die Ad-hoc-Konferenz über „Gesellschaft und Studium von Naturwissenschaften, Mathematik und Technologie" in Straßburg die Empfehlung an die ständige Konferenz der Europäischen Erziehungsminister, auf ihrer 11. Sitzung 1979 u.a. „Maßnahmen zu erwägen,..., um die geschlechterbezogenen Verhaltensmuster hinsichtlich des Studiums von SMT (Science/Mathematics/Technology) zu beseitigen und um die den Zugang von Frauen zu SMT-Berufen behindernden Schranken zu beseitigen" (Entnommen aus der Übersetzung der Entschließung der Ad-hoc-Arbeitsgruppe über Gesellschaft und das Studium von Naturwissenschaften, Mathematik und Technologie vom 13. November 1978; CME/HF(78),14).

Seit 1989 finden regelmäßig alle zwei Jahre internationale Tagungen zum Thema „Girls and Science and Technology“ (GASAT) statt. Im Zentrum stehen der Erfahrungsaustausch und das gemeinsame Bemühen, Strategien zum Abbau der Benachteiligung von Mädchen und Frauen im Bereich naturwissenschaftlich-technischer Bildung und Berufsorientierung zu entwickeln.

In der Bundesrepublik Deutschland fand 1977 das erste nationale Treffen von Frauen in naturwissenschaftlichen und technischen Fächern statt. Diese Treffen wurden zur ständigen Einrichtung und finden einmal jährlich statt. Einen ersten Überblick über die Situation der Studentinnen in den Natur- und Ingenieurwissenschaften und über einsetzende Aktivitäten der Frauen in den naturwissenschaftlichen und technischen Fächern gibt Pauls (1979).

1978 startete das bundesweit angelegte Modellversuchsprogramm der Bundesregierung „Modellversuche zur Erschließung gewerblich/ technischer Ausbildungsberufe für Mädchen“ (Alt/v.Bardeleben/ Ostendorf 1982).

Das rasche Eindringen der neuen Technologien in nahezu alle Arbeitsbereiche einerseits und die in diesem Zusammenhang zu beobachtende Distanzierung von Mädchen und Frauen von diesen Technologien sowie die sich abzeichnenden Verdrängungsprozesse in diesem Bereich andererseits rückten die Diskriminierung von Mädchen /Frauen in naturwissenschaftlich-technischen Bildungs- und Berufsbereichen erst richtig in das Bewußtsein und lösten verstärkt Aktivitäten in Forschung und Bildungspolitik aus.

So erhielt beispielsweise das Hessische Institut für Bildungsplanung und Schulentwicklung (HIBS) 1984 vom Hessischen Kultusministerium den Auftrag, konkrete Vorschläge zu entwickeln, um „die Chancengleichheit von Mädchen im Bildungsbereich Naturwissenschaften, Technik, Neue Technologien“ vorwiegend in der Schule zu verbessern.

Vom Bundesministerium für Bildung und Wissenschaft (BMBW) wurden zahlreiche Broschüren herausgegeben, die sich speziell an Mädchen/Frauen richten wie z.B. die Broschüren "Männersache – Frauensache? Berufe für Männer und Frauen“ (BMBW 1985), “ 'in'formation - Mehr Ausbildungsplätze für Mädchen“ (BMBW 1985), „Frauen in Forschung und Lehre“ (BMBW 1985), „Frauen und Beruf, zwischen Wunsch und Realität“ (1986), „Mädchen und Berufswahl: Technik alleine macht es nicht!“ (BMBW 1986) und „Chancen neuer Berufsmodelle für Frauen“ (BMBW 1986).

Seit Mitte der 80er Jahre häufen sich in der Bundesrepublik Tagungen, Workshops und Hearings von Frauenorganisationen, Frauen in der Forschung, Berufsverbänden, der Gewerkschaft, politischen Gruppierungen, Lehrerfortbildungseinrichtungen und Regierungsvertretern zu diesem Themenbereich (z. B. Fuchs 1987; Janshen/Rudolph 1988; Lenske/Wollenweber 1990; Die Ministerin für Bildung, Wissenschaft, Jugend und Kultur des Landes Schleswig-Holstein 1990).

Seit Ende der 80er Jahre wird der naturwissenschaftlich-technischen Bildung von Mädchen/Frauen auf der mittelbaren und unmittelbaren Bildungsebene wachsende Bedeutung beigemessen: So setzen sich beispielsweise Lehrplankommissionen damit auseinander, wie den Erfahrungen, Interessen und Fähigkeiten der Mädchen in den Lehrplänen besser Rechnung getragen werden kann; es wurden eine Reihe größerer und kleinerer Modellversuche initiiert, die zum Ziel haben, Mädchen den Zugang zu naturwisssenschaftlich-technischer Bildung offen zu halten; und es gibt eine Vielzahl von Einzelinitiativen in Schulen.

Erst zu Beginn der achtziger Jahre wurde damit begonnen, die Situation der Mädchen und Frauen auf unterschiedlichen Ebenen naturwissenschaftlich-technischer Bildung zu untersuchen, beginnend mit dem Sachunterricht in der Grundschule (Kaiser 1985), dem Naturwissenschaftsunterricht auf der Sekundarstufe I (Gräber 1992a und 1992b; Häußler/Hoffmann 1990; Heinrichs/Schulz 1988; Hoffmann 1989; 1990b; Hoffmann/Lehrke 1985; 1986; Wienekamp 1990; dem Leistungskurswahlverhalten auf der gymnasialen Oberstufe (Küllchen/Sommer 1991) sowie den Studien- und Arbeitsbedingungen in den Bereichen Chemie, Informatik und Ingenieurwissenschaften (Janshen/Rudolph et al. 1987; Kort-Krieger 1991; Roloff 1989; Roloff et al. 1987).

Auf dem Hintergrund in- und ausländischer Forschungsergebnisse und Erfahrungen ist die Koedukationsdebatte – allerdings mit umgekehrten Vorzeichen – neu entfacht (Faulstich-Wieland 1988; 1991; Horstkemper 1990; Metz-Göckel 1987; Die Ministerin für Bildung, Wissenschaft, Jugend und Kultur des Landes Schleswig-Holstein 1990). Im BLK-Modellversuch „Chancengleichheit“ (vgl. Abschnitt 4) wird beispielsweise u.a. eine Mischform aus koedukativen und monoedukativem Unterricht im Anfangsunterricht in Physik und Chemie erprobt. Ziel ist, eine Verbesserung des koedukativen Unterrichts. In mehreren Schulen wird individuell, vorrangig im Fach Physik, eine zeitweise Aufhebung der Koedukation versucht.

In dem wissenschaftlichen Frauenweiterbildungsprojekt „Netzwerk LINT – Lehrende in Informatik, Naturwissenschaften und Technik –“

versuchen beispielsweise Studentinnen, Lehrerinnen, Mütter und Hochschulangehörige gemeinsam u.a. Handlungsperspektiven und Lösungsansätze zur Verbesserung der Koedukation, insbesondere im naturwissenschaftlich-technischen Bildungsbereich, zu entwickeln (Sommerkorn 1992).

Um Ansatzpunkte für mögliche Maßnahmen identifizieren zu können, erscheint es notwendig, sich zunächst mit der Frage auseinanderzusetzen, wann und wie es zur Benachteiligung der Mädchen im Bereich naturwissenschaftlich-technischer Bildung kommt.

2.3 Empirische Befunde bezüglich geschlechtsbezogener Unterschiede

2.3.1 Interessenschwerpunkte

Bereits am Ende des 5. Schuljahres, also schon bevor in den meisten Klassen Physikunterricht erteilt wird, zeigen Mädchen im Durchschnitt ein deutlich geringeres Interesse an den meisten Gebieten der Physik als Jungen. Gebiete, bei denen es solche Unterschiede nicht gibt, sind: Akustik, Optik und Atomlehre. Der deutlichste Unterschied zeigt sich bei der Elektronik (Hoffmann/ Lehrke 1986).

Ein deutlicher Rückgang der Interessen an den meisten Gebieten der Physik, und zwar bei Mädchen ausgeprägter als bei Jungen, zeigt sich im 7. Schuljahr. Im Anschluß daran sind die Veränderungen relativ gering. Im 7. Schuljahr setzt beim Großteil der Klassen der Unterricht in Physik erstmals ein. Gebiete, bei denen ein solcher Interessenrückgang nicht zu beobachten ist, sind Radioaktivität/Kernenergie, Astrophysik, Nachrichtentechnik (Hoffmann/Lehrke 1985; 1986; Todt/Händel 1984).

Im Kanon der Unterrichtsfächer zählt Physik auf Seiten der Mädchen im Durchschnitt durchgängig als das Fach, das am wenigsten interessant ist, auf Seiten der Jungen zu den interessantesten Fächern (Hoffmann/Lehrke 1985; Heinrichs/Schulz 1989).

Deutlich geringeres Interesse als Jungen äußern Mädchen im Durchschnitt auch an Chemie, Geographie und Mathematik. Jungen hingegen äußern im Durchschnitt deutlich geringeres Interesse an Deutsch, Fremdsprachen, Biologie und Kunst. Während Mädchen im Durchschnitt am Ende des 5. und 6. Schuljahres noch nahezu gleich großes Interesse an Technik/Werken/Polytechnik/Arbeitslehre bekunden wie

Jungen, nimmt ihr diesbezügliches Interesse vom 7. Schuljahr an sehr stark ab, während das Interesse der Jungen konstant bleibt.

Bei den Mädchen scheint es im 7. Schuljahr zu einem deutlichen Interessenverlust an den meisten Unterrichtsfächern zu kommen, ausgenommen sind nur die Fächer Fremdsprachen, Biologie und Sport. Bei den Jungen scheint ein so deutlicher Interessenverlust nicht stattzufinden. Bei den Mädchen scheint eine Polarisierung der Interessen im 8. Schuljahr, bei den Jungen im 9. Schuljahr einzusetzen (Hoffmann/Lehrke 1985).

Bei den biologischen Inhaltsbereichen verhält es sich genau umgekehrt. Hier sind die Interessen der Mädchen zum Teil deutlich höher als jene der Jungen. Während bei den Mädchen vom 5. bis zum 9. Schuljahr das Interesse an Tierkunde und Pflanzenkunde abnimmt, steigt ihr Interesse an Menschenkunde und Umweltkunde an (Todt et al. 1974).

Zu den vier von den Schülerinnen und Schülern im Durchschnitt als am interessantesten beurteilten Themenbereichen der Physik zählen Astrophysik, Computer, Fliegen und Elektronik (bei den Jungen) bzw. Atomlehre (bei den Mädchen). Bei den Jungen kommt im 10. Schuljahr Nachrichtentechnik, bei den Mädchen Radioaktivität/Kernenergie hinzu. Gerade diese Gebiete werden aber im Physikunterricht teils überhaupt nicht, teils erst im 9. oder 10. Schuljahr behandelt (Hoffmann/Lehrke 1985).

Zur Einführung und Bearbeitung der verschiedenen Teilgebiete der Physik können im Unterricht sowohl unterschiedliche Kontexte (Bereiche, in denen diese Teilgebiete zum Tragen kommen, Erklärungswert besitzen, Anwendung finden oder Auswirkungen zeigen) herangezogen als auch unterschiedliche Formen der Auseinandersetzung gewählt werden. Die gewählten Kontexte und Formen der Auseinandersetzung scheinen für Mädchen noch bedeutsamer zu sein als für Jungen (Hoffmann/Lehrke 1985; Häußler 1987; Hoffmann 1989).

Mädchen zeigen relativ hohes Interesse an Naturphänomenen sowie Phänomenen, die mit der sinnlichen Wahrnehmung zu tun haben. Der Bezug zum Menschen, soziale Implikationen und die praktische Anwendbarkeit haben für sie hohe Bedeutung. Beispielsweise würden Humanbiologie, medizinische Anwendungen oder Naturphänomene als Kontexte für die Erarbeitung physikalischer Inhalte den Interessen der Mädchen entgegenkommen (Hoffmann/ Lehrke 1985; 1986; Todt/Händel 1984; Lie/Bryhni 1983; Whyte 1986; Häußler 1987; Häußler/Hoffmann 1990).

Nach den Aussagen der Schülerinnen und Schüler werden die Kontexte „die Beschreibung und Erklärung von physikalischen Versuchen“ und „Naturgesetze, die es erlauben, bestimmte physikalische Größen exakt zu berechnen“ am häufigsten im Unterricht herangezogen. In den Interessenrangreihen stehen sie jedoch an den letzten Stellen. Andererseits kommen jene Kontexte, an denen die Schülerinnen und Schüler hohes Interesse äußern, relativ selten im Unterricht vor (Hoffmann/Lehrke 1986).

Insbesondere jüngere Schülerinnen und Schüler zeigen ein hohes Interesse an Tätigkeiten der praktisch-konstruktiven Ebene wie „etwas bauen, einen Versuch aufbauen oder ein Gerät konstruieren", „einen Versuch selber durchführen, Messungen machen“ und „etwas ausprobieren, ein Gerät auseinandernehmen oder zusammensetzen". Bei den Mädchen steht ab Ende des 8. Schuljahres „Versuche beobachten“ an der ersten Stelle ihrer Präferenzskala. Relativ geringes Interesse äußern Mädchen wie Jungen an Tätigkeiten wie „sich ausdenken, wie man eine bestimmte Vermutung durch einen Versuch prüfen kann“ und „etwas berechnen, den Ausgang eines Versuches exakt vorhersagen, Aufgaben lösen“.

Betrachtet man die Häufigkeiten, mit denen die einzelnen Tätigkeiten aus der Sicht der Schülerinnen und Schüler im Unterricht zum Tragen kommen, so sind gerade diejenigen Tätigkeiten besonders häufig, an denen die Schülerinnen und Schüler kaum Interesse zeigen und umgekehrt. Mit anderen Worten, aus der Sicht der Schülerinnen und Schüler ist der Unterricht sehr stark geprägt durch Tätigkeiten der theoretisch-konstruktiven Ebene und auf formal-abstraktes Denken ausgerichtet. Dies legt die Vermutung nahe, daß sich der Physikunterricht häufig an einer Stufe der kognitiven Entwicklung orientiert, die viele Schülerinnen und Schüler noch nicht erreicht haben (Hoffmann/Lehrke 1986, Hoffmann/Häußler/Lehrke 1997).

Inwieweit unterschiedliche Kontexte und Tätigkeiten das Interesse von Schülerinnen und Schülern an bestimmten Themengebieten der Physik bzw. ihre Bereitschaft, sich mit diesen auseinanderzusetzen, mitbeeinflussen, wird von Häußler und Hoffmann (1990) exemplarisch aufgezeigt.

2.3.2 Kognitive Fähigkeiten

Zahlreiche Untersuchungen zeigen, daß Mädchen bei Aufgaben, die räumliches Vorstellungsvermögen verlangen, im Durchschnitt gesehen häufig geringere Leistungen als Jungen erbringen, hingegen aber in den verbalen Fähigkeiten den Jungen weit überlegen sind (Ormerod/Duckworth 1975; Linn/Petersen 1986).

Neuere Untersuchungen zeigen, daß man von einer Fähigkeit „räumliches Vorstellungsvermögen" nicht sprechen kann, sondern daß man mehrere Teilfähigkeiten unterscheiden muß. Geschlechtsspezifische Unterschiede sind nur bei einigen diesen Teilfähigkeiten zu beobachten. Sie werden im Rahmen dieser Untersuchungen teils auf mangelndes physikalisches Wissen sowie Verwenden umständlicher nicht effizienter Lösungsstrategien zurückgeführt, die durch entsprechende Trainingsprogramme behebbar sind, teils als Folge unterschiedlicher Vorerfahrung erklärt (Linn/Petersen 1986). Daß die Vorerfahrungen hier von großer Bedeutung sind, zeigt sich beispielsweise an Trainingsversuchen mit Schülern (Whyte 1986) und Biologiestudenten (Lord 1987), die aufzeigen, daß durch bestimmtes Training, anfänglich geringere Leistungen auszugleichen sind.

Die geschlechtsspezifischen Unterschiede im verbalen und mathematischen Bereich, sowie beim räumlichen Vorstellungsvermögen sind, wenn man die Ergebnisse früherer mit späteren Testerhebungen vergleicht, stark zurückgegangen und existieren nur noch bei extremen Aufgaben aus Mathematik und Naturwissenschaften (Linn/Hyde 1989).

2.3.3 Affektive Faktoren

Die häufig durch einen distanziert sachlichen und weitgehend humanitäre Aspekte ausklammernden Unterricht vermittelte Unpersönlichkeit der sogenannten „harten" naturwissenschaftlichen Fächer (Physik und Chemie) sowie die Stereotypisierung dieser Fächer als Domäne der Männer sind zwei affektive Faktoren, die die Mädchen davon abhalten, diese Fächer zu wählen.

Philosophische, soziale und humanitäre Aspekte kommen im Vergleich zu Biologie im Physik- und Chemieunterricht nur selten zum Tragen. Gerade an diesen Aspekten sind aber die Mädchen besonders interessiert.

Insbesondere Physik, aber auch Chemie und Mathematik werden im Durchschnitt sowohl von den Mädchen als auch von den Jungen als eher „männliche" und „weibliche" Wissenschaft wahrgenommen (Ormerod/Duckworth 1975).

Nach Kelly fördert auch das geschlechtsspezifische Verhalten der Jungen und Mädchen die Wahrnehmung der Naturwissenschaften als männliche Domäne. „Boys bring with them to science lessons a conception of masculinity which includes toughness, aggression, activity and disdain for girls; girls bring with them a conception of feminity which includes timidity, conscientiousness, deference, person orientation and a concern for appearence. These self-definitions lead girls and boys to behave in different ways, such that boys come to dominate the laboratory and establish it as their territory. Gender differentiated behaviour outside school leads to gender differentiated behaviour in science lessons, which in turn leads to science acquiring a masculine immage“ (Kelly 1987, S. 75).

2.3.4 Erfahrungshintergrund

Mädchen haben deutlich weniger Erfahrung als Jungen im Basteln, Hantieren mit Werkzeugen und Umgang mit technischem Spielzeug (Hoffmann/Lehrke 1985; Todt/Händel 1984; Lie/Bryhni 1983; Whyte 1986.)

Mädchen informieren sich in ihrer Freizeit signigikant seltener als Jungen über Physik und Technik (Fernsehen/Radio, Bücher, Zeitungen) und führen deutlich seltener Reparaturen durch (Hoffmann/Lehrke 1985; Todt/Händel 1984).

Mädchen haben Jungen gegenüber jedoch einen Erfahrungsvorsprung im Umgang mit Pflanzen und Tieren sowie bei häuslichen Tätigkeiten, wie mit der Nähmaschine nähen, Mehl abwiegen oder kochen (Lie/Bryhni 1983).

Mädchen wird von den Eltern signifkant seltener technisches Spielzeug geschenkt, sie werden signifikant seltener von ihren Eltern angeregt, bei Reparaturen mitzuhelfen, sich mit Physik und Technik zu befassen sowie einen naturwissenschaftlichen Beruf zu ergreifen (Hoffmann/Häußler/Lehrke 1997).

Während in der frühen Kindheit Jungen bestärkt und ermuntert werden, zu basteln und sich mit naturwissenschaftlichen und technischen Tätigkeiten zu befassen, werden Mädchen bestärkt, mit Puppen zu spielen und sich anderer Personen anzunehmen (Lie/Bryhni 1983). Die vor- und außerschulische Beschäftigung mit Physik und Technik hängt sowohl bei den Jungen als auch bei den Mädchen signifikant mit dem Interesse an Physik, der Selbsteinschätzung eigener Fähigkeitgen in diesem Bereich und der Beurteilung der Bedeutung von Physik und Technik für die Zukunft allgemein sowie für den späteren eigenen Beruf zusammen (Hoffmann/Häußler/ Lehrke 1997).

Der Umgang mit technischem Spielzeug und technisches Werken (wie z. B. Holzarbeiten, Metallarbeiten, technisches Zeichnen) fördern das räumliche Vorstellungsvermögen (Whyte 1986), das vielfach als eine Voraussetzung für die erfolgreiche Beschäftigung mit Physik und Technik angesehen wird.

2.3.5 Selbstbild (Selbstkonzept)

Die Selbsteinschätzung der Mädchen hinsichtlich ihrer Fähigkeiten und Leistungen in Physik ist deutlich niedriger als jene der Jungen. Sie nimmt vom 7. bis 10. Schuljahr noch deutlich ab, während jene der Jungen tendenziell ansteigt.

Im Vergleich zu den Jungen denken Mädchen, die ihre Leistungen in Physik selbst hoch beurteilen, deutlich seltener daran, später einmal einen Beruf zu ergreifen, „der etwas mit Physik zu tun hat" (Hoffmann/Häußler/Lehrke 1997).

Während Jungen eher dazu neigen, gute Leistungen auf eigene Fähigkeiten und ungenügende Leistungen auf fehlende Anstrengungen zurückzuführen, tendieren Mädchen weniger dazu, gute Leistungen auf eigene Kompetenz zurückzuführen. Vielmehr führen sie häufig gute Leistungen auf eigene Anstrengungen und das Wohlwollen der Beurteiler zurück und ungenügende Leistungen auf mangelnde Fähigkeiten (Horstkempter 1989).

Bei gleicher objektiver Leistung unterschätzen Mädchen systematisch ihre Kompetenz in Mathematik relativ zu den Jungen und relativ zu ihren Leistungen in Deutsch. Die Einschätzung der eigenen Kompetenz in Mathematik beeinflußt den erwarteten Erfolg sowohl hinsichtlich der Wahl von Physik als Leistungskurs als auch hinsichtlich der Wahl eines naturwissenschaftlich-technischen Berufs und wirkt dementsprechend abträglich auf entsprechende Verhaltensintentionen (Hannover, 1991).

Unabhängig vom Ausmaß technischer Alltagserfahrungen zeigen bereits 10jährige Mädchen ein weniger positives Selbstbild (control belief) als Jungen gleichen Alters und tendieren dazu, Mißerfolge auf mangelnde technische Begabung zurückzuführen. Unterschiede im naturwissenschaftlichen Wissen und im Lösen technischer Probleme können allein aus den Unterschieden im Erfahrungshintergrund und im Selbstbild erklärt werden (Baumert/Evans/Geiser 1996).

Im Vergleich zu ihren männlichen Kollegen schätzen Studentinnen mit weit überdurchschnittlichen Kenntnissen in Naturwissenschaften ihre Fähigkeiten doppelt so oft als zu gering ein, um Naturwissenschaften zu studieren. Dieser Abstand wird mit zunehmenden Kenntnissen in Naturwissenschaften noch deutlich größer. Studentinnen geben für die Nichtwahl einer naturwissenschaftlichen Berufslaufbahn häufiger mangelnde Begabung an, Studenten inadäquate Vorbereitung (Simpson 1985).

Jungen sind den traditionellen Geschlechtsrollenstereotypen stärker verhaftet als Mädchen. Dies gilt zumindest auf der Sekundarstufe I (Kelly/Smail 1983; Hoffmann/Häußler/Lehrke 1997).

Bereits im Alter von 11 Jahren verfügen Schülerinnen und Schüler über eine deutliche Zuordnung von männlichen und weiblichen Berufen (Kelly/Smail 1983).

Die Berufserwartungen und -wünsche der Mädchen beschränken sich weitgehend auf die „traditionellen" Frauenberufe. Das Spektrum ihrer Berufswünsche wird vom 5. bis zum 10. Schuljahr enger (Hoffmann/Häußler/Lehrke 1997).

Eine Analyse von Mathematikbüchern für die Sekundarstufe I belegt, daß auch heute noch Schulbücher geschlechtsspezifische Rollenklischees vermitteln, die Frauen in ihren Tätigkeiten nahezu ausschließlich auf praktische Arbeiten im häuslichen und familiären Bereich beschränken, wobei Planungs- und Entscheidungssituationen den Männern vorbehalten bleiben. „Sofern doch einmal berufstätige Frauen geschildert werden, werden ihnen untergeordnete Positionen in typischen Frauenberufen zugeschrieben, oder sie werden ihren – selbständigen – Männern als Helferinnen zugewiesen" (Lopatecki/Lüking 1989, S.141).

Den Geschlechtsrollenerwartungen, mit denen Mädchen insbesondere während der pupertären Phase konfrontiert werden, kommen für die Herausbildung und Verstärkung naturwissenschaftlich-technischer Interessen besondere Bedeutung zu. Die beginnende Um- und Neuorientierung der Mädchen auf das andere Geschlecht veranlaßt sie, um sich selbst attraktiv zu machen und Zuwendung zu erhalten, sich den Wünschen, Stereotypen und Geschlechtszuweisungen ihrer Bezugsgruppen anzupassen. „Wenn sie nicht auf eine Umwelt treffen, die auf beiden Seiten (bei Mädchen und Jungen) Erweiterungen der Geschlechterpolarisation und -rollenidentifikation zuläßt, entsprechen Mädchen eben den Erwartungen, die an sie traditionell als Mädchen gestellt werden" (Metz-Göckel 1987).

2.3.6 Schulorganisation

Englische Untersuchungen zeigen, daß koedukative Schulen den Trend zur Polarisierung der Jungen zu den physikalischen Disziplinen der Naturwissenschaften und der Mädchen zu den biologischen Disziplinen der Naturwissenschaften verstärken (Ormerod/Duckworth 1975; Gardner 1987).

Während der Anteil der Mädchen, die später Physik, Chemie und Mathematik studieren, an reinen Mädchenschulen größer ist als an koedukativen Schulen, ist bei den Jungen dieser Anteil bei den reinen Jungenschulen signifikant geringer. Für Biologie gilt genau das Gegenteil (Ormerod/Duckworth 1975).

Mädchen von koedukativen Schulen beurteilen im Durchschnitt Mathematik, Physik, Chemie, Biochemie und Geologie signifikant stärker als männliche Wissenschaften als Mädchen von reinen Mädchenschulen. Hinsichtlich der biologischen Disziplinen Zoologie, Botanik, Bakteriologie und Physiologie ist ein solcher Unterschied nicht zu beobachten (Vockell/Lobonc 1981).

2.3.7 Lehrererwartungen und -einstellungen

Mädchen werden im Durchschnitt für die gleichen Leistungen ungünstiger bewertet; Lehrer sind häufig der Meinung, daß Mädchen geringere naturwissenschaftiiche und technische Fähigkeiten haben als Jungen; hohe Leistungen in Physik und Chemie werden bei Jungen eher vorhandenen Fähigkeiten, bei Mädchen eher Fleiß und Sorgfalt zugeschrieben.

Auf der Grundlage identischer Arbeiten beurteilen Lehrer Jungen im Durchschnitt als begabter für naturwissenschaftliche Fächer als Mädchen.

Auf der Grundlage identischer Schüleraussagen über Naturwissenschaften und Naturwissenschaftler werden Jungen im Durchschnitt positivere Einstellungen gegenüber den Naturwissenschaften und höheres Interesse an Naturwissenschaften von den Lehrern und Lehrerinnen zugeschrieben als Mädchen (Spear 1984; 1987).

Naturwissenschaftslehrer sind sogar in höherem Maße als Lehrer anderer Fächer der Meinung, daß technischer Bildung für die Zukunft der Mädchen wenig Bedeutung zukommt. Selbst auf der Ebene der Allgemeinbildung finden nur ca. 24% der Lehrer insgesamt technische Qualifikationen für Mädchen wichtig (Spear 1985).

Lehrer schätzen die Berufswünsche und Lebensplanungen ihrer Schülerinnen häufig falsch ein: Im Rahmen einer englischen Schuluntersuchung befragte Lehrer „gingen überwiegend davon aus, daß ihre Schülerinnen später primär Familie haben wollten und als Berufe Sekretärin, Lehrerin oder Krankenschwester wählen würden – wenn sie sich ihre Schülerinnen überhaupt in Berufen vorstellen konnten. Diese Einschätzungen äußerten sie, obwohl sie den betreffenden Schülerinnen hohe Schulabschlüsse zutrauten. Die Mädchen selber hatten dagegen ganz andere, weit gestreute und auch hochgesteckte Berufswünsche“ (Stanworth 1988).

2.3.8 Lehrer-Schüler-Interaktion

Jungen erfahren bereits in der Grundschule seitens der Lehrer deutlich mehr Beachtung im Unterricht als Mädchen. Dies trifft insbesondere für den Sachkunde- und Mathematikunterricht zu:

Jungen werden signifikant öfter aufgerufen, sowohl relativ zu ihrer Zahl in der Klasse als auch relativ zur Häufigkeit, mit der sie sich melden.

Jungen werden signifikant öfter gelobt als Mädchen, sowohl relativ zur Schülerzahl als auch relativ zur Häufigkeit, mit der sie sich melden und aufgerufen werden (Frasch/Wagner 1982).

Lehrerinnen und Lehrer interagieren im Unterricht signifikant häufiger mit Jungen als mit Mädchen (Crossman 1987; Taber, 1992). Sie überschätzen die Anteile an Zeit, in denen sie sich den Mädchen zuwenden. Nach ihrer subjektiven Einschätzung behandeln sie beide Geschlechter gleich, d.h. zollen Mädchen und Jungen gleich viel Aufmerksamkeit. Im Durchschnitt wenden sie sich aber 2/3 der Zeit den Jungen zu, auch wenn diese weniger als die Hälfte der Klasse ausmachen:

Wenden sich Lehrerinnen und Lehrer jedoch etwa 40% der Zeit den Mädchen zu, so haben sie bereits den Eindruck, diese zu bevorteilen.

Wenden sich Lehrerinnen und Lehrer etwas mehr als ein Drittel der Zeit den Mädchen zu, so empfinden die Jungen dies als Benachteiligung.

Den weiblichen und männlichen Schülern ist die Vormachtstellung der Jungen bewußt; es besteht Übereinstimmung darüber, daß Jungen als wichtiger gelten bzw. als diejenigen, die maßgebend sind und mehr Aufmerksamkeit verdienen (Spender 1985).

Physiklehrerinnen und -lehrer bevorzugen Jungen deutlicher als Biologielehrerinnen und -lehrer (Crossman 1987).

Lehrerinnen und Lehrer stellen an Jungen höhere Erwartungen hinsichtlich ihrer Leistungen in Mathematik und naturwissenschaftlichen Fächern:

Jungen werden als intelligenter, interessierter und kreativer, Mädchen als gewissenhaft, sauber, ordentlich und fleißig beurteilt (Whyte 1986; Spear 1984).

Jungen wird zugetraut, daß sie schwierige Probleme selbst lösen, sie werden ermuntert, es selbst zu versuchen, Mädchen wird eher geholfen (Whyte 1986).

Während bei Jungen die Rückmeldungen auf ungenügende Leistungen häufig die unterschwellige Information beinhalten „Du könntest, wenn Du nur wolltest", lautet die entsprechende unterschwellige Botschaft bei Mädchen häufig „Es reicht nicht, aber Du hast Dir Mühe gegeben" (Horstkemper 1989). Dweck et al. (1978) sprechen in diesem Zusammenhang von „gelernter Hilflosigkeit" (learned helplessness).

2.4 Mögliche Ansatzpunkte zur Förderung des Interesses und der Teilnahme von Mädchen an naturwissenschaftlich-technischer Bildung

Um das Interesse der Mädchen an naturwissenschaftlich-technischer Bildung und Berufsorientierung zu fördern, sind Maßnahmen, die unterschiedliche Ebenen betreffen, erforderlich:

- Berücksichtigung und Unterstützung der spezifischen Interessen und Fähigkeiten der Mädchen;
- Ausgleich der fehlenden vor- und außerschulischen Erfahrungen von Schülerinnen;
- Aufbau eines erweiterten Selbstbildes bei Mädchen;
- Aufbau eines erweiterten Selbstbildes bei Jungen;
- Abbau von Sexstereotypen bei Lehrern und Lehrerinnen;

Aus den vorliegenden Ergebnissen (s. Kapitel 2.3) lassen sich unmittelbar konkrete Anregungen für den Unterricht ableiten. Konkrete Einzelmaßnahmen dazu wären:

Die auf die speziellen Interessen, Fähigkeiten und Erfahrungen der Mädchen abgestimmte Änderung der Lehrpläne bezüglich der Inhalte, der Kontexte für die Bearbeitung dieser Inhalte und der Unterrichtsaktivitäten

Mädchen zeigen relativ hohes Interesse an Naturphänomenen sowie Phänomenen, die mit der sinnlichen Wahrnehmung zu tun haben. Der Bezug zum Menschen, soziale Implikationen, die praktische Anwendbarkeit sowie die Anbindung an alltägliche Erfahrungen haben für sie hohe Bedeutung. Medizinische Anwendungen oder Naturphänomene als Kontexte für die Erarbeitung physikalischer Inhalte sowie Themen der Gesundheit oder Umwelt würden den Interessen der Mädchen und der Jungen entgegenkommen.

Die Entwicklung mädchengerechter Unterrichtsmaterialien

Häußler und Hoffmann (1990) zeigen einen Weg auf, wie man vorgehen kann, um die vorliegenden Ergebnisse der empirischen Studien über Schülerinteressen bei der Gestaltung bestimmter Themen im Physikunterricht umzusetzen.

Die Schaffung von Lernmöglichkeiten, speziell und ausschließlich für Mädchen

Zu denken wäre etwa an Bastelclubs, Arbeitsgemeinschaften für Naturwissenschaften und Technik oder Computercamps (vgl. dazu den BLK-Modellversuch MiNT in Abschnitt 2.5).

Die zeitweilige Einrichtung reiner Mädchenkurse/-klassen für den naturwissenschaftlichen Unterricht

Praktiziert wird eine solche Geschlechtertrennung in erster Linie für den Anfangsunterricht in Physik. Eine Variante davon ist die nur zeitweise Aufhebung der Koedukation, indem z.B. abwechselnd jeweils eine Stunde Physikunterricht Mädchen und Jungen gemeinsam und eine Stunde Physikunterricht Mädchen und Jungen getrennt unterrichtet werden. Diese „Mischform" scheint insbesondere in Verbindung mit Schülerexperimenten wirkungsvoll zu sein. Die Schülerexperimente im getrennten Unterricht können den Mädchen Erfolgserlebnisse und Kompetenzgefühl vermitteln. Dies können sie dann im gemeinsamen Unterricht einbringen und demzufolge auch in Gegenwart von Jungen ein entsprechendes Selbstbewußtsein aufbauen.

Die Schaffung von Identifikationsmöglichkeiten mit weiblichen „Modellpersonen"

Als Modellpersonen in Schulbüchern oder audiovisuellen Medien kommen z.B. Naturwissenschaftlerinnen, Ingenieurinnen oder Handwerksmeisterinnen in Frage. Auch persönliche Kontakte können hergestellt werden: Das Einladen weiblicher „Modellpersonen" in den

Unterricht zu Gesprächen über ihren Berufsalltag, über die Bildungsvoraussetzungen und die Berufschancen; das Veranstalten von Informationstagen, an denen „Modellpersonen" aus unterschiedlichen Berufsfeldern teilnehmen; sowie das Besuchen von „Modellpersonen" an ihren Arbeitsplätzen wären Beispiele um solche persönlichen Kontakte herzustellen.

Die Einrichtung einer Informationsbasis

Es gilt eine Informationsbasis zu schaffen, die den Mädchen eine naturwissenschaftlich-technische Berufsorientierung ermöglicht und ihnen die Bedeutung der Auseinandersetzung mit Naturwissenschaften und Technik für die eigene Lebensplanung deutlich macht. Im Zusammenhang damit ist die existierende Rollenverteilung zu problematisieren und eine aktive Lebensplanung zu fördern, die bei Mädchen stärker den beruflichen Bereich und bei Jungen stärker den familiären Bereich betont. Zusätzllich gilt es, Voreingenommenheiten gegenüber Frauen in den Naturwissenschaften bzw. die Auffassung, daß Physik und Technik „Männersache" sei, durch den Lehrer/die Lehrerin abzubauen. Es gilt, ein entsprechendes Bewußtsein auf Seiten der Mädchen und auf Seiten der Jungen zu fördern.

Die Erweiterung der Lehrerausbildung

Die bisher aufgeführten Maßnahmen können nur greifen, wenn der Lehrer/die Lehrerin selbst keinen gegen die Mädchen gerichteten Voreingenommenheiten verhaftet ist. Deshalb müssen Förderprogramme zur naturwissenschaftlich-technischen Bildung für Mädchen auch auf der Ebene der Lehreraus- und -fortbildung ansetzen:

In entsprechenden Angeboten sind die Lehrerinnen und Lehrer zur Reflexion eigener Geschlechtsstereotype und eigener geschlechtsspezifischer Verhaltensweisen im Unterricht gegenüber Schülerinnen und Schülern hinzuführen. Es gilt, gegebenenfalls vorhandene negative Voreingenommenheiten bezüglich naturwissenschaftlich-technischer Fähigkeiten von Mädchen und der Bedeutung naturwissenschaftlicher Bildung für die Lebensplanung von Mädchen abzubauen, bzw. entsprechende positive Einstellungen aufzubauen.

Es sind Strategien zu entwickeln, die es den Lehrerinnen und Lehrern ermöglichen, eigene geschlechtsspezifische Verhaltensweisen gegenüber Schülerinnen und Schülern zu kontrollieren. Bei angehenden Lehrern gilt es, vorbeugend Strategien zu entwickeln, damit die Mädchen benachteiligende Verhaltensweisen erst gar nicht aufgebaut werden.

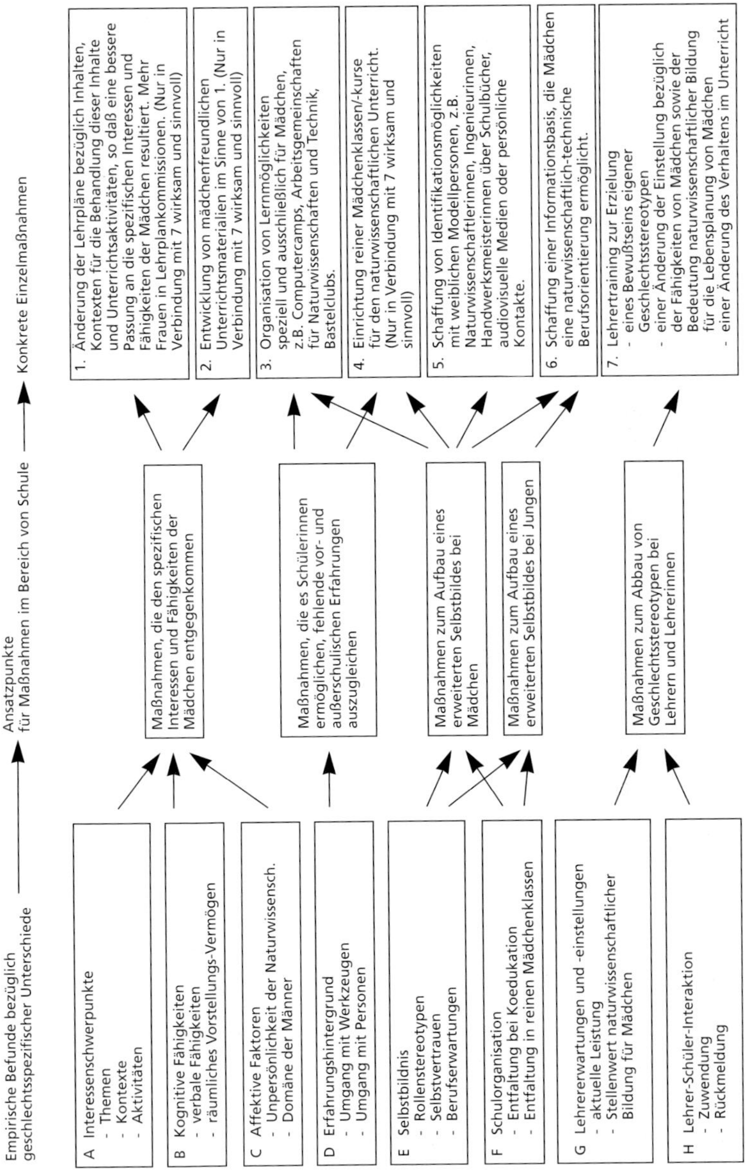

Abb. 2.1: Ansatzpunkte für Maßnahmen zu einem mädchen„gerechten" naturwissenschaftlich-technischen Unterricht

Die vorliegenden empirischen Befunde (Spear 1984; 1985; 1987; Whyte 1986) lassen jedoch vermuten, daß sich gerade Naturwissenschaftslehrer und -lehrerinnen einer solchen Umorientierung am hartnäckigsten widersetzen.

Zusammenfassend gibt Abbildung 2.1 einen Überblick durch welche empirischen Befunde die einzelnen Maßnahmen begründet werden.

2.5 Bereits abgeschlossene Modellversuche

2.5.1 BLK-Modellversuch „MiNT" (Mehr Mädchen in Naturwissenschaften und Technik)

Die Zielgruppe dieses Modellversuchs waren Schülerinnen der 3. bis 8. Klassen aller Schulformen. Anliegen des Mopdellversuches (Projektträger: die Stadt Neuss; Laufzeit: 1987 bis 1990) war es, „Mädchen in Naturwissenschaften und Technik zu fördern, sie an naturwissenschaftlich-technische Denk- und Arbeitsweisen heranzuführen, ihr Interesse an naturwissenschaftlich-technischen Fragestellungen und Prozessen zu wecken und zu festigen, sie zum Erwerb naturwissenschaftlicher Bildung zu ermutigen" (Conrads/Uhlenbusch 1990, S. 19). Der Modellversuch bot für Mädchen die Möglichkeit, außerhalb vom regulären Unterricht Erfahrungen im sachgemäßen Umgang mit Werkstoffen und Werkzeugen, im Beobachten, im Experimentieren, im Hypothesen bilden und prüfen zu sammeln.

Im Rahmen des Modellversuchs nahmen rund 170 Mädchen über einen längeren Zeitraum freiwillig zusätzlich einmal wöchentlich an einer zweistündigen Unterrichtsveranstaltung teil, um verschiedene, von Didaktikern, Lehrerinnen und Lehrern verschiedener Schulformen entwickelte, Unterrichtsthemen und -projekte zu erproben. Dabei sollten die Neigungen, Interessen und das Verhalten von Mädchen praxisnah erforscht werden, um diesen im koedukativen Unterricht besser gerecht werden zu können (Conrads/Conrads 1992).

Die Unterrichtsarbeit erfolgte in folgenden vier Themenbereichen, die quartalsweise wechselten, und zwar:

- Vom Sachunterricht zum Fachunterricht; Themen aus den Fachbereichen Biologie, Chemie und Physik wurden fachübergreifend in den Klassen 3 bis 5 unterrichtet (Gramm/Bohne/Stephan 1992);
- Technisches Werken mit Holz; mit Schwerpunkt in den Klassen 3 bis 6 (Gramm/Bohne/Stephan 1992);

- Einführung in die Chemie: Klasse 7 (Barke/Kuhrke 1992);
- Physik mit „Kommunikation" als Rahmenthema (Uhlenbusch 1992).

2.5.2 Mehr Mädchen in Naturwissenschaft und Technik

Das 2.5.1 namensgleiche Projekt „Mehr Mädchen in Naturwissenschaften und Technik", das in Kooperation von der Stiftung Jugend forscht Hamburg mit dem Institut für Psychologie der Technischen Universität Berlin in den Jahren 1988 und 1989 durchgeführt (Hannover u.a. 1989; Hannover 1991) und durch das Bundesministerium für Bildung und Wissenschaft finanziert wurde, richtete sich an Schülerinnen und Schüler der 9. Klasse.

Insgesamt 14 Gymnasien aus Berlin, Hamburg, Nordrhein-Westfalen und Baden-Württemberg nahmen mit je zwei 9. Klassen an dem Projekt teil: sieben Gymnasien als Versuchsschulen und sieben Gymnasien als Kontrollschulen.

Im Rahmen des Projekts wurde ein schulbezogenes Interventionsprogramm entwickelt, das der geringeren subjektiven Kompetenz und der geringeren technischen Erfahrung der Mädchen entgegenwirken sollte. Das Interventionsprogramm umfaßte insgesamt sechs Interventionen, die über einen Zeitraum von zehn bis elf Monaten durchgeführt wurden:

- Allen Versuchsklassen wurde ein Kosmos-Experimentierkasten zum Thema „Umweltökologie" zur Verfügung gestellt, den die Schülerinnen und Schüler reihum mit nach Hause nehmen konnten, um selbst zu experimentieren,
- es wurde eine Mathematikunterrichtseinheit zur Förderung der subjektiven Kompetenz der Mädchen entwickelt und in den Versuchsklassen durchgeführt,
- die Besichtigung von Betrieben, in denen Frauen im technischen Bereich tätig sind,
- Lehrerinformationen in schriftlicher Form über typische Lehrer-Schüler-Interaktionen, durch die eine „geschlechtstypische" Interessenentwicklung der Jugendlichen begünstigt wird,
- die Durchführung eines internen Technikwettbewerbs,
- die Durchführung eines Wochenendseminars, das ein in sich gebündeltes Interventionsprogramm darstellt und u.a. folgende vier Programmblöcke umfaßte: einen Computerkurs, ein Physikexperiment, einen Videokurs und „Mädchen in typischen Männerberufen".

Um die Wirkung dieser Maßnahmen in zwei Sätzen zu beschreiben, „kann gesagt werden, daß bei Mädchen und Jungen die gängigen Stereotypen über geschlechtstypische bzw. -untypische Interessen und Fähigkeiten abgebaut oder abgeschwächt worden sind. Im Ergebnis ist das naturwissenschaftlich-technische Interesse und Selbstvertrauen der Mädchen sowie ihre Absicht, sich selber im Bereich Naturwissenschaften und Technik zu engagieren, gestärkt worden“ (Hannover et al. 1989, S. 361).

2.5.3 Mädchen-Technik-Tage

Unterstützt und gesponsert von mehreren Firmen der bayrischen Industrie und mit Hilfe des bayrischen Kultusministeriums wurde im März 1990 der „1. Münchner-Mädchen-Technik-Tag“ vom Arbeitskreis „Frauen in Naturwissenschaft und Technik“, dessen Trägerverband der Deutsche Akademikerinnenbund (DAB) ist, im Deutschen Museum durchgeführt (Heinzerling 1990).

Die Konzeption wurde von Ingenieurinnen, Studentinnen, Lehrerinnen und Leuten aus der Industrie entwickelt.

Rund 300 Schülerinnen standen 30 Ingenieurinnen, 40 Studentinnen technisch-naturwissenschaftlicher Fachrichtungen, die Personalleute der beteiligten Firmen, die Frauenbeauftragen der Hochschulen und die Beraterin des Arbeitsamtes für Gespräche und Informationen ganztägig zur Verfügung.

Wesentliche Themen waren: berufliche Tätigkeitsfelder, notwendige Eignungen und Berufschancen, Schwierigkeiten eines technischen Studiums sowie die Vereinbarkeit von Familie und Beruf.

In der Zwischenzeit haben u.a. auch in Erlangen, Hamburg, Stuttgart solche Mädchen-Technik-Tage stattgefunden.

Ziel dieser Mädchen-Technik-Tage ist es, Mädchen bereits in der gymnasialen Oberstufe auf technisch orientierte Berufe hin anzusprechen, sie für einen technischen Beruf zu motivieren, bzw. ihnen zu einem technisch-naturwissenschaftlichen Beruf Mut zu machen. Durch persönliche Gespräche soll den Schülerinnen die Möglichkeit zur Identifikation mit Ingenieurinnen gegeben werden; ihnen die Angst vor einem technischen Studium genommen und das eigene Selbstvertrauen gestärkt werden.

2.5.4 BLK-Modellversuch „Förderung naturwissenschaftlich-technischer Bildung für Mädchen in der Realschule"

Zentrales Anliegen dieses Modellversuches (Laufzeit: Februar 1990 bis Dezember 1992) ist es, den Physikunterricht methodisch und inhaltlich so zu modifizieren, daß er auch die speziellen Interessen und Fähigkeiten der Mädchen stärker berücksichtigt. Die unterrichtliche Arbeit konzentriert sich auf den Physikunterricht der Klassen 7 und 8. Sieben Schulen aus Münster und Oberhausen nehmen mit insgesamt 20 Klassen am Modellversuch teil.

Zusammen mit den beteiligten Lehrerinnen und Lehrern wird ein modifizierter Unterricht entwickelt, bei dem Praktikumsblöcke mit „konventionellem" Unterricht abwechseln. Es handelt sich um zwei Praktikumsblöcke zu den Themen „Mechanik/Wärmelehre" und „Optik", für die jeweils 14 Unterrichtsstunden vorgesehen sind, und zwar zu Beginn von der 7.2 und der 8.1. Jeder Block besteht aus sieben Versuchen, die von den Schülerinnen und Schülern in gleichgeschlechtlichen Zweiergruppen im Rotationsprinzip durchgeführt werden.

Um den Schülerinnen positive Identifikationsmodelle zur Verfügung zu stellen, um die Mädchen und Jungen anzuregen, traditionelle Rollenzuweisungen zu hinterfragen, sowie auch bei Mädchen eine positive Haltung zur Fächer- und Berufswahl im naturwissenschaftlich-technischen Bereich zu fördern, sollen Schülerinnen, die das Fach Physik als Neigungsfach gewählt haben, weibliche Auszubildende und Beschäftigte in naturwissenschaftlich-technischen Disziplinen in den Unterricht eingeladen werden und über ihre Erfahrungen berichten.

Durch Betriebserkundungen im naturwissenschaftlich-technischen Bereich soll Mädchen die Möglichkeit gegeben werden, diese für sie untypischen Berufsfelder zu erleben, um ihnen so eine echte Entscheidungsmöglichkeit für Berufe aus dem naturwissenschaftlich-technischen Bereich zu eröffnen (Beinke 1991; Beinke et al. 1991; Sieger 1991).

3 Vorbereitung, Ziele und organisatorischer Rahmen des Modellversuchs

3.1 Vorbereitung des Modellversuchs

Zwei Arbeitsschwerpunkte des IPN, mit denen wir uns schon seit längerer Zeit befaßt haben, liefern den theoretischen konzeptionellen und methodischen Rahmen für den Modellversuch.

Erstens haben wir in den Jahren 1984 bis 1989 eine umfangreiche und detaillierte Untersuchung über die Veränderung von Schülerinteressen an Physik und Technik vom 5ten bis 10ten Schuljahr durchgeführt (Hoffmann/Lehrke 1986; Häußler 1987, Häußler/Hoffmann 1995, Hoffmann/Häußler/Lehrke 1997). Ziel dieser Untersuchung war u.a. die Identifikation von schulischen und außerschulischen Bedingungen und Ursachen für die unterschiedlichen Interessenausprägungen und -entwicklungen bei Mädchen und Jungen in diesem Bereich. Eine parallel dazu angelegte Querschnitterhebung über Schülerinteressen an Chemie und Chemieunterricht vom 7. bis 10. Schuljahr wurde dann 1990 durch-geführt (Gräber 1992a; 1992b).

Zweitens gibt es seit 1986 im IPN ein Arbeitsgebiet, das sich mit dem Themenbereich Mädchen/Frauen und naturwissenschaftlich-technische Bildung befaßt. Anliegen dieses Arbeitsgebietes ist es, u. a. abzuklären, wie die Lebenssituationen und Erfahrungen von Mädchen und Frauen konstruktiv in den naturwissenschaftlichen Unterricht eingebunden werden können (Hoffmann 1990a; 1992).

Das gemeinsame Ziel beider Arbeitsschwerpunkte ist es, die zum Teil aus den in der Literatur vorliegenden empirischen Befunde und zum Teil aus eigenen empirischen Untersuchungen gewonnenen Erkenntnisse für die Unterrichtspraxis nutzbar zu machen. Auf dieser Grundlage wurden zunächst Ansatzpunkte zur Förderung des Interesses und die Teilnahme von Mädchen an naturwissenschafticher Bildung zusammengestellt und Einzelmaßnahmen abgeleitet (Hoffmann 1990). Konkrete Ansatzpunkte, wie Physikunterricht zu verändern wäre, damit er auch bei Mädchen auf größeres Interesse stößt, lassen sich beispielsweise unschwer aus den vorliegenden empirischen Befunden der Physik-Interessenstudie finden (Häußler/Hoffmann 1990).

Der BLK-Modellversuch stellt nun eine Möglichkeit dar, die abgeleiteten Anregungen direkt in die Unterrichtspraxis umzusetzen und zu erproben. 1988 brachte ein Zusammentreffen mit der Vorsitzenden des Landeselternbeirates für Gymnasien in Schleswig-Holstein, Frau Jutta von Gayl, die sich ebenfalls der Thematik „Mädchen und naturwissenschaftliche Bildung“ angenommen hatte, den Stein ins Rollen. In der Folge wurden von der damaligen Ministerin für Bildung, Wissen-schaft, Jugend und Kultur des Landes Schleswig-Holstein, Frau Eva Rühmkorf, im Janunar 1989 zwei Arbeitskreise eingerichtet:

Erstens, die Länderübergreifende Projektgruppe *„Chancengleichheit von Jungen und Mädchen in der Schule“*, in der – neben Schleswig-Holstein – Bremen, Hamburg und Niedersachsen vertreten waren. Arbeitsauftrag dieser „Projektgruppe Norddeutscher Länder“ war es, sich wechselseitig über laufende und geplante Aktivitäten zu informieren, diese aufeinander abzustimmen, sich wechselseitig zu unterstützen und Möglichkeiten gemeinsamer Projekte, wie z. B. für einen länderübergreifenden Modellversuch, abzuklären.

Der zweite (lokale) *Arbeitskreis „Chancengleichheit von Mädchen und Jungen in der Schule“* war auf Schleswig-Holstein beschränkt. Er setzte sich zusammen aus einer Vertreterin des Ministeriums für Bildung, Wissenschaft, Jugend und Kultur (MBWJK), Frau Gerburg Böhrs, der Vorsitzenden des Landeselternbeirates für Gymnasien in Schleswig-Holstein, Frau Jutta von Gayl, Schulleiterinnen, Lehrerinnen unterschiedlicher Fachrichtungen von Hauptschulen, Realschulen und Gymnasien sowie einer IPN-Mitarbeiterin.

Arbeitsauftrag dieses Arbeitskreises war es, einen antragsfähigen Modellversuch zu entwerfen, der sich auf den naturwissenschaftlichen Anfangsunterricht in der Sekundarstufe I aller Schularten mit gleichzeitiger Anbindung an den geisteswissenschaftlichen Bereich konzentrieren sollte.

Von Anfang an stand eine Entscheidung für das Fach Physik fest, da wir hier die umfangreichsten empirischen Befunde über die Interessen von Mädchen und Jungen vorliegen hatten. Die Vorstellung, den Modellversuch auf ein naturwissenschaftliches und ein geisteswissenschaftliches Fach hin zu konzipieren, mußten wir aufgrund fehlender Kompetenzen in diesem Bereich früh fallen lassen. Wir wählten daraufhin Chemie als zweites Fach, weil es uns möglich erschien, die aus den empirischen Befunden für den Physikunterricht abgeleiteten Erkenntnisse auf den Chemieunterricht zu übertragen.

Mit Beginn des Schuljahres 1990/91 wurde demzufolge der Arbeitskreis um weitere Physik- und Chemielehrerinnen und -lehrer erweitert. Gleichzeitig verabschiedete sich der überwiegende Teil der Lehrerinnen ohne die Fächer Physik und Chemie aus dem Arbeitskreis.

Um an den Schulen in Schleswig-Holstein die grundsätzliche Bereitschaft zu wecken, sich möglicherweise an einem solchen Modellversuch zu beteiligen, wurde im Januar 1990 vom MBWJK zusätzlich ein *Forum zum Thema „Koedukation und Naturwissenschaften. – Was leistet der gemeinsame Unterricht für Mädchen und Jungen?“* durchgeführt (MBWJK, 1990).

3.2 Ziele des Modellversuchs

Ziel des Modellversuchs ist es, durch einen Unterricht, der einerseits die Lebenszusammenhänge, Fähigkeiten und Interessen von Mädchen berücksichtigt, insbesondere das Interesse der Mädchen an Physik und Chemie zu erhöhen und andererseits Bedingungen zu schaffen, die es Mädchen ermöglichen, ein auf Physik bzw. Chemie bezogenes größeres Selbstvertrauen zu entwickeln.

1. Hauptfrage:

Wie ist der Anfangsunterricht im Fach Physik und im Fach Chemie im Gymnasium zu gestalten, um die Benachteiligung der Mädchen im Bereich naturwissenschaftlicher Bildung abzubauen, und um ihnen den Zugang zu hochqualifizierten naturwissenschaftlich-technischen Berufen offen zu halten?

- ❑ *Erhöht sich das Interesse und die Beteiligung von Mädchen am Unterrichtsfach Physik, bzw. am Unterrichtsfach Chemie, durch einen Unterricht, der die Lebenszusammenhänge, Fähigkeiten und Interessen von Mädchen berücksichtigt und durch den gezielten Einsatz bestimmter Unterrichtsmethoden und Arbeit formen?*
- ❑ *Ist mit einem so veränderten Unterricht auch der beobachtete Interressenverlust bei Jungen an Physik bzw. Chemie abzuschwächen?*
- ❑ *Führt ein so veränderter Unterricht zu einer Erweiterung des Selbstkonzepts von Mädchen?*
- ❑ *Unterstützt ein so veränderter Unterricht Mädchen, sich weitergehend – über den Pflichtunterricht hinaus – mit Naturwissenschaften zu befassen und diese für die eigene Berufswahl (Leistungskurswahl, Studium) in Betracht zu ziehen?*

2. Hauptfrage:

In welcher Weise sind Lehrerinnen und Lehrer für die angesprochene Problematik zu sensibilisieren? Wie können Lehrerinnen und Lehrern eigene Geschlechtsstereotypen sowie eigene geschlechtsspezifische Verhaltensweisen im Unterricht gegenüber Mädchen und Jungen bewußt gemacht werden, und wie können sie unterstützt werden, ihre Verhaltensweisen gegebenenfalls zu verändern?

- *Welche Strategien erleichtern Lehrerinnen und Lehrern, ihr Verhalten zu kontrollieren und gegebenenfalls zu verändern?*
- *Kann das spezifische Fachinteresse bei Mädchen durch eine Veränderung des LehrerInnenverhaltens erhöht werden?*
- *Wie wirkt sich die Veränderung des LehrerInnenverhaltens auf das Verhalten der Schülerinnen und Schüler aus: werden beispielsweise soziale Verhaltensweisen gefördert und Dominanz- und Konkurrenzverhalten abgebaut?*
- *Führt die Veränderung des LehrerInnenverhaltens zu einer Veränderung des Selbstkonzepts von Mädchen und Jungen?*

3. Hauptfrage:

Werden durch eine partielle Aufhebung der Koedukation im jeweils ersten Unterrichtsjahr im Fach Physik bzw. im Fach Chemie die unter 1. und 2. angesprochenen Ziele des Modellversuchs besser erreicht? Ist eine entsprechende positive Wirkung auch noch langfristig (in den nachfolgenden Schuljahren) zu beobachten?

4. Hauptfrage:

Welche Konsequenzen sind aus den Ergebnissen für die gegenwärtige Praxis des koedukativen Unterrichts in Naturwissenschaften zu ziehen, um die Chancen von Mädchen zu verbessern? Wie können die Ergebnisse genutzt werden für Lehrpläne, die Gestaltung von Unterrichtsmaterialien und, um gegenwärtige LehrerInnenaus- und Weiterbildung zu verbessern?

3.3 Beantragter und bewilligter Rahmen

Bei der Planung des Modellversuchs sind wir von dem uns als möglich mitgeteilten Finanzierungsrahmen für BLK-Modellversuche ausgegangen. Im Zeitraum der Planung und Antragstellung des Modellversuchs (1989 bis 1991) wurde der Finanzierungsrahmen wiederholt eingeschränkt. Dies machte eine zweimalige Revision des Versuchsplans erforderlich und führte zu erheblichen Abstrichen des ursprünglichen Ansatzes.

Im März 1990 lag ein erster Antragsentwurf für einen Modellversuch vor. Als Laufzeit waren drei Jahre plus einem halben Jahr Vorlaufzeit vor Beginn des Modellversuchs eingeplant. Der Modellversuch konzentrierte sich auf die jeweils beiden ersten Jahre Anfangsunterricht in Physik und Chemie an Realschulen und Gymnasien. 13 Gymnasien und 10 Realschulen mit insgesamt 72 Klassen sollten als Versuchsschulen und je 5 Gymnasien und Realschulen mit insgesamt 40 Klassen als Kontrollschulen über zwei Jahre am Modellversuch teilnehmen. Jede Versuchsklasse sollte über zwei Jahre den im Rahmen des Modellversuchs entwickelten „neuen" Physik- oder Chemieunterricht erhalten.

Beim zweiten Antragsentwurf vom Juni 1990 wurde zwar der Plan, den Anfangsunterricht in Physik und Chemie in den jeweils ersten beiden Jahren neu zu gestalten, beibehalten, die Stichprobe mußte allerdings stark reduziert werden. Neben der Beschränkung auf eine Schulform – wir haben uns für die Schulform Gymnasium entschieden – erfolgte eine Verringerung der Anzahl der Schulen (10 Versuchs- und 5 Kontrollschulen) und Klassen (30 Versuchsklassen: 20 Physik und 10 Chemie; 20 Kontrollklassen: 10 Physik und 10 Chemie) und damit auch der zu beteiligenden Lehrkräfte.

Jede Klasse sollte wieder über zwei Jahre am Modellversuch teilnehmen. Als Laufzeit für den Modellversuch waren ebenfalls drei Jahre plus ein halbes Jahr Vorlaufzeit angesetzt.

Die zweite und letzte Reduzierung des Finanzierungsrahmens führte im April 1991 zu einer noch weitergehenden Veränderung des ursprünglichen Konzepts. Als Laufzeit wurden zweieinhalb Jahre vorgegeben. Aufgrund der kurzfristigen Bewilligung entfiel die bereits auf drei Monate gekürzte Vorlaufphase ganz.

Ferner mußten wir uns letztendlich auf das jeweils erste Jahr Anfangsunterricht in Physik bzw. Chemie beschränken, d. h. die Versuchsklassen erhielten nur über 1 Jahr den nach Maßgaben des Modellversuchs entwickelten „neuen" Physik- bzw. Chemieunterricht. Auch der Stichprobenumfang mußte aus Kostengründen weiter reduziert werden. Am Modellversuch nahmen 6 Gymnasien mit insgesamt 24 Klassen (12 Klassen Physik und 12 Klassen Chemie) als Versuchsschulen und 2 Gymnasien mit insgesamt 15 Klassen (7 Klassen Physik und 8 Klassen Chemie) als Kontrollschulen teil. Die detaillierte Beschreibung des Untersuchungsplans wird in Abschnitt 4 gegeben.

Die Entscheidung für die Schulform Gymnasium war durch die Festlegung auf die Fächer Physik und Chemie vorgegeben. Zur Zeit der Antragstellung liefen gerade die beiden BLK-Modellversuche (1) „Förderung naturwissenschaftlich-technischer Bildung für Mädchen in der Realschule in Nordrhein-Westfalen", der sich auf den Physikunterricht der Klassenstufen 7 und 8 konzentrierte, und (2) „Mädchen in Naturwissenschaften und Technik (MiNT), der außerhalb von regulärem

Unterricht für Mädchen der Klassenstufen 3 bis 8 die Gelegenheit bot, sich mit Themenbereichen der Biologie, Chemie, Physik und Technischem Werken auseinanderzusetzen.

3.4 Zeit- und Arbeitsplan

Die Laufzeit des Modellversuchs war auf zweieinhalb Jahre festgelegt und zwar vom 1. August 1991 bis 31. Januar 1994. Das Vorgehen im Modellversuch gliederte sich in mehrere Phasen. Im Folgenden wird der tatsächliche Ablauf im Vergleich mit dem ursprünglich vorgesehenen Zeit- und Arbeitsplan (vgl. Abb. 3.1) dargestellt. Die aufgrund der vorgesehenen Rahmenbedingungen erforderlichen Abweichungen werden anhand des ursprünglichen Plans aufgezeigt und deren Konsequenzen für den Modellversuch im Rahmen der Ergebnisdarstellung (Kapitel 8) diskutiert.

Die Bewilligung des Modellversuchs erhielten wir am letzten Schultag vor den Sommerferien 1991. Damit konnten die Schulen erst nach Beginn des neuen Schuljahres hinsichtlich ihrer Bereitschaft zur Teilnahme am Modellversuch angefragt werden.

Die Auswahl der Schulen wurde vom Ministerium für Bildung, Wissenschaft, Jugend und Kultur des Landes Schleswig-Holstein vorgenommen, die Lehrkräfte wurden überwiegend von der jeweiligen Schulleitung benannt.

Von zwei Modellversuchsschulen und einer Kontrollschule hatten bereits Lehrkräfte im Arbeitskreis „Chancengleichheit für Mädchen und Jungen in der Schule" an der Vorbereitung des Modellversuchs mitgewirkt. Drei Lehrkräfte aus dem Arbeitskreis nahmen auch an dem Modellversuch teil. Auf die Auswahl der restlichen Schulen und Lehrkräfte hatten wir keinen Einfluß.

Die ursprünglich geplante Auswahl der Schulen und Lehrkräfte nach bestimmten vorgegebenen Kriterien, die für den Erfolg des Modellversuchs gerade bei dieser Themenstellung sehr förderlich gewesen wäre, sowie die Sensibilisierung der Lehrkräfte in einer Vorphase war uns nicht mehr möglich. Ebenso mußte die geplante ausführliche Information der Schulen und Lehrkräfte über die Begründung, die Ziele und die Struktur des Modellversuchs entfallen, die einerseits eine positive Grundstimmung an den Schulen für den Modellversuch sichern und andererseits eine Grundlage für die Teilnahmeentscheidung der Schulen liefern sollte.

Beginn der Vorlaufphase: Mai 1991
Projektbeginn: 1. August 1991
Projektende: 31. Januar 1994

1. Phase: **Auswahl/Sensibilisierung/Vorbereitung**
(ca. 5 Monate; teilweise vor Projektbeginn: Mai-Sept. 1991)
1.1 Auswahl der Schulen und LehrerInnen;
1.2 Austausch der Vorstellungen aller Beteiligten über „Chancengleichheit für Mädchen und Jungen in der Schule";
1.3 Sensibilisierung der LehrerInnen durch Informationsangebot hinsichtlich:
- gesellschaftliche Sexstereotype,
- unterschiedliche Einstellungen, Erwartungen und Verhaltensweisen über Schülerinnen und Schülern allgemein und speziell im Bereich Naturwissenschaften, Hinführen zur Reflexion eigener Sexstereotype und geschlechtsspezifischer Verhaltensweisen gegen über Schülerinnen und Schülern;

1.4 Vermitteln von Forschungsergebnissen über die Interessen von SchülerInnen an Naturwissenschaften und Technik sowie Unterschiede in den Interessenschwerpunkten zwischen Mädchen und Jungen;
1.5 Vorbereitung des Modellversuchs, Aushandeln der Rahmenbedingungen der in Phase 2 zu entwickelnden Materialien.

2. Phase: **Konzeptionsentwicklung**
(ca. 3 Monate)
2.0 Gemeinschaftliche Erarbeitung einer Konzeption zur Durch führung eines Programms zur „Veränderung des Anfangsunterrichts Physik/Chemie unter Berücksichtigung der Kompetenzen und Interessen von Mädchen" und dessen Umsetzung im Physik- und Chemieunterricht mit den Komponenten:
2.1 Konzeption für eine curriculare Struktur
- zur Einführung in Physik (Klassenstufen 7) bzw.
- zur Einführung in Chemie (Klassenstufen 9),

die spezifische Lebenszusammenhänge, Interessen und Fähigkeiten von Mädchen berücksichtigt.
2.2 Konzeption für Strategien
- zur Kontrolle des eigenen Lehrer(innen)verhaltens gegenüber Schülerinnen und Schülern,
- zum Aufbau eines erweiterten Selbstkonzepts bei Mädchen (im koedukativen und getrennten Unterricht),
- zum Aufbau eines erweiterten Selbstkonzepts bei Jungen (im koedukativen und getrennten Unterricht);

2.3 Konzeption für die Evaluation des Modellversuchs, z.B. Verfahren
- zur Unterrichtsbeobachtung (u.a. LehrerInnen-SchülerInnen-Interaktion, SchülerInnen-SchülerInnen-Interaktion)

	• zur Erfassung des Selbstkonzepts der Schüler und Schülerinnen • zur Erfassung des Sozialverhaltens, z.B. Teamfähigkeit bei Schülern und Schülerinnen • zur Erfassung des Wissens in Physik bzw. Chemie bei Schülern und Schülerinnen • Beurteilung des Unterrichts aus der Sicht des Lehrers/ der Lehrerin;
3. Phase:	**Materialentwicklung** (ca. 9 Monate) 3.1 Umsetzung der in der 2. Phase erarbeiteten Konzeptionen 3.2 Erstellung eines detaillierten und verbindlichen Erprobungs- und Evaluationsplans;
4. Phase:	**Erprobung der Entwickelten Curricula und Strategien** (1 Jahr) 4.1 Erproben des Physikcurriculum für die Klassenstufen 7; 4.2 Erproben des Chemiecurriculum für die Klassenstufen 9; 4.3 Überarbeiten der Curricula; 4.4 Überarbeiten der Strategien.
5. Phase:	**Evaluation** (1 Jahr, parallel zur Erprobungsphase) z. B.: • Unterrichtsbeobachtung • Fragebogenerhebungen bei Schülerinnen und Schülern • zu: Selbstkonzept, Sozialverhalten, Interessen, Einstellungen, Wissen (Physik, Chemie) • Erfahrungsberichte der LehrerInnen (Lehrerprotokolle);
6. Phase:	**Abschlußarbeiten** (1 Jahr) 6.1 Darstellung der Konzeption des Modellversuchs (Entwicklung, Durchführung, Ergebnisse) bis Ende Januar 1994. 6.2 Aufbereitung der Ergebnisse für die Lehreraus- und -fortbildung. (Zusammenstellen der entwickelten Unterrichtsmaterialien, Erfahrungsberichte der LehrerInnen, Verbesserungsvorschläge, etc.) Weitgehend nach Abschluß des Modellversuchs.

Abb. 3.1: Zeit- und Arbeitsplanung des Modellversuchs

Durch das Entfallen der Vorlaufphase sind wir mit den Entwicklungsphasen auf allen Ebenen gegenüber dem vorgegebenen Zeitplan in Verzug geraten. Dies führte zu einer teilweise starken Überlappung verschiedener Phasen.

Das erste Treffen mit den Lehrkräften konnte erst Anfang September stattfinden. Auf zwei mehrtägigen Treffen Ende September (zweieinhalb Tage) und Anfang Oktober (eineinhalb Tage) starteten wir parallel mit der ersten und zweiten Phase.

Ausgehend von den empirischen Befunden aus den beiden IPN-Studien über die Interessen von Schülerinnen und Schülern an Physik bzw. Chemie und deren Veränderung im Laufe der Sekundarstufe I wurde gemeinsam mit den Lehrkräften versucht, einen ersten konzeptionellen Rahmen für die zu entwickelnden Unterrichtseinheiten abzustecken.

Während die Physikgruppe sich relativ rasch auf eine gemeinsame Konzeption für die curriculare Struktur einigen konnte und unmittelbar mit dem Entwerfen erster Unterrichtsverläufe begann (vgl. Abschnitt 5.1.1), war in der Chemiegruppe das Finden des gemeinsamen Nenners für die Konzeption der curricularen Struktur ein langanhaltender Prozeß. Parallel zur Erstellung der Unterrichtsentwürfe wurde die Sensibilisierung der Lehrkräfte fortgeführt. Die Entwicklung einer Konzeption für Strategien zur Kontrolle des eigenen (Lehrer-/Lehrerinnen-)verhaltens gegenüber Schülerinnen und Schülern, bzw. zur Erweiterung der Aufmerksamkeit gegenüber ablaufenden Interaktionsprozessen im Unterricht wurde erst nach einer Anlaufzeit von einigen Wochen begonnen. Die Erarbeitung solcher Strategien reichte in die Erprobungsphase hinein (vgl. dazu Abschnitt 5.2).

Mit der Entwicklung der gemeinsamen Konzeption für die Evaluation des Modellversuchs wurde erst in der zweiten Hälfte der Entwicklungsphase begonnen.

Während der Entwicklungsphase traf sich die Projektgruppe mit dem Lehrerarbeitskreis im Durchschnitt wöchentlich. Die Entwicklungsarbeiten zu den Unterrichtseinheiten wurden weitgehend im Rahmen dieses Treffens in der Physik- bzw. in der Chemiegruppe durchgeführt.

Die Materialentwicklung war zu Beginn der Erprobungsphase noch nicht abgeschlossen. Zwar lag für alle Unterrichtseinheiten ein erster Entwurf vor, diese mußten zum Teil aber noch ausgearbeitet werden.

Während der Erprobungsphase trafen sich die Lehrkräfte mit der Projektgruppe in der Regel alle zwei Wochen, um Erfahrungen über den abgelaufenen Unterricht auszutauschen, die noch ausstehenden Unterrichtseinheiten auszuarbeiten sowie die bereits erprobten Unterrichtseinheiten zu überarbeiten.

Mit Ende der Erprobungsphase lagen die gemeinsam überarbeiteten Unterrichtsentwürfe in einer Rohfassung vor.

4 Struktur des Modellversuchs

4.1 Innovationsansätze

Gegenstand des Modellversuchs ist die Veränderung des Anfangsunterrichts in Physik (Klasse 7) und Chemie (Klasse 9) an Gymnasien mit dem Ziel, das Interesse und die Beteiligung von Mädchen am Unterrichtsfach Physik bzw. am Unterrichtsfach Chemie zu erhöhen.

Zur Erreichung der Ziele des Modellversuchs wurden Innovationen in drei Richtungen angestrebt. Ihre konkrete Ausformung steht in direkter Beziehung zu den Ergebnissen der im IPN durchgeführten Interessenstudien Physik und Chemie (Gräber 1992a; 1992b; Häußler/Hoffmann 1990; Häußler/Hoffmann 1995; Hoffmann/Häußler/Lehrke 1997).

(1) Innovationen hinsichtlich der Unterrichtsinhalte und -methoden:

Hier sollte geprüft werden, ob durch einen Physik- bzw. Chemieunterricht, der die Lebenszusammenhänge, Fähigkeiten, Interessen und Vorerfahrungen von Mädchen berücksichtigt, das Interesse und die Beteiligung von Mädchen am Unterricht erhöht werden können und ob ein so veränderter Unterricht bei Mädchen und Jungen zu einem besseren Langzeitbehalten des Gelernten sowie zu besseren Transferleistungen führt. Das Vorgehen bei der Entwicklung der Unterrichtsmaterialien ist in Abschnitt 5.1.1 exemplarisch für den Physikteil, die Ergebnisse in den Abschnitten 8.1.1 (Physik) und 8.1.3 (Chemie) wiedergegeben.

(2) Innovationen bezüglich des Interaktionsgeschehens im Unterricht:

Hier sollten Verfahren entwickelt und erprobt werden, die es den Lehrkräften erleichtern, Mädchen benachteiligende Verhaltensmuster zu erkennen und gegebenenfalls abzubauen. Diese Maßnahmen zur Erreichung eines für Mädchen förderlichen Unterrichtsklimas konzentrierten sich vor allem auf eine Variable, die sich im Hinblick auf ein hohes Interesse am naturwissenschaftlichen Unterricht als besonders erklärungsmächtig erwiesen hat: das auf das Fach Physik bzw. Chemie bezogene Selbstkonzepte (Häußler/Hoffmann 1995). Die eingesetzten Maßnahmen zur Sensibilisierung der Lehrkräfte und zur Verbesserung des Interaktionsgeschehens werden in Abschnitt 5.2 dargestellt.

(3) Innovationen bezüglich der Unterrichtsorganisation:

Hier ging es vor allem um die Erprobung einer Kombination von Unterricht im Klassenverband und in Halbklassen, wobei ein Teil der Klassen in einer Mischform in regelmäßiger Abfolge koedukativ und monoedukativ unterrichtet wurde. Die Frage ist, inwieweit Mädchen von einer partiellen Aufhebung der Koedukation und von einem Unterricht in kleineren Klassen profitieren.

4.2 Organisation des Unterrichts

Drei unterschiedliche Formen von Unterrichtsorganisation sollten gleichermaßen für den Anfangsunterricht in Physik und für den Anfangsunterricht in Chemie in ihrer Wirkung hinsichtlich der Ziele des Modellversuchs überprüft werden:

(1) Durchgängig koedukativer Unterricht im Klassenverband (GK-Koed):

die Klassen erhielten jeweils 2 Stunden Physikunterricht bzw. Chemieunterricht pro Woche.

(2) Eine Kombination von durchgängig koedukativem Unterricht im Klassenverband und in Halbklassen (HK-Koed):

die Schülerinnen und Schüler erhielten in regelmäßiger Abwechslung jeweils eine Unterrichtsstunde im Klassenverband und eine Unterrichtsstunde in den „Halbklassen". Beim Unterricht in den Halbklassen sollten Schülerexperimente im Vordergrund stehen.

(3) Eine „Mischform" aus koedukativem und getrenntgeschlechtlichem Unterricht (HK-Mono):

die Schülerinnen und Schüler erhielten jeweils in regelmäßiger Abwechslung eine Unterrichtsstunde koedukativ im Klassenverband und eine Unterrichtsstunde monoedukativ in „Halbklassen" analog zu (2).

Die „Mischform" sollte garantieren, daß in den Mädchen-Halbklassen der Unterricht in Physik bzw. Chemie nicht auf „niedrigerem" Niveau stattfinden kann, da Schülerinnen und Schüler in regelmäßiger Abfolge zusammentreffen und mit den gleichen Anforderungen im Unterricht konfrontiert werden.

Die zeitweise Aufhebung der Koedukation fußt auf der Erkenntnis, daß dem Aufbau und der Erhaltung eines positiven fachspezifischen Selbstkonzepts der Mädchen für die Interessenentwicklung eine besondere Bedeutung zukommt (Hannover 1992).

Die getrenntgeschlechtlichen Unterrichtsstunden sollten Mädchen einen Freiraum bieten, um fehlende vor- und außerschulische Erfahrungen auszugleichen. Sie sollten Mädchen ermöglichen, eigene Erfahrungen zu machen, unbeeinträchtigt durch Dominanz-, Konkurrenz-, Abwertungs- und Verdrängungsmechanismen, mit denen Jungen häufig das Unterrichtsgeschehen bestimmen.

Die Schülerexperimente im getrennten Unterricht können den Mädchen Erfolgserlebnisse und Kompetenzgefühl vermitteln. Dies können sie dann bei der gemeinsamen Auswertung im Klassenverband einbringen und demzufolge auch in Gegenwart von Jungen ein entsprechendes positives Selbstbewußtsein aufbauen.

Für Jungen eröffnet die „Mischform" die Möglichkeit, in den Jungen-Halbklassen soziale Verhaltensweisen zu entwickeln sowie Konkurrenz- und Dominanzverhalten abzubauen, frei von der subjektiven „Verpflichtung", den Mädchen imponieren zu müssen.

Der Versuchsplan (s. Abschnitt 4.3) ist so angelegt, daß man die Wirkung der verschiedenen organisatorischen Maßnahmen separieren kann.

Es ist davon auszugehen, daß die „Mischform" von koedukativem und getrenntgeschlechtlichem Unterricht es den Lehrerinnen und Lehrern erleichtert, sowohl ihre eigenen Verhaltensweisen gegenüber Schülerinnen und Schülern zu kontrollieren und gegebenenfalls zu verändern, als auch den Stellenwert sozialer Kompetenz im Gegensatz zu Konkurrenz- und Dominanzverhalten zu erhöhen.

4.3 Stichprobe und Untersuchungsplan

Am Modellversuch nahmen sechs Gymnasien aus Bargteheide, Kiel (zwei Schulen), Neumünster, Preetz und Rendsburg teil. Diese stellten je vier Klassen (und zwar jeweils zwei 7. Klassen mit Anfangsunterricht Physik und zwei 9. Klassen mit Anfangsunterricht Chemie). Die Experimentalgruppe bestand somit aus 24 Klassen mit insgesamt 578 Schülerinnen und Schülern. Die 12 Physikklassen setzten sich aus 150 Schülerinnen und 139 Schülern zusammen, die 12 Chemieklassen aus 156 Schülerinnen und 133 Schülern.

Je ein Gymnasium aus Heikendorf und Kiel beteiligten sich mit allen ihrer 7. und 9. Klassen als Kontrollgruppe am Modellversuch. Diese Kontrollgruppe bestand aus 15 Klassen mit insgesamt 346 Schülerinnen und Schülern und zwar 7 Physikklassen mit 103 Schülerinnen und 64 Schülern sowie 8 Chemieklassen mit 83 Schülerinnen und 96 Schülern.

Die Schülerinnen und Schüler aus den drei Kieler Gymnasien kommen aus großstädtischem Einzugsgebiet (Experimentalgruppe: 87 Schülerinnen und 95 Schüler; Kontrollgruppe: 103 Schülerinnen und 74 Schüler). Die Schülerinnen und Schüler der anderen Schulen stammen aus ländlichem Einzugsgebiet (Experimentalgruppe: 219 Schülerinnen und 177 Schüler; Kontrollgruppe: 83 Schülerinnen und 86 Schüler).

Die Zahlenangaben basieren auf der Anzahl der Schülerinnen und Schüler, die am Vortest zu Beginn der Erprobungsphase, d.h. unmittelbar vor oder nach Einsetzen des Physik- bzw. Chemieunterrichts zu Beginn des Schuljahres 1992/93, teilgenommen haben. Die jeweiligen Schüler/innen/zahlen haben sich aufgrund der Zu- und Abgänge im Laufe des Schuljahres geringfügig geändert.

Von den 12 Physik- und ebenso von den 12 Chemieklassen der Experimentalgruppe wurden jeweils 4 Klassen jeder der drei Unterrichtsformen

(1) Unterricht durchgängig koedukativ in der Gesamtklasse **(GK-Koed)**,

(2) Unterricht durchgängig koedukativ abwechselnd in Gesamt klasse und in Halbklasse **(HK-Koed)** und

(3) Unterricht ab-wechselnd in Gesamtklasse koedukativ und in Halbklasse monoedukativ **(HK-Mono)** zugeordnet.

Die Kontrollklassen wurden durchgängig koedukativ in der Gesamtklasse **(HK-Koed)** unterrichtet.

Die Aufteilung der Klassen auf die einzelnen Versuchsbedingungen ist in Abbildung 4.1 dargestellt. Abbildung 4.2 gibt die Verteilung von Jungen und Mädchen in den einzelnen Versuchsbedingungen für die Physikklassen, Abbildung 4.3 für die Chemieklassen wieder.

Alle Klassen der Experimentalgruppe wurden von den am Modellversuch teilnehmenden Lehrkräften auf der Grundlage der gemeinsam entwickelten Unterrichtsmaterialien unterrichtet. Die Klassen der Kontrollgruppe wurden in traditioneller Weise unterrichtet.

Unterrichtsform		Curriculum neu	Curriculum alt
Halbklasse/Klasse im Wechsel	mono-/koed	4 (4M/4J)	
	koed/koed	4 (8JM)	
nur ganze Klasse	monoed		
	koed	4	7 (Ph)[1]; 8 (Ch)
		Modellklassen	Kontrollklassen

Abb. 4.1: Versuchsplan: Aufteilung der Klassen auf die einzelnen Versuchsbedingungen; Klassen: Physik (Klassenstufe 7) und Chemie (Klassenstufe 9)

1 Die Anzahl der Kontrollklassen verringerte sich im Laufe der Erprobungsphase um 1 Physikklasse. Aufgrund von Lehrerwechsel und dadurch bedingtem Unterrichtsausfall ist eine Physikklasse im zweiten Halbjahr aus der Kontrollstichprobe ausgeschieden.

Unterrichtsform		Curriculum neu	Curriculum alt
Halbklasse/Klasse im Wechsel	mono-/koed	96 (42M/54J)	
	koed/koed	93 (52M/41J)	
nur ganze Klasse	monoed		
	koed	100 (56M/44J)	167 (103M/64J)
		Modellklassen	Kontrollklassen

Abb. 4.2: Verteilung von Jungen und Mädchen auf die einzelnen Versuchsbedingungen: Physikklassen

Unterrichtsform		Curriculum neu	Curriculum alt
Halbklasse/Klasse im Wechsel	mono-/koed	104 (58M/46J)	
	koed/koed	91 (49M/42J)	
nur ganze Klasse	monoed		
	koed	94 (49M/45J)	179 (83M/96J)
		Modellklassen	Kontrollklassen

Abb. 4.3: Verteilung von Jungen und Mädchen auf die einzelnen Versuchsbedingungen: Chemieklassen

In den Klassen der Experimentalgruppe unterrichteten insgesamt sieben Lehrerinnen und fünf Lehrer. Die Verteilung hinsichtlich der Fächer war wie folgt: Physik: 3 Lehrerinnen und 3 Lehrer; Chemie: 4 Lehrerinnen und 2 Lehrer.

Jede Lehrkraft nahm mit 2 Klassen am Modellversuch teil. Die Unterrichtsform der beiden Klassen variierte entsprechend dem Versuchsplan, so daß jede Lehrkraft die im Rahmen des Modellversuchs entwickelten Materialien unter zwei unterschiedlichen Bedingungen erprobte.

Die Verteilung der Unterrichtsbedingungen auf die Lehrkräfte war folgende: Zwei Physiklehrkräfte und zwei Chemielehrkräfte unterrichteten jeweils eine ihrer beiden Klassen nach der Bedingung GK koed und eine Klasse nach der Bedingung HK koed; zwei Physik- und zwei Chemielehrkräfte unterrichteten ihre Klassen nach den Bedingungen GKkoed und HK mono und zwei Physik- und Chemielehrkräfte nach den Bedingungen HK koed und HK mono.

Für die Dauer der Entwicklungs- und Erprobungsphase erhielt jede Lehrkraft 4 Entlastungsstunden.

Während der Erprobungsphase unterrichteten jeweils vier Physik- und Chemielehrkräfte im Rahmen des Modellversuchs 5 Wochenstunden (davon 1 Zusatzstunde für die partielle Teilung einer Klasse) und jeweils zwei Physik- und Chemielehrkräfte 6 Wochenstunden (davon 2 Zusatzstunden für die partielle Teilung beider Klassen).

Die Verteilung der drei Kombinationen von Unterrichtsbedingungen konnten die Lehrkräfte unter sich entscheiden. Zwei Vorgaben engten die freie Wahl ein:

(1) nach der Bedingung HK mono konnte nur in Klassen mit einer annähernd gleichen Anzahl von Mädchen und Jungen unterrichtet werden und

(2) die Kombination der Bedingungen HK mono und HK koed sollte nur einmal pro Schule vorkommen, um die zusätzliche Belastung für die Schulen möglichst gering zu halten.

Bei den Kontrollklassen unterrichteten:
in Physik 1 Lehrerin und 5 Lehrer (davon 1 Lehrer in zwei Klassen); in Chemie 3 Lehrerinnen und 5 Lehrer. Mit dem organisatorisch bedingten Ausscheiden einer Physikklasse aus der Kontrollstichprobe verringerte sich die Anzahl der unterrichtenden Lehrer auf vier.

5 Maßnahmen zur Erreichung der Versuchsziele

5.1 Maßnahmen zur Erreichung der inhaltlich/ methodischen Ziele

Zur Erinnerung: Die inhaltlich/methodische Zielsetzung des Modellversuchs war es, einen Physik- bzw. Chemieanfangsunterricht zu konzipieren, der die Lebenszusammenhänge, Fähigkeiten und Interessen von Mädchen berücksichtigt, und durch den gezielten Einsatz bestimmter Unterrichtsmethoden und Arbeitsformen das Interesse und die Beteiligung von Mädchen am Unterricht erhöht. Um einen in allen Versuchsklassen in gleicher Weise diesem Ziel verpflichteten Unterricht zu gewährleisten, waren Unterrichtsmaterialien in Form von schriftlich ausgearbeiteten Unterrichtsvorschlägen und Versuchsbeschreibungen für die unterrichtenden Lehrkräfte sowie Schülermaterialien zu entwickeln. Im folgenden wird exemplarisch für den Physikteil des Modellversuchs die zugrundegelegte didaktische Konzeption für diese Materialien sowie deren Entwicklung, Erprobung und Revision dargestellt.

5.1.1 Die zugrundeliegende didaktische Konzeption

Ausgangspunkt für die didaktische Konzeption, die der Entwicklung der Unterrichtsmaterialien zugrundegelegt werden sollte, waren zwei am IPN durchgeführte Studien:

- Die Delphi-Studie Physik (Häußler/Frey/Hoffmann/Rost/Spada 1988), in der die etwa 70 nach bestimmten Kriterien ausgewählten Teilnehmer danach gefragt wurden, wie in unserer heutigen Gesellschaft physikalische Bildung aussehen solle. Ihre Antworten auf diese Frage ergaben fünf unterschiedliche Konzepte (Orientierungen, Funktionen) physikalischer Bildung, die für einen zeitgemäßen Physikunterricht leitend sein sollen, nämlich:

  Physik in ihrer Bedeutung für die Gesellschaft

  Physik als Mittel zum Verständnis technischer Objekte im Alltag

  Physik als Mittel zur Bereicherung emotionaler Erfahrungen

  Physik als Wissenschaft

  Physik als Grundlage für Berufe

- Die Interessenstudie Physik (Häußler/Hoffmann 1995, Hoffmann/Häußler/Lehrke 1997), in der das Interesse von Mädchen und Jungen im Alter zwischen 11 und 16 Jahren gegenüber verschiedenen Gebieten der Physik, Kontexten und Tätigkeiten erhoben wurde.

Die beiden Studien sind insofern eng aufeinander bezogen, als die Fragen nach dem Interesse der Schülerinnen und Schüler auf der Grundlage der fünf Konzepte einer wünschenswerten physikalischen Bildung gestellt worden sind. Somit wird in der Interessenstudie das Schülerinteresse an der Physik ausschließlich an solchen Teilen physikalischer Bildung erhoben, die sich in der Delphi-Studie als wünschenswert erwiesen haben.

Das didaktische Konzept für eine Erneuerung des Physikunterrichts im Sinne einer Chancengleichheit für Mädchen und Jungen fußt nun im wesentlichen auf den folgenden Ergebnissen der beiden Studien:

(1) Was im Sinne der Delphi-Studie pädagogisch sinnvoll erscheint, kommt der Interessenlage von Mädchen und Jungen sehr nahe. Bei der Orientierung der Unterrichtsinhalte an den Schülerinteressen müssen also keine Ziele des Physikunterrichts aufgegeben werden, die aus pädagogischer Sicht bedeutsam sind.

(2) Was für Mädchen interessant ist, ist auch für Jungen interessant, aber nicht umgekehrt. Eine Orientierung an den Interessen der Mädchen ist somit der Ansatzpunkt, den Mädchen entgegenzukommen ohne die Jungen zu benachteiligen.

Mit anderen Worten: Wenn Physikunterricht, das Interesse von Mädchen *und* Jungen befriedigen, wecken oder aufrecht erhalten soll, dann ist man gut beraten, diese beiden Punkte zu beherzigen.

Eine detaillierte Auswertung der Interessenstudie führte zu einer Liste von Gesichtspunkten (Kasten auf der nächsten Seite), die bei der konkreten Entwicklung von Materialien für solchen Unterricht zu berücksichtigen sind:

Die Grundidee, mit dieser Liste konstruktiv umzugehen, ist einfach. Ein gegebenes Unterrichtsthema wird daraufhin befragt, wo es etwas zu Staunen gibt, worin die mutmaßlichen Vorerfahrungen liegen, welche Möglichkeiten für Erfahrungen aus erster Hand gesehen werden etc. Dieses Ausloten eines Themas geht im allgemeinen schnell und ohne größere Mühe vor sich, und es werden einem Thema oft ganz neue Seiten abgewonnen. Die Schwierigkeiten beginnen, wenn es darum geht, aus dieser Ideensammlung einen geschlossenen Unterrichtsentwurf zu machen. Die unverbunden nebeneinanderstehenden Gesichtspunkte verleiten nämlich dazu, z.B. den lebenspraktischen Nutzen an einem bestimmten technischen Objekt, den Körperbezug an der Physik eines Sinnesorgans oder den Gesellschaftsbezug an der wirtschaftlichen Bedeutung einer bestimmten Technologie in den Unterricht tragen zu wollen. Häufig sind diese spontanen Einfälle für sich allein genommen überzeugend, passen aber nicht so recht zusammen. Um einer unguten Zerstückelung des Unterrichts vorzubeugen, hat sich folgendes Prinzip bewährt:

Ein Unterrichtsthema wird von vornherein auf einen für Schülerinnen und Schüler interessanten Bereich thematisch begrenzt. Man könnte auch sagen: Jedem Thema wird ein bestimmtes Leitmotiv unterlegt, und die Auslotung im Sinne der 10 Gesichtspunkte erfolgt innerhalb der durch das Leitmotiv vorgegebenen Grenzen.

So sind zum Beispiel einer Einheit zur Mechanik (Geschwindigkeit und Kraft) das Leitmotiv „Wir untersuchen den Fahrradhelm", einer Einheit zur Akustik (Schallerzeugung und Schallausbreitung) das Leitmotiv „Wir bauen Musikinstrumente" und einer Einheit zur Optik (Die geradlinige Ausbreitung des Lichts) das Leitmotiv „Wir machen Bilder"unterlegt. Es zeigte sich, daß die durch das Leitmotiv vorgegebenen Grenzen, weniger als einengend, denn als förderlich empfunden werden, weil sie die Konzentration auf *ein* Anliegen erlauben.

1. Wie wird Schülerinnen und Schülern Gelegenheit gegeben, zu staunen und neu gierig zu werden, und wie wird erreicht, daß daraus ein Aha-Erlebnis wird?
2. Wie wird an außerschulische Erfahrungen angeknüpft, die zur Vermeidung geschlechtsspezifischer Dominanzen Mädchen und Jungen in gleicher Weise zugänglich sind?
3. Wie wird es Schülerinnen und Schülern ermöglicht, aktiv und eigenständig zu lernen und Erfahrungen aus erster Hand zu machen?
4. Wie wird erreicht, daß Schülerinnen und Schüler einen Bezug zum Alltag und zu ihrer Lebenswelt herstellen können?
5. Wie wird dazu angeregt, die Bedeutung der Naturwissenschaften für die Menschen und die Gesellschaft zu erkennen und danach zu handeln?
6. Wie wird der lebenspraktische Nutzen der Naturwissenschaften erfahrbar gemacht?
7. Wie wird ein Bezug zum eigenen Körper hergestellt?
8. Wie wird die Notwendigkeit und der Nutzen der Einführung und des Umgehens mit quantitativen Größen verdeutlicht?
9. Wie wird sichergestellt, daß den Formeln ein qualitatives Verständnis der Begriffe und ihrer Zusammenhänge vorausgeht?
10. Wie kann vorzeitige Abstraktion vermieden werden zugunsten eines spielerischen Umgangs und unmittelbaren Erlebens?

Tab. 5.1: Zehn Gesichtspunkte für die Gestaltung von Physikunterricht, um ihn insgesamt, besonders aber für Mädchen, interessanter zu machen

5.1.2 Entwicklung, Erprobung und Revision der Materialien

Die Auswahl der Themen für die entwickelten Unterrichtseinheiten folgt dem Lehrplan in Schleswig-Holstein für den zweistündigen Physikunterricht des 7. Schuljahres an Gymnasien. Die dort verbindlich vorgeschriebenen Unterrichtseinheiten lauten (in Kursivschrift die „leitmotivisch" umgedeuteten Titel):

Schallerzeugung und Schallausbreitung

→ **Wir bauen Musikinstrumente und messen Lärm**

Geschwindigkeit und Kraft

→ **Wir untersuchen den Fahrradhelm und messen Geschwindigkeiten und Kräfte**

Wärmeausbreitung, Ausdehnung bei Erwärmung, Temperaturmessung

→ **Wärme und Wärmequellen beim Zubereiten von Speisen**

Elektrischer Strom, Magnetismus

→ **Von einfachen Schaltungen und raffinierten Schaltern**

Die geradlinige Ausbreitung des Lichts

→ **Wir machen Bilder**

Der Grund für die enge Anlehnung an den Schleswig-Holsteinischen Lehrplan war der, daß nur so eine faire Vergleichbarkeit des Lernerfolgs der am Modellversuch teilnehmenden Klassen mit konventionell unterrichteten Kontrollklassen gewährleistet werden konnte. Im übrigen wollten wir auch zeigen, wie man einen Lehrplan streng erfüllen, dank der methodischen Freiheit aber trotzdem Phantasie entwickeln und Neuland betreten kann.

Die Entwicklung der Materialien von der ersten Skizze bis zur Endfassung wurde im großen und ganzen für jede Unterrichtseinheit in folgenden Schritten durchgeführt:

(1) **Finden eines geeigneten Leitmotivs.** Dieser Schritt erforderte meistens mehrere Anläufe. So waren z.B. in der Wärmeeinheit zunächst auch „Wärmeschutz im Haus“ und in der Optikeinheit „Beleuchtung im Theater“ Kandidaten, die dann aber wegen ihres Mädchen weniger ansprechenden technischen Charakters bzw. ihres ungewohnten Ambientes wieder verworfen wurden.

(2) **Ausloten des Themas** innerhalb der durch das Leitmotiv vorgegebenen Grenzen anhand der 10 Gesichtspunkte (s. Tabelle 5.1).

(3) **Erarbeiten einer ersten Unterrichtsskizze** auf der Grundlage der in (2) zusammengetragenen Stichworte und unter Berücksichtigung der dem Thema innewohnenden physikalischen Sachlogik.

(4) **Detailliertes Ausarbeiten der Unterrichtsskizze** in Form von Beschreibungen einzelner Unterrichtsaktivitäten und der zu erreichenden Lernergebnisse, Sammeln von Hintergrundmaterial etc.

(5) **Entwickeln eines Wissenstests** und eines die angezielten Lernergebnisse resümierenden Textes, der den Schülerinnen und Schülern als Vorbereitung auf den Test zur Verfügung stand.

(6) **Erproben des Unterrichtsbeispiels** in 12 Klassen und Vorgeben des Wissenstests (zusammen mit einem für alle Unterrichtseinheiten identischen Motivationstest) unmittelbar nach Abschluß der Erprobung.

(7) **Erstellen einer „Wunschliste"** von jeder Lehrkraft, was geändert und was beibehalten werden sollte und Überarbeiten des Beispiels zur Endfassung.

Alle Schritte wurden von den am Modellversuch beteiligten Lehrkräften in Kooperation mit einem Physikdidaktiker des IPN in zunächst wöchentlichen, später 14tägigen, jeweils vierstündigen Arbeitssitzungen und gelegentlichen „Hausaufgaben“ erledigt.

Für die Endfassung wurde eine Form gewählt, die großzügig genug ist, um situationsbedingte Abweichungen oder Umstellungen sowie eigene Ergänzungen zu ermöglichen, aber auch detailliert genug, um nicht an der Entwicklung beteiligten Unterrichtspraktikern verständlich zu machen, was und wie es gemeint ist.*

* Die vollständigen in diesem Rahmen entwickelten Materialien sind in einem gesonderten Band erschienen:

Walter Faißt, Peter Häußler, Christian Hergeröder, Karl-Heinz Keunecke, Hanna Kloock, Ingrid Milanowski, Mechthild Schöffler-Wallmann: Physik-Anfangsunterricht für Mädchen und Jungen Konzeption und fünf ausgearbeitete Unterrichtsbeispiele
IPN – Materialien, Kiel 1994, 233 Seiten, ISBN 3-89088-080-0

5.1.3 Kurzfassung der fünf Unterrichtseinheiten

Schallerzeugung und Schallausbreitung
➤ **Wir bauen Musikinstrumente und messen Lärm**

Bei dieser Unterrichtseinheit soll es (laut Lehrplan) um eine Einführung in die Akustik gehen, bei der im wesentlichen einige Grundbegriffe wie Schwingung, Frequenz, Tonhöhe, Schwingungsweite (Amplitude) und Lautstärke geklärt werden und einfache Vorstellungen zur Erzeugung, Ausbreitung und Wahrnehmung von Schall vermittelt werden. Bei der Diskussion darüber, welches Leitmotiv einer solchen Einführung zu unterlegen wäre, schälten sich sehr bald zwei Möglichkeiten heraus:

(1) Der Bau von Musikinstrumenten und das Erarbeiten der Grundbegriffe und der Vorstellungen am Beispiel der selbstgebauten Instrumente und (2) das Phänomen Lärm, die Wirkungen von Lärm und Möglichkeiten des Lärmschutzes. Beide Auslegungen erschienen sowohl vom Lehrplan als auch, wie die IPN-Interessenstudie gezeigt hat, von der Interessenlage der Schülerinnen und Schüler geeignet, und da sie sich gegenseitig auch keine Konkurrenz machen, wurde beschlossen, in einem ersten Teil die **Musikinstrumente** zu bauen und die Grundlagen zu erarbeiten und in einem zweiten Teil den **Lärm** in den Mittelpunkt zu stellen (mit einer Überleitung durch eine Rockband !).

Beim *Ausloten des Themas anhand der „Zehn Gesichtspunkte* für die inhaltliche Gestaltung von Chemie-/Physikunterricht, um ihn insgesamt, besonders aber für Mädchen, interessanter zu machen", wurden folgende Stichworte gesammelt:

1. Wie wird Schülerinnen und Schülern Gelegenheit gegeben, zu staunen und neugierig zu werden, und wie wird erreicht, daß daraus ein Aha-Erlebnis wird?

   Allmähliches Verstummen einer Schallquelle in einem Rezipienten beim Herauspumpen der Luft; Resonanzphänomene an Musikinstrumenten; Flackern einer Kerze vor einem Baßlautsprecher

2. Wie wird an außerschulische Erfahrungen angeknüpft, die zur Vermeidung geschlechtsspezifischer Dominanzen Mädchen und Jungen in gleicher Weise zugänglich sind?

   Erfahrungen mit Musikinstrumenten; Hörerfahrungen (angenehme und unangenehme Empfindungen); Belästigung durch Lärm

3. Wie wird es Schülerinnen und Schülern ermöglicht, aktiv und eigenständig zu lernen und Erfahrungen aus erster Hand zu machen?

   Bau von Musikinstrumenten unterschiedlicher Art; Schülerversuche zur Tonhöhe und Lautstärke mit diesen Instrumenten; Versuche zum Lärmschutz und Lärmpegelmessungen in der Umgebung der Schule

4. Wie wird erreicht, daß Schülerinnen und Schüler einen Bezug zum Alltag und zu ihrer Lebenswelt herstellen können?

   Lärmschutzmaßnahmen in der Umgebung; Lärm in Discos

5. Wie wird dazu angeregt, die Bedeutung der Naturwissenschaften für die Menschen und die Gesellschaft zu erkennen und danach zu handeln?

   Physikalische Methoden zur Lärmbekämpfung; Notwendigkeit von Lärmschutzverordnungen

6. Wie wird der lebenspraktische Nutzen der Naturwissenschaften erfahrbar gemacht?

   Kompensation von Gehörschäden durch Hörhilfen; Möglichkeiten, Lärm zu vermeiden oder durch Lärmschutzmaßnahmen zu verringern

7. Wie wird ein Bezug zum eigenen Körper hergestellt?

   Subjektive Empfindungen gegenüber Schallereignissen; Gehörschäden; „Hören" mit dem ganzen Körper; Trommelfell als schwingende Membran

8. Wie werden die Notwendigkeit und der Nutzen der Einführung und des Umgehens mit quantitativen Größen verdeutlicht?

   Zusammenhänge (etwa zwischen Frequenz und Tonhöhe) werden nur als „je-desto-Beziehungen“ eingeführt.

9. Wie wird sichergestellt, daß den Formeln ein qualitatives Verständnis der Begriffe und ihrer Zusammenhänge vorausgeht?

   Entfällt (s. Punkt 8)

10. Wie kann vorzeitige Abstraktion vermieden werden zugunsten eines spielerischen Umgangs und unmittelbaren Erlebens?

    Die akustischen Grundbegriffe Frequenz und Amplitude werden anhand selbstgebauter Musikinstrumente eingeführt. Die Schallausbreitung wird durch Mitschwingen der umgebenden Materie (z.B. Luft) erklärt. Auf die Abstraktion, daß die Schallausbreitung auch als Energieausbreitung gedacht werden kann, wird verzichtet.

Geschwindigkeit und Kraft

→ Wir untersuchen den Fahrradhelm und messen Geschwindigkeit und Kräfte

Bei dieser Unterrichtseinheit geht es (laut Lehrplan) darum, den Begriff der Geschwindigkeit als Quotient aus Weg und Zeit einzuführen und für den Fall gleichförmiger Bewegungen die graphische Darstellung in einem Weg-Zeit-Diagramm zu behandeln. Kräfte sollen als Ursache für Verformungen eingeführt werden. Neben der Einheit Newton für die Kraft ist auch der Vektorcharakter von Kräften zu behandeln.

Bei der Suche nach einem schülergemäßen Leitmotiv standen wir vor zwei Schwierigkeiten:

Einmal ist die Kopplung von Kraft und Geschwindigkeit insofern wenig glücklich, als Kräfte und Geschwindigkeiten eben gerade nicht über eine einfache Beziehung miteinander verbunden sind. Vielmehr sind ja Kräfte und Geschwindigkeits*änderungen* zueinander proportional und Geschwindigkeitsänderungen als Indikator für das Auftreten von Kräften sollen gerade nicht thematisiert werden.

Zum anderen ist die Mechanik bekanntermaßen ein relativ „trockenes“ Gebiet, und es fällt nicht leicht, Beispiele zu finden, bei denen die Mädchen nicht schon von vornherein einen gewissen Erfahrungsrückstand haben.

Ein am Modellversuch teilnehmender Lehrer hatte die Idee, den Unterricht auf die Physik des Fahrradhelms zu zentrieren. Dafür spricht, daß hier die Begriffe Geschwindigkeit und Kraft auf ganz natürliche Weise zusammenkommen: Einerseits ist es die wesentliche Aufgabe eines Fahrradhelms, sich bei einem Aufprall zu verformen, um so die auf den Kopf wirkenden Kräfte klein zu halten. Andererseits ist die maßgebende Größe für die Gefährlichkeit eines Sturzes oder eines Aufpralls die Geschwindigkeit der am Unfall Beteiligten.

Es kommt hinzu, daß die IPN – Interessenstudie Physik ein großes Interesse an Sicherheitsfragen ergeben hat. So haben z.B. in der 7. Klassenstufe etwa 60% der Mädchen und etwa 70% der Jungen ein großes bzw. sehr großes Interesse an der Frage, „wie die Wahrscheinlichkeit eines Verkehrsunfalls und die Schwere der Unfallfolgen mit zunehmender Geschwindigkeit wachsen". Ähnlich hoch liegen die Interessensbekundungen, „sich ein Sicherheitsfahrzeug auszudenken, in dem auch bei schweren Unfällen Fahrer und Beifahrer wenig oder nichts passiert."

Als relativ schwierig wurde es dagegen angesehen, die Begriffe Geschwindigkeit und Kraft bei der Einbettung in eine sicherheitstechnische Fragestellung mit genügender (und gewohnter) physikalischer/mathematischer Präzision behandeln zu können.

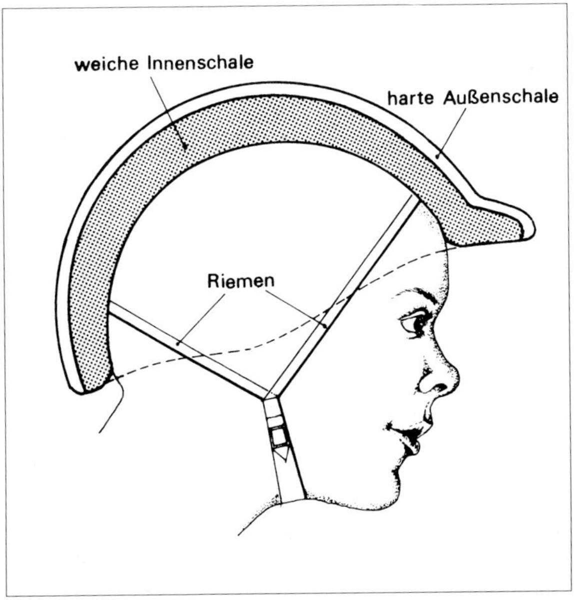

Die Diskussion darüber hat dann schließlich zu einem Kompromiß geführt. Der **Fahrradhelm unter dem Sicherheitsaspekt** soll Leitmotiv sein, aber zur Präzisierung der Begriffe Ge-schwindigkeit und Kraft soll es auch „klassische" Einschübe geben, in denen, losgelöst vom Leitmotiv, in gewohnter Weise unterrichtet wird.

Das ***Ausloten des Themas*** führte zu folgenden Stichworten:

1. Wie wird Schülerinnen und Schülern Gelegenheit gegeben, zu staunen und neugierig zu werden, und wie wird erreicht, daß daraus ein Aha-Erlebnis wird?

   Schon ganz wenig „Knautschmaterial" hat erstaunliche Wirkungen, wenn es darum geht, etwas Zerbrechliches vor Schaden zu bewahren; unerwartete Ergebnisse beim Zusammenwirken dreier richtungsverschiedener Kräfte; bei der Messung der Schallgeschwindigkeit wird die Zeitdifferenz zwischen optischem und akustischem Signal als erstaunlich groß empfunden

2. Wie wird an außerschulische Erfahrungen angeknüpft, die zurVermeidung geschlechtsspezifischer Dominanzen Mädchen undJungen in gleicher Weise zugänglich sind?

   Erfahrungen mit weichen und harten Materialien, elastische und unelastische Verformungen, Funktion von Matten im Sportunterricht, Verkehrssituationen, Fahrradfahren

3. Wie wird es Schülerinnen und Schülern ermöglicht, aktiv und eigenständig zu lernen und Erfahrungen aus erster Hand zu machen?

   Schülerversuche zum Geschwindigkeitsbegriff, zum Reaktionsweg, zur Schallgeschwindigkeit, zum Hook'schen Gesetz; Auswertung der eigenen Messungen in Diagrammen

4. Wie wird erreicht, daß Schülerinnen und Schüler einen Bezug zum Alltag und zu ihrer Lebenswelt herstellen können?

   Bedeutung des Fahrradhelms für die Verringerung des eigenen Unfallrisikos; Kräftespiel in Alltagssituationen (z.B. beim Tragen von Taschen, Spannen von Seilen, Befestigen mit Gurten); Umgang mit physikalischen Einheiten (km/h, N)

5. Wie wird dazu angeregt, die Bedeutung der Naturwissenschaften für die Menschen und die Gesellschaft zu erkennen un danach zu handeln?

   Physikalische Unfallforschung (Videofilm), Verhütung oder Minderung der Schäden bei Unfällen

6. Wie wird der lebenspraktische Nutzen der Naturwissenschaften erfahrbar gemacht?

   Möglichkeit, die Schäden bei Fahrradunfällen durch Tragen eines Helms zu mindern; systematische Vorgehensweise, um etwas über den Einfluß verschiedener Parameter auf einen Vorgang herauszufinden (exemplifiziert am Einfluß von

Geschwindigkeit, Dicke und Material des Polsters auf das Zerbrechen eines Eies)

7. Wie wird ein Bezug zum eigenen Körper hergestellt?

   Was beim Aufprall auf ein Hindernis geschehen kann; wie man sich vor Schäden schützen kann; Belastbarkeit von Körperteilen; Muskelkraft

8. Wie wird die Notwendigkeit und der Nutzen der Einführung und des Umgehens mit quantitativen Größen verdeutlicht?

   Messung von Kräften zur richtigen Dimensionierung von Schutzhelmen; Messung von Geschwindigkeiten zur Kontrolle von Verkehrsteilnehmern; beides setzt präzise Meßvorschriften voraus

9. Wie wird sichergestellt, daß den Formeln ein quantitatives Verständnis der Begriffe und ihrer Zusammenhänge vorausgeht?

   Den Zusammenhang zwischen Weg und Zeit (bei einer gleichförmigen Bewegung) erleben die Schülerinnen und Schüler zunächst durch aktives Tun: In gleichmäßigen Zeitabständen werden die zurückglegten Wege markiert und umgekehrt werden Zeiten gemessen, die für bestimmte Wege erforderlich sind. Dann folgt eine Übertragung der Meßwerte in ein Achsenkreuz und eine qualitative Diskussion, was die Steigung der Geraden mit der Geschwindigkeit zu tun hat. Erst dann erfolgt die mathematische Formulierung des Zusammenhangs. Ähnliches gilt für die Behandlung des Hook'schen Gesetzes. Zunächst werden verschiedene Verformungen betrachtet und beschrieben (elastische, unelastische). Erst dann wird nach einer gemeinsamen Ursache einer speziellen elastischen Verformung (Wirkung einer Gewichtskraft auf eine Spiralfeder) gesucht und eine Gesetzmäßigkeit gefunden und an anderen Beispielen wieder relativiert.

10. Wie kann vorzeitige Abstraktion vermieden werden zugunsten eines spielerischen Umgangs und unmittelbaren Erlebens?

    siehe Punkt 9

Wärmeausbreitung, Ausdehnung bei Erwärmung, Temperaturmessung

→ **Wärme und Wärmequellen beim Zubereiten von Speisen**

Bei dieser Unterrichtseinheit geht es (laut Lehrplan) um die verschiedenen Arten, wie sich Wärme ausbreitet (Wärmeleitung, Konvektion, Wärmestrahlung), um den Zusammenhang zwischen Ausdehnung und Erwärmung und um die Temperaturmessung.

Nachdem andere Kandidaten für ein geeignetes Leitmotiv als zu technisch (Wie kann man ein Haus vor Wärmeverlusten schützen?) bzw. zu komplex (Wie kann man es durch Kleidung und Raumklima schaffen, sich „wärmewohl“ zu fühlen?) ausgeschieden waren, wurde als Leitmotiv **„Wärme und Wärmequellen beim Zubereiten von Speisen“** gewählt. Die Zubereitung von Speisen schien uns deshalb besonders geeignet, weil hier die gesamte vom Lehrplan geforderte Physik in einen lebensweltlichen Zusammenhang gebracht werden kann: Die verschiedenen Wärmegeräte der Küche (z.B. Herdplatte, Umluftbackofen, Elektrogrill) nutzen unterschiedliche Wärmeausbreitungsarten und im Zusammenhang mit der Temperaturmessung (Backofentemperatur, Erwärmen im Wasserbad) spielt auch die Ausdehnung bei Erwärmung eine Rolle. Während der Erprobung konnte nicht festgestellt werden, daß sich die Jungen durch den Bezug zur Küche düpiert bzw. die Mädchen in eine ihnen unangenehme Rolle gedrängt fühlten.

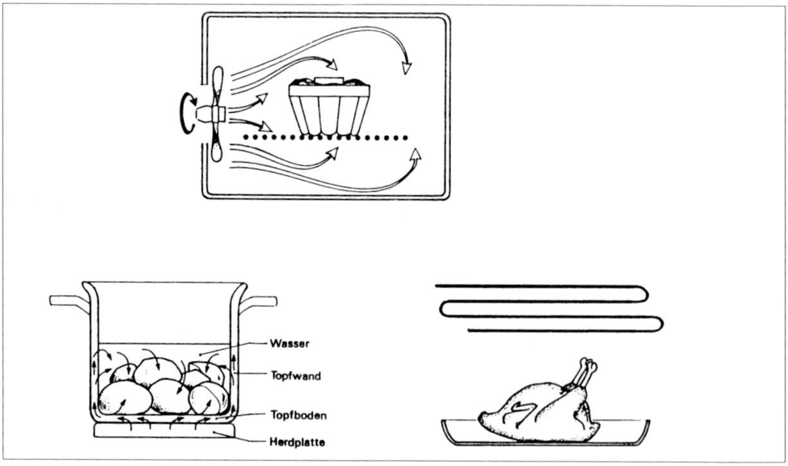

Das ***Ausloten des Themas*** führte zu folgenden Stichworten:

1. Wie wird Schülerinnen und Schülern Gelegenheit gegeben, zu staunen und neugierig zu werden, und wie wird erreicht, daß daraus ein Aha-Erlebnis wird?

   Metall fühlt sich bei Zimmertemperatur kälter an als Kunststoff, bei Temperaturen über der Körpertemperatur aber wärmer. Das kann mit der unterschiedlichen Wärmeleitfähigkeit von Metall und Kunststoff und mit der Besonderheit des menschlichen Wärmesinns erklärt werden.

   Schülerinnen und Schüler haben überwiegend die Vorstellung, daß ein Grill oder ein Ultrarotstrahler die umgebende Luft erhitzt. Sie sind deshalb überrascht, daß es wie im Fall der Wärmestrahlung einen Wärmetransport gibt, an dem die Materie nicht beteiligt ist.

2. Wie wird an außerschulische Erfahrungen angeknüpft, die zur Vermeidung geschlechtsspezifischer Dominanzen Mädchen und Jungen in gleicher Weise zugänglich sind?

   Thermoskanne;
   Wärmequellen in der Küche: Gasherd, Elektroherd (Kochplatten, Kochfeld), Gas- und Elektrobackofen (konventionell und Umluft), Tauchsieder, Wärmeplatte;
   Schlechte Wärmeleiter: Topflappen, Topfgriffe aus Kunststoff oder Holz
   Gute Wärmeleiter: Topfböden, Besteck aus Metall;

3. Wie wird es Schülerinnen und Schülern ermöglicht, aktiv und eigenständig zu lernen und Erfahrungen aus erster Hand zu machen?

   Schülerversuche zum menschlichen Wärmesinn, Eichen eines Thermometers, Garen von Kartoffeln; Protokollieren der Vorgänge

4. Wie wird erreicht, daß Schülerinnen und Schüler einen Bezug zum Alltag und zu ihrer Lebenswelt herstellen können?

   Alle behandelten Phänomene des Wärmetransports und die Temperaturmessungen werden in lebensweltlichen Situationen erarbeitet.

5. Wie wird dazu angeregt, die Bedeutung der Naturwissenschaften für die Menschen und die Gesellschaft zu erkennen und danach zu handeln?

   Dieser Gesichtspunkt kann hier nur am Rande behandelt werden, etwa als technischer Fortschritt bei der Zubereitung von Speisen und bei modernen Textilien. Auch der Energiesparaspekt (Kochen mit Restwärme, guter Kontakt zwischen Herdplatte und Kochtopf) kann gestreift werden.

6. Wie wird der lebenspraktische Nutzen der Naturwissenschaften erfahrbar gemacht?

   siehe die Punkte 2 bis 5

7. Wie wird ein Bezug zum eigenen Körper hergestellt?

   Behandlung des menschlichen Wärmesinns, Verhaltensregeln bei Verbrennungen oder Verbrühungen, Funktion der Kleidung für das Wohlbefinden, Vermeidung von Unterkühlung oder Überhitzung des Körpers

8. Wie wird die Notwendigkeit und der Nutzen der Einführung und des Umgehens mit quantitativen Größen verdeutlicht?

   Eingehen auf Situationen, in denen beim Kochen oder backen eine ganz bestimmte Temperatur eingehalten werden muß; Nützlichkeit eines geeichten Thermometers; Festlegen von Fixpunkten

9. Wie wird sichergestellt, daß den Formeln ein qualitatives Verständnis der Begriffe und ihrer Zusammenhänge vorausgeht?

   Es werden keine Formeln erarbeitet. Alle Begriffe werden aus lebensweltlichen Zusammenhängen heraus auf einer qualitativen Ebene entwickelt. Also etwa:
   Ein Gegenstand kann mehr oder weniger warm sein. Ein warmer Gegenstand hat eine höhere Temperatur als ein weniger warmer. Seine Temperatur kann auf dreierlei Weise erhöht werden:

   - *er wird mit einem anderen warmen Gegenstand in Kontakt gebracht Wärmeleitung): Herdplatte – Kochtopf*
   - *er wird von warmer Luft oder warmem Wasser umströmt (Wärmeströmung): Umluftbackofen, Haartrockner*
   - *er wird von einem Wärmestrahler angestrahlt (Wärme strahlung): Grill, Ultrarotstrahler, jeder heiße Gegenstand*

   Daß eine Erwärmung auch durch Verrichten von Arbeit auftreten kann, wird hier nicht behandelt.

10. Wie kann vorzeitige Abstraktion vermieden werden zugunsten eines spielerischen Umgangs und unmittelbaren Erlebens?

    (siehe die Punkte 2, 3, 4 und 9).

Elektrischer Strom, Magnetismus

►Von einfachen Schaltungen und raffinierten Schaltern

Bei diesem Unterrichtsbeispiel soll es (laut Lehrplan) um eine Einführung in die Elektrizität und den Magnetismus gehen. In der Elektrizitätslehre sind das Anschließen von Geräten, Schaltzeichen und Schaltpläne, Reihen- und Parallelschaltungen zu behandeln. Der Unterricht über den Magnetismus soll sich sowohl auf Permanentmagnete (Pole, Wechselwirkungen zwischen Magneten, Modell der Elementarmagnete) als auch auf Elektromagnete (stromdurchflossene Spule mit Eisenkern) beziehen.

Bei der Suche nach einem geeigneten Leitmotiv ist es uns nicht gelungen, einen einheitlichen lebensweltlichen Kontext zu finden, der weder „an den Haaren herbeigezogen" wäre, noch beide Teilthemen „Elektrizität" und „Magnetismus" umfaßt hätte. Stattdessen haben wir nach einem innerphysikalischen Bindeglied zwischen den Teilthemen gesucht und dieses dann auch in einem magnetischen Schalter (Reed-Kontakt) zum Öffnen und Schließen von Stromkreisen gefunden.

Zunächst sollen einfache und verzweigte Stromkreise mit mechanischen Unterbrecherkontakten untersucht werden. Der Permanentmagnetismus, der zumindest in rudimentärer Form den meisten Schülerinnen und Schülern bereits vertraut ist, wird dann am Beipiel des Reedkontakts (zwei in ein Glasröhrchen mit Schutzgas eingeschmolzene Weicheisenkontakte, die in Anwesenheit eines (inhomogenen) Magnetfeldes so magnetisiert werden, daß sie sich berühren) aufgerollt. Der Reedkontakt wiederum ermöglicht das automatische Ab- und Anschalten von Elektromagneten, so daß schließlich ein einfacher Elektromotor gebaut werden kann. Das zugrundeliegende Leitmotiv könnte man also etwa so umschreiben: **Vom Öffnen und Schließen elektrischer Stromkreise.**

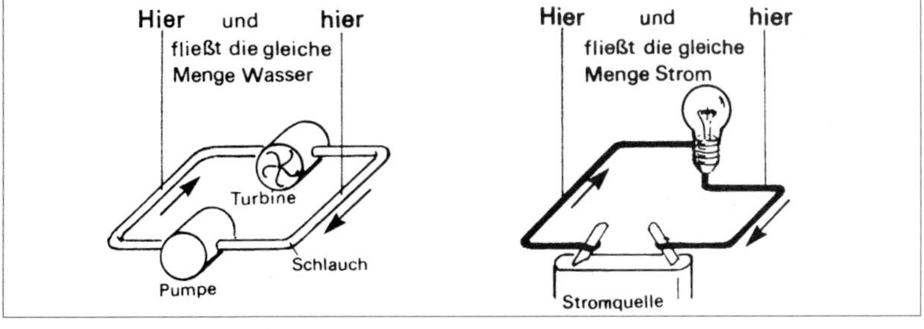

Dieser an der Sachlogik orientierte Ablauf schließt natürlich nicht aus, daß in Teilbereichen auf lebensweltliche Bezüge eingegangen werden kann. So wird z.B. sowohl bei den einfachen Stromkreisen als auch bei den Parallelschaltungen die Fahrradbeleuchtung behandelt.

Das ***Ausloten des Themas*** führte zu folgenden Stichworten:

1. Wie wird Schülerinnen und Schülern Gelegenheit gegeben, zu staunen und neugierig zu werden, und wie wird erreicht, daß daraus ein Aha-Erlebnis wird?

   Mit einem „Zauberstab“ (ein in einer Pappröhre verborgener Permanentmagnet, der auf einen Reedkontakt wirkt) läßt sich ein Stromkreis berührungslos aus- und einschalten; beim Halbieren eines Magneten entstehen wieder zwei vollständige Magnete

2. Wie wird an außerschulische Erfahrungen angeknüpft, die zur Vermeidung geschlechtsspezifischer Dominanzen Mädchen und Jungen in gleicher Weise zugänglich sind?

   Hantieren mit Magneten; Umgehen mit der Fahrradbeleuchtung

3. Wie wird es Schülerinnen und Schülern ermöglicht, aktiv und eigenständig zu lernen und Erfahrungen aus erster Hand zu machen?

   Schülerübungen: Aufbauen eines einfachen Stromkreises aus Stromquelle und Glühlämpchen, Untersuchung verschiedener Stoffe auf ihre elektrische Leitfähigkeit; Untersuchung der Leitfähigkeit von Flüssigkeiten und des eigenen Körpers mit Hilfe einer Leuchtdiode als Stromanzeiger, Aufbauen von UND- bzw. ODER-Schaltungen, die eine ganz bestimmte Funktion erfüllen, Wirkungsweise von Elektromagneten; Fehlersuche bei einem mit einem Defekt an der Beleuchtung präparierten Fahrrad

4. Wie wird erreicht, daß Schülerinnen und Schüler einen Bezug zum Alltag und zu ihrer Lebenswelt herstellen können?

   Fahrradbeleuchtung, Sicherheitsschaltung bei einer Waschmaschine, Schaltung einer Klingelanlage, Funktionsweise eines Elektromotors

5. Wie wird dazu angeregt, die Bedeutung der Naturwissenschaften für die Menschen und die Gesellschaft zu erkennen und danach zu handeln?

   Dieser Gesichtspunkt kann hier nur ganz am Rande behandelt werden, etwa im Zusammenhang mit der Bedeutung des Elektromotors oder der Abhängigkeit unseres Lebens von einer funktionierenden Stromversorgung.

6. Wie wird der lebenspraktische Nutzen der Naturwissenschaften erfahrbar gemacht?

   Schülerinnen und Schüler sollten in der Lage sein, nach dem Unterricht einfache Schaltpläne richtig deuten und die Fahrradbeleuchtung bei einfachen Defekten selbst reparieren zu können.

7. Wie wird ein Bezug zum eigenen Körper hergestellt?

   Leitfähigkeit des Körpers für den elektrischen Strom; Gefahren des elektrischen Stroms

8. Wie wird die Notwendigkeit und der Nutzen der Einführung und des Umgehens mit quantitativen Größen verdeutlicht?

   Die Behandlung der Physik dieses Unterrichtsbeispiels ist eine fast ausschließlich qualitative. Das mehr oder weniger starke Fließen des Stroms wird mit dem mehr oder weniger hellen Leuchten eines Lämpchens oder einer Leuchtdiode in Zusammenhang gebracht. Ein gewisses quantitatives Moment kommt dadurch ins Spiel, daß die Ströme in einem unverzweigten Stromkreis überall gleich groß sind.

9. Wie wird sichergestellt, daß den Formeln ein qualitatives Verständnis der Begriffe und ihrer Zusammenhänge vorausgeht?

   Formeln kommen in der Einheit nicht vor. Eine Veranschaulichung, wie man sich das Fließen des elektrischen Stroms in einem Stromkreis vorstellen kann, wird mit Hilfe von Wasserstromkreisen erreicht. Den Elementen des elektrischen Stromkreises werden die entsprechenden Elemente des Wasserstromkreises zugeordnet. Auch das Aufteilen von Strömen an einer Verzweigung kann mit dem Wassermodell wirkungsvoll unterstützt werden.

10. Wie kann vorzeitige Abstraktion vermieden werden zugunsten eines spielerischen Umgangs und unmittelbaren Erlebens?

    Der Einstieg in die Elektrizität erfolgt über ein kommerzielles Spiel, bei dem die Herstellung einer korrekten Verbindung (zwischen einer Wissensfrage und der richtigen Antwort) mit dem Aufleuchten eines Lämpchens quittiert wird. Die Wirkungsweise eines Elektromagneten wird spielerisch mit einem „Glücksrad" eingeführt, das beim Einschalten des Stroms an ganz bestimmten „Gewinn-""oder „Verluststellen" stehenbleibt. Auch der Übergang zum Elektromotor erfolgt zunächst über ein Geschicklichkeitsspiel, bevor die „Handsteuerung" durch eine automatische Steuerung mit Hilfe eines Reedkontakts ersetzt wird.

Die geradlinige Ausbreitung des Lichts

→ **Wir machen Bilder**

In diesem Unterrichtsbeispiel sollen (laut Lehrplan) Lichtquellen, die geradlinige Ausbreitung des Lichts, die geometrische Darstellung von „Lichtstrahlen“ und Schatten sowie reguläre und diffuse Reflexion behandelt werden.

In einem ersten Angang haben wir als mögliches Leitmotiv zunächst „Beleuchtungseffekte beim Theater“ gewählt. Angefangen von Schattenspielen und Spiegeleffekten über den Bau eines Bühnenmodells samt Beleuchtung, das auch als Lochkamera benutzt werden kann, bis hin zu speziellen Beleuchtungsproblemen (Spotlight, harte Schlagschatten, weiche Schatten durch Aufhellschirme) und als Höhepunkt eine szenische Aufführung der Mondphasen und von Finsternissen bietet diese Einbettung reichlich Gelegenheit, Physik auf eine ästhetisch ansprechende Weise zu vermitteln. Die Andersartigkeit dieses Vorschlags und die vermutlich zu leistende Mehrarbeit bei der Unterrichtsvorbereitung sowie die Notwendigkeit, sich mit Kollegen aus anderen Fächern (Kunst wegen der Kulissen und Deutsch wegen des Theaterspielens) absprechen zu müssen, hat dann aber doch dazu geführt, einen konventionelleren Rahmen zu wählen. Schließlich sind wir übereingekommen, als Leitmotiv die **Herstellung von Bildern** zu wählen: Schattenbilder, Spiegelbilder und Bilder mit einer Lochkamera.

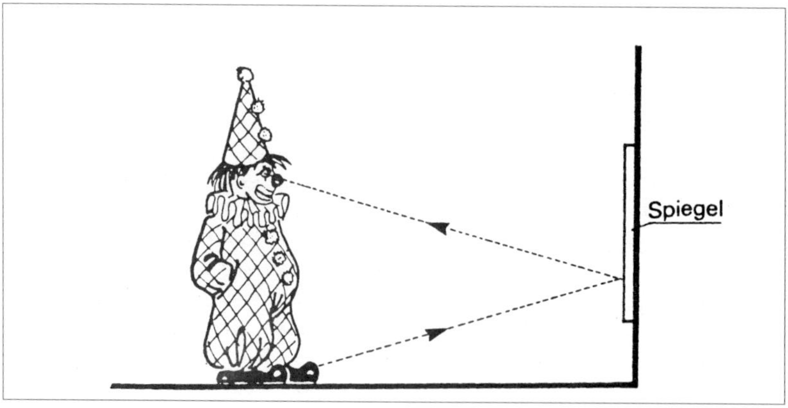

Das *Ausloten des Themas* führte auf folgende Stichworte:

1. Wie wird Schülerinnen und Schülern Gelegenheit gegeben, zu staunen und neugierig zu werden, und wie wird erreicht, daß daraus ein Aha-Erlebnis wird?

   Warum stehen bei einer Lochkamera die Bilder auf dem Kopf? Wie ist der Versuch zu erklären, daß eine (scheinbar, d.h. man sieht nur ihr Spiegelbild) in Wasser eingetauchte Kerzenflamme nicht erlischt? Wie kommen farbige Schatten zustande?

2. Wie wird an außerschulische Erfahrungen angeknüpft, die zur Vermeidung geschlechtsspezifischer Dominanzen Mädchen und Jungen in gleicher Weise zugänglich sind?

   Mondphasen, Schatten- und Spiegelbilder, Photographieren. Beim Anknüpfen an entsprechende Vorerfahrungen ist zu berücksichtigen, daß die vorunterrichtlichen Vorstellungen vom Licht mit den zu vermittelnden physikalischen Vorstellungen meistens nur schwer zu vereinbaren sind. Für Schülerinnen und Schüler dieser Altersstufe ist Licht nicht mit einem Ausbreitungsvorgang verbunden, sondern sie haben eine statische Vorstellung: Licht liegt auf den Dingen, und wenn man dorthinblickt sieht man das Licht. Auch daß man bei vollkommener Dunkelheit überhaupt nichts sehen kann, ist kein gesichertes Wissen.

3. Wie wird es Schülerinnen und Schülern ermöglicht, aktiv und eigenständig zu lernen und Erfahrungen aus erster Hand zu machen?

   Schülerübungen (Schattenbilder, Reflexionsgesetz); Bauen einer Lochkamera; Photographieren mit einer Lochkamera und Entwickeln der Bilder

4. Wie wird erreicht, daß Schülerinnen und Schüler einen Bezug zum Alltag und zu ihrer Lebenswelt herstellen können?

   Physikalische Deutung von Naturphänomenen (Mondphasen und Finsternisse); Beleuchtung beim Photographieren; wie Spiegelbilder zustandekommen; Spiegel helfen die Verkehrssicherheit zu erhöhen (Rückspiegel, Reflektoren, Tripelspiegel, Katzenaugen)

5. Wie wird dazu angeregt, die Bedeutung der Naturwissenschaften für die Menschen und die Gesellschaft zu erkennen und danach zu handeln?

   Dieser Gesichtspunkt wird hier nur ganz am Rande gestreift. So kann etwa angesprochen werden, daß mit Hilfe der Physik eine Sonnenfinsternis ganz anders erklärt wird als mit Hilfe von Mythen.

6. Wie wird der lebenspraktische Nutzen der Naturwissenschaften erfahrbar gemacht?

s. die Punkte 2 bis 4

7. Wie wird ein Bezug zum eigenen Körper hergestellt?

   Analogien und Unterschiede zwischen Kamera und Auge; Bedingungen dafür, daß wir einen Gegenstand mit unseren Augen sehen

8. Wie wird die Notwendigkeit und der Nutzen der Einführung und des Umgehens mit quantitativen Größen verdeutlicht?

   Mit Hilfe des Reflexionsgesetzes kann der Strahlengang bei der Reflexion an einem Spiegel exakt vorausgesagt werden.

9. Wie wird sichergestellt, daß den Formeln ein qualitatives Verständnis der Begriffe und ihrer Zusammenhänge vorausgeht?

   Die Schülerinnen und Schüler lernen das Reflexionsgesetz aus unmittelbarer Anschauung des Strahlenverlaufs kennen.

10. Wie kann vorzeitige Abstraktion vermieden werden zugunsten eines spielerischen Umgangs und unmittelbaren Erlebens?

    Die Abstraktion „Lichtstrahl" wird durch Engermachen eines Lichtbündels vorbereitet

5.2 Maßnahmen zur Sensibilisierung der Lehrkräfte und zur Verbesserung des Interaktionsgeschehens

5.2.1 Aktivitäten zur Sensibilisierung der Lehrkräfte

Informationen und Diskussionen im Rahmen von Einführungsveranstaltungen

Als Einstieg in die gemeinsame Arbeit fand zu Beginn des Schuljahres 1991/92 ein erstes Treffen der Lehrkräfte mit den Mitgliedern der Projektgruppe des IPN statt, um die Begründung, die Ziele und die Struktur des Modellversuchs vorzustellen. Die entsprechenden Teile aus dem Antrag zum Modellversuch wurden zur Information an die Schulleitungen weitergegeben.

Bald danach fand eine zweieinhalbtägige Einführungsveranstaltung statt, um die Lehrkräfte mit den verschiedenen Facetten der Thematik des Modellversuchs vertraut zu machen. Zur Vorbereitung erhielten sie die Dokumentation „Mädchen – Naturwissenschaften, Mathematik und neue Technologien“ vom Landesinstitut für Schule und Weiterbildung in Soest (1990).

Auf der Veranstaltung selbst wurden von Mitgliedern der IPN-Projektgruppe Forschungsergebnisse zu den folgenden Bereichen vorgestellt:

- zu Interessen von Schülerinnen und Schülern an Naturwissenschaften und Technik; die spezifischen Interessenschwerpunkte von Mädchen und Jungen;
- zu geschlechtsspezifischen vor- und außerschulischen Sozialisationsbedingungen und -prozessen und den daraus folgenden verschiedenen Kommunikationsverhalten im koedukativen Unterricht;
- zu Geschlechtsstereotypen bei Lehrerinnen und Lehrern;
- zu geschlechtsspezifischen Interaktionsprozessen im Unterricht.

Der Informations- und Beziehungsaspekt von Kommunikation wurde am Modell der „Themenzentrierten Interaktion“ (Cohn 1990) diskutiert.
Um Kooperations- und Kommunikationsmöglichkeiten und -prozesse erfahrbar zu machen, wurde die Turmbau-Übung nach Schwäbisch-Siems (1974) durchgeführt.

Abschließend wurden zur Frage „Was können wir im Chemie/Physikunterricht tun, um Mädchen zu fördern“, aus den Erfahrungen der Lehrkräfte und den vorgestellten Forschungsergebnissen Vorschläge als Ansatzpunkte für Veränderungen zusammengetragen. Die Vorschläge wurden anschließend diskutiert und in Anlehnung zum Modell der Themenzentrierten Interaktion jeweils einem der folgenden drei Elemente zugeordnet:

(1) die Lehrperson,

(2) die aus Lehrperson und Klasse bestehende Gruppe,

(3) das Thema, der Lernstoff, womit sich die Gruppe beschäftigt.

Ergebnis war ein breites Spektrum von Anregungen (siehe die folgende Übersicht), das eine Grundlage für das weitere Vorgehen bildete.

(1) Einstellungen, Werthaltungen, Verhaltensweisen der Lehrenden

- Lehrerverhalten kontrollieren (Ch)-
- Eingehen auf die Unsicherheiten der Mädchen (z. B. bei Schülerübungen,bei Erklärungen); „Bremsen" der Jungen (Ph)
- Vermittlung von Vertrauen in die eigenen Fähigkeiten auch im naturwissenschaftlichen Bereich (Ph)
- Sich Zeit nehmen, die Jungen-Mädchen-Problematik zu bearbeiten (Ch)
- Nach Wegen suchen, den Mädchen einen Zugang zum Fach aufzuzeigen. Motivation ist wohl doch unterschiedlich (Ch)
- Auf die überlegtere (?) (zurückhaltendere) Arbeitsweise der Mädchen eingehen; d. h. nicht sofort irgendeinen Geräteaufbau auseinandernehmen bzw. neue Versuchsreihen durchführen, sondern länger überlegen lassen. (Ph)

(2) LL-SS-Interaktion, Unterrichtsgestaltung

Mehr Gruppenarbeit...

- Darauf achten, daß bei Schülerexperimenten die einzelnen Arbeitsgruppen aus Jungen und Mädchen bestehen. Nötigenfalls die Gruppen gezielt zusammenstellen. (Ch)
- Arbeiten in kleinen Gruppen beim Experimentieren (z. B. 2-4). Die Gruppen müssen nicht geschlechtsspezifisch getrennt werden. (Ch)
- Wir können stärker Gruppenarbeit, gemeinsame Aufgaben, im Chemieunterricht bevorzugen, wenn man bedenkt, daß Mädchen gerne zusammenarbeiten. (Ch)

...aber nicht Jungengruppen dominieren lassen

- Ich könnte mir vorstellen, daß eine Diskussion zu den Versuchsergebnissen anders verläuft, z. B. wenn
  a) Mädchengruppen ihre Experimente allein auswerten
  b) Jungengruppen ihre Experimente allein auswerten
  c) Gemischte Gruppen" ihre Experimente allein auswerten (Ch)
- Vielleicht ist eine „Vordiskussion" sinnvoll, bevor im gesamten Klassenverband die Ergebnisse diskutiert werden.(Ch)
- Reihenfolge festlegen, nach der Versuchsgruppen ihre Ergebnisse darstellen, um zu verhindern, daß vorwiegend und zuerst Jungengruppen berichten. (Ch)

Unterricht so gestalten, daß er für Mädchen (und Jungen) angenehmer wird

- Mädchen Funktionen im Chemieunterricht übertragen. Verantwortung delegieren. (Ch)
- Vereinbarungen mit der Klasse darüber treffen, wie auf abwertende Äußerungen reagiert werden soll. (Ch)
- Die leistungsstarken Schüler motivieren, die schwächeren zu unterstützen (gilt für den praktischen und theoretischen Bereich). (Ch)
- Wir können Mädchen (und Jungen) stärker in die Planung des Unterrichts mit einbeziehen. (Ch)

- Angenehmes Unterrichtsklima schaffen, weil Mädchen sensibler hierauf reagieren. (Ch)
- Wir können für eine interessante Lernumgebung im Chemieunterricht sorgen. (Ch)
- Hilfreich ist es bestimmt, gezielt Ängste vor experimentellen Aufbauten abzubauen, z. B. Aufbau einer Leitfähigkeitsmessung o.ä. Nach meiner Beobachtung überlassen die Mädchen diese Dinge gerne den Jungen, während die Jungen ihr Wissen auch gerne demonstrieren (durchaus kameradschaftlich, aber auch stolz)! (Ch)

(3) Inhalte

Experimentieren lassen...

- Gut durchdachten und vorbereiteten Experimentalunterricht (Schülerversuche) erteilen. Ausstattung der Schulen verbessern! (Ch)
- Raum für „Entdeckungen" geben. (Ph)
- Häufiges selbständiges Experimentieren. (Ch)
- (Bessere) Möglichkeiten der Differenzierung bei Schülerübungen. (Ph)

...und dabei auf Bedürfnisse der Mädchen achten

- Schülerexperimente auswählen, die Mädchen besonders ansprechen. (Ph)
- Schülerexperimente auswählen, bei denen Schüler keinen experimentellen Vorsprung haben. (Ph)

Unterrichtsinhalte an den Interessen der Mädchen orientieren

- Zu Beginn einer Unterrichtseinheit fragen, was Mädchen und auch Jungen am liebsten lernen wollen und versuchen, dann dort Schwerpunkte zu setzen (geht nicht bei jeder Unterrichts-einheit). (Ch)
- Wir können stärker Interessenbereiche für Mädchen im Unterricht auswählen, die diese interessieren (Körper, Haushalt etc.). (Ch)
- Unterrichtsinhalte an den Interessen der Mädchen (welche sind das?) orientieren. (Ph)
- Durch die Themenwahl insbesondere im Anfangsunterricht speziell Mädchen entgegenkommen, damit sich nicht schon in den Anfängen die Idee festsetzt: „Physik ist nichts für mich!" (Ph)
- Gedanken und Anregungen von Mädchen aufnehmen und in den Unterricht einbringen (ggf. auch in Form von Experimenten). (Ch)
- Wir können Beispiele auch aus dem Lebensbereich der Mädchen wählen – auf jeden Fall nicht aus dem Bereich der Technik etc. (Ch)
- „Interessante" Naturerscheinungen häufiger als Einstieg und nicht erst als Beispiel, weniger technische Beispiele. (Ph)
- Projektbezogener Unterricht: nicht so sehr die „herkömmlichen" Themen, bei denen Vorbildung der Jungen im allgemeinen größer ist. (Ph)
- Aufgreifen evtl. von Hobbys etc., besonders von Mädchen, um im Chemieunterricht daran anzuknüpfen. (Ch)
- Wir können Mädchen fragen, was sie wollen. (Ch)

Fortsetzung nächste Seite

Alltagsbezüge herstellen

- Wo es nur geht, Bezug zum täglichen Leben suchen. (Ch)
- Physik als Hilfe im Alltag darstellen. (Ph)
- Bezug zum Erfahrungsbereich so oft wie möglich herstellen und einbauen. (Ch)
- Wir können für einen stärkeren Lebensbezug bei den Inhalten sorgen. (Ch)
- Die Funktionsweise von Geräten, die aus dem täglichen Gebrauch bekannt sind, als Grundlage für die Erarbeitung eines physikalischen Prinzips auswählen (projektorientiert)? z.B. auch sorgfältige Zeichnungen und Beschriftungen zu einem Gerät anfertigen lassen). (Ph)
- Bezugnehmen zur „Chemie im Alltag", „Umweltchemie". (Ch)
- Interesse wecken durch Bezug auf persönliche Erfahrungen. (Ph)

Nicht zu früh Abstraktionen verlangen

- Im Anfangsunterricht: Spielerischer Umgang mit dem Fach in den Vordergrund stellen. Fachsystematik erst an zweiter bzw. dritter Stelle. (Ph)
- Thema „Atommodell, Massengesetze (chem. Bindung, Dipole?)"straffen oder umgestalten, ist im Moment zu abstrakt (auch für Jungen). (Ch)
- Formelschreibweise relativ spät einführen. (Ch)
- Weniger Unterricht nach Lehrplan, d.h. weniger eine möglichst große bzw. breite Grundlage der Physik schaffen. (Ph)
- Berücksichtigung des 10 Punkte Katalogs. (Ph)

Übersicht 5.2.1: Vorschläge zur Frage: Was können wir im Chemie/Physikunterricht tun, um Mädchen zu fördern?

Informationen und Anregungen durch externe Experten zu den Bereichen nonverbale Kommunikation, Selbstkonzeptentwicklung und Rollenspiel

Auf einer eineinhalbtägigen Veranstaltung führte Frau Angreth Ahrend (Bielefeld) in das Thema nonverbale Kommunikation ein und wies auf die Differenz zwischen Frauen und Männern im nonverbalen Verhalten hin. Ihre Thesen zur Ungleichbehandlung von Mädchen und Jungen im Unterricht sowie zum geschlechtsspezifischen Verhalten von Mädchen und Jungen wurden anhand des Lehrfilms „Koedukation" und auf dem Hintergrund der Erfahrungen der Lehrkräfte diskutiert. Zur weiteren Vertiefung erhielten die Lehrkräfte sowohl das Vortragsmanuskript von Frau Ahrend als auch ihre Broschüre „Der Chancengleichheit eine Chance" (Ahrend 1991).

Um die Auseinandersetzung mit der unterschiedlichen Selbstkonzeptentwicklung von Schülerinnen und Schülern anzuregen, wurde Frau Marianne Horstkemper (Koblenz) zu einem Vortrag mit anschließender Gruppenarbeit zum Thema ‚Jungen und Mädchen in der Schule, formale Gleichheit – unterschwellige Benachteiligung" eingeladen. Die unterschiedliche Bedeutung von Lob und Tadel für Mädchen und Jungen wurde hervorgehoben. In der Gruppensitzung wurde u.a. angeregt, Situationen zu identifizieren, die der Entwicklung eines positiven Selbstkonzepts förderlich bzw. abträglich sind. Diese Anregung wurde mit der Entwicklung des Leitfadens zu Verhaltensweisen, die einer positiven Entwicklung des Selbstbildes von Mädchen dienlich sind, weitergeführt (s. Abschnitt 5.2.2).

Zu Beginn der Erprobungsphase wurde angeregt, das Rollenspiel zu nutzen, um eigenes Rollenverhalten bewußt zu machen. Dazu wurde als auswärtiger Experte Herr Claus Nowak (Neumünster) für einen einführenden Vortrag und für eine halbtägige Sitzung mit praktischen Übungen gewonnen. Dabei wurde auch die Möglichkeit erörtert, solche Übungen unter externer Leitung weiterzuführen.

Auseinandersetzung mit Thesen zu Interaktionsprozessen im Unterricht

Mitglieder der IPN-Projektgruppe hatten Forschungsergebnisse zu Interaktionsprozessen im Unterricht zusammengetragen und zu fünf Thesen zusammengefaßt (s. Übersicht 5.2.2).

1. Lehrpersonen bewerten die Leistungen von Mädchen und Jungen unterschiedlich. Lehrpersonen sind häufig der Meinung, daß Mädchen geringere naturwissenschaftliche und technische Fähigkeiten haben als Jungen; hohe Leistungen in Physik und Chemie werden bei Jungen eher vorhandenen Fähigkeiten, bei Mädchen eher Fleiß und Sorgfalt zugeschrieben.
2. Lehrpersonen schätzen die Berufswünsche und Lebensplanungen ihrer Schülerinnen häufig falsch ein. Wenn sie sich ihre Schülerinnen überhaupt in Berufen vorstellen können, dann sind es eher die traditionellen Frauenberufe wie Sekretärin, Lehrerin, Krankenschwester. Im naturwissenschaftlich-technischen Bereich werden ihnen höchstens Assistenztätigkeiten zugetraut.
3. Jungen erfahren schon in der Grundschule deutlich mehr Beachtung seitens der Lehrperson als Mädchen. Dies setzt sich dann in der Sekundarstufe I insbesondere im naturwissenschaftlichen Unterricht fort.
4. Leistungen der Mädchen werden häufig unterschätzt, sowohl von den Lehrpersonen als auch von den Schülerinnen und Schülern. Als Rückmeldung auf ungenügende Leistungen erhalten Jungen eher die unterschwellige Botschaft: Du könntest, wenn Du nur wolltest; bei Mädchen lautet die unterschwellige Botschaft: Du hast Dir Mühe gegeben, aber es reicht nicht. Selbst gute Leistungen werden häufig als Anpassung an die von der Schule gesetzten Forderungen „abgewertet".
5. Mädchen dienen Jungen als negative Bezugsgruppe mit der Folge, daß Jungen aufgewertet und Mädchen abgewertet werden. Jungen lassen Mädchen häufig nicht ausreden, unterbrechen sie, insbesondere wenn die Mädchen eigene Erfahrungsbereiche einbringen.
   Jungen beleidigen die Mädchen während des Unterrichts mit schmähenden – oft sexuell anzüglichen – Bemerkungen, und die Lehrperson schweigt.

Übersicht 5.2.2: Thesen zu Interaktionsprozessen im Unterricht

Diese Thesen wurden auf einer Gruppensitzung mit den Lehrkräften anhand konkreter Einzelergebnisse erläutert (s. Übersicht 5.2.3).

Einstellungen und Wahrnehmungen zu den Interessen

Literatur: Spear 1985; Stanworth 1983

Lehrpersonen erachten die naturwissenschaftlich/technische Bildung für Mädchen weniger wichtig als für Jungen.

Sie schätzen die Berufswünsche und Lebensplanungen ihrer Schülerinnen häufig falsch ein.

Wenn sie sich ihre Schülerinnen überhaupt in Berufen vorstellen können, dann sind es eher die traditionellen Frauenberufe wie Sekretärin, Lehrerin, Krankenschwester.

Im naturwissenschaftlich-technischen Bereich werden ihnen höchstens Assistenztätigkeiten zugetraut.

Einstellungen und Wahrnehmungen zu den Leistungen:

Literatur: Horstkemper 1989; Spender 1985; Spear 1985

Lehrpersonen bewerten die Leistungen von Mädchen und Jungen unterschiedlich.

Lehrpersonen sind häufig der Meinung, daß Mädchen geringere naturwissenschaftliche und technische Fähigkeiten haben als Jungen;

Hohe Leistungen in Physik und Chemie werden bei Jungen eher vorhandenen Fähigkeiten, bei Mädchen eher Fleiß und Sorgfalt zugeschrieben.

Als Rückmeldung auf ungenügende Leistungen erhalten Jungen eher die unterschwellige Botschaft: Du könntest, wenn Du nur wolltest;

Bei Mädchen lautet die unterschwellige Botschaft: Du hast dir Mühe gegeben, aber es reicht nicht. Selbst gute Leistungen werden häufig als Anpassung an die von der Schule gesetzten Forderungen „abgewertet". – Leistungen der Mädchen werden nicht nur von den Lehrpersonen, sondern auch von den Schülern und Schülerinnen unterschätzt.

Lehrverhalten im Unterricht/Interaktionen:

Literatur: Ahrend 1991; Butler-Kahle 1989; Enders/Dragässer 1989; Frasch/Wagner 1982; Horstkemper 1989; Spender 1985; Vogt 1986; Whyte 1986; Zinnecker 1972

Mädchen und Jungen werden im koedukativen Unterricht nicht gleich behandelt.

Schon in der Grundschule erfahren Jungen deutlich mehr Beachtung seitens der Lehrperson als Mädchen. Dies setzt sich in der Sekundarstufe I insbesondere im naturwissenschaftlichen Unterricht fort.

Themenwahl/Unterrichtsinhalte:

- Wenn nach Erfahrungen gefragt wird, wird eher auf die der Jungen eingegangen.
- Jungen wechseln häufiger als Mädchen das Thema, bzw. führen neueThemen/Aspekte ein, Lehrpersonen gehen häufig darauf ein;
- Mädchen halten sich stärker an die Vorgaben der Lehrpersonen, wenn sie neue Aspekte/Themen einzubringen versuchen, erhalten sie seltener Unterstützung/Zeit, Anderes/Neues zu entwickeln.

Nonverbale Kommunikation:

- Mit Jungen wird öfter und länger Blickkontakt gehalten.
- Die Kombination Blickkontakt und Gestik als Ermunterung kommt Jungen öfter und länger zugute als Mädchen.
- Mit Jungen findet oft ein kumpelhafter Umgang statt; Berührungen, Körperkontakt (wie z. B. Schulterklopfen) erfahren Mädchen seltener, sie bleiben außen vor, sind ausgegrenzt.

Verbale Kommunikation:

- Jungen haben mehr Kontakt zu den Lehrpersonen:
- Jungen werden signifikant häufiger aufgerufen,
- Jungen unterbrechen häufiger,
- Jungen werden signifikant häufiger ermahnt wegen mangelnder Disziplin,
- Jungen werden häufiger bei Einzel- und Gruppenarbeit angesprochen,
- Jungen werden signifikant öfter gelobt,
- Jungen werden signifikant öfter getadelt.

Während Jungen häufiger für gute Leistungen gelobt werden, werden Mädchen für Wohlverhalten gelobt.

Während Jungen häufiger für auffälliges Verhalten getadelt werden, werden Mädchen für schlechte Leistungen getadelt.

Kooperation der Mädchen wird nicht als Leistung bewertet und findet somit keine besondere Anerkennung.

Gleiches Verhalten von Mädchen und Jungen wird unterschiedlich bewertet. Das abhängige Mädchen wird mehr geschätzt als der abhängige Junge. An der untersten Stellte der Skala steht das aggressive, fordernde Mädchen. Jungen stehen unter der Anforderung fähig und frech, Mädchen nett zu sein.

Kommunikation zwischen Schülern und Schülerinnen:

Literatur: Ahrend 1991; Spender 1985

Mädchen dienen Jungen als negative Bezugsgruppe mit der Folge, daß Jungen aufgewertet und Mädchen abgewertet werden.

- Jungen akzeptieren Mädchen nicht als gleichwertige Partner.
- Jungen lassen Mädchen häufig nicht ausreden, unterbrechen sie, auch gerade, wenn die Mädchen eigene Erfahrungsbereiche einbringen; Mädchen haben gelernt, daß die Erfahrungen der Jungen wichtiger sind.
- Jungen beleidigen die Mädchen während des Unterrichts mit schmähenden, oft sexuell anzüglichen Bemerkungen – und die Lehrperson schweigt.

Der heimliche Lehrplan

Literatur: Ahrend 1991

Der heimliche Lehrplan funktioniert. Es werden rollenstereotype Verhaltensweisen eingeübt: Der Junge sei aktiv, das Mädchen reagiere und passe sich an.

Mädchen und Jungen haben das männliche bzw. weibliche Sozialverhalten internalisiert.

Übersicht 5.2.3: Erläuterungen der „Thesen zu Interaktionsprozessen im Unterricht" (s. Übersicht 5.2.2)

Das Thesenpapier (Übersicht 5.2.2) und die Erläuterungen (Übersicht 5.2.3) wurden zunächst in den beiden Lehrer-Arbeitsgruppen Physik und Chemie getrennt in der Diskussion den eigenen Erfahrungen aus dem Unterricht gegenübergestellt. Die Arbeit mit diesem Thesenpapier sollte dabei helfen, Situationen herauszukristallisieren, die persönliche Ansatzpunkte bieten.

Als Möglichkeiten für die erforderliche Kontrolle der Interaktionsprozesse im Unterricht wurden vorgeschlagen und erläutert: *Selbstbeobachtung, Strichlisten durch Schülerinnen und Schüler, Videoaufnahmen, wechselseitige Unterrichtsbeobachtung der Lehrkräfte untereinander, Unterrichtsbeobachtung durch die Mitglieder der Projektgruppe* sowie das *Führen eines Logbuchs.* Um Rollenverhalten (auch eigenes) erfahrbar zu machen, wurde Rollenspiel vorgeschlagen.

Als erster Einstieg zur Selbstwahrnehmung wurde die Kontrolle quantitativer Aspekte der Interaktionen zwischen Lehrperson und Schülerinnen/Schülern gewählt.

Als Strategien zur Verhaltenskontrolle entschieden sich in der Folgezeit die meisten Lehrkräfte für die Selbstbeobachtung (Anfertigen von Strichlisten im Unterricht zum Meldeverhalten der Schülerinnen und Schüler sowie zum eigenen Aufrufverhalten). Vereinzelt wurden Schülerinnen/Schüler und in einem Fall eine Referendarin aufgefordert, entsprechende Strichlisten anzufertigen. Gegenseitige Besuche der beiden am Modellversuch beteiligten Lehrkräfte einer Schule kamen ebenfalls vereinzelt vor. Eine Lehrerin fertigte selbst Videomitschnitte ihres Unterrichts an und versuchte anschließend durch Auszählen bestimmter Merkmale mehr Einblick in ihr eigenes Verhalten und das Interaktionsgeschehen ihrer Klasse zu gewinnen.

Auch das Führen eines Logbuchs wurde vereinbart: Auffallendes, Bemerkenswertes sollte festgehalten werden.

5.2.2 Entwicklung von Strategien zur Verbesserung des Interaktionsgeschehens

In der Folge wurde von der IPN-Projektgruppe eine Reihe von Maßnahmen vorgeschlagen, die zum Ziel hatte, den Lehrkräften die Erweiterung ihrer Aufmerksamkeit auf das Interaktionsgeschehen in ihrem Unterricht bzw. auf das unterschiedliche Verhalten von Mädchen und Jungen zu erleichtern. Jede dieser Strategien wurde zunächst mit den Lehrkräften diskutiert, entsprechend überarbeitet oder weiterentwikkelt und sollte anschließend von den Lehrkräften längerfristig erprobt werden. Auf den Arbeitsgruppentreffen war jeweils ausreichend Zeit für den Erfahrungsaustausch zwischen den Lehrkräften eingeplant. Generell war vorgesehen, auf jedem Arbeitsgruppentreffen neben der Weiterentwicklung der Unterrichtsmaterialien gleichermaßen auch an der Komponente „Interaktionsgeschehen im Unterricht" weiterzuarbeiten. Die einzelnen Maßnahmen werden in der Abfolge ihrer Entstehung beschrieben.

Leitfaden zu Verhaltensweisen, die einer positiven Entwicklung des Selbstbildes von Mädchen dienlich sind

Mädchen scheinen schlechte Futterverwerter zu sein, wenn es darum geht, ein positives Selbstbild über die eigene Leistungsfähigkeit (im naturwissenschaftlichen) Unterricht aufzubauen. Während Jungen gute Leistungen in der Regel in eine Stärkung ihres Selbstvertrauens umzusetzen vermögen und bei Mißerfolgen geneigt sind, die Gründe eher bei anderen oder in widrigen Umständen als bei sich selbst zu suchen, verfügen Mädchen offenbar in geringerem Maße über solche Fähigkeiten. Während Jungen eher dazu neigen, gute Leistungen auf eigene Fähigkeiten und ungenügende Leistungen, wenn schon auf die eigene Person, dann auf fehlende Anstrengung zurückzuführen, tendieren Mädchen weniger dazu, gute Leistungen auf eigene Kompetenz zurückzuführen. Vielmehr führen sie gute Leistungen häufig auf eigene Anstrengung und das Wohlwollen der Beurteiler zurück und ungenügende Leistungen auf mangelnde Fähigkeiten.

Bestimmte Interaktionsverläufe können generalisierende Modellwirkung für Mädchen und Jungen gewinnen und dadurch zur Stabilisierung von Geschlechterstereotypen beitragen. Im Anfangsunterricht käme es darauf an, Fehlentwicklungen erst gar nicht aufkommen zu lassen.

In diesem Sinne wurden zunächst typische Unterrichtssituationen gesammelt, die für die Entwicklung des Selbstbildes von Mädchen kritisch sind, also etwa Situationen, in denen Mädchen übergangen, bloßgestellt oder entmutigt werden. Für diese typischen Situationen wurde dann nach Verhaltensweisen gesucht, die auf die Entwicklung des Selbstbildes einen positiven bzw. einen negativen Einfluß haben könnten. Sowohl der Katalog der Situationen als auch die in der jeweiligen Situation förderlichen bzw. ungeeigneten Verhaltensweisen wurden über einen längeren Zeitraum ergänzt und überarbeitet. Das Endprodukt ist in Übersicht 5.2.4 wiedergegeben.

Leitfaden zu Verhaltensweisen, die einer positiven Entwicklung des Selbstbildes von Mädchen dienlich sind

Situation 1:
Ein Mädchen signalisiert auch bei einer relativ leichten Anforderung Hilflosigkeit.

Dies kann als Indikator für geringes Selbstvertrauen in die eigene Leistung gewertet werden. Eine andere Interpretationsmöglichkeit wäre, daß: Mädchen mit ihrer Hilflosigkeit kokettieren, um Aufmerksamkeit zu erlangen.

Verhalten, das nicht geeignet ist, das Selbstbild positiv zu beeinflussen:

a) Bereitwilliges darauf eingehen, die Hilfestellung wird gewährt (verstärkt das Selbstbild der eigenen Unfähigkeit, auch dann, wenn die gezeigte Hilflosigkeit zunächst nur zur Erlangung von Aufmerksamkeit gedacht war)

b) Wiederholen (betonen oder hervorheben), daß dasMädchen etwas nicht kann

c)Einen guten Schüler auffordern: „komm, erklär ihr das mal"

Verhalten, das geeignet ist, das Selbstbild positiv zu beeinflussen:

In keinem Fall die Lösung vorgeben.

a) Das akzeptiere ich nicht. Ich halte dich nicht für so dumm, wie du jetzt tust.
(Ich bin sicher, daß du da auch alleine draufkommst.) Fang erst einmal an.

b) Die Frage ernstnehmen und nachfragen: Wie weit bist du gekommen? Was genau hast du nicht verstanden?Impulse geben als Hilfe zur Selbsthilfe.

c) An die Tafel holen und mit Hilfe der Mitschülerinnen und Mitschüler die Aufgabe lösen lassen. (Kann problematisch sein. Geht nur, wenn es sich um eine sehr stabile Persönlichkeit handelt und die Unsicherheit sich ausschließlich auf die Sache beschränkt und wenn der Erfolg vorhersehbar ist).

d) Setzt euch mal in Gruppen zusammen (bildet mit euren Sitznachbarinnen oder -nachbarn Zweier- oder Dreiergruppen) und versucht das zu lösen.

e) Versucht das Problem (die Frage) mit euren Sitznachbarn oder -nachbarinnen abzuklären

Situation 2:
Ein Junge macht sich über den Beitrag eines Mädchens lustig.

Verhalten, das nicht geeignet ist, das Selbstbild positiv zu beeinflussen:

a) Die Bemerkung wird ignoriert (signalisiert Zustimmung)

Verhalten, das geeignet ist, das Selbstbild positiv zu beeinflussen:

a) Den Einwurf ignorieren, den Beitrag des Mädchens ernstnehmen und mit ihr weiterarbeiten (wird von einigen als problematisch gesehen)

Wenn das öfter vorkommt:

b) Die Bemerkung wird aufgegriffen und darauf hingewiesen, daß dieses Verhalten weder kollegial oder sozial noch hilfreich war.

Es wird vereinbart, daß zukünftig über Beiträge von Mitschülerinnen und Mitschülern nicht gelacht werden soll bzw. keine abwertenden Bemerkungen gemacht werden sollen.

Die Frage an das Mädchen wird neu gestellt.

In der Folge wird zunächst auf diese Vereinbarung verwiesen. Wenn dies nicht hilft, wird mit der Klasse gemeinsam überlegt, wie dies zu ändern ist.

Es ist abzuwägen, ob das betroffene Mädchen dadurch eventuell nicht noch stärker in den Mittelpunkt rückt und sich noch stärker bloßgestellt fühlen kann. Gegebenenfalls eine entsprechende Situation mit Jungen als Zielscheibe für Belustigung als Ausgangspunkt für die o.a. Vereinbarung nehmen oder Alternative d) wählen.

c) Ich (die Lehrkraft) toleriere das nicht und setze als fachliche und menschliche Autorität Schranken.

d) Zu Beginn einer der folgenden Stunden wird das Problem angesprochen: mir ist aufgefallen, daß sich einige von euch über die Beiträge von Mitschülerinnen und Mitschüler lustig machen; Toleranz einfordern.

e) Bei gutem Beitrag explizit zum Ausdruck bringen, daß man den Beitrag gut findet.

Situation 3:
Einem Mädchen soll mitgeteilt werden, daß man mit ihrer Leistung zufrieden ist

Verhalten, das nicht geeignet ist, das Selbstbild positiv zu beeinflussen:

a) Das Lob bezieht sich auf „weibliche" Tugenden: Mühe, Ordentlichkeit, Fleiß (signalisiert, daß die Leistung hinsichtlich Originalität und eigenständiger gedanklicher Leistung nicht lobenswert ist. Wenn die Leistung außer der Mühe und Sorgfalt tatsächlich nicht lobenswert ist, lieber überhaupt nicht darauf eingehen)

b) Das Lob bezieht sich auf das Lösen leichter Aufgaben, so daß Lob und Leistung in keinem ausgewogenen Verhältnis stehen (kann signalisieren: wenn ich für so geringe Leistung so gelobt werde, dann wird mir auch nicht mehr zugetraut)

Verhalten, das geeignet ist, das Selbstbild positiv zu beeinflussen:

a) Das Lob nimmt (falls das berechtigt ist, sonst kann es als Ironie mißdeutet weden) explizit Bezug darauf, daß es eine originelle oder eigenständige geistige Leistung ist

b) Zufriedenheit signalisieren vor allem auch durch nonverbale Gestik

c) Im Unterricht darauf zurückgreifen und die Schülerin dabei namentlich nennen

d) Wenn es im Unterricht nicht möglich war, dann möglichst nach dem Unterricht die Schülerin kurz auf ihren guten Beitrag ansprechen. Die Kombination von b) und c) scheint besonders günstig zu sein.

Situation 4:
Einem Mädchen soll mitgeteilt werden, daß man mit ihrer Leistung nicht zufrieden ist

Verhalten, das nicht geeignet ist, das Selbstbild positiv zu beeinflussen:

a) Es wird deutlich gemacht, daß aufgrund ihrer mangelnden Begabung von ihr auch nichts anderes erwartet wurde (signalisiert, daß die Situation ausweglos und jede Anstrengung zum Scheitern verurteilt ist)

b) Im Zusammenhang mit der Bewertung einer Leistung als mangelhaft wird „anerkannt", daß sich die Schülerin bemüht hat (signalisiert, du hast dich zwar angestrengt, aber deine Fähigkeiten reichen nicht aus)

Verhalten, das geeignet ist, das Selbstbild positiv zu beeinflussen:

Spekulationen über die Begabung haben im Unterricht nichts zu suchen. Äußerungen zur Begabung sind, wenn überhaupt auf Einzel- oder Beratungsgespräche zu beschränken.

a) Es wird deutlich gemacht, daß man von ihr mehr erwartet hätte und daß, wenn sie mehr tun würde, auch bessere Leistungen erzielen würde (signalisiert, daß ihr bessere Leistungen zugtraut werden);(wird als problematisch gesehen)
b) Eine positive Einstellung zu den Leistungen aller Schülerinnen und Schüler einehmen. (Dies gilt insbesondere für den Anfangsunterricht)
c) Schülerinnen im Hinblick auf ihre individuelle Leistungsentwicklung hin beurteilen
d) Schülerin Mut machen; gemeinsam mit der Schülerin Vorschläge erarbeiten, was sie machen kann, um ihre Leistung zu verbessern.

Situation 5:
Ein Mädchen traut sich nicht, eine eigene Idee beizusteuern
Verhalten, das nicht geeignet ist, das Selbstbild positiv zu beeinflussen:
a) Die Passivität ignorieren und damit akzeptieren (signalisiert, daß mehr Aktivität auch nicht erwartet wird)
b) Die Passivität vor der Klasse anzusprechen, ohne unterstützende Maßnahmen zu ergreifen, die die Mädchen aus dieser Passivität herausholen
c) Mädchen nur zu Wiederholungsaufgaben und „leichten" Aufgaben heranzuziehen, und den Jungen die „eigentlichen" Aufgaben zu stellen.
d) Ermuntern der Mädchen durch Formulierungen, die eher zu einer Blockade führen, wie z.B.: nun seid einmal etwas kreativ
e) Jungen experimentieren und Mädchen berichten

Verhalten, das geeignet ist, das Selbstbild positiv zu beeinflussen:
a) Die Ideen in Stillarbeit (oder in Kleingruppen) entwickeln und aufschreiben lassen. Ein Mädchen oder eine Mädchengruppe bitten, die Idee vorzutragen.
b) Mädchen zur Vorführung von Experimenten (Demonstrationsexperimenten) heranziehen.
c) Mädchen lange genug ermunternd anschauen (nonverbale Aufforderung), wenn sie dem Blick standhält und man vermutet, daß Mädchen etwas weiß, Mädchen auffordern, ihre Ideen zu äußern. Bei richtiger Antwort unterstützende Rückmeldung „warum meldest du dich nicht?"
d) Nicht fragen, wer gerne bei Experimenten mithelfen möchte, sondern selbst bestimmen.
e) Anschluß an den Erfahrungsbereich von Mädchen suchen. Ausreichend Zeit zum Melden lassen.
f) Die Frage so umformulieren, daß die Antwort mit wenigen Worten gegeben werden kann (eventuell nur mit 1 bis 2 Worten für Mädchen mit besonderen Schwierigkeiten).
g) Die Passivität nicht akzeptieren, sondern Mädchen drannehmen.
h) Hausaufgaben geben, mit denen unverzichtbare Voraussetzungen für den nachfolgenden Unterricht wiederholt oder geübt werden können (sinnvolles Üben).

Situation 6:
Mädchen stellt Wissensfrage (z.B. zur Bedeutung eines bestimmten Begriffs oder über einen bestimmten Zusammenhang), die sie eigentlich schon selbst beantworten können müßte.
Mädchen sind eher unsicher und fragen häufig nach, wenn sie etwas nicht genau wissen. Auch Jungen wissen nicht alles, sie haben jedoch mehr Mut zur Lücke und verlassen sich eher darauf, daß die Mädchen für sie die „Kohlen" aus dem Feuer holen.

Verhalten, das nicht geeignet ist, das Selbstbild positiv zu beeinflussen:

a) Als Hilfestellung sofort eine Erklärung anbieten

b) Einen Jungen aufrufen, um die Frage zu beantworten

Verhalten, das geeignet ist, das Selbstbild positiv zu beeinflussen:

a) Frage ernst nehmen und analog zu Situation 1 reagieren. (Besonders wichtig im Anfangsunterricht!)

b) Brücken bauen durch Stellen von Hilfsfragen/Nachfragen

c) Falls die Lücke für den folgenden Unterricht nicht Vorraussetzung ist: Darauf hinweisen, daß man Dinge, die bereits im Unterricht behandelt wurden, selbst nachschlagen kann

Hinweis: Frage aufschreiben und im Lexikon selbst nachschlagen.

Oder: Als Hausaufgabe aufgeben

d) Frage an Klasse zurückgeben, um abzuklären, ob andere Schülerinnen oder Schüler dies wissen und beantworten können;
(ggf. Standpauke: Anweisung, wie im Unterricht mitgearbeitet werden soll; .... das erwarte ich)

Situation 7:
Jungen dokumentieren ihre Überlegenheit mit Begriffen und Kenntnissen über Sachverhalte, die noch nicht Thema des Unterrichts waren.

Inwieweit es sich dabei um gesichertes Wissen oder nur um „Scheinwissen" handelt, wird häufig im Unterricht nicht hinterfragt. Dies führt zu einer Verunsicherung der Mädchen und steigert ihr Unterlegenheitsgefühl. Häufig werden auch Begriffe eingestreut, die in dem gerade behandelten Zusammenhang nichts verloren haben.

Verhalten, das nicht geeignet ist, das Selbstbild positiv zu beeinflussen:

a) Die Begriffe unhinterfragt und ohne eine Erläuterung als selbstverständlich voraussetzen und ggf. im folgenden Unterricht aufgreifen

b) Die Begriffe kurz erläutern und den folgenden Unterricht darauf aufbauen

Verhalten, das geeignet ist, das Selbstbild positiv zu beeinflussen:

a) Nachfassen, inwieweit Schüler Begriffe selbst verstanden hat

b) Wenn der Beitrag zu weit vorgreift oder das Stundenziel vorwegnimmt: einsichtig machen, daß der Beitrag zur Zeit nicht so gut paßt, eventuell später wieder aufgreifen

c) Deutlich machen, daß Schüler und Schülerinnen das jetzt noch nicht wissen müssen; ggf. den Beitrag auseinandernehmen und langsam erarbeiten

Weitere, für die Entwicklung des Selbstbildes kritische Situationen:

Sie rufen ein Mädchen (mit oder ohne Melden) auf, um eine bestimmte Aufgabe zu lösen, und das Mädchen findet nicht die richtige Lösung.

Sie rufen ein Mädchen (mit oder ohne Melden) auf, um eine bestimmte Aufgabe zu lösen. Noch bevor das Mädchen dazu kommt, wird die Antwort von einem oder mehreren Jungen vorgerufen.

Übersicht 5.2.4: Situationen aus dem Leitfaden zu Verhaltensweisen, die einer positiven Entwicklung des Selbstbildes von Mädchen dienlich sind.

Schema zur retrospektiven Selbstbeobachtung

Als Hilfestellung zur Kontrolle des eigenen Lehrverhaltens im Unterricht wurde ein Formblatt entwickelt, das auf die stärkere Beachtung der Mädchen abzielt.

Im Anschluß an eine bestimmte Unterrichtsstunde ist darin von der Lehrkraft für jedes Mädchen der Klasse retrospektiv festzuhalten, ob es im Unterricht drangekommen ist (mit Melden oder ohne Melden), wie die Antwort war (richtig, teilweise oder nicht richtig) und wie sie als Lehrkraft darauf reagiert hat (ob sie Zufriedenheit signalisiert hat oder Unterstützung gab und wenn ja, wie). Zusätzlich sollte notiert werden, ob, und wenn ja, welche Strategien sie sich für diese Stunde vorgenommen hatte, um die sich zurückhaltenden Mädchen miteinzubeziehen und wie ihr dies gelungen ist (s. Übersicht 5.2.5).

Es wurde vorgeschlagen, das Schema zur retrospektiven Selbstbeobachtung für eine bestimmte Klasse über einen längeren Zeitraum möglichst regelmäßig einzusetzen. Das Schema kann unterschiedlich genutzt werden. So kann beispielsweise nur ein Teil des Schemas bearbeitet werden, z.B. welche Mädchen drangekommen sind und wie ihre Antworten waren. Es kann aber auch getrennt für die Mädchen und die Jungen einer Klasse ausgefüllt werden, um die Häufigkeit und Art der erinnerten Interaktionen mit den Jungen mit der Häufigkeit und Art der erinnerten Interaktionen mit den Mädchen zu vergleichen.

Raster zur Erweiterung der Aufmerksamkeit auf geschlechtsspezifische Interaktionen im Unterricht

Dieser Beobachtungsbogen wurde für die Erprobungsphase entwickelt mit dem Ziel, geschlechtsspezifische Interaktionen im Unterricht wahrzunehmen und verhandelbar zu machen, d. h., er sollte einerseits Ansatzpunkte für die Steuerung des Unterrichtsgeschehens aufdecken und Veränderungen über die Zeit sichtbar machen. Andererseits sollte er eine Basis für den Erfahrungsaustausch zwischen den Lehrkräften schaffen.

Es wurden drei Beobachtungsphasen vorgeschlagen (s. Übersicht 5.2.6). Während der ersten Beobachtungsphase zu Beginn des Schuljahres (etwa bis zu den Herbstferien), wenn die Lehrkräfte die Klassen neu übernommen haben und die Schülerinnen und Schüler noch nicht so gut kennen, sollte darauf geachtet werden, wer welche Beiträge macht und welche Verhaltensweisen auffallen. Während der zweiten Beobachtungsphase nach den Herbstferien bis Weihnachten) sollte das Augenmerk darauf gelegt werden, wie die Schülerinnen und Schüler auf die Beiträge von anderen reagieren. Während der dritten Beobachtungsphase (nach Weihnachten bis Ostern) sollte das eigene

Namen der Mädchen: Datum: Fach: Klasse:															
• *ist drangekommen:* mit melden															
ohne melden															
Antwort dazwischen gerufen															
• *Antwort war:* nicht richtig															
teilweise richtig															
richtig															
• *L signalisierte Zufriedenheit durch:*															
Lob															
nonverbale Gestik															
Mit Namensnennung auf Beitrag zurückgegriffen															
nach Unterricht M angesprochen															
• *L gab Unterstützung durch:*															
Wiederholung der Frage															
Neuformulierung der Frage															
Zusatzfrage															
zusätzl. Information															
Rückgriff auf behandeltes Wissen															
anderen Lösungsweg															
Hilfe von Mitschüler(innen)n															
• *M äußerte Hilflosigkeit*															

MEINE HEUTIGEN STRATEGIEN, UM DIE SICH ZURÜCKHALTENDEN MÄDCHEN ZU BETEILIGEN:
Vor dem Aufrufen längere Nachdenkzeit eingeräumt ______
Mädchen längere Zeit aufmunternd angeschaut ______
Stillarbeit ______
in 2er- und 3er-Gruppen nach Lösungen suchen lassen. ______
Mädchen zur Vorführung von Experimenten herangezogen ______
Sonstiges: ______

Übersicht 5.2.5: Schema zur retrospektiven Selbstbeobachtung

Raster zur Erweiterung der Aufmerksamkeit auf geschlechtsspezifische Interaktionen im Unterricht

Ziel ist:

Geschlechtsspezifische Interaktionen wahrzunehmen und verhandelbar zu machen.
D.h.: Schaffen einer Basis

- für den Erfahrnungsaustausch zwischen Lehrkräften
- für die Steuerung von Unterrichtsgeschehen
- um Veränderungen für sich selbst sichtbar zu machen
- für die Weitergabe in der Lehreraus- und -fortbildung

Beiträge der Beteiligten:

Unterrichtsphasen	S wer macht welche Beiträge	S-S wie reagieren SS auf Beiträge anderer	L was habe ich getan, um Mädchen zu unterstützen
Einstieg + Anknüpfung			
Entwicklung + Weiterführung			
Festigung + Wiederholung + Üben			
Störungen			

Vorgehensmöglichkeiten: zeilenweise, spaltenweise, zellenweise
Vorschlag: spaltenweise vorzugehen

1. Beobachtungsphase:

Wer macht welche Beiträge im Unterricht und welche Verhaltensweisen fallen auf? (Z.B. eigene Erfahrungen einbringen, neue Aspekte aufzeigen, selbst initiierte Beiträge oder Fragen, Lösungsvorschläge, Lösen von Problemen, Meldeverhalten, Verhalten nach Aufrufen ohne Melden: Signalisieren von Selbstsicherheit, Hilflosigkeit, Verweigern, Demonstrieren von Überlegenheit, usw.)

2. Beobachtungsphase:

Wie reagieren Schüler und Schülerinnen auf die Beiträge von anderen? (z.B. unterstützen, nicht ausreden lassen, abwerten, lächerlich machen, unterbrechen, ignorieren, bewundern, zuhören, auf Beiträge anderer zurückgreifen, usw.)

3. Beobachtungsphase:

Was habe ich getan, um Mädchen zu unterstützen? (Ist im Anschluß an den Erfahrungsaustausch der Beobachtungsphasen 1 und 2 zu spezifizieren).

Übersicht 5.2.6: Raster zur Erweiterung der Aufmerksamkeit auf geschlechtsspezifische Interaktionen im Unterricht

Lehrverhalten im Vordergrund stehen. Die Beobachtungen sollten für die Unterrichtsphasen „Einstieg/Anknüpfung", „Entwicklung/Weiterführung" sowie „Festigung/Wiederholung/Üben" getrennt, die Störungen übergreifend festgehalten werden. Die Beobachtungen sollten regelmäßig und fortlaufend durchgeführt werden und so eine Basis schaffen, das Unterrichtsgeschehen, die aktive Gestaltung durch die Lehrperson und die daraus resultierenden Aktivitäten der Schülerinnen und Schüler, deren Kenntnisse und Hemmungen sowie auch deren Anregungen und Antriebe, zu reflektieren und auf den jeweiligen Treffen der Arbeitsgruppen zur Diskussion zu stellen.

Kriterienkatalog zur Beurteilung von Schülerinnen und Schülern

Dieses Beurteilungsschema wurde auf Anregung der Lehrkräfte entwickelt. Auslösend dafür war die bevorstehende Zensurengebung für die Halbjahreszeugnisse, bei der Lehrkräfte wiederholt vor die Aufgabe gestellt sind, ausgewählte leistungsrelevante Kriterien in die Notengebung einzubeziehen. Der erstellte Kriterienkatalog enthält Merkmale, die sich auf das Sozialverhalten, die Mitarbeit und das gezeigte Selbstvertrauen der Schülerinnen und Schüler im Unterricht beziehen. Ein entsprechendes Formblatt zur Beurteilung der Schülerinnen und Schüler einer Klasse nach diesen Kriterien wurde für die Lehrkräfte erstellt (s. Übersicht 5.2.7).

Die Eintragungen sollen sich an folgende Beurteilungskategorien halten:

(1) positiv, liegt deutlich über dem Klassendurchschnitt (Eintragung " + „)

(2) negativ, liegt deutlich unter dem Klassendurchschnitt (Eintragung " – „)

(3) entspricht etwa dem Klassendurchschnitt (keine Eintragung).

Das vorliegende Beurteilungsschema wurde nicht für die Zensurengebung entwickelt, auch wenn es dafür mit herangezogen werden kann, sondern um unterschiedliche Schülerbeiträge im Unterricht und Schülermerkmale, die für eine positive Entwicklung des fachspezifischen Selbstbildes förderlich oder hinderlich sind, bewußt zu machen. Es sollte die Lehrkräfte unterstützen und anregen, sich ein differenzierteres Bild über alle Schülerinnen und Schüler zu verschaffen und „unsichtbare" Schülerinnen und Schüler sichtbar zu machen.

Der Vergleich der Schülerinnen und Schüler einer Klasse anhand des Kriterienkataloges kann Ansatzpunkte für die Steuerung des Unterrichtsgeschehens liefern. Über die wiederholte Beurteilung der Schülerinnen und Schüler einer Klasse entlang dieser Kriterien in größeren Zeitabständen können Veränderungen aufgedeckt bzw. die Wirkung gezielt gesetzter Maßnahmen festgestellt werden.

Im Rahmen der Erprobungsphase wurde der Kriterienkatalog zweimal zur Beurteilung der Schülerinnen und Schüler herangezogen und zwar am Ende des ersten Halbjahres und am Ende des Schuljahres.

Schule:.............................. Klasse:.............................. Datum:..............................

Beurteilungs-kriterien / Namen																													
erfolgszuversichtlich mißerfolgsängstlich																													
kooperativ/sozial auf sich selbst bedacht																													
experimentelles Geschick exp. Ungeschicklichkeit																													
produktive Ideen Mangel an prod. Ideen																													
reproduktives Wissen Mangel an reprod. Wissen																													
unterstützt/fördert Unterricht stört/behindert Unterricht																													
Mitarbeit Nichtbeteiligung																													
arbeitet selbständig gibt sich hilflos																													
ist angemessen präsent versteckt sich																													
interessiert uninteressiert																													
Hausarbeiten/Vorbereitung fehlende HA/Vorbereitung																													
überschätzt eigene Leistung. unterschätzt eigene Leistung																													

Übersicht 5.2.7: Kriterienkatalog zur Beurteilung von Schülerinnen und Schülern

5.2.3 Rückmeldungen aufgrund von Unterrichtsbeobachtung

Unterrichtsbeobachtung durch Mitglieder der IPN-Projektgruppe

Unterrichtsbeobachtung wurde einerseits als Möglichkeit gesehen, die Lehrkräfte beim Aufdecken geschlechtsspezifischer Interaktionsmuster und Verhaltensmuster zu unterstützen und entsprechende Veränderungsprozesse anzuregen. Andererseits war Unterrichtsbeobachtung auch zur Evaluation des Interaktionsgeschehens im Unterricht vorgesehen (vgl. dazu Abschnitt 6.3). In diesem Zusammenhang wurde ein Schema zur Unterrichtsbeobachtung entwickelt (s. Übersicht 6.3.1), das sowohl als Grundlage für die Arbeit mit den Lehrkräften als auch als Evaluationsinstrument verwendet werden kann. Es stellte sich sehr bald heraus, daß die Evaluation des Unterrichtsgeschehens mittels Unterrichtsbeobachtung schon zeitlich durch die Projektgruppe nicht zu leisten war (vgl. dazu Abschnitt 8.3.1).

Mit Unterrichtsbeobachtung durch Projektmitglieder bei den am Modellversuch beteiligten Lehrkräften wurde vereinzelt bereits während der Entwicklungsphase begonnen. Während der Erprobungsphase wurde der Unterricht in den Modellversuchsklassen jeweils über einen längeren Zeitraum (zwei bis sechs Wochen) beobachtet. Vorrangiges Ziel war, den Lehrkräften Hilfestellung zur Reflexion eigenen Verhaltens zu geben.

Daneben wurde in drei der sechs am Modellversuch beteiligten Schulen eine Unterrichtsbeobachtung der Physikklassen durchgeführt, in der fachdidaktische Kriterien, wie etwa „Unterrichtete Inhalte" oder „Einbettung der Inhalte" in die Konzeption des Modellversuchs" bzw. eine Beurteilung der Klasse insgesamt (z.B. Mitarbeit der Klasse, Klassenklima) sowie eine pauschale Einschätzung des Lehrverhaltens (Beteiligung der Klasse am Unterrichtsgeschehen, Sprache der Lehrkraft, Wiederholungsphasen) im Vordergrund standen.

5.2.4 Materialien zur Anregung und Unterstützung der Diskussion über den Modellversuch mit den Schülerinnen und Schülern

Untersuchungen belegen, daß, sobald Lehrkräfte den Mädchen etwas mehr Aufmerksamkeit zuwenden, dies von den Jungen sofort als Benachteiligung erlebt wird (Spender 1984). Es ist aber gerade Ziel des Modellversuchs, die Aufmerksamkeit in erhöhtem Maße auf die Mädchen zu richten. Wenn man es ernst meint und tatsächlich strukturelle Veränderungen bewirken will, so kann dies nicht heimlich geschehen, sondern ist mit allen Beteiligten zu thematisieren und zu diskutieren.

Die zeitweise Aufhebung der Koedukation soll den Mädchen einen Freiraum bieten, um fehlende vor- und außerschulische Erfahrungen auszugleichen, bzw. eigene Erfahrungen unbeeinträchtigt durch die Jungen machen zu können. Nicht nur die Jungen, sondern auch die Mädchen können dies leicht mißverstehen. So können Mädchen diese besondere Zuwendung leicht als Abwertung ihrer Person mißdeuten.

Um die Schülerinnen und Schüler ernst zu nehmen und nicht von vornherein Ablehnung seitens der Schülerinnen und Schüler hervorzurufen, ist es wichtig, offen mit ihnen über die Absichten und Gründe für die Durchführung des Modellversuchs zu sprechen. Die Bedeutung und Notwendigkeit dieser Offenheit wurde mit den Lehrkräften wiederholt angesprochen. Aber gerade Lehrerinnen und Lehrern der Naturwissenschaften fällt es häufig nicht leicht, solche Diskussionen zu führen.

Um die Schülerinnen und Schüler über die Bedingungen, Ziele und Besonderheiten des Modellversuchs zu informieren, aber auch um sie für die sorgfältige Bearbeitung aller Erhebungen zu gewinnen, haben wir folgenden Brief an die Schülerinnen und Schüler der Modellversuchsklassen gerichtet. (Dieser Brief konnte gleichzeitig von den Lehrkräften als Gelegenheit genutzt werden, mit den Schülerinnen und Schülern über den Modellversuch zu reden).

Liebe Schülerinnen, liebe Schüler,

Seit August letzten Jahres nehmt Ihr zusammen mit etwa 20 anderen Klassen an dem Modellversuch „Veränderung des Anfangsunterrichts Physik/Chemie unter besonderer Berücksichtigung der Interessen und Kompetenzen von Mädchen" mit dem Kurztitel „Chancengleichheit" teil. Heute möchten wir Euch darüber informieren, wie es zu diesem Modellversuch gekommen ist, und was das Besondere dieses Modellversuches ist.

In den Jahren 1984 bis 1989 haben wir, eine Forschungsgruppe am IPN, über 8.000 Schülerinnen und Schüler im Alter von 10 bis 16 Jahren danach befragt, was sie ganz allgemein am Physikunterricht und an der Physik interessiert. Eine ähnliche Studie wurde vom IPN auch für den Chemieunterricht und die Chemie durchgeführt. Die Ergebnisse dieser beiden Untersuchungen, aber auch anderer Untersuchungen aus dem In- und Ausland, bilden die Grundlage für diesen Modellversuch.

Eure Lehrkräfte und wir (Mitarbeiterinnen und Mitarbeiter vom IPN) haben uns gemeinsam bemüht und bemühen uns noch, den Anfangsunterricht in Physik und Chemie für Schülerinnen und Schüler Eurer Altersgruppe interessanter zu machen. Wir haben uns bemüht, auf die Interessen möglichst vieler Schülerinnen und Schüler Eurer Altersgruppe einzugehen.

Unsere Interessenuntersuchung hat unter anderem gezeigt, daß das, was die Mädchen besonders interessiert, auch auf sehr starkes Interesse der Jungen stößt, daß umgekehrt aber nicht alles, was die Jungen interessiert, auch für Mädchen interessant ist. Unsere Ergebnisse zeigen auch, daß insbesondere die Interessen und Erfahrungsbereiche der

Mädchen im Physik- und im Chemieunterricht kaum berücksichtigt werden.

Ziel des Modellversuches ist es, die Unterrichtsinhalte soweit wie möglich an die Erfahrungswelt von Mädchen und Jungen anzubinden, um so den Unterricht für Mädchen und Jungen interessanter zu gestalten. Ziel ist es auch, daß Mädchen gleichermaßen wie Jungen die Gelegenheit erhalten, im Unterricht mitzuarbeiten. Auch sollt Ihr angeregt werden, darüber nachzudenken und Euch damit auseinanderzusetzen, wieso es dazu kommt, daß Mädchen/Frauen und Jungen/Männer sich unterschiedlich stark für Naturwissenschaften interessieren und daß wesentlich mehr Jungen/Männer naturwissenschaftliche Bildungsgänge und Berufe anstreben und was das bedeutet.

Wir gehen davon aus, daß Ihr in einem Unterricht, der Euch interessiert, auch mehr lernt und das Gelernte besser behalten könnt.

Einige Vorteile, die dieser Modellversuch für Euch bringt, sind:

- *es werden zum Teil andere Schülerexperimente als üblicherweise im Unterricht durchgeführt,*
- *die Mehrzahl der Klassen hat die Möglichkeit, eine Stunde pro Woche in der halben Klasse unterrichtet zu werden, was insbesondere für die Durchführung der Schülerversuche günstig ist,*
- *die Schulen erhalten zusätzliches Geld zur Anschaffung von Experimentiermaterial, ohne das Ihr so manchen Versuch nicht durchführen könntet,*
- *Eure Lehrkräfte können sich intensiver und gemeinsam mit anderen Lehrkräften auf den Unterricht vorbereiten.*

Für diese Vorteile werden aber auch einige Gegenleistungen von Euch erwartet.

Der Modellversuch kostet viel Geld. Um am Ende des Modellversuchs sagen zu können,

- *ob der so veränderte Unterricht tatsächlich für Euch interessanter und motivierender war als der herkömmliche Unterricht,*
- *ob Ihr mehr Gelegenheit hattet, zu experimentieren und Euch am Unterricht zu beteiligen,*
- *ob Ihr mehr gelernt habt und*
- *ob Euer Wissen länger anhält als bei herkömmlichem Unterricht,*

ist es notwendig, daß wir durch Tests und Fragebögen mehr von Euch darüber erfaren.

Es ist sehr wichtig, daß Ihr alle Fragebögen und Tests ernst nehmt und sorgfältig bearbeitet, auch wenn es Euch vielleicht manchmal ein wenig stinkt.

Eure Antworten können dazu beitragen, den Physikunterricht bzw. den Chemieunterricht in Zukunft interessanter zu machen. Von Euren Antworten wird es auch abhängen, ob Schülerinnen und Schüler nachfolgender Jahrgänge von dem Modellversuch profitieren werden oder nicht.

Der Unterricht soll es Euch erleichtern, die Bedeutung und Arbeitsweisen der Naturwissenschaften und ihre interessanten Seiten zu sehen. Ob uns das annähernd gelingt, könnt nur Ihr uns sagen.

Vielen Dank für Eure Mitarbeit

Wolfgang Bünder, Peter Häußler, Lore Hoffmann, Peter Nentwig, Sabine Peters-Haft

PS: Damit auch Eure Eltern informiert sind, könnt Ihr ihnen diesen Brief zum Lesen geben.

Eine weitere Möglichkeit, eine Diskussion einzuleiten, besteht darin, den Schülerinnen und Schülern gezielt Fragen zu stellen, von denen zu erwarten ist, daß sie bei den Jungen und Mädchen zu unterschiedlichen Antworten führen. Die Gegenüberstellung der bei Jungen und Mädchen abweichenden Antworten löst nahezu zwangsläufig eine Diskussion aus.

Wir haben eine Reihe solcher Fragen für die Lehrkräfte zusammengestellt und einen entsprechenden Fragebogen für die Schülerinnen und Schüler vorbereitet (s. Übersicht 5.2.8) .

Liebe Schülerinnen und Schüler,

Ihr nehmt im Physik-/Chemieunterricht an einem Modellversuch teil. Der Unterricht soll für Euch nicht nur interessant sein, sondern Ihr sollt Physik (Chemie) als etwas erleben können, das für Euch ganz persönlich lernenswert ist.

Schreibe Dir zu den folgenden Fragen ein paar Stichworte auf. Deine Lehrerin bzw. Dein Lehrer wird Euch dann auffordern, über Eure Eindrücke aus dem Unterricht mit den anderen zu diskutieren.

1. Ist es vorgekommen, daß Du etwas gelernt hast, was Du schon immer wissen wolltest? Wenn ja, was war das?
2. Ist es vorgekommen, daß Du etwas gelernt hast, was zu wissen Dir besonders wertvoll ist? Wenn ja, was war das?
3. Ist es vorgekommen, daß Dir das Gelernte außerhalb des Unterrichts nützlich war? Wenn ja, was war das?
4. Ist es vorgekommen, daß Du etwas Neues über die Interessen und Fähigkeiten Deiner Mitschülerinnen und Mitschüler erfahren hast? Wenn ja, was war das?
5. Wie erlebst Du die Zusammenarbeit mit anderen? Was gefällt Dir gut? Was gefällt Dir nicht daran?
6. Wie erlebst Du das Verhalten der anderen im Unterricht? Was gefällt Dir gut? Was gefällt Dir nicht daran?

Übersicht 5.2.8: Fragen an die Schülerinnen und Schüler

Es wurde vorgeschlagen, je nach Situation den ganzen Fragebogen oder einige ausgewählte Fragen den Schülerinnen und Schülern vorzulegen, sobald es der Unterrichtsverlauf erlaubt.

Schüleraufsätze zum Thema „Wie ich mir einen Tag vorstelle, wenn ich 30 bin"

Als Anregung, mit den Schülerinnen und Schülern über gesellschaftliche Rollenerwartungen und ihre eigenen Vorstellungen ins Gespräch zu kommen, haben wir den Lehrkräften Aufsätze von Schülerinnen und Schülern zum Thema „*Wie ich mir einen Tag vorstelle, wenn ich 30 bin*" aus dem DIFF-Studienbrief „Computer im koedukativen

Unterricht" (Niederdrenk-Felgner 1993) vorgelegt. Es wurde den Lehrkräften vorgeschlagen, entweder diese Aufsätze direkt einzusetzen, z.B. in den Klassen vorlesen zu lassen, und als Ausgangspunkt für ein entsprechendes Gespräch heranzuziehen oder eventuell mit den Deutschlehrkräften gemeinsam die Schülerinnen und Schüler einen analogen Aufsatz schreiben zu lassen.

Ausstellung Hypatias Töchter in den Schulen

Den Lehrkräften wurde die Ausstellung „Hypatias Töchter – Berühmte Frauen in Naturwissenschaft und Technik", die für die Erlanger Mädchen-Techniktage 1992 erstellt wurde, jeweils für eine Woche zur Verfügung gestellt. Es wurde vorgeschlagen, die aus 10 Wandtafeln bestehende Ausstellung in den Schulen aufzustellen, und allen Schülerinnen und Schülern zugänglich zu machen. Insbesondere um das Interesse der Mädchen zu wecken und um mit den Schülerinnen und Schülern der Modellversuchsklassen ins Gespräch zu kommen, erhielten die Lehrkräfte 30 Exemplare einer Begleitbroschüre (Nageler-Springmann, 1992) zur Weitergabe, vorrangig an die Schülerinnen sowie an der Thematik interessierte Schüler.

6 Das Evaluationskonzept

Gemäß den im 1. Abschnitt dargelegten Zielen des Modellversuchs hat die Evaluation sowohl unterschiedliche Bereiche (z.B. kognitive Förderung, emotional/affektive Förderung) als auch bezüglich der Zeitskala unterschiedliche Wirkungen zu erfassen. Die zu entwickelnden Evaluationsinstrumente müssen entsprechend vielfältig sein. Sie reichen von schriftlichen Tests und Fragebögen (z.B. zur Erfassung des Wissensstandes, des physikbezogenen Selbstbildes, des Interesses an der Physik oder der subjektiven Befindlichkeit im Unterricht) über Unterrichtsbeobachtungen bis zu Interviews mit den Lehrkräften und mit Schülerinnen und Schülern.

6.1 Evaluation der kognitiven Förderung

Die Evaluation der kognitiven Förderung durch den Unterricht in den Modellversuchsklassen bzw. in den Kontrollklassen erfolgte ausschließlich durch die Vorgabe schriftlicher Tests. Bei der Konstruktion der einzelnen Testitems war dafür Sorge zu tragen, daß sowohl die Förderung im Wissens- und Verstehensbereich, als auch im Transfer- und Problemlösebereich erfaßt werden konnte.

Da außerdem eine Unterscheidung zwischen einer kurz- und langfristigen Wirkung möglich sein sollte, lag für jede der Unterrichtseinheiten folgender Erhebungsplan nahe:

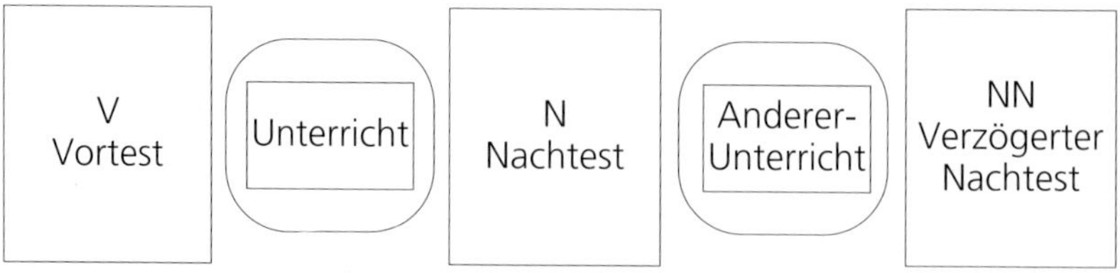

6.1.1 Evaluation des Physikunterrichts

Für jede der fünf Unterrichtseinheiten (s. Abschnitt 5.1.3) war je ein Vortest, ein Nachtest und ein verzögerter Nachtest zu entwickeln. Die insgesamt 5 • 3 = 15 Tests wurden in folgender Weise auf insgesamt sieben Testzeitpunkte verteilt:

1. Zeitp.	2. Zeitp.	3. Zeitp.	4. Zeitp.	5. Zeitp.	6. Zeitp.	7. Zeitp.
V 1	N 1	N 2	N 3	N 4	N 5 *	NN 1
V 2						NN 2
V 3						NN 3
V 4						NN 4
V 5						NN 5 *

* Das fünfte Unterrichtsbeispiel wurde nicht mehr von allen Lehrkräften unterrichtet, so daß die Tests **N** 5 und **NN** 5 nicht mehr vorgegeben werden konnten.

Man mag einwenden, daß die Zeitintervalle zwischen der Vorgabe der Vortests und dem Beginn der entsprechenden Unterrichtseinheiten bzw. zwischen den Nachtests und den verzögerten Nachtests für die einzelnen Unterrichtseinheiten unterschiedlich lang sind. Jedoch sind die dadurch bedingten Meßfehler vermutlich gering, weil sich das Vorwissen innerhalb eines Schuljahres nicht nennenswert ändern dürfte, und es bezüglich des verzögerten Nachtests kaum einen Unterschied macht, ob er nach 6 Wochen oder nach 6 Monaten vorgegeben wird. Untersuchungen weisen nämlich darauf hin, daß sich Wirkungen von Unterrichtsprozessen schon nach wenigen Wochen stabilisiert haben. Außerdem wirken sich etwaige Verzerrungen in gleicher Weise auf alle vier Versuchsbedingungen aus.

Bei der Konstruktion der einzelnen Tests wurde darauf geachtet, daß jeweils eine Reihe von Ankeritems in den Vortests, Nachtests und den verzögerten Nachtests identisch sind. Außerdem mußte gewährleistet sein, daß die Kontrollklassen gegenüber den Versuchsklassen nicht dadurch benachteiligt werden, daß die Tests Fragen enthalten, die nur aufgrund modellversuchsspezifischer Unterrichtsaktivitäten beantwortbar sind. Um dies auszuschließen, hat sich die Testkonstruktion strikt an die im Lehrplan vorgegebenen Lernbereiche gehalten. Außerdem wurde den Lehrkräften der Kontrollklassen jeder Test im Entwurf mit der Bitte vorgelegt, Aufgaben, die sich zu weit von ihren Unterrichtsplanungen entfernen, zu streichen oder umzuformulieren.

Um die Schülerinnen und Schüler in den Tests nicht zu überfordern oder zu entmutigen wurden folgende Maßnahmen ergriffen:

- Die Anzahl der insgesamt zu einem bestimmten Testzeitpunkt vorgegebenen Testitems wurde so beschränkt, daß unter normalen Bedingungen ihre Bearbeitung nicht länger als 20 Minuten dauerte.
- Etwa die Hälfte der Items in den Vortests sind vom Typ „Eisbrecher“, d.h. sie stellen so geringe Anforderungen an das Vorwissen, daß sie von nahezu allen richtig beantwortet werden können. Diese Items werden bei der Ermittlung des Vorwissens nicht berücksichtigt.
- In den Vortests wurden keine Aufgaben gestellt, deren korrekte Beantwortung nur nach dem Unterricht erwartet werden kann.
- In den Nachtests zu den einzelnen Unterrichtseinheiten (Testzeitpunkte 2 bis 6), wurden auch die „Eisbrecheritems“ aus den entsprechenden Vortests wiederholt, natürlich wieder ohne Berücksichtigung bei der Ermittlung des Wissenstands.
- In den Nachtests ist das Gros der Items dem Bereich „Wissen und Verstehen“ zuzuordnen, d.h. so formuliert, daß eine korrekte Antwort gegeben werden kann, wenn der vom Lehrplan vorgeschriebene und im Unterricht explizit erarbeitete Lernbereich verstanden und behalten wurde.
- Die in den Nachtests enthaltenen Transfer- und Problemlöseaufgaben wurden in ihrer Anzahl auf etwa ein Drittel der Gesamtzahl begrenzt und so formuliert, daß Schülerinnen und Schüler eine gute Chance hatten, wenigstens Teile der Aufgabe lösen zu können.

Zur Erläuterung sei hier ein Beispiel aus der Unterrichtseinheit „Wärmeausbreitung“ wiedergegeben.
Im Vortest und im entsprechenden Nachtest wurde dazu die folgende Aufgabe gestellt:

❑ *Eine elektrische Herdplatte, ein Haartrockner und ein Elektrogrill sind Wärmequellen. Beschreibe, wie bei diesen Geräten die Wärme dorthin gebracht wird, wo etwas erwärmt werden soll.*

Herdplatte:
Haartrockner:
Grill:

Im Vortest kann diese Aufgabe, zumindest ansatzweise durch Rückgriff auf die Alltagserfahrung beantwortet werden. Die explizite Erwähnung physikalischer Begriffe wird nicht verlangt. Eine akzeptable und auf dieser Klassenstufe auch vollständige Antwort wäre etwa:

Der Boden des Kochtopfes berührt die warme Herdplatte, so daß deren Wärme direkt in den Kochtopf (und von dort in die Suppe) gehen kann.

Beim Haartrockner erwärmt eine glühende Spirale die Luft in seinem Inneren. Ein Ventilator bläst die warme Luft aus dem Fön auf das Haar.

Beim Grill sind glühende Stäbe in der Nähe von dem, was gegrillt werden soll. Dieses erwärmt sich, ohne daß eine direkte Berührung stattfindet oder daß Luft über die Grillstäbe geblasen wird.

Auch im Nachtest würde für die oben gegebene Antwort die maximal erreichbare Punktzahl vergeben werden. Natürlich kann in unmittelbarem Anschluß an einen Unterricht, in dem diese oder ähnliche Geräte und ihre Funktionsweise explizit behandelt wurden, erwartet werden, daß die Aufgabe dann wesentlich leichter geworden ist.

Zusätzlich wird im Nachtest aber noch folgende (Wissens-)Aufgabe gestellt, die einen direkten Bezug zu den im Unterricht erarbeiteten physikalischen Begriffen herstellt:

❑ *Bei den Geräten der letzten Aufgabe sind jeweils verschiedene Arten der Wärmeausbreitung vorherrschend. Um welche Art von Wärmeausbreitung handelt es sich bei den drei Geräten?*

Herdplatte:
Haartrockner:
Grill:

Hier werden dann als Antwort die Begriffe Wärmeleitung, Wärmeströmung (oder je nach Unterricht auch Konvektion oder Wärmemitführung) und Wärmestrahlung oder entsprechende verbale Umschreibungen (z.B. Wärme wird geleitet, strömt mit einem Träger o.ä.) erwartet.

Eine Transfer- und Problemlöseaufgabe zum gleichen thematischen Bereich ist die folgende Aufgabe:

❑ *Wie könnte ein Gerät aussehen, mit dem durch warme Luft Trockenfrüchte hergestellt werden? Bedenke, daß die Früchte nur trocknen können, wenn warme und trockene (frische) Luft über sie hinwegstreicht. Als Wärmequelle steht dir nur die* ***Sonne*** *zur Verfügung! Mache eine Zeichnung!*

Da ein solches Gerät im Unterricht nicht behandelt wurde, ist diese Aufgabe als eine Transferaufgabe einzustufen. Es ist aber auch eine Problemlöseaufgabe, weil verschiedene (im Prinzip bekannte, aber ungenannte) physikalische Phänomene auf eine neue Weise miteinander kombiniert werden müssen, um die in der Aufgabe gestellten Anforderungen an das Gerät zu erfüllen. So müßte man z.B. bei einer im technischen Sinne „guten" Lösung des Problems darauf kommen, das Sonnenlicht nicht direkt auf die zu trocknenden Früchte einwirken zu lassen, denn dabei wird ein großer Teil des Lichts reflektiert, die Früchte beschatten sich gegenseitig und es kommt zu keiner Luftströmung. Eine befriedigendere Lösung ergibt sich, wenn man einen Bereich vorsieht, in dem das Sonnenlicht Frischluft erwärmt, die dann in den eigentlichen Trockenraum strömen kann. Das könnte etwa dadurch geschehen, daß das Sonnenlicht von einer mit Glas abgedeckten, der Sonne zugewandten schwarzen Fläche absorbiert wird und dabei die Luft in diesem „Sonnenkollektor" erwärmt. Ist dieser an einer Seite offen und führt an der anderen Seite in den Trockenraum hinein, so ergibt sich auch der geforderte warme Luftstrom.

Natürlich kann man nicht erwarten, daß viele Schülerinnen und Schüler auf diese „Ideallösung" kommen. Andererseits empfinden sie aber solche Aufgaben als eine echte Herausforderung und warten durchaus mit respektablen Teillösungen auf.

In dem am Ende des Schuljahres vorgegebenen verzögerten Nachtest wurden je vier Items aus den vier Nachtests wiederholt. Die Auswahl dieser Items war den am Modellversuch beteiligten Lehrkräften nicht bekannt. Sie orientierte sich am Schwierigkeitsgrad der Aufgaben, denn sie durften nicht zu leicht und nicht zu schwer sein, um eine gute Leistungsdifferenzierung zu gewährleisten. Auch war sicherzustellen, daß genügend Transfer- und Problemlöseaufgaben enthalten waren, um die zu erwartende andersartige Behaltensleistung gegenüber diesem Aufgabentyp erfassen zu können. Insgesamt wurden den Schülerinnen und Schülern der Modellversuchsklassen und der Kontrollklassen am Jahresende folgende Aufgaben vorgelegt:*

* Die vollständigen Tests zu den jeweiligen Unterrichtseinheiten finden sich in:
Walter Faißt, Peter Häußler, Christian Hergeröder, Karl-Heinz Keunecke, Hanna Kloock, Ingrid Milanowski, Mechthild Schöffler-Wallmann: Physik-Anfangsunterricht für Mädchen und Jungen Konzeption und fünf ausgearbeitete Unterrichtsbeispiele
IPN – Materialien, Kiel 1994, 233 Seiten, ISBN 3-89088-080-0

1. Wenn du in einem leeren Zimmer in die Hände klatschst, klingt es ganz anders als in einem Zimmer mit Polstermöbeln, Teppich und Gardinen. Hast du dafür eine Erklärung?

____

____

____

2. Drei Taue werden an einen Ring gebunden. Drei gleich kräftige Kinder ziehen an den freien Enden, wie auf den Bildern zu sehen ist. Zeichne mit einem Pfeil in den Bildern ein, in welche Richtung sich der Ring bewegt!

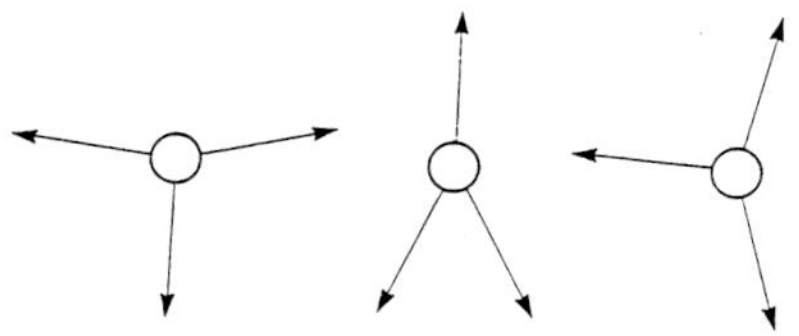

3. Die meisten Flüssigkeiten dehnen sich aus, wenn sie erwärmt werden. Wo könntest du das beobachten?

____

4. Die Enden eines Magneten werden mit Nordpol (N) und Südpol (S) bezeichnet. Du hast vielleicht schon einmal gesehen, wie man mit einem Magneten auf Gegenständen aus Eisen oder auf andere Magnete einwirken kann. Auf den Bildern siehst du immer rechts einen auf Rollen beweglichen Gegenstand, links einen unbeweglichen. Kreuze an, welche Bewegung du erwartest!

		bewegt sich nach links	bewegt sich nach rechts	bewegt sich gar nicht
N Magnet S	Eisen	( )	( )	( )
N Magnet S	S Magnet N	( )	( )	( )
N Magnet S	Kupfer	( )	( )	( )
Eisen	S Magnet N	( )	( )	( )

5. Betrachte die folgenden drei Bilder. Alle drei Klingeln sind gleich.

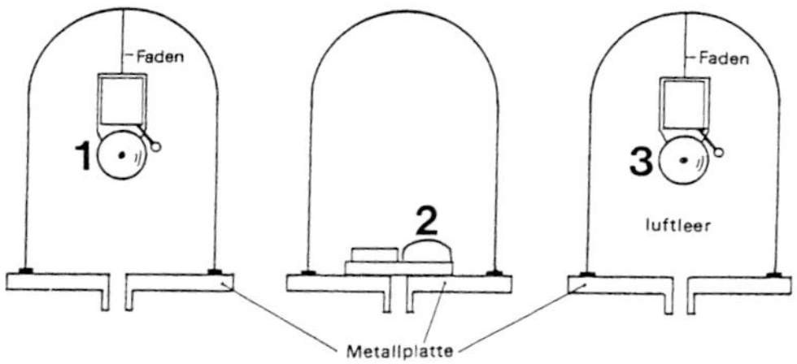

Welche Klingel würdest du am lautesten hören? ______

Welche Klingel würdest du am leisesten hören? ______

Begründe deine Wahl: ______

______

6. Eine Firma bekommt den Auftrag, wertvolle Kugeln aus Glas so zu verpacken, daß sie einen Sturz aus 50 cm Höhe ohne Schaden überstehen. Bei Versuchen mit verschiedenen Verpackungsmaterialien wurden die folgenden Bilder aufgenommen. Sie zeigen, wie weit die Kugeln das Verpackungsmaterial beim Aufprall verformen.

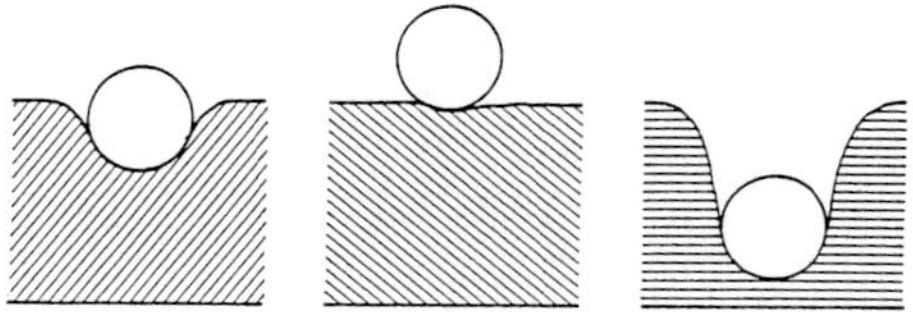

Material 1 Material 2 Material 3

a) Bei welchem Material ist die Bruchgefahr am größten?

Bei Material ______

b) Welches Material könnte man wesentlich dünner machen, ohne daß die Kugel dadurch leichter zu Bruch geht?

Material: ______

Begründe deine Antwort: ______

______

7. Nenne drei schlechte Wärmeleiter und gib ein Beispiel dafür an, wofür schlechte Wärmeleiter gebraucht werden.

8. In welchen der vier Schaltpläne liegt ein Kurzschluß vor?

Streiche bei jedem Schaltplan, in dem du einen Kurzschluß entdeckt hast, diejenige Leitung weg, die den Kurzschluß verursacht!

	Kurzschluß ja	*Kurzschluß nein*
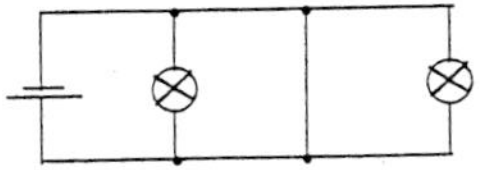	( )	( )
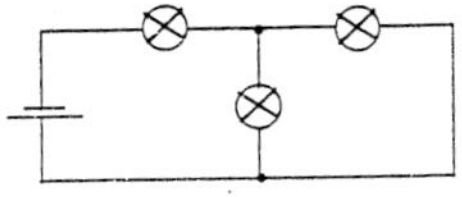	( )	( )
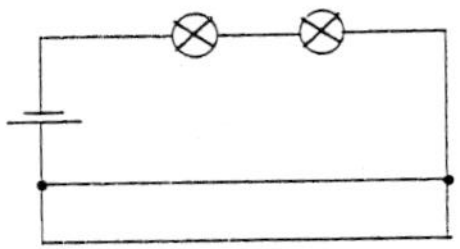	( )	( )
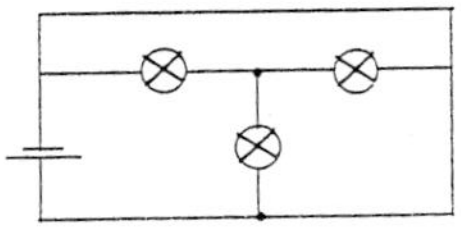	( )	( )

9. Zeichne in das Bild ein, auf welchen verschiedenen Wegen der Lärm der Maschine zu dem Arbeiter gelangt. Bezeichne die Wege mit A, B und C!

Bezeichne den Schall, der sich auf den verschiedenen Wegen ausbreitet:

Der Schall auf dem Weg A heißt ______________________________

Der Schall auf dem Weg B heißt ______________________________

Der Schall auf dem Weg C heißt ______________________________

Gib für jeden Weg eine Möglichkeit an, den Lärm für den Arbeiter zu vermindern.

A: ______________________________

B: ______________________________

C: ______________________________

10. Die Bewegungen zweier Autos A und B sind in einem Achsenkreuz eingezeichnet. Welches Auto fährt schneller?

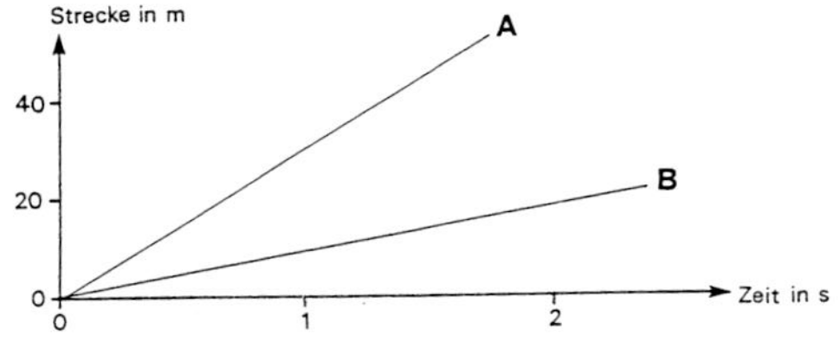

Auto _____ fährt schneller

Begründe deine Antwort: ______________________________

____

11. Ein Bimetallstreifen krümmt sich, wenn man ihn erwärmt. Erkläre, warum das so ist!

____

____

____

12. Du hast einen Stabmagneten und einen gleich aussehenden Eisenstab. Wie kannst du sie unterscheiden? Du hast kein weiteres Hilfsmittel (also etwa einen weiteren Magneten oder ein weiteres Eisenstück oder einen Bindfaden) zur Verfügung! Denke daran, daß die Magnetkraft des Magneten an seinen Polen am stärksten ist! Du kannst auch eine Zeichnung machen.

13. In England lebt eine junge Frau, die seit ihrem achten Lebensjahr taub ist. Trotzdem ist sie als Schlagzeugerin eine erfolgreiche Musikerin. Auf welche Weise nimmt diese Frau wohl die Musik der Mitspieler wahr?

____

____

____

____

14. Im Bild blickst du von oben auf einen Ball, der gegen eine Wand rollt und von ihr abprallt. Bei der Aufnahme wurde er von einer in gleichmäßigem Takt blitzenden Lampe beleuchtet. Kommt der Ball von links oben oder von rechts oben und woran kannst du das erkennen?

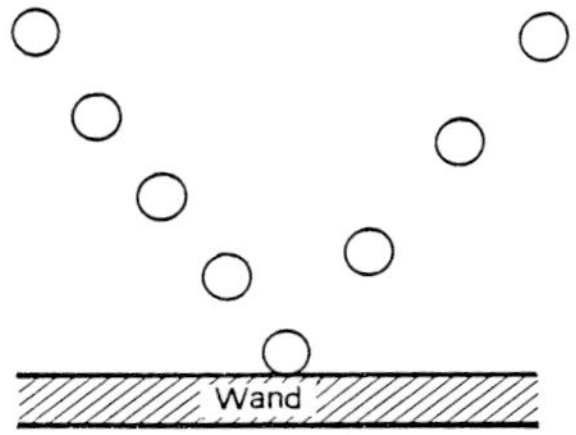

15. Wie könnte ein Gerät aussehen, mit dem durch warme Luft Trockenfrüchte hergestellt werden? Bedenke, daß die Früchte nur trocknen können, wenn warme und trockene (frische) Luft über sie hinwegstreicht. Als Wärmequelle steht dir nur die **Sonne** zur Verfügung! Mache eine Zeichnung!

16. Auf der Zeichnung siehst du eine Vorrichtung, die eine Kugel in Bewegung setzt, sobald der Stromkreis geschlossen wird. Erkläre, wie das funktioniert.

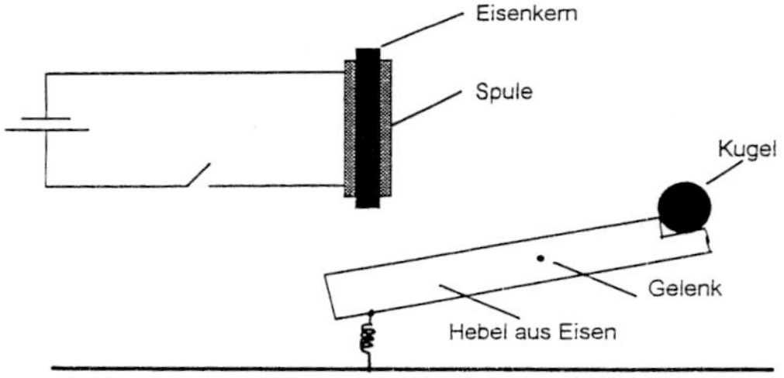

Aufgrund der für den Unterricht der Modellversuchsklassen festgelegten und für den Unterricht der Kontrollklassen zu erwartenden Unterrichtsinhalte können folgende Aufgaben dem Typus „Transfer- und Problemlöseaufgaben" zugeordnet werden (die in folgender Aufstellung nicht genannten Aufgaben sind demgemäß Reproduktionsaufgaben, d.h. für eine erfolgreiche Bearbeitung genügt es, das unmittelbar im Unterricht Gelernte wiederzugeben):

Aufgabe 1: Im Unterricht wird behandelt, daß es schallschluckende Materialien gibt, die bei der Verminderung von Lärm eingesetzt werden können. Daß nach der Beseitigung von Polstermöbeln oder Teppichen aus einem Zimmer (also von Materialien, die normalerweise dort nicht aus Lärmschutzgründen sind) Geräusche lauter sind und länger nachhallen, ist dagegen nicht (expliziter) Gegenstand des Unterrichts.

Aufgabe 4: Im Unterricht wird (allenfalls) davon gesprochen, daß sich ein Gegenstand aus Eisen und ein Magnet „wechselseitig" anziehen, daß dies aber auch bedeutet, daß man bei Annäherung eines Gegenstands aus Eisen an einen beweglichen Magneten, den Magneten zum Eisen ziehen kann, wird nicht (explizit) thematisiert oder in einem Versuch gezeigt.

Aufgabe 12: Im Unterricht wird erarbeitet, daß die Wechselwirkung zwischen Magnet und Eisen an den Polen des Magneten am stärksten ist (und im Text der Aufgabe wird ein entsprechender Hinweis gegeben, damit die Aufgabe nicht zu schwierig ist), jedoch wird nicht behandelt, daß dies zur Unterscheidung zwischen Magnet und Eisen herangezogen werden kann (das in der Mitte eines Stabmagneten angelegte Eisenstück erfährt keine Anziehung, der in der Mitte des Eisenstabs angelegte Magnet aber sehr wohl).

Aufgabe 13: Im Zusammenhang mit der Ausbreitung von Schallereignissen ist im Unterricht auch das Mitschwingen von Gegenständen, die nicht unmittelbar an der Schallerzeugung beteiligt sind, behandelt worden. Bei dieser Aufgabe muß man darauf kommen, daß sich die von den Mitspielern erzeugten Schwingungen über die Luft dem Körper der Musikerin und über den Fußboden ihren Füßen (sie musiziert barfuß) mitteilt.

Aufgabe 14: Aus dem Unterricht ist bekannt, daß ein schnellerer Gegenstand in einer bestimmten Zeit einen größeren Weg zurücklegt als ein langsamerer. Die zusätzliche Schwierigkeit dieser Aufgabe besteht darin, aus den unterschiedlichen Abständen der Ballpositionen auf unterschiedliche Geschwindigkeiten zu schließen und zusätzlich zu erkennen, daß der Ball beim Aufprall auf die Wand nicht schneller werden kann.

Aufgabe 15: Die einzelnen Mechanismen, wie mit Hilfe des Sonnenlichts Luft erwärmt und diese Luft über das Obst geleitet werden kann, sind im Unterricht behandelt worden. Hier geht es aber darum, die Einzelprozesse zu einem sinnvollen Gesamtablauf zu integrieren.

Aufgabe 16: Alle Einzelprozesse, z.B. daß eine stromdurchflossene Spule dieser magnetische Eigenschaften verleiht, daß ein Magnet und Eisen sich wechselseitig anziehen und daß die gespannte Feder die Kugel am Herunterrollen hindert, sind aus dem Unterricht (im Prinzip) bekannt. Gleichwohl haben die Schülerinnen und Schüler eine solche Anordnung noch nie gesehen, so daß es für sie eine zusätzliche Leistung darstellt, die Einzelvorgänge zu einem Gesamtablauf zusammenzufügen.

6.2 Evaluation der affektiven/emotionalen Förderung

Entsprechend den Zielen des Modellversuchs konzentriert sich die Evaluation der Förderung im affektiven/emotionalen Bereich auf die Interessen der Schülerinnen und Schüler an Physik bzw. Chemie und deren Veränderung durch den Anfangsunterricht, das fachspezifische Selbstkonzept der Schülerinnen und Schüler am Ende der Erprobungsphase sowie das Sozialverhalten im Unterricht. Als Erhebungsinstrumente wurden Fragebögen verwendet. Den theoretischen Rahmen für die Konstruktion der Fragebogen bilden theoretische Ansätze der Interessenforschung (Todt 1978; 1990; Krapp 1992; Prenzel 1988; Renninger 1992) und Selbstkonzeptforschung (Epstein 1979; Helmke 1992; Horstkemper 1987).

Ausgehend von vorliegenden empirischen Befunden der Interessenforschung (Gräber 1992 a; b; Häußler/Hoffmann 1990; Hoffmann/Häußler/Lehrke 1997; Todt 1985; u.a.) und zum Selbstkonzept (Helmke 1992; Horstkemper 1987; Rustemeyer 1982) wurden solche Variablen in die Untersuchung einbezogen, bei denen wir davon ausgehen können, daß sie die Ausprägung der Zielvariablen beeinflussen, bzw. zu deren Erklärung beitragen.

Der Umfang der erhobenen Variablen geht über die Erfordernisse einer Evaluation des Modellversuchs hinaus. Die erhobenen Daten sollen auch eine Grundlage zur Klärung weitergehender Forschungsfragen liefern.

Bei der Entwicklung der Fragebögen sind wir so vorgegangen, daß wir soweit wie möglich auf Skalen zurückgegriffen haben, die sich in anderen Studien bereits bewährten. Dies eröffnet die Möglichkeit, die Ergebnisse aus dem Modellversuch mit den Ergebnissen dieser Untersuchungen in Beziehung zu setzen und in einem größeren Rahmen von Forschungsergebnissen einzuordnen. Im wesentlichen haben wir einzelne Skalen bzw. Teile davon aus folgenden Untersuchungen übernommen oder für unsere Untersuchung entsprechend adaptiert: der *IPN-Interessenstudie Physik* (Hoffmann/Häußler/Lehrke 1997/ Hoffmann/ Häußler/Lehrke/Todt 1984), der *IPN-Interessenstudie Chemie* (Gräber 1990;1992a; b), dem Projekt *„Naturwissenschaftliche Bildungsprozesse und Psychosoziale Bildungsprozesse im Jugendalter"* (BIJU), das vom IPN gemeinsam mit dem Max-Planck-Institut für Bildungsforschung in Berlin durchgeführt wird (Projektgruppe BIJU 1994a; b), sowie der Untersuchung von Helmke zu *„Selbstvertrauen und schulische Leistung"* (Helmke 1985; 1992).

Der Variablenplan ist für beide Teile des Modellversuchs (Chemie und Physik) identisch. Tabelle 6.2.1 gibt einen Überblick über die erhobenen Variablen für die Physikgruppe.

In einer Vorerprobung der Fragebögen wurde sichergestellt, daß sie innerhalb einer Unterrichtsstunde zu bearbeiten sind. Es wurde keine Voruntersuchung zur Überprüfung der Skalen durchgeführt, da die meisten Skalen sich bereits in früheren Studien bewährt hatten.

Die meisten der Variablen wurden sowohl zu Beginn des Schuljahres, d.h. vor Beginn des einsetzenden Fachunterrichts (Vortest) und am Ende des Schuljahres (Nachtest) erhoben. Einige Variablen konnten nur am Ende des Schuljahres erhoben werden wie z.B. das auf den Unterricht bezogene fachspezifische Selbstkonzept oder die Zufriedenheit im Physikunterricht. Einige Variablen wurden als Erwartung im Vortest und als auf Erfahrung beruhend im Nachtest erhoben, wie z.B. das Fachinteresse an Physik bzw. Chemie. Sowohl der Vortest als auch der Nachtest wurde von Mitgiedern der IPN-Projektgruppe vorgegeben.

Schülermerkmale

- Geschlecht
- Fachspezifisches Selbstkonzept (Unterricht)
- Fachspezifisches Selbstkonzept (Begabung)
- allgem. schulisches Selbstkonzept
- Kompetenzgewinn durch Physik
- Faszination durch Naturphänomene
- Faszination durch Technik
- Bedeutung der Physik
- Zufriedenheit in Schule /im Physikunterricht
  Aufgabenorientierung
  Ich-Orientierung
- Mißerfolgsattributierung Schule /Physikunterricht
  mangelnde Fähigkeiten
  fehlende Anstrengung
  fehlende Motivation
  schlechter Unterricht
  Störungen im Unterricht
- Subjektive Leistungskompetenz in der Schule/im Fach Physik
  Selbstwirksamkeit
  Hilflosigkeit
- Erwartete soziale Anerkennung (Physik)
  (durch Eltern/Schüler/Schülerinnen/Freunde/Freundinnen)
- Freizeitverhalten
  (Rollenverhalten)
- Physiknote

Interessenvariablen

- Sachinteresse an Physik
- Fachinteresse an Physik
- Freizeitinteressen
- Interesse an Beruf
- Motivierende Wirkung der Unterrichtseinheit

Unterrichtsmerkmale

- Sozialverhalten der Schüler/Schülerinnen
  Kooperativ
  Konkurrenz
- Merkmale der Jungen im Physikunterricht
- Merkmale der Mädchen im Physikunterricht
- Ziele der Lehrkraft
  Sozialverhalten
  Unterrichtsstoff
  Miteinbeziehen aller Schülerinnen/Schüler
  Gleichbehandlung von Mädchen und Jungen
  Gerechtigkeit/Kontrolle
  Wiederholen/Üben/Hausaufgaben

Tabelle 6.2.1: Variablenplan für den affektiven/emotionalen Bereich

Der Fragebogen zur motivierenden Wirkung der Unterrichtseinheiten wurde jeweils am Ende der einzelnen Unterrichtseinheiten (vgl. Abb. 6.2.1) von der Lehrkraft vorgegeben. Die Erhebung sollte jeweils nicht mehr als fünf Minuten in Anspruch nehmen.

Abbildung 6.2.1: Erhebungsplan für den affektiven/emotionalen Bereich

Die Fragebögen zur Erhebung der in Tabelle 6.2.1 aufgelisteten Variablen sind im Anhang in der Form abgedruckt, in der sie den Schülerinnen und Schülern am Ende des Schuljahres (NT) vorgelegt wurden. Im Folgenden werden die Testitems, mit denen einzelne Variablen erhoben wurden, teilweise in einer von der Fragebogenversion abweichenden Reihenfolge wiedergegeben, um eine etwaige Faktorstruktur deutlicher hervortreten zu lassen. Die Skalen zu den Unterrichtsmerkmalen werden im Zusammenhang mit der Evaluation des Interaktionsgeschehens in Abschnitt 6.3 dargestellt.

6.2.1 Instrumente zur Erhebung von Interessen

Sachinteresse an Physik

Die Items für den Test zur Erhebung des individuellen Interesses an Physik (Sachinteresse) haben wir dem entsprechenden Fragebogen der IPN-Interessenstudie Physik (Hoffmann/Häußler/Lehrke/Todt 1984) entnommen. Die Operationalisierung des Sachinteresses basiert auf den Ergebnissen einer curricularen Delphi-Studie zur Physikalischen Bildung (Häußler et al. 1980; 1983) und geht von einem dreidimensionalen Interessenkonstrukt aus. Das Sachinteresse, das als relativ stabile Präferenz gegenüber einem bestimmten Interessengegenstand, hier Physik, im Sinne eines Persönlichkeitsmerkmales angenommen werden kann (vgl. Krapp 1992), wird über die drei Dimensionen

(1) Interesse an einem Kontext, in dem Physik bedeutsam ist,

(2) Interesse an einem physikalischen Gebiet, mit dem man sich in diesem Kontext auseinandersetzt und

(3) Interesse an einer Tätigkeit, in die man sich im Zusammenhang mit diesem Inhalt einlassen kann,

erfaßt (Häußler 1985). Bei der Formulierung der Interessenitems wurde immer auf alle drei Dimensionen gleichzeitig Bezug genommen. Der Originaltest umfaßt 88 Items.

Für die vorliegende Untersuchung wurden 21 der 88 Items unverändert übernommen. (s. Frage (5) des Fragebogens im Anhang). Die Items wurden nach folgenden Kriterien ausgewählt:

- die Items sollten sich auf die fünf physikalischen Gebiete (1) Akustik, (2) Mechanik, (3) Wärmelehre, (4) Elektrizität und Magnetismus und (5) Optik beziehen, da diese für die Klasse 7 im Lehrplan von Schleswig-Holstein für Gymnasien vorgeschrieben sind, und
- die Items sollten sich gleich häufig auf die sieben Kontexte (1) Naturphänomene, (2) Bauen eines Gerätes, (3) Technische Anwendungen von Physik, (4) Bezug zum menschlichen Körper, (5) Physik als Wissenschaft qualitativ, (6) Physik als Wissenschaft quantitativ und (7) Physik in ihrer gesellschaftlichen Bedeutung verteilen.

Item-Beispiele aus der Skala Sachinteresse an Physik sind:

1 Mehr darüber zu erfahren, wie die Farben am Himmel zustandekommen (Himmelsblau, Abendrot, Regenbogen)

5 Mehr Einblick erhalten, welche künstlichen Organe (z.B. Herz als Blutpumpe) und Gelenke heute in der Medizin zur Verfügung stehen

14 Die Stromstärke beim Anschluß mehrerer Geräte berechnen

20 Mehr darüber erfahren, wie man die Lichtbrechung berechnen kann

Jedes der Interessenitems war von den Schülerinnen und Schülern auf einer 5-stufigen Ratingskala von „Mein Interesse daran ist sehr groß" (5) bis „sehr gering" (1) zu beantworten.

Das Sachinteresse an Physik wurde sowohl im Vortest als auch im Nachtest erhoben. Die Reliabilität war im Nachtest mit einem Cronbach $\alpha = .91$ etwas höher als im Vortest (Cronbach $\alpha = .85$).

Fachinteresse an Physik (Interesse am Schulfach Physik)

Das Interesse am Unterrichtsfach Physik kann weitgehend von Merkmalen des Unterrichts, d.h. von der Interessantheit des Unterrichts bestimmt werden (situationales Interesse). Es wurde im Vergleich zum Interesse an den anderen Unterrichtsfächern erhoben (s. Frage 12 im Anhang). Die Schülerinnen und Schüler wurden gebeten, anzugeben, wie interessant sie die einzelnen Unterrichtsfächer Deutsch, Fremdsprachen, Mathematik, Biologie, Musik, Kunst, Sport, Religion, Geschichte und Geographie/Erdkunde finden. Für die Antworten war wieder eine 5-stufige Ratingskala von „sehr interessant" (5) bis „ganz uninteressant" (1) vorgegeben.

Bezogen auf das zum ersten Mal unterrichtete Fach Physik wurden die Schülerinnen und Schüler im Vortest gefragt, was sie *erwarten*, wie interessant das Fach Physik für sie sein wird. Die Antworten waren auf derselben 5-stufigen Ratingskala wie für die anderen Fächer zu geben.

Freizeitinteresse an Physik

Die Skala Freizeitinteresse an Physik besteht aus 10 Items (s. Frage 10 im Anhang), die ebenfalls aus dem Fragebogen der Physik-Interessenstudie stammen und seinerzeit mit geringfügigen Änderungen von Händel (1984) übernommen wurden. Die Schülerinnen und Schüler wurden gefragt, wie häufig sie in ihrer Freizeit bestimmte Tätigkeiten ausführen. Der Antwortmodus ist eine 5-stufige Ratingskala mit sehr oft (5), oft (4) manchmal (3), selten (2), nie (1). Das Freizeitinteresse wurde sowohl zu Beginn als auch am Ende des Schuljahres erhoben.

Sowohl für den Vor- als auch für den Nachtest wurde mittels Faktorenanalyse getrennt für Mädchen und Jungen geprüft, ob sich die Zwei-Faktoren-Struktur aus der Physik-Interessenstudie auch für diese Stichprobe bestätigt. Die varimax-rotierte Faktorenstruktur ergab nach dem Abbruchkriterium Eigenwert ≥1 im Vor- und Nachtest eine Zwei-Faktorenlösung mit nahezu gleichen Faktorladungen für Mädchen und Jungen. Die Faktorladungen aus dem Nachtest sind in Tab. 6.2.1.1 aufgeführt. Die Reliabilität für die beiden resultierenden Subskalen *Informationsinteresse* und *Praktisches Interesse* sind im Nachtest geringfügig höher als im Vortest. Für die Subskala Informationsinteresse beträgt α_{NT} = .84 und α_{VT} = .81, für die Subskala Praktisches Interesse sind die entsprechenden Werte α_{NT} = .75 und α_{VT} = .73.

Die beiden Subskalen Informationsinteresse und Praktisches Interesse können gleichzeitig auch Aufschluß über die vor- und außerschulische Erfahrung der Jungen und Mädchen in diesem Bereich geben.

	Faktorladungen*			
	Mädchen		Jungen	
	F1	F2	F3	F4
Informationsinteresse				
1. Fernsehsendungen ansehen, die mit Physik oder Technik zu tun haben	.70	.34	.52	.35
2. Bücher lesen, die Themen aus den Bereichen Physik oder Technik behandeln	.68	.41	.65	.40
7. Technische Anlagen (z.B. Kraftwerk), Museen oder Ausstellungen, die mit Physik oder Technik zu tun haben, besuchen	.63		.69	
8. Mit Freundinnen oder Freunden über Themen aus der Physik oder Technik sprechen	.69		.59	
9. In Zeitungen oder Zeitschriften Berichte über physikalische oder technische Themen lesen	.79		.85	
10. In einem Lehrbuch, Nachschlagwerk (Lexikon) oder woanders nachlesen, wenn eine technische oder physikalische Frage auftaucht	.78		.70	
Praktisches Interesse				
3. Mich mit Experimentierkästen beschäftigen		.78		.81
4. Mich mit Technik-Baukästen beschäftigen z. B. Fischer-Technik)		.76		.82
5. Technische Dinge basteln (z. B. eine elektrische Klingel, ein Modellflugzeug bauen)		.72		.78
6. Dinge auseinandernehmen und reparieren (z. B. das Fahrrad, Mofa, einen Wecker oder Walkman)		.65		.50
Aufgeklärte Varianz	57%		55%	

* es werden nur Faktorladungen ab .30 aufgeführt.

*Tab. 6.2.1.1: Faktorladungen zu Sklala Freizeitinteresse an Physik (Nachtest); getrennt für Mädchen und Jungen**

Das Freizeitinteresse, so wie es hier erhoben wird, kann auch als Indikator für individuelles Interesse gewertet werden.

Berufsinteresse
(Interesse an einem Beruf, der etwas mit Physik und Technik zu tun hat)

Um herauszufinden, ob die Schülerinnen und Schüler sich vorstellen können, sich über die Schule hinausgehend mit Physik zu beschäftigen, und inwieweit sich diese Vorstellung durch den Anfangsunterricht im jeweiligen Fach ändert, wurden folgende Fragen an sie gestellt (s. die Fragen 8 und 9 im Anhang):

> Wie gern möchtest Du einen Beruf erlernen, der etwas mit Physik zu tun hat?
>
> Wie gern möchtest Du einen Beruf erlernen, der etwas mit Technik zu tun hat?

Die Fragen waren auf einer 5-stufigen Ratingskala von „sehr gern"(5) bis „auf keinen Fall" (1) zu beantworten. Beide Fragen wurden im Vor- und im Nachtest vorgegeben. In der Physik-Interessenstudie wurden die beiden Items zur Kurzskala *Berufsinteresse* zusammengefaßt.

Bei den Physikklassen korrelieren die Antworten der Jungen und Mädchen auf die beiden Fragen mit $r = .62$ bzw. $r = .57$ und die Reliabilität im Vor- und Nachtest ist dementsprechend relativ hoch ($\alpha_{NT} = .75$; $\alpha_{VT} = .72$). Die Kurzskala Berufsinteresse wird deshalb beibehalten.

Faszination durch Naturphänomene und Technik

Ein Ergebnis der Physik-Interessenstudie besteht darin, daß die individuelle Faszination durch Naturphänomene und Technik mit dem Sachinteresse an Physik hoch korreliert. Demzufolge wurde die Skala *Erleben von Natur und Technik* aus der Physik-Interessenstudie auch für diese Untersuchung übernommen. Sie wurde zu Beginn und am Ende des Schuljahres vorgegeben (s. Frage 6 im Anhang). Die Skala Erleben von Natur und Technik enthält insgesamt acht Aussagen darüber, wie man bestimmte Situationen erleben kann. Die Schülerinnen und Schüler wurden gebeten, auf einer 5-stufigen Ratingskala von „sehr stark" (5) bis „gar nicht" (1) anzugeben, wie sie solche Situationen erleben.

Die Überprüfung mittels Faktorenanalyse, sowohl getrennt für Mädchen und Jungen als auch für Vor- und Nachtest, bestätigt die bereits in der Physik-Interessenstudie erhaltene zwei-Faktorenlösung und führt zur Beibehaltung der beiden Subskalen *Faszination durch Naturphänomene* und *Faszination durch Technik* mit je 4 Items.

Itembeispiele für die beiden Subskalen sind:

Faszination durch Naturphänomene

1. Wenn ich einen Regenbogen sehe, dann beeindruckt mich das
7. Wenn ich daran denke, daß Sonne und Mond Ebbe und Flut hervorrufen, dann beeindruckt mich das

Faszination durch Technik

2. Wenn ich neue technische Geräte sehe (z. B. Computer, Windkraftwerk), dann fasziniert mich das
3. Wenn ich Berichte über den Flug von Raketen, Raumsonden und Satelliten sehe (oder lese), dann fasziniert mich das.

Die Reliabiltät ist für die Skala Faszination durch Naturphänomene im Nachtest etwas höher als im Vortest (α_{NT} = .70; α_{VT} = .61), für die Skala Faszination durch Technik im Vor- und Nachtest gleich hoch (α_{NT} = .69; α_{VT} = .71).

Motivierende Wirkung der Unterrichtseinheiten

Um die motivierende Wirkung der einzelnen Unterrichtseinheiten zu erfassen, die auch als Indikator für die Interessantheit der jeweiligen Unterrichtseinheit gewertet werden kann (vgl. Krapp 1992), wurde, ausgehend von den Ergebnissen der Physik-Interessenstudie, ein Fragebogen mit 19 Items entwickelt, die sich auf die vier Aspekte

(1) Beschäftigung mit dem Thema nach dem Unterricht,

(2) persönlicher Nutzen,

(3) das Unterrichtsklima und auf das

(4) themenspezifische Interesse

beziehen.

Itembeispiele sind :

zu Beschäftigung mit dem Thema nach dem Unterricht

8. Ich habe auch außerhalb des Unterrichts über manche Dinge nachgedacht, die wir zuletzt gelernt haben

zu persönlicher Nutzen

4. Der Unterricht beschäftigt sich mit Dingen die mir im täglichen Leben begegnen

zu Unterrichtsklima

13. Die Schule würde mir mehr Spaß machen, wenn wir öfter solche Dinge behandeln würden

zu themenspezifisches Interesse

17. Ich würde über dieses Thema gern noch mehr erfahren

Der vollständige Test und die Testanleitung wird in Übersicht 6.2.1 wiedergegeben.

Die Vorgabe erfolgte im unmittelbaren Anschluß an jede der fünf Unterrichtseinheiten. Die Schülerinnen und Schüler wurden gebeten, zu jeder der 19 vorgegebenen Aussagen auf einer begrenzten Linie mit den Enden „stimmt völlig" und „stimmt gar nicht" anzukreuzen, was für sie zutrifft. Dieses etwas ungewöhnliche Antwortformat wurde gewählt, um bei der wiederholten Vorgabe Erinnerungseffekte zu minimieren.

Die Struktur des Fragebogens wurde sowohl getrennt für Mädchen und Jungen als auch für jede Erhebung mittels Faktorenanalyse untersucht. Das Ergebnis ist eine Vier-Faktorenlösung, deren Faktoren anlog zu den vier oben aufgeführten Aspekten interpretiert werden können. Die resultierenden vier Subskalen korrelieren untereinander hoch signifikant ($p = .001$). Um zu prüfen, ob es sinnvoll ist, die Subskalen der Gesamtskala vorzuziehen, wurde eine Minderungskorrektur durchgeführt. Die um den Meßfehler korrigierten Korrelationen zwischen den Skalen betragen zwischen $r = .70$ und $r = .91$. Es erscheint demzufolge nicht sinnvoll, die Gesamtskala zu unterteilen. Für die Auswertung wurden die Kurven im Sinne einer siebenstufigen Rating-skala in sieben gleichgroße Abstände verteilt.

Im nächsten Schritt wurde die Reliabilität der Gesamtskala (über alle 19 Items) für Jungen und Mädchen sowie für jede Erhebung getrennt überprüft. Die Reliabiltät des Fragebogens bewegt sich bei den einzelnen Erhebungen zwischen $\alpha = .91$ und $\alpha = .93$.

IPN

INSTITUT FÜR DIE PÄDAGOGIK DER NATURWISSENSCHAFTEN
AN DER UNIVERSITÄT KIEL

BLK Modellversuch „Chancengleichheit“

[1]Schule:

[2]Klasse:

[3]Datum:

1. Wenn Du an den Physikunterricht der letzten Wochen denkst,

a) was hat Dir besonders gut gefallen?

b) Was hat Dir gar nicht gefallen?

2. Wenn sich jemand dafür interessiert, was Du gern ißt,
legt er Dir vielleicht die folgenden Sätze vor:

	stimmt völlig		stimmt gar nicht
Rote Grütze mit Schlagsahne esse ich gern	x		
Ich freue mich immer, wenn es Spaghetti gibt		x	
Griesbrei ist mein Lieblingsgericht			x

Wenn Du Deine Kreuze so machst, wie eingezeichnet, bedeutet das:

Rote Grütze ißt Du wirklich gern (*Das Kreuz ist ganz auf der Seite von „stimmt völlig“*)

Spaghetti magst Du nicht besonders, aber Du lehnst sie auch nicht ganz ab (*Das Kreuz ist näher bei „stimmt gar nicht“ als bei „stimmt völlig“*)

Griesbrei kannst Du nicht ausstehen (*Das Kreuz ist ganz nahe bei „stimmt gar nicht“*)

Bitte fülle auf die gleiche Weise die Rückseite aus.

Fortsetzung nächste Seite

Kreuze bitte an, was für Dich zutrifft.
Denke dabei an den Physikunterricht der letzten Wochen.

	stimmt völlig … stimmt gar nicht
Der Unterricht war abwechslungsreich	
Ich war neugierig darauf, was wir in der nächsten Stunde lernen	
Ich bedauerte es, wenn der Unterricht ausfiel	
Der Unterricht beschäftigte sich mit Dingen, die mir im täglichen Leben begegnen	
Ich freute mich auf den Unterricht	
Im Unterricht gab es etwas Neues für mich zu entdecken	
Es gab Dinge, die mich besonders interessiert haben	
Ich habe auch außerhalb des Unterrichts über manche Dinge nachgedacht, die wir zuletzt gelernt haben	
Ich habe in Büchern nachgeschlagen, um mehr Informationen über das behandelte Gebiet zu bekommen	
Ich habe mit Freunden, Eltern und Geschwistern über Dinge aus diesem Gebiet gesprochen[	
Ich konnte mich leicht auf die Sache konzentrieren	
Ich hatte das Gefühl, für mich selbst etwas dazugelernt zu haben	
Die Schule würde mir mehr Spaß machen, wenn wir öfter solche Dinge behandeln würden	
Ich wünschte, es gäbe bald eine Fernsehsendung über dieses Thema	
Es hat Spaß gemacht, mein Verständnis für dieses Thema zu vertiefen	
Mit solchen Themen hätte ich mich auch freiwillig gern beschäftigt	
Ich würde über dieses Thema gern noch mehr erfahren	
Mein Interesse an Physik ist größer geworden, seit wir diesen Stoff durchgenommen haben	
Manchmal fand ich es schade, wenn es klingelte, und die Stunde vorbei war	

Übersicht 6.2.1: Fragebogen zur motivierenden Wirkung von Unterricht

6.2.2 Instrumente zur Erhebung von Persönlichkeitsmerkmalen

Fachspezifisches Selbstkonzept Unterricht

Die Physik-Interessenstudie belegt, daß für das Interesse am Unterrichtsfach Physik das fachspezifische Selbstkonzept eine wesentliche Rolle spielt (Häußler/Hoffmann 1995). Um zu überprüfen, inwieweit es den Mädchen im Rahmen des Modellversuchs gelungen ist, ein positiveres fachspezifisches Selbstkonzept zu entwickeln als den Mädchen in den Kontrollklassen, wurde den Schülerinnen und Schülern die Selbstkonzeptskala aus der Physik-Interessenstudie, die auf Goehrke (1976) zurückgeht, am Ende des Schuljahres (Nachtest) vorgelegt. Die Schülerinnen und Schüler wurden gebeten, die folgenden sieben Sätze durch Ankreuzen auf einer vorgegebenen 5-stufigen Ratingskala von „sehr gut" (5) bis „sehr schlecht" (1) zu vervollständigen (s. Frage 19 im Anhang):

1. Ich verstehe den Stoff in Physik ...
2. Ich behalte den Stoff in Physik ...
3. Meine Leistungen in Physik sind nach meiner eigenen Einschätzung ...
4. Ich beteilige mich am Physikunterricht ...
5. Ich glaube, daß mich die anderen in meiner Klasse in Physik für ... halten.
6. Ich glaube, daß mein Physiklehrer/meine Physiklehrerin meine Leistungen in Physik als ... einschätzt.
7. Ich erwarte, daß in Zukunft meine Leistungen in Physik ... sein werden.

Die Reliabilität der Skala ist, wie es sich bereits in der Physik-Interessenstudie gezeigt hat, mit einem Cronbach von $\alpha = .91$ sehr hoch.

Die Items dieser Selbstkonzeptskala beziehen sich ausschließlich darauf, wie gut Schülerinnen/Schüler, subjektiv gesehen, mit den schulischen Anforderungen im Unterrichtsfach Physik zurechtkommen. Dieses auf den Unterricht bezogene Selbstkonzept wird im Folgenden als *Fachspezifisches Selbstkonzept Unterricht* bezeichnet.

Allgemeines schulisches Selbstkonzept

Um die Ausprägung des auf den Unterricht bezogenen fachspezifischen Selbstkonzepts der Schülerinnen und Schüler der Experimentalgruppe besser einordnen und mit jener der Kontrollgruppe vergleichen zu können, wurde auch das *Allgemeine Schulische Selbstkonzept* der Schülerinnen und Schüler erhoben.

Dazu wurde am Ende des Schuljahres (Nachtest) die *Skala Selbstkonzept schulischer Leistungen und Fähigkeiten (SKSLF)* von Rost/Lamsfuss (1992) vorgegeben (s. Frage 28 im Anhang). Die Schülerinnen und Schüler wurden gebeten, auf einer 4-stufigen Ratingskala von „trifft völlig zu“ (4) bis „trifft gar nicht zu“ (1) zu beurteilen, inwieweit die folgenden zehn Aussagen für sie zutreffen:

1. Ich gehöre in der Schule zu den Besten.
2. Ich habe ein gutes Gefühl, was meine Arbeit in der Schule angeht.
3. Ich weiß die Antwort auf eine Frage schneller als die anderen.
4. Gute Noten fallen mir zu.
5. Meine Arbeit ist im allgemeinen mindestens ebensogut wie die meines Nachbarn/meiner Nachbarin.
6. Ich kann Sachen selbst rauskriegen.
7. Es fällt mir leicht, Probleme zu lösen.
8. Ich bin so schlau, wie ich gerne sein möchte.
9. Ich bin zufrieden mit meiner Fähigkeit, vor der Klasse zu sprechen.
10. Manchmal fühle ich mich anderen überlegen und glaube, daß sie noch manches von mir lernen können.

Die Reliabilität der Skala ist mit Cronbach α =.86 befriedigend hoch.

Fachspezifisches Selbstkonzept Begabung/Kompetenzgewinn

Es ist davon auszugehen, daß die subjektive Einschätzung der eigenen Begabung für Physik von der subjektiven Einschätzung der eigenen schulischen Leistungen im Unterrichtsfach Physik abweichen kann, und daß, sofern dieses zutrifft, das fachspezifische Selbstkonzept der Begabung eher mit dem Sachinteresse und das auf den Unterricht bezogene fachspezifische Selbstkonzept eher mit dem Fachinteresse zusammenhängt.

Nach Krapp (1992) ist es für die Entwicklung von Interesse an einer Sache nicht nur bedeutsam, welche Erfolgserlebnisse man bei der Beschäftigung mit dieser Sache hat, sondern auch, welche leistungsbezogene Kompetenz man durch diese Beschäftigung zu erwarten hat.

Um sowohl die Beurteilung der eigenen Begabung für Physik (*Fachspezifisches Selbstkonzept Begabung*) als auch den *Kompetenzgewinn* durch die Beschäftigung mit Physik im Unterricht zu erfassen, wurde eine Skala mit sieben Items entwickelt (s. Frage 20 im Anhang). Die Skala wurde in etwas abgeänderter Form zu Beginn des Schuljahres (Vortest) und am Ende des Schuljahres (Nachtest) eingesetzt. Zu Beginn des Schuljahres wurden die Schülerinnen und Schüler aufgefordert, auf einer 4-stufigen Ratingskala von „trifft völlig zu“ (4) bis „trifft nicht zu“ (1) ihre Erwartungen hinsichtlich ihrer fachspezifischen Begabung und ihres potentiellen Kompetenzgewinns anzugeben.

Die Faktorenanalyse ergab eine klare Zwei-Faktorenlösung (s. Tab. 6.2.2.1). Die Faktorenlösung ist für den Vortest noch eindeutiger als für den Nachtest, da für Aussage 4 die Ladung auf dem zweiten Faktor unter .30 ist.

	Faktorenladungen*	
	F1	F2
fachspezifisches Selbstkonzept Begabung		
1. Mir macht der Physikunterricht Spaß.	.89	
2. Mir fällt Physik leicht.	.86	
3. Ich bin für Physik begabt.	.83	
4. Ich bringe in Physik gute Leistungen.	.64	.45
Kompetenzgewinn		
5. Ich lerne in Physik etwas, das ich unmittelbar brauchen kann.		.87
6. Ich lerne in Physik etwas, das für mich sehr wichtig ist.		.85
7. Ich lerne in Physik etwas, das ich später sehr oft brauchen kann		.81
Aufgeklärte Varianz	74%	

* Ladungen unter .30 sind nicht aufgeführt.

Tabelle 6.2.2.1: Faktorladungen der Skalen fachspezifisches Selbstkonzept Begabung und Kompetenzgewinn (Nachtest)

Wie auch bei den anderen Skalen wurde die Reliabilität wieder für beide Erhebungen und getrennt für Mädchen und Jungen berechnet. Für die Kurzskala *fachspezifisches Selbstkonzept* Begabung beträgt Cronbach α = .83 bis .88 und für die Kurzskala Kompetenzgewinn α = .83 bis .87, wobei die Reliabilitäten im Nachtest generell etwas höher sind als im Vortest.

Die entsprechenden Formulierungen im Vortest waren:

Ich gehe davon aus, daß

1. ...mir der Physikunterricht Spaß machen wird.
2. ...ich für Physik begabt bin. usw.

Bedeutung der Physik

Die Bedeutung, die Schülerinnen und Schüler der Physik für den Alltag, den späteren Beruf, die Gesellschaft zuerkennen, wird als ein weiteres Maß für die seitens der Schülerinnen/Schüler erwartete Kompetenzerweiterung durch die Beschäftigung mit Physik herangezogen (s. Frage 7 im Anhang). Die Skala besteht aus sieben Aussagen. Die ersten sechs stammen aus der Physik-Interessenstudie. Um zu erfassen, inwieweit Physik eventuell mit negativer Auswirkung für die Gesellschaft verbunden wird, wurde eine siebente Aussage neu hinzugefügt. Die Schülerinnen und Schüler sollten wieder auf einer 5-stufigen Ratingskala von „stimmt vollständig" (5) bis „stimmt gar nicht" (1) angeben, inwieweit diese Aussagen ihrer Meinung nach zutreffen. Als zusätzliche Antwortmöglichkeit war „ich weiß nicht" aufgeführt.

Folgende Aussagen wurden vorgegeben:

1. Mit Physik kann man viele Vorgänge in der Natur erklären.
2. Mit Physik kann man verstehen, wie technische Geräte arbeiten.
3. Mit Physik kann man viele Ereignisse aus dem Alltag erklären.
4. Physik ist für den Beruf, den ich einmal ergreifen möchte, wichtig.
5. Physik hat zahlreiche praktische Anwendungsmöglichkeiten.
6. Physik ist ein Gebiet, das in Zukunft immer bedeutender wird.
7. Physik ist an Waffen schuld, die die Welt zerstören können.

Die Faktorenanalyse ergab eine Zwei-Faktorenlösung, wobei die ersten sechs Aussagen den ersten Faktor bilden und Aussage sieben einen eigenen zweiten Faktor darstellt. Die Reliabilität der Skala positive Bedeutung der Physik ist im Nachtest etwas höher als im Vortest. Für die Skala *positive Bedeutung der Physik* sind die Werte für Cronbach $\alpha_{VT} = .60$ und $\alpha_{NT} = .78$.

Einschätzung der eigenen Leistungen im Vergleich zu den Leistungen der anderen

Zusätzlich sollten die Schülerinnen und Schüler im Vor- und Nachtest ihre schulischen Leistungen ganz allgemein mit den Leistungen der anderen in der Klasse vergleichen und sich entsprechend dem ersten, zweiten oder letzten Drittel zuordnen (Frage 29 im Anhang). Im Nachtest sollten sie zusätzlich auch ihre Leistungen in Physik in diesem Sinne einstufen (Frage 21 im Anhang).

Zufriedenheit in der Schule / Zufriedenheit im Physikunterricht

Unter welchen Bedingungen und wie zufrieden sich Schülerinnen und Schüler in der Schule fühlen, hat nach Helmke (1992) Einfluß auf ihr leistungsbezogenes Selbstvertrauen. Die Skala Zufriedenheit in der Schule geht auf Nicholls et al. (1990) zurück. Sie wurde von der BIJU-Studie (Projektgruppe BIJU 1994b) übernommen und in gekürzter Form im Vortest eingesetzt. Es wurden insgesamt 16 Aussagen vorgegeben und die Schülerinnen und Schüler sollten auf einer 4-stufigen Ratingskala von „trifft völlig zu" (4) bis „trifft nicht zu" (1) angeben, inwieweit diese für sie zutreffen. Die Skala wurde in gekürzter Form (12 Aussagen) auch im Nachtest vorgegeben (Frage 30 im Anhang).

Da sich die Skala fachunspezifisch nur ganz generell auf Zufriedenheit in der Schule bezieht, haben wir die Schülerinnen und Schüler im Nachtest auch noch nach ihrer Zufriedenheit im Fach Physik befragt. Dazu wurde bei der im Vortest vorgegebenen Skala nur das Wort „Schule" durch „Physik" ersetzt. Die Faktorenanalyse ergab eine klare und gut interpretierbare Zwei-Faktorenlösung, die den Ergebnissen aus der BIJU-Studie entspricht. Die Items der beiden resultierenden Subskalen *Aufgaben-Orientierung* und *Ich-Orientierung* werden im Folgenden für die Skala Zufriedenheit im Physikunterricht aufgeführt.

Ich fühle mich im Physikunterricht vollauf zufrieden, wenn ...

Aufgaben-Orientierung

1. ich ein physikalisches Problem durch eigene Anstrengung wirklich löse.
2. ich im Physikunterricht die ganze Zeit intensiv beschäftigt bin.
4. die Aufgaben von mir wirkliches Nachdenken verlangen.
6. das Gelernte wirklich Sinn für mich macht.
7. ich intensiv arbeite.
9. ich einen neuen Weg herausfinde, eine Aufgabe oder ein Problem zu lösen.
11. der Physikunterricht mich zum Nachdenken bringt.
13. mich das Gelernte dazu bringt, mehr über das Thema erfahren zu wollen.
14. ich etwas herausbekomme, das mich am Thema festhält.
16. ich ein schwieriges Problem endlich verstehe.

Ich-Orientierung

3. ich mehr weiß als die anderen.
5. ich allein die richtige Antwort weiß.
8. ich vor den anderen fertig bin.
10. ich mehr Aufgaben als die anderen richtig habe.
12. ich bessere Noten bekomme als andere.
15. ich zeigen kann, wie gut ich bin.

Die Reliabilitätskoeffizienten sind für die im Vortest allgemein auf Schule bezogenen Skalen etwas niedriger als im Nachtest. Für die Skala Aufgaben-Orientierung beträgt Cronbach $\alpha_{VT} = .80$ bzw. $\alpha_{NT} = .87$. Für die Skala Ich-Orientierung beträgt Cronbach $\alpha_{VT} = .83$ bzw. $\alpha_{NT} = .89$.

Umgehen mit Schwierigkeiten im Unterricht / Schwierigkeiten im Physikunterricht

Wie Schülerinnen und Schüler mit Schwierigkeiten in der Schule umgehen, wurde als weiterer Indikator für das leistungsbezogene Selbstkonzept herangezogen. Aus dem BIJU-Projekt (Projektgruppe BIJU 1994b) wurden die beiden auf Schwarzer (1981) zurückgehenden Skalen *Hilflosigkeit* und *Selbstwirksamkeit* übernommen und auf zusammen 10 Items gekürzt. Die Schülerinnen und Schüler sollten auf einer 4-stufigen Ratingskala von „trifft völlig zu" (4) bis „trifft nicht zu" (1) angeben, inwieweit jede der zehn Aussagen für sie zutreffend ist. Die Skala wurde in dieser Form nur im Vortest vorgegeben. Analog zur oben bei der Skala Zufriedenheit im Unterricht beschriebenen Vorgehensweise wurde im Nachtest die Skala wieder explizit auf den Physikunterricht bezogen (s. Frage 17 im Anhang).

Um zu prüfen, ob auch bei der gekürzten Version beide Skalen beizubehalten sind, wurden Faktorenanalysen über die 10 Items der Vortestversion und der Nachtestversion jeweils zusammen mit den 6 Items der weiter unten beschriebenen Skala *Abhängigkeit bei Schwierigkeiten im Unterricht / Abhängigkeit bei Schwierigkeiten im Physikunterricht* durchgeführt. Die Varimaxrotation der Faktorenstruktur ergab für die 10 Items der Skala Schwierigkeiten im Unterricht allgemein (Schwierigkeiten im Physikunterricht) eine Drei-Faktorenlösung, die zu folgenden drei Subskalen führt:

Selbstwirksamkeit allgemein

1. Ich kann mir meistens selbst helfen, wenn ein Problem für mich auftaucht.
3. Auch wenn wir eine unangekündigte Arbeit schreiben, gelingt es mir immer, gut abzuschneiden.
7. Egal, was auch kommen mag, ich werde es schon in den Griff bekommen.

Selbstwirksamkeit durch Anstrengung

2. Wenn ich mich im Physikunterricht anstrenge, erziele ich gute Leistungen.
6. Wenn ich genügend übe, gelingt es mir immer, eine gute Arbeit zu schreiben.
9. Ich habe im Physikunterricht die Erfahrung gemacht, daß sich ein hoher Einsatz immer lohnt.

Hilflosigkeit

4. Auch wenn ich mich auf eine Klassenarbeit vorbereitet habe, gehöre ich doch immer wieder zu den weniger guten Schülern/ Schülerinnen.
5. Wenn ich im Physikunterricht aufgerufen werde, ohne daß ich mich gemeldet habe, ist mein Kopf wie leergefegt.
8. Auch wenn ich genau weiß, wann wir eine Physikarbeit schreiben, weiß ich nicht, wie ich eine gute Note erreichen soll.
10. Egal, ob ich mich anstrenge oder nicht, meine Physiknote wird davon auch nicht besser.

Die Reliabilitätskoeffizienten sind für die drei Skalen beim Nachtest wieder geringfügig höher als beim Vortest. Die Werte für Cronbach α liegen im Vortest zwischen .60 und .66 und im Nachtest zwischen .61 und .73.

Abhängigkeit bei Schwierigkeiten im Unterricht / Abhängigkeit bei Schwierigkeiten im Physikunterricht

Als weiteres Verhaltensmerkmal, das mit dem leistungsbezogenen Selbstvertrauen zusammenhängt, wird die Abhängigkeit von Hilfe bei auftretenden Schwierigkeiten im Unterricht untersucht. Die Schülerinnen und Schüler wurden gefragt, inwieweit sie sich bei auftretenden Schwierigkeiten Hilfe bei ihrer Lehrkraft oder bei anderen Schülerinnen/Schülern holen, oder ob sie es lieber zunächst selbst versuchen. In Anlehnung an die BIJU-Studie wurde eine Skala mit insgesamt 6 Items erstellt. Für die Antworten war eine 4-stufige Ratingskala von „oft“ (4) bis „nie“ (1) vorgesehen.

Itembeispiele sind:

3. Wenn ich bei einer Aufgabe nicht weiterkomme, hole ich mir möglichst schnell Hilfe bei
   - der Lehrkraft
   - anderen Schülerinnen/Schülern
4. Wenn ich feststelle, daß ich einen Fehler mache, frage ich lieber gleich, wie es richtig geht
   - die Lehrkraft
   - andere Schülerinnen/Schüler

Die Skala wurde in dieser Form nur im Vortest vorgegeben. Analog zur oben bei der Skala Zufriedenheit im Unterricht beschriebenen Vorgehensweise wurde für den Nachtest die Skala wieder explizit auf den Physikunterricht bezogen (s. Frage 16 im Anhang).

Das Ergebnis der Faktorenanalyse sind zwei Faktoren, die als *Hilfesuchen bei der Lehrkraft* (3 Items) und *Hilfesuchen bei Schülerinnen/Schülern* (2 Items) interpretiert werden können. Die Werte für Cronbach α betragen beim Vortest .69 und beim Nachtest .73.

Mißerfolgsattribuierung

Ein niedriges Fähigkeitsselbstbild ist häufig mit der Tendenz verbunden, Mißerfolge auf fehlende Fähigkeiten zurückzuführen (Helmke 1992). Es kann angenommen werden, daß die Attribuierung von Mißerfolg auf mangelnde Fähigkeit der Entwicklung von Interessen im Wege steht. Um zu untersuchen, welche Mißerfolgsattribuierung Schülerinnen und Schüler bezogen auf den Physikunterricht entwickelt haben, wurde die auf Helmke 1985 zurückgehende *Skala zur Erfassung der Attribuierung von Mißerfolg* aus der BIJU-Studie in etwas gekürzter Form übernommen. Im Vortest war die Skala allgemein auf Unterricht bezogen. Im Nachtest wurde die Skala wieder auf den Physikunterricht bezogen. Für den Nachtest wurde die Skala von 22 auf 28 Items verlängert (s. Frage 15 im Anhang). Zusätzlich wurde eine Kurzform der im Vortest vorgegebenen allgemein auf Unterricht bezogenen Skala (14 Items) auch im Nachtest eingesetzt.

Die Faktorenanalyse ergab in Übereinstimmung mit den Ergebnissen der BIJU-Studie für den Vortest eine Fünf-Faktorenlösung und für den Nachtest eine Sechs-Faktorenlösung. Die sechs Faktoren können als unterschiedliche Attribuierungen von Mißerfolg interpretiert werden:

mangelnde Fähigkeit:

6. Ich habe so ein schlechtes Gedächtnis.
11. Manche Sachen wollen mir einfach nicht in den Kopf.
17. Ich kann vieles nicht behalten.
22. Für Physik bin ich einfach nicht so begabt.
25. Der Physikunterricht ist zu schwierig.
27. Ich habe Wissenslücken und schaffe es nicht, diese aufzuholen.

mangelnde Anstrengung:

2. Ich habe mich zu wenig angestrengt.
13. Ich habe zu Hause nicht genügend gelernt.
21. Ich habe mal gefaulenzt.

mangelnde Aufmerksamkeit/Motivation:

1. Ich habe im Physikunterricht nicht richtig aufgepaßt, weil ich an etwas Anderes dachte.
7. Ich bin in Gedanken ganz woanders.
12. Ich lasse mich zu leicht ablenken.
18. Ich kann mich einfach nicht die ganze Stunde konzentrieren.
26. Es hat mich einfach nicht interessiert.

(schlechter) Unterricht:

3. Die Lehrkraft hat es nicht genug erklärt.
8. Die Lehrkraft hat zu wenig
14. Die Lehrkraft wiederholt die Sachen zu selten.
23. Die Lehrkraft ist zu schnell vorangegangen.

Zufall:

4. Es ist meistens Glückssache, ob man etwas versteht oder eine Arbeit gelingt.
9. Ich habe einfach Pech gehabt.
16. Es hängt einfach zu sehr vom Zufall ab, ob man etwas versteht.

Störungen im Unterricht:

5. Während des Physikunterrichts ist es zu laut in der Klasse, so daß man die Lehrkraft nicht verstehen kann.
10. Während des Physikunterrichts ist es so unruhig, daß man sich nicht konzentrieren kann.
15. Wenn die Lehrkraft etwas erklärt, gibt es immer einige, die dazwischen rufen.

20. Die Lehrkraft unterbricht oft ihre Ausführungen, um Einzelne zu ermahnen.

24. Bei den Schülerversuchen geht immer alles durcheinander, weil einige Unsinn machen.

Die beiden Items „Ich war einfach nicht in Form“ bzw. „Bei den Schülerversuchen drängen sich immer einige vor, so daß ich nicht zum Zuge komme“ wurden ausgeschieden, weil sie keinem Faktor eindeutig zugeordnet werden können.

Im Folgenden sind die Reliabilitätskoeffizienten für die auf den Physikunterricht bezogen sechs Subskalen (Nachtest) angegeben. Cronbach α beträgt für die Skala *mangelnde Fähigkeit* .78, für *mangelnde Anstrengung* .64, für *mangelnde Aufmerksamkeit/Motivation* .77, für *(schlechter) Unterricht* .80, für *Zufall* .71, und für *Störungen im Unterricht* .80.

GeschlechtertypischeTätigkeiten

Geschlechtertypische Tätigkeitsmuster werden häufig sehr früh eingeübt und führen zu unterschiedlichen vor- und außerschulischen Erfahrungen bei Mädchen und Jungen im Umgang mit Technik und Naturwissenschaften. Sie können die Übernahme bestimmter geschlechterspezifischer Rollenerwartungen seitens der Mädchen unterstützen und sich längerfristig gesehen negativ auf das fachspezifische Selbstkonzept der Schülerinnen auswirken und einer positiven Interessenentwicklung in Bereich Naturwissenschaften und Technik entgegenwirken.

Um zu erfassen, welche Erfahrungen mit unterschiedlichen Tätigkeiten die Schülerinnen und Schüler in den Anfangsunterricht Physik mitbringen, wurde ihnen ein Katalog von 17 Tätigkeiten mit der Bitte vorgelegt, auf einer 5-stufigen Ratingskala von „sehr oft“ (5) bis „nie“ (1) anzugeben, wie häufig sie die einzelnen Tätigkeiten bereits ausgeführt haben.

Die Skala *GeschlechtertypischeTätigkeiten* wurde in Anlehnung an die Skala *Erfassung naturwissenschaftlich-technischer Vorerfahrungen* (Hannover 1989) erstellt. Die Skala wurde unverändert im Vor- und im Nachtest eingesetzt (s. Frage 11 im Anhang).

Die Faktorenstruktur wurde sowohl getrennt für Mädchen und Jungen sowie für beide Erhebungszeitpunkte ermittelt. Die Faktorenanalyse ergab für alle Gruppen eine klare Drei-Faktorenlösung (s. Tab. 6.2.2.2).

Einzelitems, die nicht zugeordnet werden konnten sind:

1. Tiere versorgen

9. Farbpinsel reinigen

15. den Grill vorbereiten
16. Feuerwerkskörper anzünden

	Faktorenladungen* F1	F2	F3
Mit Werkzeugen umgehen/ Reparaturen durchführen			
2. eine Bohrmaschine verwenden	.80		
7. ein Kabel auswechseln oder anschließen	.81		
8. einen Stecker zusammenbauen	.82		
10. bei handwerklichen Tätigkeiten mithelfen	.72		
12. Haushaltsgegenstände reparieren	.80		
13. etwas mit Dübeln und Schrauben befestigen	.78		
17. ein Fahrrad (Licht, Bremse) reparieren	.70		
Im Haushalt mithelfen			
3. einen Kuchen backen		.71	
4. ein Mittagessen kochen		.75	
11. Lebensmittel einkaufen		.77	
14. beim Hausputz mithelfen		.73	
Kleine Kinder versorgen			
5. ein kleines Kind versorgen			.89
6. mit kleinen Kindern spielen			.89
Aufgeklärte Varianz		64%	

* Ladungen unter .30 sind nicht aufgeführt.

Tabelle 6.2.2.2: Faktorladungen zur Skala Geschlechtertypische Tätigkeiten (Nachtest)

Für die Subskala „*Mit Werkzeugen umgehen/Reparaturen durchführen*" ist Cronbach α_{VT} = .87 und α_{NT} = .89. Die entsprechenden Reliabilitätskoeffizienten für die Subskala „Im Haushalt mithelfen" sind α_{VT} = .70 und α_{VT} = .75, für die Subskala „Kleine Kinder versorgen" α_{VT} = .74 und α_{VT} = .84.

Erwartete soziale Anerkennung

Für die Entwicklung von Interesse an einem Gegenstand ist nicht nur von Einfluß, welche Erfolgserlebnisse man bei der Beschäftigung mit dem Gegenstand hat und welchen Kompetenzgewinn man für sich durch diese Beschäftigung erwartet. Der sozialen Anerkennung, die aufgrund der Beschäftigung mit dem Gegenstand zu erwarten ist, kommt nach Krapp (1992) für die Interessenentwicklung ebenfalls hohe Bedeutung zu.

Um zu untersuchen, welche soziale Anerkennung insbesondere Mädchen erwarten, wenn sie sich überdurchschnittlich für Physik interessieren und gegebenenfalls später einen entsprechenden Beruf ergreifen wollen, wurden die Schülerinnen und Schüler gefragt, welche Rückmeldung sie von ihren Eltern, ihren Mitschülerinnen, ihren Mitschülern und ihrem Freundeskreis erwarten, wenn sie sich für Physik sehr stark interessieren und engagieren würden, oder wenn sie die Absicht äußern würden, später einmal Physikerin/Physiker zu werden. Im Vortest wurden fünf und im Nachtest drei solcher Fragen vorgegeben. Für jede Frage war die von den Eltern, von den Mitschülerinnen, von den Mitschülern und von dem Freundeskreis erwarteten Rückmeldungen anzugeben, wobei jeweils eine oder mehrere der folgenden Antworten gewählt werden konnten: Anerkennung, Bewunderung, Unterstützung, Unverständnis, Abraten, Ablehnung. Mehrfachantworten waren möglich (s. Frage 26 im Anhang).

Stereotype zu Frauen in naturwissenschaftlich-technischen Berufen

Einstellungen, die Schülerinnen und Schüler darüber haben, warum so wenig Frauen in naturwissenschaftlich technischen Berufen anzutreffen sind, können Aufschluß über ihre geschlechterrollenspezifischen Vorurteile geben. Negative Vorurteile gegenüber Frauen in naturwissenschaftlichen Berufen können sich negativ auf das fachspezifische Selbstkonzept der Schülerinnen auswirken und einer positiven Interessenentwicklung in diesem Bereich entgegenwirken.

Um zu untersuchen, inwieweit solche geschlechterspezifischen Vorurteile bei den Schülerinnen und Schülern vorhanden sind, wurde Ihnen die Skala *„Stereotype zu Frauen in naturwissenschaftlich-technischen Berufen"* vorgelegt. Die Skala wurde in Anlehnung an Beinke/Richter (1993) erstellt. Einige Items wurden direkt übernommen, einige Items wurden neu formuliert. Die Skala enthält neun Behauptungen als Erklärung, warum so wenig Frauen in naturwissenschaftlich-technischen Berufen anzutreffen sind. Die Schülerinnen und Schüler wurden gebeten, auf einer 4-stufigen Ratingskala von „trifft völlig zu" (4) bis „trifft gar nicht zu" (1) anzugeben, inwieweit diese Behauptungen ihrer Meinung nach zutreffend sind. Die Skala wurde unverändert im Vor- und im Nachtest eingesetzt (s. Frage 27 im Anhang).

Die neun Items der Skala sind:

1. Frauen interessieren sich nicht für diese Berufe.
2. Für Frauen gibt es in solchen Berufen keine berufliche Perspektive.
3. Frauen eignen sich nicht für diese Berufe.
4. Frauen glauben, daß sie die geforderten Arbeiten nicht leisten können.
5. Frauen werden in diesen Berufen nicht als volle Arbeitskraft anerkannt.
6. Diese Berufe fordern männliche Eigenschaften.
7. Diese Berufe lassen sich schlecht mit einer Familie vereinbaren.
8. Frauen werden mit ihren Fähigkeiten und Kenntnissen mehr in sozialen Berufen gebraucht.
9. Eltern/Verwandte/Freunde/Partner wollen es nicht.

Mittels Faktorenanalyse wurde überprüft, ob die Skala „*Stereotype zu Frauen in naturwissenschaftlich-technischen Berufen*" gegebenenfalls in Subskalen zu unterteilen ist. Sie ergab für keine der beiden Vorgaben eine einheitliche oder stabile Faktorenstruktur. Die Itemanalyse legt nahe, Item 5 „Frauen werden in diesen Berufen nicht als volle Arbeitskraft anerkannt" auszuschließen, da die Trennschärfe nur um .20 liegt. Für die verbleibende Skala (mit acht Items) beträgt Cronbach $\alpha_{VT} = .76$ und $\alpha_{NT} = .76$.

6.3 Evaluation des Interaktionsgeschehens und der Einstellungen der Betroffenen

Ein Ziel des Modellversuchs war es, gemeinsam mit den Lehrkräften Verfahren zu entwickeln und zu erproben, die es ihnen erleichtern, Mädchen benachteiligende Verhaltensmuster im Unterricht zu erkennen und gegebenenfalls abzubauen. Um zu überprüfen inwieweit sich die Sensibilisierung der Lehrkräfte für die Thematik des Modellversuchs, sowie die wiederholte Auseinandersetzung mit der Thematik und die entwickelten Anregungen, auf das Interaktionsgeschehen im Unterricht ausgewirkt hat, bieten sich als Erhebungsverfahren unter anderem die systematische Unterrichtsbeobachtung, die Befragung der Schülerinnen und Schüler und die Befragung der Lehrkräfte an.

6.3.1 Unterrichtsbeobachtung

Die Entwicklungsphase des Modellversuchs wurde dazu genutzt, ein Unterrichtsbeobachtungschema zu entwickeln und zu erproben, das die Möglichkeit bieten sollte,

a) das Interaktionsgeschehen zu evaluieren und

b) als Grundlage für die Arbeit mit den Lehrkräften zu dienen, ihre Aufmerksamkeit zu erweitern und ihre Sensibilität zu erhöhen.

Ausgangspunkt für die Entwicklung des Schemas war einerseits die Interaktionsanalyse von Amidon und Flanders (1985), weil sie eine relativ einfache Erfassung und Auswertung, somit ein handliches Mittel zur Analyse bietet. Eine sehr ausführliche Anwendung dieses Schemas zeigt Burg (1979). Amidon/Flanders berücksichtigen jedoch die Geschlechterdifferenzierung nicht, und auch andere Kategorien zur Erfassung von Interaktionen kommen nicht vor. Arbeiten, die dieses berücksichtigen, wie z.B. von Ulich (1976; 1982) und König/Zedler (1983), die auf die Kategorien von Bales (1966) zurückgreifen, haben die Erstellung dieses Schemas beeinflußt.

Andererseits gibt es neuere Interaktionsanalysen von Wienekamp (1990) und Frasch/Wagner (1982) zur Erforschung der Geschlechterproblematik, die sehr viel Anregungen enthalten. In diesen Analysen wird hauptsächlich die Aufmerksamkeitsspanne der Lehrpersonen beobachtet. Auch hier konnte vieles entlehnt werden.

Für unsere Fragestellung waren diese Interaktionschemata jedoch zu eingeschränkt. Die hauptsächliche Erweiterung betrifft die Handlungen der Schülerinnen und Schüler im Unterrichtsgeschehen. Unsere Frage war nicht nur, wie können Lehrkräfte durch Reflexion ihres eigenen Verhalten die Verfestigung der Geschlechterdifferenz unterbinden, sondern auch: gibt es Möglichkeiten, diese Verfestigung in den Interaktionen zwischen beiden Geschlechtern wahrzunehmen und eventuell zu unterbinden.

Es sollten deshalb auch Interaktionen erfaßt werden, bei denen nicht nur zwischen Mädchen und Jungen unterschieden werden konnte, sondern auch die Richtung der Interaktion. So sollte z.B. bei Störungen auch der Empfänger von abwertenden oder ermutigenden Zwischenrufen erfaßt werden können. Eine wichtige Erweiterung ist deshalb die Erfassung nicht nur von Impulsgebern, sondern auch von Empfängern, denn schon früh wurde im Lehrerarbeitskreis problematisiert, wie wenig von dem, was in der Literatur als typische Interaktionen zwischen den Schülerinnen und Schülern beschrieben wird (siehe These 5 in Übersicht 5.2.2), von den Lehrkräften wahrgenommen werden kann.

Bezüglich der Grobkategorien wurde die Einteilung von Amidon/Flanders weitgehend übernommen. Jedoch wurden Unterkategorien hinzugefügt.Das Beobachtungsschema ist als ganzes sehr aufwendig. Sinnvoll ist es deshalb, Schwerpunkte zu setzen und Ausschnitte für die Beobachtung zu wählen. Das vollständige Kategorienschema ist in Übersicht 6.3.1 dargestellt. Für die von den Lehrkräften ausgehenden Interaktionen wurden Großbuchstaben gewählt. Die Interaktionssequenzen der Schülerinnen und Schüler wurden mit kleinen Buchstaben gekennzeichnet.

Kategorienschema zur Unterrichtsbeobachtung

Die übergeordneten Kategorien der linken Spalte sollten verwendet werden, die der rechten Spalten, wenn sich differenzieren läßt.
Abkürzungen:

L	Lehrkraft	M	Mädchen
S	SSchülerinnen	MM	Mädchen
J	Junge	m	mit melden
JJ	Jungen	om	ohne melden

Verhalten der Lehrkraft: (wird mit Großbuchstaben aufgenommen)

D		Dozieren / Erklären / Informieren
A		Antwort auf Fragen
V		Verweigern („paßt jetzt nicht")
F		Fragen / Bitten um Information
	FN	Nach-/Neu-Fragen, nochmal anders/neu gestellt
	FW	Wiederholungsfrage
	FS	schwere Frage
	FZ	Zusatzfrage
Z		Zeit zum Melden lassen
ER		Ermutigung / Entspannung
H		Hilfe / Unterstützung
	HL	anderen Lösungsweg vorschlagen
	HN	nonverbale Ermunterung
	HR	Rückgriff auf MitschülerInnen anregen
	HZI	zusätzliche Information
B		Bestätigung / Akzeptierung
	BZ	Zustimmung, wie Kopfnicken, „Ja", „Gut"
	BL	loben, wie z.B.: „Ausgezeichnet"für Leistung, nicht Fleiß, Mühe, Ordnung)
	BN	späterer Rückgriff mit Namensnennung
	BT	teilweise Bestätigung

Forts. nächste Seite

GED		Verwendung von Gedanken anderer
ANW		Anweisung / Steuerung
K		Sachliche Kritik / Widerspruch
ENT		Entmutigung / Spannung (auch: Mühe, Fleiß loben)

Schülerverhalten: (kleine Buchstaben)

d		Dozieren / Erklären / Informieren
a		Antwort auf Fragen
f		Fragen / Bitten um Information
	fn	Nachfragen
	fw	Wiederholungsfragen
	ft	tiefergehende Fragen
	fh	Fragen, die Hilflosigkeit deutlich machen
v		bei Aufruf: Antwort / Mitarbeit verweigern (das kann ich nicht / will ich nicht)

Reaktionen auf das Unterrichtsgeschehen, auf Mitschüler/Schülerinnen:

un-		vorangestellt: unaufgefordert, dazwischen gerufen
er		Ermutigung / Entspannung
	h	Unterstützung / Hilfe
	hn	nonverbale Ermunterung
	hl	anderen Lösungsweg vorschlagen
	hss	Hilfe von MitschülerInnen anregen
b		Bestätigung / Akzeptierung
	bz	Zustimmung, wie Kopfnicken, „Ja", „Gut"
ged		Verwendung von Gedanken anderer
aw		Anweisung / Steuerung
k		Sachliche Kritik, Widerspruch
ent		Entmutigung, Spannung (dumme Bemerkungen, Gelächter)

Arbeitsformen des Unterrichts:

FRON	Frontalunterricht
GRUP	Gruppenarbeit
STIL	Stillarbeit
VS	Versuch
SCHW	Schweigen
LÄRM	Lärm, Unruhe

Übersicht 6.3.1: Kategorien zur Unterrichtsbeobachtung

Beobachtungsbogen:

Datum: Fach: Klasse: Blatt:

Melden		Initiator	Empfänger	Kategorien	Erläuterung Bemerkungen
JJ	MM				

6.3.2 Schülerverhalten und Lehrerverhalten aus Sicht der Schülerinnen und Schüler

Merkmale von Mädchen und Merkmale von Jungen im naturwissenschaftlichen Unterricht

Nach Kelly (1987) fördert das geschlechtstypische Verhalten, mit dem Mädchen und Jungen in den naturwissenschaftlichen Unterricht kommen, die Wahrnehmung der Naturwissenschaften als eine männliche Domäne. „Jungen kommen in den naturwissenschaftlichen Unterricht mit einem Bild von Männlichkeit, das Stärke, Aggression, Aktivität und Geringschätzung von Mädchen einschließt; Mädchen kommen mit einem Bild von Weiblichkeit, das Zurückhaltung, Gewissenhaftigkeit, Unterordnung, Personenorientierung und Sorge über das eigene Aussehen impliziert. Diese Selbstdefinitionen führen zu unterschiedlichem Verhalten bei Mädchen und Jungen und haben zur Folge, daß Jungen in den Naturwissenschaftsräumen dominieren und diese als ihr Territorium etablieren. Außerschulische geschlechtsspezifische Verhaltensmuster führen zu geschlechtsspezifischem Verhalten im naturwissenschaftlichen Unterricht und letztendlich auch dazu, daß die Naturwissenschaften ein männliches Image erhalten" (Kelly 1987, S.75, Übers. d. Verf.).

Um zu erfassen inwieweit es den Lehrkräften im Rahmen des Modellversuchs gelungen ist, geschlechtsspezifische Verhaltensmuster abzubauen, sollten die Schülerinnen und Schüler jeweils das Verhalten der Mädchen und Jungen im Physik- bzw. Chemieunterricht anhand eines vorgegebenen Katalogs von Merkmalen beschreiben. Angeregt durch die Skala zur Geschlechtsrollenidentität von Hannover (1989), haben wir einen Katalog mit 22 Eigenschaften erstellt, von denen einige häufiger Jungen und einige häufiger Mädchen zugeschrieben werden. Dieser Katalog von Eigenschaften wurde den Schülerinnen und Schülern jeweils zweifach zu Beginn des Schuljahres mit dem Hinweis, an die

Mädchen bzw. Jungen ihrer Klasse im zurückliegenden Schuljahr zu denken, und am Ende des Schuljahres mit dem Hinweis an die Mädchen bzw. Jungen der jetzigen Physikklasse zu denken, vorgelegt. Auf einer 5-stufigen Ratingskala von „sehr oft" (5) bis „nie" (1) war jeweils anzugeben, wie häufig die einzelnen Eigenschaften für die Mädchen bzw. Jungen zutrafen (s. die Fragen 13 bzw. 18 im Anhang).

Obwohl die getrennt für Mädchen und Jungen, für die beiden Erhebungszeitpunkte durchgeführten Faktorenanalysen keine durchgängig einheitliche Faktorenstruktur ergaben, legen sie die Unterscheidung folgender sechs Subskalen nahe:

überheblich

2. machen sich über andere lustig
3. angeberisch
4. leicht beleidigt
6. fallen anderen ins Wort überheblich
7. überheblich
9. andere verletzend

laut

13. laut
21. unbeherrscht
22. störend

mitfühlend

1. hilfsbereit
5. können zuhören
8. rücksichtsvoll
19. mitfühlend
20. gefühlvoll

wissen viel

11. wissen viel
15. einfallsreich
18. scharfsinnig

ehrgeizig

12. fleißig
16. ehrgeizig
17. ordentlich

selbstsicher

10. selbstsicher

Die Unterscheidung dieser sechs Subskalen stellt einen Kompromiß dar: So lagen die Subskalen *„überheblich"* und *„laut"* sowie *„wissen viel"* und *„ehrgeizig"* bei einigen Teilstichproben zur Beschreibung der Jungen auf einen Faktor und zur Beschreibung der Mädchen auf zwei Faktoren. Um hier gegebenenfalls geschlechtsspezifische Beschreibungsmuster nicht zu verwischen, wurde die Trennung dieser Faktoren beibehalten. Item 14 „kraftvoll" konnte nicht zugeordnet werden. Bereits bei den Erhebungen fiel auf, daß viele Schülerinnen und Schüler mit diesem Begriff nichts anfangen konnten.

Die Reliabilität der einzelnen Subskalen ist im Nachtest durchgängig höher als im Vortest. Die Reliabilitätskoeffizienten variieren für die Subskalen wie folgt:

Cronbach α beträgt für *überheblich* .75 bis .86, für *laut* .66 bis .85, für *mitfühlend* .78 bis .84, für *wissen viel* .50 bis .77 und für *ehrgeizig* .55 bis .72.

Sozialverhalten der Schülerinnen und Schüler im Physik- bzw. Chemieunterricht

Inwieweit das Unterrichtsklima im Physikunterricht eher durch kooperatives oder konkurrierendes Verhalten geprägt ist, kann als weiteres Kriterium herangezogen werden, um zu prüfen, ob es den Lehrkräften im Rahmen des Modellversuchs gelungen ist, auf das Interaktionsgeschehen entsprechend Einfluß zu nehmen. Um zu erfassen, wie die Schülerinnen und Schüler im Physikunterricht miteinander umgehen, wurde die Skala zum *Sozialverhalten im Unterricht* in gekürzter und leicht abgeänderter Form von der BIJU-Studie übernommen. Die Skala wurde nur am Ende des Schuljahres vorgegeben. Zu 8 Aussagen sollten die Schülerinnen und Schüler auf einer 4-stufigen Ratinskala von „trifft völlig zu" (4) bis „trifft nicht zu" (1) angeben, in welchem Ausmaß diese für ihre Klasse im Physikunterricht zutreffen (s. Frage 25 im Anhang).

Die getrennt für Mädchen und Jungen durchgeführten Faktorenanalysen ergaben wie bei der BIJU-Studie eine klare Zwei-Faktorenlösung, die zu folgenden zwei Subskalen führt:

Kooperatives Verhalten

1. Wenn jemand im Physikunterricht in der Klemme sitzt, kann er/sie sich auf die anderen verlassen.
3. Wenn jemand mit anderen zusammenarbeiten möchte, findet er/sie schnell Anschluß.
6. Wenn jemand Schwierigkeiten hat, sind die anderen hilfsbereit.
8. Wenn jemand nicht mehr weiter weiß, helfen ihm gleich die anderen.

Konkurrenzverhalten

2. Einige versuchen immer, besser zu sein als die anderen.
4. Manche sagen anderen nichts vor, weil sie selbst die Frage der Lehrkraft beantworten wollen.
5. Manche streiten sich oft darum, wer die besseren Leistungen gezeigt hat.
7. Vielen kommt es nur darauf an, im Unterricht mehr zu wissen als die anderen.

Die Reliabilitätskoeffizienten sind zufriedenstellend hoch. Für die Subskala *Kooperatives Verhalten* beträgt Cronbach α = .83 und für die Subskala *Konkurenzverhalten* ist Cronbach α = .76.

Ziele und Verhalten der Lehrkraft

Mehrere Untersuchungen belegen, daß Lehrerinnen und Lehrer Jungen mehr Aufmerksamkeit zuwenden und im Unterricht signifikant häufiger mit ihnen interagieren als mit Mädchen (Spender 1985; Crossman 1987; Taber 1992), und daß Physiklehrerinnen und -lehrer Jungen noch deutlicher bevorzugen als Biologielehrerinnen und -lehrer (Crossman 1987).

Um zu überprüfen, inwieweit es den Lehrkräften im Rahmen des Modellversuchs im Vergleich zu den Lehrkräften in den Kontrollklassen besser gelungen ist, ihre Aufmerksamkeit im Unterricht gleichermaßen auf Mädchen und Jungen zu verteilen und auf das Sozialverhalten im Unterricht zu achten, wurden den Schülerinnen und Schülern am Ende des Schuljahres drei Skalen vorgelegt. Die Skalen sind inhaltlich nicht scharf getrennt. Die Zuordnung der Items erfolgte teilweise entsprechend den vorgegebenen Antwortmöglichkeiten. Einige Items dieser Skalen wurden wieder zum Teil direkt und zum Teil in leicht abgeänderter Form von der BIJU-Studie übernommen, einige Items wurden neu formuliert. Mit diesen drei Skalen sollte erfaßt werden:

(1) was aus der Sicht der Schülerinnen und Schüler für ihre Lehrkraft im Physik- bzw. Chemieunterricht wichtig ist (8 Items),

(2) wie sich die Lehrkraft im Unterricht verhält (10 Items) und

(3) in welchem Umfang Schülerexperimente und Wiederholungen zum Tragen kommen (4 Items).

Bei allen drei Skalen wurden die Schülerinnen und Schüler aufgefordert, auf einer 4-stufigen Ratingskala von „trifft völlig zu" (4) bis „trifft nicht zu" (1) bzw. von „oft" (4) bis „nie" (1) anzugeben, inwieweit die vorgegebenen Aussagen zutreffend sind bzw. wie häufig sie zutreffen (s. die Fragen 22, 23 und 24 im Anhang). Die Faktorenanalyse der insgesamt 23 Items dieser drei Skalen legt die Unterscheidung folgender Subskalen nahe:

Unser Physiklehrer/unsere Physiklehrerin achtet darauf, ...

Lehrkraft achtet auf Sozialverhalten

1. daß wir bei Schülerversuchen zusammenarbeiten.
2. daß wir uns gegenseitig helfen.
3. daß über andere keine abfälligen Äußerungen gemacht werden.
4. daß über andere, auch wenn sie etwas nicht wissen oder etwas Falsches sagen, nicht gelacht wird.
5. daß andere nicht abgewertet werden.
6. daß Mädchen und Jungen partnerschaftlich zusammenarbeiten.

Lehrkraft achtet, daß alle mitkommen

7. daß wir im Unterricht alle einmal drankommen.
8. daß alle im Unterricht mitkommen.

Unser Physiklehrer/unsere Physiklehrerin ...

Kompetenz der Lehrkraft

1. achtet genau darauf, daß wir die Hefteintragungen im Unterricht richtig machen.
2. weiß immer genau, was in der Klasse vor sich geht.
3. kontrolliert immer genau unsere Hausaufgaben.
4. merkt sofort, wenn Schüler beginnen, etwas anderes zu treiben.
5. achtet sehr darauf, daß wir aufpassen.

Lehrkraft ist gerecht

6\. vergibt Noten gerecht.
7\. behandelt Mädchen und Jungen als gleichwertig. Im Physikunterricht.....
5\. werden Jungen bevorzugt.
6\. werden Mädchen bevorzugt.
7\. werden die besseren Schüler/Schülerinnen bevorzugt.

Verbleibende Einzelitems:

Im Physikunterricht.....

1. machen wir Schülerexperimente.
2. bekommen wir Hausaufgaben.
3. wiederholen wir den Unterrichtsstoff.
4. üben wir das Gelernte an neuen Beispielen.

Unser Physiklehrer/unsere Physiklehrerin achtet darauf, ...

9. daß wir vor allem möglichst viel Stoff durchnehmen.

Die Skalen beziehen sich auf das Interaktionsgeschehen im Unterricht. Die verbleibenden Einzelitems beziehen sich auf das Erarbeiten und Üben von Unterrichtsinhalten. Sie wurden aus fragebogentechnischen Gründen im Zusammenhang mit den Items zum Interaktionsgeschehen vorgegeben.

Die Reliabilitätskoeffizienten (Cronbach) betragen für die Subskala „Lehrkraft achtet auf Sozialverhalten" .83, für die Subskala „Lehrkraft achtet, daß alle mitkommen" .74, für die Subskala „Kompetenz der Lehrkraft" .74 und für die Subskala „Lehrkraft ist gerecht" .78.

Fragebogen zum Meldeverhalten

Ein anderer Weg, in Erfahrung zu bringen, ob sich einerseits die Verteilung der Aufmerksamkeit durch die Lehrkraft im Laufe des Schuljahres zu Gunsten oder zu Ungunsten der Mädchen verändert, und andererseits die Beteiligung der Mädchen am Unterricht zu- oder abnimmt, ist die direkte Befragung der Schülerinnen und Schüler inwieweit sie aus ihrer Sicht im Unterricht einbezogen wurden und sich am Unterricht beteiligt haben. Wir haben dafür einen Fragebogen zum Meldeverhalten der Schülerinnen und Schüler entwickelt (Übersicht 6.3.2).

Mit dem Fragebogen zum Meldeverhalten sollte einerseits erfaßt werden, in welchem Ausmaß die Schülerinnen und Schüler aus ihrer Sicht am Unterricht beteiligt waren, bzw. von der Lehrkraft in den Unterricht einbezogen wurden. Andererseits sollte der Fragebogen den Lehrkräften Rückmeldung geben, inwieweit ihre persönliche Wahrnehmung des Unterrichtsgeschehens mit der Wahrnehmung der Schülerinnen und Schüler übereinstimmt und inwieweit Mädchen und Jungen gleichermaßen in den Unterricht einbezogen wurden.

Es wurde vorgeschlagen, den Fragebogen in regelmäßigen Abständen alle vier Wochen den Schülerinnen und Schülern jeweils am Ende einer Unterrichtsstunde im Klassenverband vorzulegen. Trotz der kurzen Bearbeitungszeit von nur ca. zwei Minuten, wurde der Fragebogen von den Lehrkräften jeweils mit der Begründung, daß die Zeit zu knapp war, nur sehr unregelmäßig und unterschiedlich häufig und nur im ersten Halbjahr eingesetzt. Die mit dem Fragebogen zum Meldeverhalten erhobenen Daten können demzufolge für die Evaluation des Modellversuchs nicht herangezogen werden.

6.3.3 Einstellungen der Lehrkräfte zum Modellversuch

Ein Modellversuch ist in dem Maße erfolgreich, wie es gelingt, die Lehrkräfte von der Zielsetzung des Modellversuchs zu überzeugen. Verlangte man von ihnen beispielsweise, sich

Schule ______________________________

Klasse ______________ Datum ______________

Mädchen ❑ Junge ❑

Im Folgenden findest Du einige Aussagen zu dieser Unterrichtsstunde. Kreuze bitte an, inwieweit diese für Dich zutreffen.

	mehrmals	einmal	gar nicht
Ich bin im Unterricht drangekommen	❑	❑	❑
Ich habe etwas zum Thema der Stunde gefragt	❑	❑	❑
Ich habe mich gemeldet	❑	❑	❑

	ja	nein	teil/teils
Heute habe ich etwas gelernt, was ich auch im Alltag brauchen kann	❑	❑	❑
Ich konnte bei Versuchen aktiv mitmachen	❑	❑	❑
Heute habe ich interessiert zugehört	❑	❑	❑

Wenn Du im Unterricht drangekommen bist, beantworte bitte:

	ja	nein	teils/teils
Als ich heute drankam,			
- war der Lehrer/die Lehrerin mit meinen Beiträgen zufrieden	❑	❑	❑
- habe ich durch meine Beiträge den Unterricht weitergebracht	❑	❑	❑
- bin ich von anderen unterbrochen worden	❑	❑	❑
- haben sich einige darüber lustig gemacht	❑	❑	❑
- haben mich einige unterstützt	❑	❑	❑
- konnte ich zeigen, was ich weiß	❑	❑	❑

Wenn Du Dich gar nicht oder kaum gemeldet hast, kreuze bitte noch an, was zutrifft:

Ich habe mich nicht gemeldet, weil ich

❑ keine Lust hatte

❑ die Fragen nicht verstanden habe

❑ nicht sicher war, ob meine Antwort passend ist

Übersicht 6.3.2: Fragebogen zum Meldeverhalten

(1) im Unterricht auf Inhalte einzulassen, die Ihren pädagogischen Überzeugungen widersprechen,

wäre der Erfolg mehr als zweifelhaft. Im vorliegenden Modellversuch „Chancengleichheit" kommen einige weitere, diese spezifische Thematik betreffende Kriterien hinzu: Damit die Absichten des Modellversuchs von den beteiligten Lehrkräften umgesetzt werden können, sollten sie davon überzeugt sein,

(2) daß Maßnahmen zugunsten der Mädchen überhaupt gerechtfertigt sind,
(3) daß ihr eigenes Lehrverhalten etwas mit der Verwirklichung von Chancengleichheit zu tun hat, und schließlich sollten sie
(4) nicht von vorneherein annehmen, in ihrem Unterricht sei Chancengleichheit für Mädchen bereits ausreichend verwirklicht und es bedürfe deshalb keiner weiteren Anstrengung.

Zur Überprüfung, inwieweit die am Modellversuch teilnehmenden Lehrkräfte diesen vier Kriterien entsprechen, wurde ein kurzer Fragebogen entwickelt, der zu Beginn des Modellversuchs, am Ende der Entwicklungsphase (also nach etwa 1 Jahr) und am Ende der Erprobungsphase den Lehrkräften zur Bearbeitung vorgegeben wurde. Um zu kontrollieren, inwiefern sich die am Modellversuch aktiv teilnehmenden Lehrkräfte von den Lehrpersonen der Kontrollklassen unterscheiden, wurde letzteren der Fragebogen ebenfalls vorgelegt.

Der Fragebogen enthielt insgesamt 10 Statements, die man auf einer vierstufigen Skala ablehnen oder annehmen konnte: 0 = stimme völlig zu; 1 = stimme bedingt zu; 2 = lehne eher ab; 4 = lehne völlig ab. Die Statements sind so gepolt, daß sie bei Erfüllung der obigen Kriterien abgelehnt werden müssen. Die Zuordnung dieser Statements zu den aufgeführten Kriterien ist wie folgt:

(1) Bereitschaft, sich auf Inhalte einzulassen, die nicht zur Fachsystematik gehören

- Die grundlegenden Inhalte und Arbeitsweisen der Chemie bzw. der Physik zu vermitteln, sind für mich das ausschließliche Ziel des Chemie- bzw. des Physikunterrichts
- Wenn ich mich im Chemie- bzw. Physikunterricht um Bezüge zum Alltag, zur Umwelt oder zur Politik kümmere, gehe ich an seinem eigentlichen Anliegen vorbei
- Wenn ich mich nach den Interessen der Jugendlichen richte, bleiben wesentliche Ziele des Chemie- bzw. Physikunterrichts auf der Strecke

(2) Befürwortung pädagogischer Maßnahmen zugunsten der Mädchen

- Den Interessen von Mädchen im Chemie- bzw. Physikunterricht ent-gegen zukommen, ist nur auf Kosten der Interessen der Jungen möglich
- Mädchen bedürfen keiner besonderen Förderung im Chemie- bzw. Physikunterricht, weil sie ja ihre Fähigkeiten in den sprachlichen Fächern entfalten können
- Jeder Schritt, die Koedukation, und sei es auch nur zeitweise, aufzuhe ben, wäre ein Schritt in die falsche Richtung.

(3) Einschätzung, daß die Chancengleichheit von Mädchen durch das eigene Lehrverhalten mitbestimmt wird

- Als Lehrer bzw. Lehrerin kann ich nur wenig dazu beitragen, daß sich Mädchen mehr für Chemie oder Physik interessieren
- Chancengleichheit für Mädchen und Jungen im Chemie- bzw. Physikunterricht hat nichts mit meinem Lehrverhalten zu tun

(4) Einschätzung der Chancengleichheit für Mädchen im eigenen Unterricht

- Mädchen sind in meinem Chemie- bzw. Physikunterricht in keiner Weise benachteiligt
- Ich habe nicht den Eindruck, daß ich in meinem Unterricht Mädchen und Jungen ungleich behandle.

6.3.4 Interviews mit den Lehrkräften

Am Ende der Erprobungsphase wurden die Lehrkräfte rückblickend nach ihren Meinungen zum Modellversuch befragt.

Es wurde nach den Ausgangs- und Rahmenbedingungen des Modellversuchs gefragt, nach der Zufriedenheit mit der Phase der Entwicklung der Unterrichtseinheiten und der Sensibilisierungsphase sowie ob sich ihre individuelle Einstellung zum Anliegen des Modellversuchs in den zwei Jahren geändert hätte. Es wurde auch nach eventuellen Besonderheiten der Modellversuchsklassen gefragt.

Ursprünglich war geplant, die Interviews zur Evaluation des Modellversuchs einzusetzen. Zum Ende der Erprobungsphase, die mit dem Schuljahresende und den zugehörigen Abschlußarbeiten zusammenfiel, stellte sich bei den Lehrkräften eine Ermüdungsphase ein. Viele hatten das Gefühl, es hätte vielleicht mehr erreicht werden können, begleitet von Unsicherheiten darüber, was denn überhaupt erreicht worden ist. Deshalb wurde den Antworten auf die Fragen zur Einschätzung des Modellversuchs sowie den Fragen zur Umsetzung des Modellversuchs und zu seiner Notwendigkeit großer Raum gegeben. Die Lehrkräfte wurden zu konstruktiver Kritik ermuntert und um Änderungswünsche bzw. -vorschläge für eine hypothetische Wiederholung des Modellversuchs gebeten.

7 Spezielle Hypothesen

7.1 Hypothesen im Bereich der kognitiven Förderung

Zur Erinnerung: Inwieweit der Unterricht des Modellversuchs in seinen drei Varianten und im Vergleich zu den Kontrollklassen die beteiligten Schülerinnen und Schüler kognitiv gefördert hat, ist mit einer Reihe schriftlicher Tests erfaßt worden. Das individuelle Abschneiden in einem dieser Tests kann nun außer von den Versuchsbedingungen noch von einer Reihe anderer Faktoren abhängen, etwa vom individuellen Vorwissen, vom Geschlecht oder vom Interesse an physikalischen Themen. Im folgenden wird der mutmaßliche Einfluß aller erhobenen Variablen auf die individuellen Testleistungen der Schülerinnen und Schüler in Form von präexperimentellen Hypothesen formuliert. In Kapitel 8 wird dann beschrieben, welche dieser Hypothesen verworfen werden müssen und welche beibehalten werden können.

Der Einfluß der Versuchsbedingungen

Die Versuchsbedingungen unterscheiden sich darin, ob der Unterricht auf der Grundlage der im Modellversuch entwickelten Materialien erfolgt ist (Bedingung 1, 2 und 3) oder nicht (Bedingung 4) und auch darin, welche organisatorischen Maßnahmen getroffen wurden:

Im Sinne präexperimenteller Hypothesen wird folgendes erwartet:

H1: Die Versuchsbedingungen haben in ihrer Gesamtheit einen signifikanten Einfluß auf die erzielten Testleistungen im Nachtest und im verzögerten Nachtest.

Diese relativ schwache Hypothese kann dadurch verschärft werden, daß Aussagen über den relativen Unterschied der Wirkungsweise einzelner Versuchsbedingungen gemacht werden. Insgesamt sind in den vier Versuchsbedingungen drei Merkmale in systematischer Weise variiert worden.

	Merkmal 1 Modellversuch	Merkmal 2 Halbklassen	Merkmal 3 Monoedukation
Bedingung 1	ja	ja	ja
Bedingung 2	ja	ja	nein
Bedingung 3	ja	nein	nein
Bedingung 4	nein	nein	nein

Daraus ist ersichtlich, daß jeweils die beiden in der Tabelle benachbarten Bedingungen sich in nur einem Merkmal unterscheiden und deshalb in der Wirkung dieses Merkmals miteinander verglichen werden können. So unterscheiden sich z.B. die Bedingungen 1 und 2 nur im Merkmal Monoedukation, während die beiden anderen Merkmale gleich sind.

Bei der Formulierung entsprechender präexperimenteller Hypothesen gehen wir von der Annahme aus, daß der Unterricht mit monoedukativen Phasen dem durchgehend koedukativen Unterricht überlegen ist. In gleicher Weise nehmen wir an, daß die zeitweise Unterrichtung in Halbklassen gegenüber dem Ganzklassenunterricht bessere Testleistungen zeitigt, und daß die Schülerinnen und Schüler der Kontrollklassen schlechter als in der vergleichbaren Versuchsbedingung 3 des Modellversuchs abschneiden.

H2: Bedingung 4 (Kontrollklassen) ist Bedingung 3 (Modellversuchsklassen mit sonst gleichen Merkmalen) im Nachtest und im verzögerten Nachtest unterlegen.

H3: Bedingung 3 (durchgehend ganze Klassen) ist Bedingung 2 (zeitweise Halbklassen mit sonst gleichen Merkmalen) im Nachtest und im verzögerten Nachtest unterlegen.

H4: Bedingung 2 (durchgehend koedukativer Unterricht) ist Bedingung 1 (zeitweise monoedukativer Unterricht mit sonst gleichen Merkmalen) im Nachtest und im verzögerten Nachtest unterlegen.

Diese Hypothesen können noch einmal zugespitzt werden, wenn man annimmt, daß die Wirkung der einzelnen Versuchsbedingungen sich auf die kognitive Förderung von Mädchen und Jungen unterschiedlich ausgewirkt hat, daß also eine Wechselwirkung zwischen dem Geschlecht und der Versuchsbedingung besteht. Da die Anlage des Unterrichts in den Modellversuchsklassen und auch die Sensibilisierung ihrer Lehrkräfte darauf ausgerichtet wurden, Mädchen in ihrer Entwicklung zu fördern, muß sich der Modellversuch auch daran messen lassen, ob die verschiedenen im Modellversuch verwirklichten Maßnahmen den Mädchen in besonderer Weise zugute gekommen sind. Beim Vorliegen einer solchen Wechselwirkung würden die den einzelnen Versuchsbedingungen zuzuschreibenden Wirkungen für die beiden Geschlechter unterschiedlich ausfallen. Dies führt zu folgender zusätzlichen Hypothese:

H5: Die in den Hypothesen H2 bis H4 formulierten Wirkungen einzelner Merkmale auf die Testleistungen im Nachtest und im verzögerten Nachtest wirken sich differentiell günstiger für die Mädchen als für die Jungen aus.

Die konfundierte Wirkung der Zugehörigkeit zu einer bestimmten Schulklasse mit dem „Wirkungsgrad" der unterrichtenden Lehrkraft.

Man wird wohl annehmen dürfen, daß die individuelle Testleistung sowohl vom allgemeinen Lernklima in der Klasse als auch vom Lehrvermögen der Lehrkraft abhängt. Der Versuchsplan ist jedoch ungeeignet, beide Einflüsse voneinander zu trennen. Da nämlich jede Klasse nur von einer Lehrkraft unterrichtet wurde, ist es prinzipiell unmöglich, das Lehrvermögen dieser Lehrkraft von der Lernbereitschaft ihrer Klassen zu separieren. Dies ist jedoch unerheblich, da im Rahmen des Modellversuchs Aussagen über einzelne Klassen oder einzelne Lehrkräfte ohnehin nicht von Interesse sind. (Die Konfundierung wäre erst aufgehoben, wenn die Klassen von mehr als einer Lehrkraft (in Physik) unterrichtet worden wären).

Als einzige präexperimentelle Hypothese bleibt zu prüfen:

H6: Die konfundierte Wirkung von Schulklasse und Lehrkraft (Lernumgebung) auf die erzielte Testleistung im Nachtest und im verzögerten Nachtest ist signifikant.

Der Einfluß des Geschlechts

Es ist damit zu rechnen, daß sich Mädchen und Jungen in ihren Testleistungen unterscheiden. Als präexperimentelle Hypothesen sind zu prüfen:

H7: Das Geschlecht hat einen signifikanten Einfluß auf die Testleistung im Nachtest und im verzögerten Nachtest.

H8: Jungen erbringen im Nachtest und im verzögerten Nachtest unter allen Versuchsbedingungen signifikant bessere Testleistungen als Mädchen.

Der Einfluß des individuellen Vorwissens

Es ist zu erwarten, daß die Testleistung im Nachtest und im verzögerten Nachtest von der Testleistung im Vortest, d.h. vom vorunterrichtlichen Wissen abhängt.

H9: Das Vorwissen hat einen signifikanten Einfluß auf die Testleistung im Nachtest und im verzögerten Nachtest.

Der Einfluß des Interesses und des Selbstkonzepts

Man kann davon ausgehen, daß das Interesse, das ein Individuum einem bestimmten Gegenstandsbereich oder einem bestimmten Schulfach entgegenbringt sowie das Selbstkonzept, das es von seiner eigenen Leistungsfähigkeit in diesem Schulfach hat, von signifikantem Einfluß auf die kognitiven Leistungen im Nachtest und im verzögerten Nachtest sind.

H10: Das Sachinteresse an Physik bzw. Chemie, das aktuelle Interesse an entsprechendem Unterricht sowie das auf diesen Unterricht bezogene Selbstkonzept von der eigenen Leistungsfähigkeit haben einen signifikanten Einfluß auf den Nachtest und den verzögerten Nachtest.

7.2 Hypothesen im Bereich der affektiven/emotionalen Förderung

Unabhängig davon, ob man unter lerntheoretischer Perspektive Interesse als Voraussetzung von Lernprozessen oder unter bildungstheoretischer Perspektive Interesse als Ziel von Bildungsprozessen betrachtet, kommt den Interessen der Schülerinnen und Schülern für ihre individuelle Entwicklung hohe Bedeutung zu.

Ziel des Modellversuches ist es, durch einen Unterricht, der einerseits die Lebenszusammenhänge, Fähigkeiten und Interessen von Mädchen berücksichtigt, insbesondere das Interesse der Mädchen an Physik bzw. Chemie zu erhöhen und andererseits Bedingungen zu schaffen, die es Mädchen ermöglichen, ein auf Physik bzw. Chemie bezogenes größeres Selbstvertrauen zu entwickeln.

Auf dem Hintergrund vorliegender empirischer Befunde (Hoffmann 1990), insbesondere auch aus der IPN-Physikinteressenstudie (Häußler/Hoffmann 1990, 1995, Hoffmann/Häußler/Lehrke 1997) wurden die im folgenden aufgeführten präexperimentellen Hypothesen abgeleitet. In Kapitel 8.2 werden dann die Ergebnisse der Hypothesenprüfung mitgeteilt.

Hypothesen zu ***vor- und außerschulischen Erfahrungen***

H11: Mädchen kommen mit einem deutlich geringeren Sachinteresse an Physik bzw. Chemie in den Physik-bzw. Chemieanfangsunterricht als Jungen.

H11/1: Mädchen haben deutlich geringere vor- und außerschulische Erfahrungen zum Bereich Physik bzw. Chemie.

H11/2: Mädchen schätzen die Bedeutung der Physik bzw. Chemie für den Alltag und für die zukünftigen Entwicklungen geringer ein als Jungen.

Hypothesen zur Wirkung des im Modellversuch eingesetzten Maßnahmenbündels auf die ***Interessenentwicklung***

H12: Das im Modellversuch eingesetzte Maßnahmenbündel zur Veränderung des Anfangsunterichts Physik/Chemie führt im Vergleich zum herkömmlichen Unterricht zu einem höheren Interesse an Physik bzw. Chemie insbesondere bei Mädchen aber auch bei Jungen.

H12/1: Die zeitliche Aufhebung der Koedukation führt im Vergleich zu den anderen Versuchsbedingungen bei Mädchen und Jungen zu höherem Interesse an Physik bzw. Chemie.

H12/2: Im Vergleich zum herkömmlichen Unterricht finden Mädchen und Jungen den Unterricht im Modellversuch motivierender.

H12/3: Die Unterschiede zwischen Mädchen und Jungen, inwieweit sie die verschiedenen Unterrichtseinheiten als motivierend wahrnehmen, sind bei den Modellversuchsklassen geringer als bei den Kontrollklassen.

H12/4: Im Vergleich zum herkömmlichen Unterricht bewirkt der Unterricht im Rahmen des Modellversuchs bei Mädchen und Jungen eine positivere Einstellung über die Bedeutung der Physik bzw.Chemie.

Hypothesen zur Wirkung des im Modellversuch eingesetzten Maßnahmenbündels auf die Entwicklung eines positiven ***fachspezifischen Selbstkonzepts***

H13: Im Vergleich zu den Jungen kommen Mädchen mit einem geringeren Selbstkonzept hinsichtlich ihrer Begabung für Physik bzw. Chemie in den Anfangsunterricht Physik/Chemie.

H14: Das im Modellversuch eingesetzte Maßnahmenbündel zur Veränderung des Anfangsunterichts Physik/Chemie führt im Vergleich zum herkömmlichen Unterricht auf seiten der Mädchen zu einem positiveren fachspezifischen (auf Physik/ auf Chemie bezogenen) Selbstkonzept. Die diesbezüglichen geschlechtspezifischen Unterschiede werden verringert.

H14/1: Die zeitliche Aufhebung der Koedukation führt im Vergleich zu den anderen Versuchsbedingungen bei Mädchen zu einem höheren fachspezifischen Selbstkonzept. Seitens der Jungen ist dies unbedeutend.

H14/2: Im Vergleich zum herkömmlichen Unterricht bewirkt der Unterricht im Rahmen des Modellversuchs insbesondere bei Mädchen aber auch bei Jungen eine subjektiv höhere Einschätzung des Kompetenzgewinns durch den Physik- bzw. Chemieunterricht.

7.3 Hypothesen zum Bereich Interaktionsgeschehen und Einstellungen der Betroffenen

Nach Kelly 1987 trägt das Verhalten der Mädchen und Jungen im naturwissenschaftlichen Unterricht dazu bei, daß die Naturwissenschaften ein männliches Image bekommen. Ein Ziel des Modellversuchs war es, geschlechtsspezifische Verhaltensmuster seitens der Schülerinnen und Schüler abzubauen.

Wir gehen von der Annahme aus, daß der bewußte Umgang der Lehrkräfte mit der Problematik des Modellversuchs Verhaltensänderungen bei Jungen und Mädchen dahingehend bewirkt, daß störendes und überhebliches, andere verletzendes Verhalten abgebaut und wechselseitige Abgrenzungen durch negativere Beurteilungen der jeweils andersgeschlechtlichen Gruppe zumindest verringert werden.

Ausgehend von dieser Annahme werden folgende Hypothesen erstellt:

H21: Mädchen und Jungen beurteilen die Gruppe, der sie angehören, positiver als die jeweils andersgeschlechtliche Gruppe.

H22: Im Physik-/Chemieunterricht wird die Differenz zwischen positiverer Beurteilung der gleichgeschlechtlichen Gruppe und negativerer Beurteilung der andersgeschlechtlichen Gruppe noch verstärkt.

H23: In den Modellversuchsklassen ist die Differenz zwischen positiverer Beurteilung der gleichgeschlechtlichen Gruppe und negativerer Beurteilung der andersgeschlechtlichen Gruppe geringer als in den Kontrollklassen.

Eine weitere Annahme ist, daß der bewußte Umgang der Lehrkräfte mit der Problematik des Modellversuchs das kooperative Verhalten zwischen den Schülerinnen und Schülern fördert und Konkurrenzverhalten abgebaut wird.

Hypothesen dazu sind:

H24: Im Vergleich zu den Kontrollklassen verhalten sich die Mädchen und Jungen in den Modellversuchsklassen kooperativer und zeigen weniger Konkurrenzverhalten.

H25: Hinsichtlich der Förderung von kooperativem Verhalten und der Reduzierung von Konkurrenzverhalten ist Bedingung 2 (teilweise Unterricht in Halbklassenkoedukativ) Bedingung 3 (Unterricht nur im Klassenverband koedukativ) bzw. Bedingung 1 (teilweise Unterricht in Halbklassen monoedukativ) Bedingung 2 überlegen.

Es ist auch davon auszugehen, daß die bewußte Auseinandersetzung der Lehrkräfte mit der Problematik des Modellversuchs sich dahingehend auswirkt, daß sie in höherem Maße bemüht sind, im Unterricht auf Mädchen gleichermaßen wie auf Jungen zu achten und in den Unterricht einzubeziehen, sowie daß sie stärker auf das Sozialverhalten der Schülerinnen und Schüler im Unterricht achten und dadurch ein positiveres Unterrichtsklima für Mädchen schaffen als die Lehrkräfte in den Kontrollklassen.

Hypothesen dazu sind:

H26: Die Lehrkräfte der Modellversuchsklassen achten in höherem Maße auf das Sozialverhalten der Schülerinnen und Schüler im Physik-/Chemieunterricht als die Lehrkräfte der Kontrollklassen.

H27: Die Lehrkräfte der Modellversuchsklassen achten in höherem Maße darauf, Schülerinnen und Schüler gleichermaßen in den Unterricht miteinzubeziehen als die Lehrkräfte der Kontrollklassen.

H28: Die Lehrkräfte der Modellversuchsklassen achten stärker darauf, was in ihrem Unterricht abläuft als die Lehrkräfte der Kontrollklassen.

H29: Hinsichtlich der in den Hypothesen H26 bis H27 beschriebenen Aspekte des Verhaltens von Lehrkräften ist Bedingung 2 Bedingung 3 bzw. Bedingung 1 Bedingung 2 überlegen.

Für die Prüfung dieser Hypothesen siehe Kapitel 8.3.

8 Ergebnisse

8.1 Auswerteprozeduren und Ergebnisse im Bereich der kognitiven Förderung

Die Erfassung der kognitiven Förderung durch den Modellversuch basiert im wesentlichen auf den zu verschiedenen Zeitpunkten erbrachten Testleistungen einer Schülerin bzw. eines Schülers. Anknüpfend an die in Abschnitt 7.1 gemachten Ausführungen, kann vermutet werden, daß die Testleistung im Nachtest bzw. im verzögerten Nachtest von einer Reihe verschiedener durch den Versuchsplan vorgegebenen Bedingungen bzw. einer Reihe verschiedener individueller Merkmale abhängt. Das Ermitteln der Stärke dieser verschiedenen Einflüsse geschieht auswertetechnisch mit den Mitteln der multivariaten Regression. Dabei wird die Testleistung eines Schülers oder einer Schülerin als gewichtete Summe aller Einflußfaktoren dargestellt und in einer statistischen Prozedur diejenigen Gewichtsfaktoren bestimmt, für die sich die größte Übereinstimmung mit den erhobenen Testleistungen ergibt. Abkürzend läßt sich also für einen

Schüler bzw. eine Schülerin	**s**
mit **Geschlecht**	**g**
unterrichtet nach Maßgabe von	
Versuchsbedingung	**B**
in einer aus Lehrkraft und Klasse gebildeten	
Lernumgebung	**LK**
mit V**orwissen**	**V(s)**
Interesse	**I(s)**
und **Selbstkonzept**	**SK(s)**
die Testleistung im	
Wissenstest	**W**

schreiben als

W (s, g, B, LK, V, I, SK) =	**lineare Funktion von (g, B, LK, V(s), I(s), SK(s), Wechselwirkungen zwischen g und B)**

Da W, V, I und SK quasikontinuierliche Variable auf Intervallskalenniveau sind, deren regressionsanalytische Verarbeitung unproblematisch ist, markieren die Variablen g, B und LK nur die Zugehörigkeit zu einer bestimmten Teilpopulation, so daß sie auf geeignete Weise zu kodieren sind. Von den unterschiedlichen in der Literatur beschriebenen Möglichkeiten wurde die Effektkodierung gewählt, weil die damit berechneten Regressionsgewichte als Abweichung vom Gesamtmittelwert ein unmittelbares Maß für die Stärke eines Effekts sind (z.B. des Einflusses einer bestimmten Versuchsbedingung auf die Testleistung, ausgedrückt durch die Abweichung vom Gesamtmittelwert). Damit ergibt sich für den Fall des Physikteils des Modellversuchs (für den Chemieteil sind lediglich andere Nummern für die Variable LK einzusetzen) folgender Kodierungsplan:

B	**LK**	**b1**	**b2**	**b3**	**lk1**	**lk2**	**lk3**	**lk4**	**lk5**	**lk6**	**lk7**	**lk8**	**lk9**	**lk10**	**lk11**	**lk12**	**lk13**	**lk14**	**lk15**
1	1	1			1														
1	4	1				1													
1	10	1					1												
1	11	1			-1	-1	-1												
2	2		1					1											
2	6		1						1										
2	7		1							1									
2	12		1					-1	-1	-1									
3	3			1							1								
3	5			1								1							
3	8			1									1						
3	9			1							-1	-1	-1						
4	25	-1	-1	-1										1					
4	26	-1	-1	-1											1				
4	27	-1	-1	-1												1			
4	28	-1	-1	-1													1		
4	29*	-1	-1	-1														1	
4	30	-1	-1	-1															1
4	31	-1	-1	-1										-1	-1	-1	-1	-1	-1

* Klasse 29 wurde im Verlauf des Modellversuchs wegen eines Lehrerwechsels und dadurch verursachtem Unterrichtsausfall aus der Kontrollgruppe herausgenommen. Die nachfolgenden Rechnungen basieren deshalb auf einer um diese Klasse verminderten Schülerschaft.

Tabelle 8.1: Effektkodierung der Variablen für die Versuchsbedingungen B und die Lernumgebungen LK. Die freigebliebenen Matrixelemente sind mit Nullen aufgefüllt zu denken.

Zur Erläuterung der Matrix: Bei der Effektkodierung werden jedem Schüler bzw. jeder Schülerin drei sogenannte „Dummyvariablen" b1, b2 und b3 zugeordnet, die je nach der Versuchsbedingung an der er oder sie teilgenommen hat, die Werte 0, 1 oder -1 annehmen. Bei Vorliegen der Versuchsbedingung 1 werden b1 = 1, b2 und b3 = 0 gesetzt. Entsprechendes gilt für die Versuchsbedingungen 2 und 3. Bei allen Schülerinnen und Schülern der Versuchsbedingung 4 (Kontrollklassen) werden dagegen alle drei Dummyvariablen auf -1 gesetzt. Um Mißverständnissen vorzubeugen sei betont, daß es ohne Bedeutung ist, bei welcher der vier Versuchsbedingungen die Dummyvariablen auf -1 gesetzt werden. Ähnliches gilt für die Effektkodierung der Zugehörigkeit zu einer bestimmten Lernumgebung. Auch hier ist die Wahl der mit -1 kodierten Klasse ohne Einfluß auf das Ergebnis.

8.1.1 Ergebnisse des Physikunterrichts

In Kapitel 7.1 wurde eine Reihe von präexperimentellen Hypothesen aufgestellt, in denen die mutmaßliche Wirkung der verschiedenen Modellversuchsbedingungen und der Einfluß individueller Merkmale auf die kognitive Förderung beschrieben sind. Diese Hypothesen gilt es nun anhand der Daten zu prüfen, die im Zusammenhang mit dem stattgefundenen Physikunterricht erhoben worden sind. (Ergebnisse des entsprechenden Chemieteils s. 8.1.3).

H1: Die Versuchsbedingungen haben in ihrer Gesamtheit einen signifikanten Einfluß auf die erzielten Testleistungen im Nachtest und im verzögerten Nachtest.

Zur Prüfung dieser Hypothese werden die Testleistungen der Schülerinnen und Schüler als eine gewichtete Summe im Text zu Tabelle 8.1 im einzelnen beschriebenen Versuchsbedingungungsvariablen dargestellt und geprüft, ob zumindest einer der zu bestimmenden Gewichtsfaktoren signifikant verschieden von Null ist. Ist dies nicht der Fall, so muß die Hypothese verworfen werden. (Technisch gesprochen wird eine multivariate Regression mit der Testleistung als Kriteriumsvariable und den Bedingungsvariablen als Prädiktorvariablen gerechnet und geprüft, ob die aufgeklärte Varianz (multiples $R^{2)}$ signifikant von Null verschieden ist).

An Testleistungen, für die die Hypothese zu prüfen wäre, stehen zur Verfügung:

Die im unmittelbaren Anschluß an jede der vier unterrichteten Einheiten vorgegebenen themenspezifischen **Nachtests**

- **Akustik**
- **Mechanik**
- **Wärme**
- **Elektrizität**

sowie ein aus je vier Aufgaben dieser vier Tests gebildeter themenübergreifender Summenscore, den wir im folgenden

- **„Nachtest Physik"** nennen wollen, und der mit den Aufgaben des
- **„Verzögerten Nachtests Physik"**

übereinstimmt, der am Ende des Schuljahres vorgegeben wurde.

Das Ergebnis der Rechnung zeigt Tabelle 8.1.1. Daraus ist zu entnehmen, daß die Testleistungen in allen erhobenen Tests hochsignifikant (d.h. mit einer Irrtumswahrscheinlichkeit von unter 1%) von den im Modellversuch angelegten vier Versuchsbedingungen abhängen. Es ist auch ersichtlich, daß im Falle des verzögerten Nachtests der Einfluß der Versuchsbedingungen größer als bei den Tests ist, die unmittelbar im Anschluß an den Unterricht vorgegeben wurden. Woran das liegt wird im Zusammenhang mit den weiteren Hypothesen noch näher zu klären sein.

	R^2	Signifikanz
Nachtest Akustik.	.07	hochsignifikant
Nachtest Mechanik	.05	hochsignifikant
Nachtest Wärme	.03	hochsignifikant
Nachtest Elektrizität	.04	hochsignifikant
Nachtest Physik	.07	hochsignifikant
Verzögerter Nachtest Physik	.16	hochsignifikant

Tab. 8.1.1: Durch die verschiedenen Versuchsbedingungen des Modellversuchs aufgeklärte Varianz (multiples R^2) der individuellen Testleistungen.

Ergebnis der Prüfung: **Hypothese 1** kann beibehalten werden. Testleistung und Versuchsbedingung hängen in signifikanter Weise zusammen.

Interessanter als die Feststellung, daß Testleistung und Versuchsbedingung zusammenhängen, ist natürlich die Frage, in welcher Weise eine bestimmte Versuchsbedingung im Vergleich zu den anderen Bedingungen gewirkt hat. Dem wird in den drei folgenden Hypothesen nachgegangen.

H2: Bedingung 4 (Kontrollklassen) ist Bedingung 3 (Modellversuchsklassen mit sonst gleichen Merkmalen) im Nachtest und im verzögerten Nachtest unterlegen.

H3: Bedingung 3 (durchgehend ganze Klassen) ist Bedingungen 2 (zeitweise Halbklassen mit sonst gleichen Merkmalen) im Nachtest und im verzögerten Nachtest unterlegen.

H4: Bedingung 2 (durchgehend koedukativer Unterricht) ist Bedingung 1 (zeitweise monoedukativer Unterricht mit sonst gleichen Merkmalen) im Nachtest und im verzögerten Nachtest unterlegen.

Zur Prüfung von **Hypothese 2** wird ein Mittelwertvergleich (t-Test) aller Schülerinnen und Schüler durchgeführt, die an den Versuchsbedingungen 3 und 4 teilgenommen haben. Tabelle 8.1.2 zeigt die Mittelwerte der einzelnen Wissenstests, die Anzahl N der jeweils Beteiligten und die Signifikanzniveaus.

	Bedingung	Anzahl N	Mittelwert	Signifikanz
Vorwissen	Bed 3 Bed 4	102 161	5.0 6.2	Bed 3 hochsignif. schlechter als Bed 4
Nachtest Akustik	Bed 3 Bed 4	102 155	14.9 16.2	Bed 3 signifikant schlechter als Bed 4
Nachtest Mechanik	Bed 3 Bed 4	98 161	14.5 13.0	Bed 3 hochsignif. besser als Bed 4
Nachtest Wärme	Bed 3 Bed 4	99 135	18.3 18.6	keine Bedingung signifikant besser
Nachtest Elektrizität	Bed 3 Bed 4	89 131	10.0 11.1	Bed 3 hochsignif. schlechter als Bed 4
Nachtest Physik	Bed 3 Bed 4	83 114	34.0 34.0	keine Bedingung signifikant besser
Verzögerter Nachtest Physik	Bed 3 Bed 4	99 128	36.0 30.0	Bed 3 hochsignif. besser als Bed 4

Tabelle 8.1.2: Mittelwerte der in Bedingung 3 (ungeteilte, koedukative Klassen, die am Modellversuch teilnahmen) und Bedingung 4 (ungeteilte, koedukative Kontrollklassen, die am Modellversuch nicht teilnahmen) erzielten Testleistungen und Ergebnisse des Mittelwertvergleichs (t-Test). Die angegebenen Signifikanzniveaus bedeuten: hochsignifikant = Irrtumswahrscheinlichkeit kleiner 1%, signifikant = Irrtumswahrscheinlichkeit kleiner 5%).

Tabelle 8.1.2 enthält neben den Wissenstests, auf die sich die Hypothesenprüfung bezieht, auch die Ergebnisse eines aus 6 Aufgaben quer durch die Physik bestehenden Vortests. Diese sind insofern von Belang, als sich bei der Prüfung von Hypothese 9 zeigen wird, daß das Vorwissen einen signifikanten Einfluß auf die Testleistungen nach dem Unterricht hat. Im vorliegenden Fall ist es so, daß die Kontrollklassen gegenüber den Modellversuchsklassen im Vorteil sind, d.h. einen höheren Wissensstand vor dem Unterricht haben. Der Unterschied ist sogar hochsignifikant. Ein etwaiger Wissensvorsprung der Modellversuchs- vor den Kontrollklassen kann also nicht darauf zurückgeführt werden, daß die Kontrollklassen von vorneherein aufgrund geringerer Vorkenntnisse benachteiligt gewesen wären.

Die Daten zeigen allerdings, daß in allen Tests, die unmittelbar nach Durchführung einer Unterrichtseinheit vorgegeben wurden, keine der beiden Gruppen einen eindeutigen Vorsprung vor der anderen hat. Für diese Nachtests ist H2 also zu verwerfen. Mit anderen Worten: Diejenigen Schülerinnen und Schüler, die am Modellversuch in den koedukativen Ganzklassen (Bedingung 3) teilgenommen haben, unterscheiden sich in den unmittelbar an die Unterrichtseinheiten vorgegebenen Physik-Wissenstests *nicht* von den Kontrollklassen.

Im verzögerten Nachtest ergibt sich aber für die Klassen des Modellversuchs ein hochsignifikant höherer Mittelwert. Da im Nachtest und im verzögerten Nachtest die gleichen Aufgaben (s. Abschnitt 6.1.1) enthalten sind, und deshalb die Werte miteinander verglichen werden können, läßt sich ferner ablesen, daß die Modellversuchsklassen am Ende des Schuljahres sogar mehr wissen als unmittelbar nach dem Unterricht, während die Kontrollklassen am Jahresende deutlich an Wissen verloren haben.

Da in beiden Gruppen die organisatorischen Rahmenbedingungen (ungeteilte, koedukative Klassen) die gleichen sind, kann dieser Effekt nur dem im Modellversuch durchgeführten Unterricht zugeschrieben werden. Eine Deutung könnte darin liegen, daß die im Modellversuch angestrebte Nähe zu den Interessen der Jugendlichen dahingehend gewirkt hat, daß sich Schülerinnen und Schüler nachhaltig und freiwillig mit den erarbeiteten physikalischen Inhalten auseinandergesetzt haben. Auch der deutlicher ausgeprägte lebenspraktische Bezug könnte zu einer häufigeren Aktivierung des Gelernten außerhalb der Schule geführt und das Behalten oder Weiterlernen begünstigt haben. Diese Interpretation wird auch dadurch gestützt, daß sowohl in der Mechanikeinheit (Funktion eines Fahrradhelms) als auch in der Wärmeeinheit (Wärmequellen in der Küche) ausgesprochen lebensnahe Beispiele im

Zentrum des Unterrichts standen und gerade in diesen beiden Einheiten die Modellversuchsklassen signifikant besser abschnitten.

Das gleich gute Abschneiden von Modellversuchsklassen und Kontrollklassen im Nachtest und das so unterschiedliche Leistungsniveau im verzögerten Nachtest gibt Anlaß, dieses Auseinanderdriften näher zu analysieren. Vergleicht man die Leistungen der beiden Gruppen für jedes einzelne der 16 Items, zeigt sich eine bemerkenswerte Auffälligkeit:

Im Nachtest schneiden die Modellversuchsklassen bei den Reproduktionsitems mit einem Summenscore von 22,6 signifikant besser ab als die Kontrollklassen (20,4). So sind beispielsweise alle Items, in denen die Modellversuchsklassen bessere Leistungen als die Kontrollklassen zeigten, Reproduktionsitems. Dies könnte auch so gedeutet werden, daß die Modellversuchsklassen im Unterricht besser als die Kontrollklassen auf die im Test vorgelegten Aufgaben vorbereitet worden sind. Umgekehrt ergibt sich bei Gleichheit der Gesamtscores zwangsläufig, daß die Kontrollklassen (13,6) bei den Transferitems besser als die Modellversuchsklassen (11,4) abgeschitten haben. Dies könnte entsprechend so gedeutet werden, daß die Kontollklassen im Unterricht besser auf diejenigen Items vorbereitet worden sind, die präexperimentell als Transferitems ausgewählt worden waren. So wird ein Vorteil der einen Gruppe durch einen Vorteil der anderen ausbalanciert.

Die Leistungen im verzögerten Nachtest sind allerdings so unterschiedlich, daß es am besseren Abschneiden der Modellversuchsklassen keinen Zweifel gibt. Jetzt fallen nicht nur die Gesamtscores (mit im Mittel erreichten 36,0 gegenüber 30,0 Punkten sind die beiden Gruppen um nahezu eine Standardabweichung voneinander entfernt), sondern auch beide Teilscores zugunsten der Modellversuchsklassen aus. Für die Reproduktionsitems ergibt sich ein Summenscore von 22,4 vs. 17,4 und für die Transferitems ein Summenscore von 13,6 vs. 12,6. Selbst wenn man im verzögerten Nachtest alle Items unberücksichtigt läßt, bei denen im Nachtest die Modellversuchsklassen besser als die Kontrollklassen abgeschnitten haben, fällt der Vergleich noch mit 21,1 zu 19,2 signikant besser für die Modellversuchsklassen aus.

> Ergebnis der Prüfung: **Hypothese 2** ist dahingehend zu modifizieren, als sie für die Testleistungen im Nachtest verworfen werden muß. Für den verzögerten Nachtest kann sie beibehalten werden. Mit anderen Worten: Die Testleistungen unmittelbar im Anschluß an die unterrichteten Einheiten sind in den Modellversuchs- und den Kontrollklassen statistisch nicht voneinander zu unterscheiden. Am Schuljahresende haben aber die Modellversuchsklassen einen hochsignifikanten Vorsprung vor den Kontrollklassen.

Zur Prüfung von **Hypothese 3** wird entsprechend dem bei H2 erläuterten Verfahren ein Mittelwertvergleich (t-Test) aller Schülerinnen und Schüler durchgeführt, die an den Versuchsbedingungen 2 und 3 teilgenommen haben. Tabelle 8.1.3 zeigt wieder die Mittelwerte der einzelnen Wissenstests, die Anzahl N der jeweils Beteiligten und die Signifikanzniveaus.

	Bedingung	Anzahl N	Mittelwert	Signifikanz
Vorwissen	Bed 2 Bed 3	91 102	5.7 5.0	keine Bedingung signifikant besser
Nachtest Akustik	Bed 2 Bed 3	90 102	17.7 14.9	Bed 2 hochsignif. besser als Bed 3
Nachtest Mechanik	Bed 2 Bed 3	89 98	15.0 14.5	keine Bedingung signikifant besser
Nachtest Wärme	Bed 2 Bed 3	88 99	18,5 18.3	keine Bedingung signifikant besser
Nachtest Elektrizität	Bed 2 Bed 3	96 89	10.1 10.0	keine Bedingung signifikant besser
Nachtest Physik	Bed 2 Bed 3	78 83	35.3 34.0	keine Bedingung signifikant besser
Verzögerter Nachtest Physik	Bed 2 Bed 3	89 99	36.2 30.0	keine Bedingung signifikant besser

Tabelle 8.1.3: Mittelwerte der in Bedingung 2 (zeitweise halbierte, koedukative Klassen des Modellversuchs) und Bedingung 3 (ungeteilte, koedukative Klassen des Modellversuchs) erzielten Testleistungen und Ergebnisse des Mittelwertvergleichs (t-Test).

Insgesamt kann man Tabelle 8.1.3 entnehmen, daß mit Ausnahme des Ergebnisses im Akustiktest die beiden Bedingungen (bei nichtsignifikant unterschiedlichem Vorwissen) gleichwertig sind. Bedingung 2 ist zwar in allen Tests Bedingung 3 überlegen, aber der Vorsprung ist zu gering, als daß er sich im Rahmen der üblichen Signifikanzgrenzen von 5% Irrtumswahrscheinlichkeit statistisch einwandfrei sichern ließe. Daß gerade bei der Akustikeinheit ein signifikanter Vorsprung für Bedingung 2 (zeitweise Halbklassen) herauskommt, läßt sich vielleicht damit erklären, daß der Bau der Musikinstrumente in den Halbklassen besser betreut werden konnte. Diese Interpretation wird gestützt von der Tatsache, daß beide Bedingungen mit Halbklassen (Bedingung 1 und 2) den beiden anderen Bedingungen, in denen in nicht halbierten Klassen unterrichtet wurde, deutlich überlegen sind.

Ergebnis der Prüfung: **Hypothese 3**, in der die Überlegenheit eines Unterrichts mit teilweise halbierten Klassen gegenüber einem durchgehenden Ganzklassenunterricht postuliert wird, kann nicht in vollem Umfang bestätigt werden. Es zeigt sich zwar durchgängig eine Tendenz in der vermuteten Richtung, jedoch sind die Unterschiede bei dem geringen Klassenumfang des Modellversuchs zu gering, als daß sie statistisch einwandfrei gesichert werden könnten.

Bleibt noch **Hypothese 4** zu prüfen, die sich auf die Wirkung des Unterrichts mit monoedukativen Phasen im Vergleich zu durchgehend koedukativem Unterricht bezieht. Tabelle 8.1.4 enthält die entsprechenden Daten.

	Bedingung	Anzahl N	Mittelwert	Signifikanz
Vorwissen	Bed 1 Bed 2	91 91	6.4 5.7	keine Bedingung signifikant besser
Nachtest Akustik	Bed 1 Bed 2	93 90	17.6 17.7	keine Bedingung. signifikant besse
Nachtest Mechanik	Bed 1 Bed 2	91 89	15.5 14.0	keine Bedingung signifikant besser
Nachtest Wärme	Bed 1 Bed 2	93 88	20.3 18.5	Bed. 1 hochsignif. besser als Bed. 2
Nachtest Elektrizität	Bed 1 Bed 2	87 96	11.1 10.1	Bed. 1 hochsignif. besser als Bed. 2
Nachtest Physik	Bed 1 Bed 2	77 78	38.4 35.3	Bed. 1 hochsignif. besser als Bed. 2
Verzögerter Nachtest Physik	Bed 1 Bed 2	95 89	37.8 36.2	keine Bedingung signifikant besser

Tabelle 8.1.4: Mittelwerte der in Bedingung 1 (zeitweise monoedukative, zeitweise halbierte Klassen des Modellversuchs) und Bedingung 2 (koedukative, zeitweise halbierte Klassen des Modellversuchs) erzielten Testleistungen und Ergebnisse des Mittelwertvergleichs (t-Test). Die angegeben Signifikanzniveaus bedeuten: hochsignifikant = Irrtumswahrscheinlichkeit kleiner 1%, signifikant = Irrtumswahrscheinlichkeit kleiner 5%)

Bezüglich des Wissensstandes unmittelbar nach der Unterrichtung einer Einheit ist die Bedingung 1 eindeutig überlegen. Ob der in Bedingung 1 realisierte getrenntgeschlechtliche Unterricht bei Mädchen und Jungen in gleicher Weise gewirkt hat, kann erst nach Prüfung der Wechselwirkungshypothese 5 beantwortet werden. Bezüglich dessen, was am Ende des Schuljahres noch gewußt wird, geht der unter Bedingung 1 erlangte Wissensvorsprung aber zum Teil wieder verloren, so daß beide Bedingungen bei geschlechtsunspezifischer Auswertung in ihrer längerfristigen Wirkung beim Anlegen eines strengen Maßstabes (Irrtumswahrscheinlichkeit kleiner 5 %) statistisch gleichwertig sind. Es bleibt abzuwarten, ob hier im Sinne von Hypothese 5 eine nach Geschlechtern differenzierende Korrektur anzubringen ist.

Ergebnis der Prüfung: Bei nach Geschlechtern nicht differenzierender Auswertung der Daten ist **Hypothese 4** dahingehend zu modifizieren, daß die Überlegenheit von Bedingung 1 (monoedukative Phasen) gegenüber Bedingung 2 (koedukativ) nur in Wissenstests auftritt, die unmittelbar nach dem Unterricht vorgegeben wurden. Bezüglich des am Ende des Schuljahres vorgelegten verzögerten Nachtests ist Bedingung 1 zwar in der Tendenz überlegen. Dies ist aber bei dem geringen Klassenumfang des Modellversuchs nicht zweifelsfrei statistisch zu sichern. (siehe auch Prüfung von Hypothese 5).

In Tabelle 8.1.5 sind die Ergebnisse der drei Mittelwertsvergleiche übersichtlich zusammengestellt.

	Bed 1 Monoed. Halbkl. Modellv.		Bed 2 Koed. Halbkl. Modellv.		Bed 3 Koed. Ganzkl. Modellv.		Bed 4 Koed. Ganzkl. Kontrollkl.
Nachtest Physik	38.4	>>	35.3	≥	34.0	≙	34.0
Verzögerter Nachtest	37.8	≥	36.2	≙	36.0	>>	30.0

>> hochsignifikant besser (Irrtumswahrscheinlichkeit unter 1%)

≥ tendenziell besser (Irrtumswahrscheinlichkeit unter 15 %)

≙ innerhalb statistischer Schwankungen gleich

Tabelle 8.1.5: Überblick über die Mittelwertsvergleiche zwischen den vier Versuchsbedingungen. Die Vergleichssymbole bedeuten

Fassen wir zusammen: Es gibt zwei statistisch einwandfrei nachweisbare Unterschiede zwischen den einzelnen Bedingungen:

- Bezüglich der Wissensstände unmittelbar im Anschluß an den Unterricht ist Bedingung 1 allen anderen Bedingungen hochsignifikant überlegen. Da nur in Bedingung 1 phasenweise Unterricht mit Geschlechtertrennung stattfand, liegt es nahe, diesen Effekt mit dem Merkmal des monoedukativen Unterrichts in Verbindung zu bringen.
- Bezüglich der langfristigen Wirkung (gemessen am Wissensstand zum Schuljahresende) sind die Bedingungen 1, 2 und 3 (d.h. alle Modellversuchsklassen) den Kontrollklassen (Bedingung 4) hochsignifikant überlegen. Da nur in Bedingung 4 das im Modellversuch entwickelte Unterrichtskonzept nicht unterrichtet wurde, kann man annehmen, daß die Art und Weise wie die Unterrichtsinhalte in den Modellversuchsklassen an die Interessen- und Erfahrungshorizonte der Schülerinnen und Schüler angepaßt wurden, für diese Überlegenheit verantwortlich zu machen sind.

Die Abbildungen 8.1.1 und 8.1.2 zeigen eine graphische Veranschaulichung dieser Verhältnisse. Dabei sind einmal die Mittelwerte des Nachtests und des verzögerten Nachtests und einmal die Differenzen der beiden Mittelwerte aufgetragen.

Wie aus Abb. 8.1.2 bzw. 8.1.3 ersichtlich, verlieren die Modellversuchsklassen bis zum Schuljahresende nur wenig an physikalischem Wissen (Bedingung HK Mono), oder gewinnen sogar noch hinzu (Bedingungen HK Koed bzw. GK Koed), während die Kontrollklassen beträchtich an Wissen einbüßen.

Unterscheidet man in Abb. 8.1.2 zwischen Aufgaben, auf die der Physikuntericht explizit Bezug genommen hat und zu deren Lösung Gelerntes lediglich reproduziert werden muß (Reproduktionsaufgaben) und Aufgaben, deren Inhalt im vorausgegangenen Physikunterricht allenfalls implizit zur Sprache kam und zu deren Lösung Gelerntes auf eine für die Schülerinnen und Schüler neue Situation angewandt werden muß (Transferaufgaben), so erhält man die in Abb. 8.1.3 dargestellten Ergebnisse. Sie zeigen, daß die Zugewinne zum Jahresende in erster Linie den Gewinnen bei den Transferaufgaben zuzuschreiben sind. Es ist dies ein Effekt, der schon häufiger in der einschlägigen Literatur beschrieben wurde (vgl. z.B. Häußler 1983). Zur erfolgreichen Lösung von Transferaufgaben bedarf es offenbar einer längeren Latenzzeit, in der sich gelernte Inhalte bei günstigen

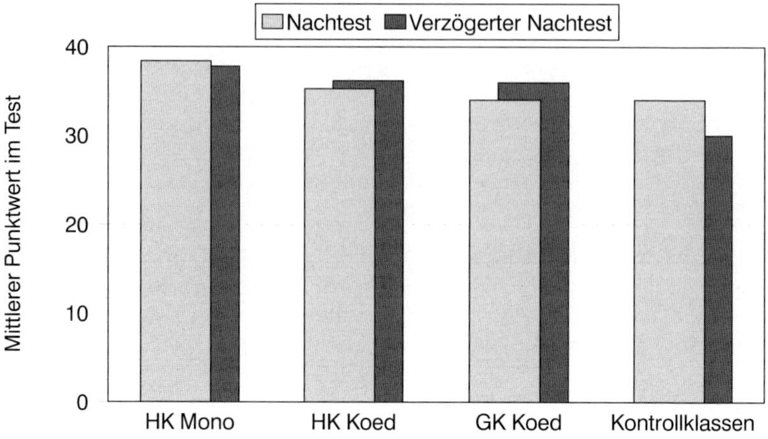

Abb. 8.1.1: Mittelwerte des Physikwissens von Schülerinnen und Schülern in Abhängigkeit von der Versuchsbedingung und vom Zeitpunkt der Erhebung. Erhebungszeitpunkte waren unmittelbar nach Abschluß jeder der vier unterrichteten Einheiten (Nachtest Physik) bzw. zum Schuljahresende (Verzögerter Nachtest Physik). Die Kontrollklassen (Versuchsbedingung 4) wurden in ungeteilten koedukativen Klassen unterrichtet. Die Modellversuchsklassen unterscheiden sich in folgenden organisatorischen Merkmalen:

HK Mono (Versuchsbedingung 1): Zeitweise Halbklassen mit monoedukativem Unterricht
HK Koed (Versuchsbedingung 2): Zeitweise Halbklassen mit koedukativem Unterricht
GK Koed (Versuchsbedingung 3): Durchgehend ungeteilte Klassen mit koedukativem Unterricht

Bedingungen so verallgemeinern können, daß sie auf neue Situationen transferierbar sind. Günstige Bedingungen liegen z.B. vor, wenn beim Lernen die Anbindung an bereits vorhandene Strukturen möglich war und wenn die gelernten Sachverhalte in außerschulischen Situationen aktualisiert werden können. Die Ergebnisse könnte man also so deuten, daß diese Bedingungen im Unterricht der Modellversuchsklassen mit seinem expliziten Bezug an Vorerfahrungen und Interessen der Schülerinnen und Schüler und mit seiner konsequenteren Einbettung in Alltags- und Lebenssituationen günstiger als bei den Kontrollklassen waren.

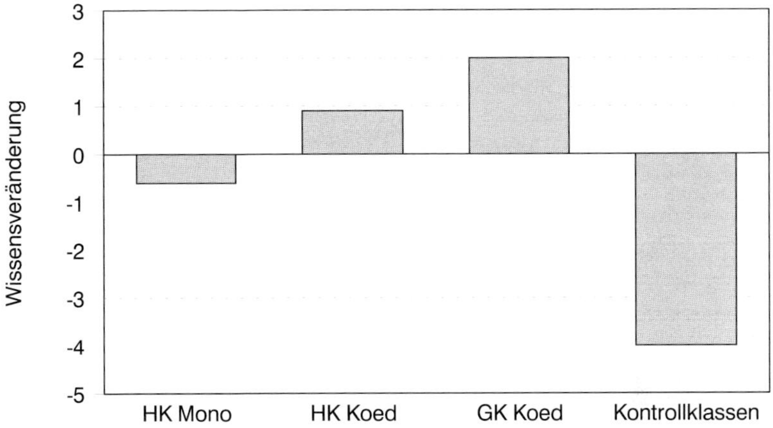

Abb. 8.1.2: Veränderung des Physikwissens vom Zeitpunkt unmittelbar nach dem Unterricht bis zum Schuljahresende (Differenzen der Mittelwerte von Abb. 8.1.1)

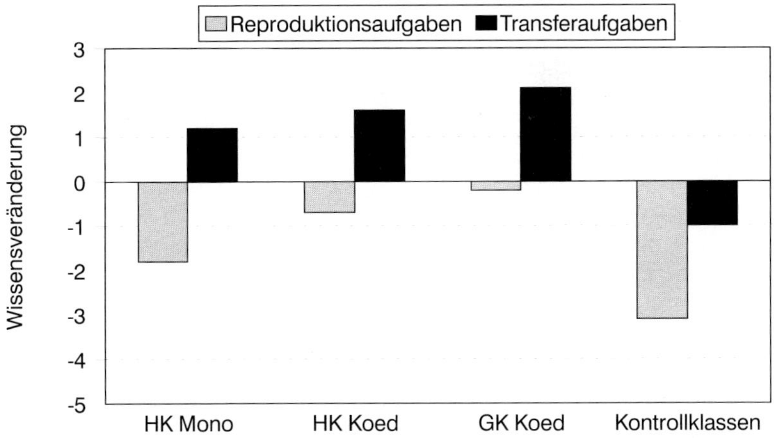

Abb. 8.1.3: Veränderung des physikalischen Wissens von Schülerinnen und Schülern vom Zeitpunkt unmittelbar nach Abschluß der vier unterrichteten Einheiten (Nachtest Physik) bis zum Schuljahresende (Verzögerter Nachtest Physik), wenn zwischen Reproduktionsaufgaben und Transferaufgaben unterschieden wird.

Wir kommen nun zur Prüfung von **Hypothese 5**, bei der es darum geht, ob sich die im Modellversuch getroffenen Maßnahmen für die Mädchen besonders günstig ausgewirkt haben.

H5: Die in den Hypothesen H2 bis H4 formulierten Wirkungen einzelner Merkmale auf die Testleistungen im Nachtest und im verzögerten Nachtest wirken sich differentiell günstiger für die Mädchen als für die Jungen aus.

Die Prüfung dieser Hypothese besteht darin, daß die bereits im Zusammenhang mit H1 gerechneten multivariaten Regressionsanalysen nun für Mädchen und Jungen getrennt durchgeführt werden. Sind die dabei erhaltenen Regressionsgewichte für Mädchen und Jungen verschieden, so bestätigt das H5, andernfalls muß sie verworfen werden.

Zur Erinnerung: Bei der vorgenommenen Effektkodierung (vgl. Tabelle 8.1) entsprechen die für eine bestimmte Versuchsbedingung berechneten Regressionsgewichte den Abweichungen des Mittelwerts der unter dieser Bedingung erzieltenTestleistung vom Gesamtmittelwert. Unschön bei dieser Darstellung ist jedoch, daß bei einem langen Test mit entsprechend großem Mittelwert auch die Abweichungen vom Mittelwert groß sind. Um ein von der Testlänge unabhängiges Maß zu erhalten, sind wir so vorgegangen, daß wir die Testleistungen der Schüler als Differenz der individuellen Leistungen vom Gesamtmittelwert dargestellt haben (dann ist der über alle Schüler berechnete Mittelwert natürlich Null) und noch durch die Standardabweichung dividiert haben (dann ist die Streuung gleich 1). Statistiker nennen diese Prozedur eine z-Transformation. Sie läßt die relative Größe der berechneten Regressionsgewichte (Abweichungen vom Mittelwert) unangetastet, hat aber den Vorteil, daß die Regressionsgewichte für unterschiedlich lange Tests (z.B. für die verschieden langen Tests zu den einzelnen Unterrichtseinheiten) unmittelbar miteinander verglichen werden können.

Abb. 8.1.4 zeigt das Ergebnis der Regression für den jeweils z-transformierten Nachtest und den verzögerten Nachtest. Man überzeuge sich davon, daß diese Darstellung bis auf die Willkürlichkeit der Einheiten mit der von Abb. 8.1.3 äquivalent ist. Anstatt der Mittelwerte sind hier lediglich die positiven bzw. negativen Abweichungen vom Mittelwert dargestellt.

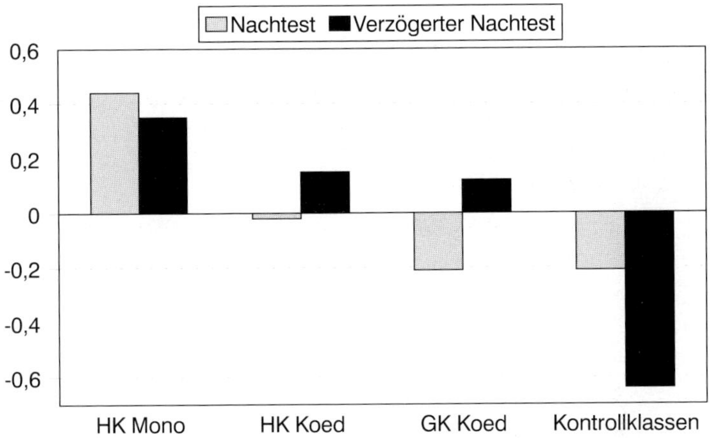

Abb. 8.1.4: Abweichung der Mittelwerte vom Gesamtmittelwert in Abhängigkeit von der Versuchsbedingung und vom Zeitpunkt der Erhebung: Ergebnis einer multivariaten Regressionsanalyse der z-transformierten Daten des Nachtests Physik und des verzögerten Nachtests. Die Regressionsgewichte entsprechen (in willkürlichen Einheiten) den Abweichungen der unter einer bestimmten Versuchsbedingung erzielten Testleistung vom Gesamtmittelwert. Die Darstellung ist zu der in Abb. 8.1.3 äquivalent.

Mit der Äquivalenz von Abb.8.1.3 und Abb. 8.1.4 bleiben natürlich auch alle früheren Interpretationen der Wirkungen einzelner Versuchsbedingungen auf die Testleistungen erhalten. Insbesondere ist auch hier wieder die Überlegenheit von Bedingung 1 (HK Mono) über alle anderen Bedingungen im Nachtest und der deutliche Leistungseinbruch der Kontrollklassen im verzögerten Nachtest zu erkennen.

Zur Prüfung von **Hypothese 5** führen wir nun entsprechende Rechnungen für Mädchen und Jungen getrennt durch. Der Übersichtlichkeit halber stellen wir die Ergebnisse beim Nachtest (Abb. 8.1.5) getrennt von den Ergebnissen beim verzögerten Nachtest dar (Abb. 8.1.6).

Abb. 8.1.5 zeigt zwar eine Tendenz, daß die Mädchen vom zeitweise getrenntgeschlechtlichen Unterricht (HK Mono) bezüglich ihrer Testleistung etwas mehr als die Jungen profitiert haben und beim Unterricht in den Kontrollklassen relativ zu den Jungen etwas weniger gelernt haben, aber die Unterschiede sind zu gering, als daß sie bei dem geringen Klassenumfang im Modellversuch statistisch einwandfrei gesichert werden könnten. Auch bei den Unterschieden zwischen

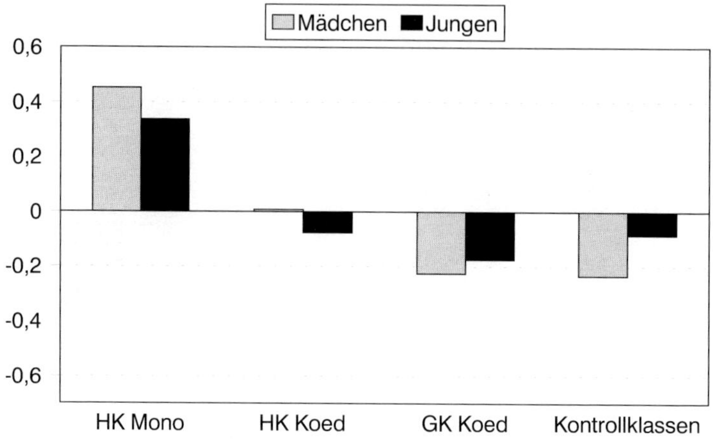

Abb. 8.1.5: Geschlechtsspezifischer Einfluß der Versuchsbedingung auf das Physikwissen unmittelbar nach dem Unterricht: Ergebnis einer für Mädchen und Jungen getrennt durchgeführten Regressionsanalyse des Nachtests Physik (Vorgabe unmittelbar nach jeder Unterrichtseinheit)

den Versuchsbedingungen ergeben sich keine besonderen Auffälligkeiten gegenüber den Rechnungen für die Gesamtpopulation. Insbesondere ergeben sich die gleichen Signifikanzen wie bei der Gesamtpopulation, d.h. nur die zeitweise getrenntgeschlechtlich unterrichteten Mädchen und die ebenso unterrichteten Jungen sind signifikant besser als die Mädchen und Jungen der anderen Versuchsbedingungen. (Vgl. Tabelle 8.1.6).

Die geschlechtsspezifischen Unterschiede sind beim verzögerten Nachtest wesentlich deutlicher ausgeprägt. In Abb. 8.1.6 kann abgelesen werden, daß am Schuljahresende die Mädchen deutlich mehr als die Jungen profitiert haben, wenn der vorausgegangene Unterricht zeitweise getrenntgeschlechtlich erfolgt ist.

Die Mädchen, die zeitweise getrenntgeschlechtlich unterrichtet wurden (Versuchsbedingung HK Mono), haben auch gegenüber den Mädchen aller anderen Versuchsbedingungen signifikant besser abgeschnitten, während es bei den Jungen am Schuljahresende überhaupt keinen Unterschied macht, an welcher der drei Varianten des Modellversuchs sie teilgenommen haben.

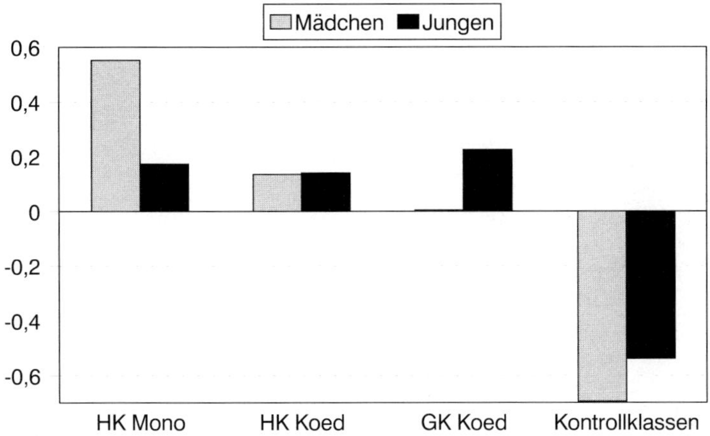

Abb. 8.1.6: Geschlechtsspezifischer Einfluß der Versuchsbedingung auf das Physikwissen am Ende des Schuljahres: Ergebnis einer für Mädchen und Jungen getrennt durchgeführten Regressionsanalyse des verzögerten Nachtests Physik (Vorgabe am Ende des Schuljahres)

Tabelle 8.1.6 gibt einen Überblick über die entsprechenden Mittelwerte und die Signifikanzen der Mittelwertvergleiche. Daraus geht hervor, daß die Mädchen der Versuchsbedingung 1 am Schuljahresende sogar so gut sind, daß sie ihre Klassenkameraden überflügeln.

Ergebnis der Prüfung: **Hypothese 5** ist folgendermaßen zu modifizieren: Von den drei Merkmalen, die den Unterricht der Modellversuchsklassen gegenüber den Kontrollklassen auszeichnen, nämlich Monoedukation, Halbierung von Klassen und Unterricht nach einem anderen didaktischen Konzept hat sich nur das erste Merkmal differentiell günstiger für die Mädchen gegenüber den Jungen ausgewirkt: Mädchen, die zeitweise getrenntgeschlechtlich unterrichtet worden sind, haben zum Schuljahresende ein signifikant größeres Physikwissen als alle anderen Mädchen- bzw. Jungengruppen. Dieser Vorteil der Monoedukation für die Mädchen macht sich beim unmittelbar nach dem Unterricht der einzelnen Einheiten noch nicht bemerkbar. Bei den beiden anderen Merkmalen, nämlich die zeitweise Halbierung der Klassen und der Unterricht nach einem anderen didaktischen Konzept, konnten keine geschlechtsspezifischen Unterschiede in ihrer Wirkung auf das Abschneiden in den Wissenstests festgestellt werden.

	Bed 1 Monoed. Halbkl. Modellv.		Bed 1 Koed. Halbkl. Modellv.		Bed 1 Koed. Ganzkl. Modellv.		Bed 1 Koed. Ganzkl. Kontrollkl.
Nachtest Physik	M: 37.4	>	M: 34.3	≥	M: 32.8	≙	M: 32.7
	J: 39.2	>	J: 36.4	≥	J: 35.6	≙	J: 36.3
	G: 38.4	>>	G: 35.3	≥	G: 34.0	≙	G: 34.0
Verzögerter Nachtest	M: 39.3	>	M: 36.1	≙	M: 35.1	>>	M: 29.6
	J: 36.6	≙	J: 36.4	≙	J: 37.0	>>	J: 30.9
	G: 37.8	≥	G: 36.2	≙	G: 36.0	>>	G: 30.0

Tabelle 8.1.6: Überblick über die für Mädchen und Jungen getrennt durchgeführten Mittelwertsvergleiche zwischen den vier Versuchsbedingungen. Die Vergleichssymbole bedeuten

>>	hochsignifikant besser (Irrtumswahrscheinlichkeit unter 1%)
>	signifikant besser (Irrtumswahrscheinlichkeit unter 5%)
≥	tendenziell besser (Irrtumswahrscheinlichkeit unter 15 %)
≙	innerhalb statistischer Schwankungen gleich

H6: Die konfundierte Wirkung von Schulklasse und Lehrkraft (Lernumgebung) auf die erzielte Testleistung im Nachtest und im verzögerten Nachtest ist signifikant.

Zur Erinnerung: Es kann prinzipiell nicht unterschieden werden zwischen der mittleren Lernfähigkeit einer Schulklasse und der Lehrkompetenz der Lehrkraft. Deshalb wurden beide Einflüsse zu der Variablen „Lernumgebung" zusammengefaßt. Zur Prüfung von **Hypothese 6** werden die Testleistungen der Schülerinnen und Schüler als eine gewichtete Summe der in Tabelle 8.1 festgelegten Variablen für die verschiedenen aus Schulklasse und Lehrkraft gebildeten Lernumgebungen dargestellt und geprüft, ob die aufgeklärte Varianz (multiples R2) signifikant von Null verschieden ist.

Das Ergebnis der Rechnung zeigt die nachfolgende Tabelle 8.1.7:

Daraus ist zu entnehmen, daß die Testleistungen in allen erhobenen Tests hochsignifikant (d.h. mit einer Irrtumswahrscheinlichkeit von unter 1%) von den aus Klasse und Lehrkraft gebildeten Lernumgebungen abhängen. Die aufgeklärte Varianz ist im Vergleich zu der durch die Versuchsbedingungen aufgeklärten (s. Tabelle 8.1.1) relativ groß. Mit anderen Worten. Die interindividuellen Unterschiede in den Test-

	R^2	Signifikanz
Nachtest Akustik	.25	hochsignifikant
Nachtest Mechanik	.14	hochsignifikant
Nachtest Wärme	.11	hochsignifikant
Nachtest Elektrizität	.15	hochsignifikant
Nachtest Physik	.13	hochsignifikant
Verzögerter Nachtest Physik	.35	hochsignifikant

Tabelle 8.1.7: Varianz (multiples R^2) der individuellen Testleistungen, die durch die Zugehörigkeit einer Schülerin bzw. eines Schülers zu einer bestimmten aus Klasse und Lehrkraft gebildeten Lernumgebung aufgeklärt wird.

leistungen der Schülerinnen und Schüler lassen sich größtenteils auf die verschiedenen Lernumgebungen zurückführen und nur zu einem geringeren Anteil auf die verschieden im Modellversuch angelegten Versuchsbedingungen.

Ergebnis der Prüfung: **Hypothese 6** kann beibehalten werden. Testleistungen und Lernumgebungen (konfundierter Einfluß von Klasse und Lehrkraft) hängen in hochsignifikanter Weise zusammen.

H7: Das Geschlecht hat einen signifikanten Einfluß auf die Testleistung im Nachtest und im verzögerten Nachtest.

H8: Jungen erbringen im Nachtest und im verzögerten Nachtest unter allen Versuchsbedingungen signifikant bessere Testleistungen als Mädchen.

Zur Prüfung von **Hypothese 7** genügt es, die Mittelwerte aller Mädchen (gleich an welchem Unterricht sie teilgenommen haben) mit den Mittelwerten aller Jungen nach Art eines Mittelwertvergleichs unabhängiger Stichproben (t-Test) miteinander zu vergleichen. Tabelle 8.1.8 zeigt die Ergebnisse.

Ergebnis der Prüfung: **Hypothese 7** ist dahingehend zu modifizieren, daß nur die Ergebnisse des Vortests, der auf Unterrichtseinheiten bezogenen Nachtests sowie des Nachtests Physik einen signifikanten bzw. hochsignifikanten Zusammenhang mit dem Geschlecht (zugunsten der Jungen) aufweisen. Bei dem am Schuljahresende vorgegebenen verzögerten Nachtest haben dagegen Mädchen und Jungen innerhalb statistischer Schwankungen gleich gut abgeschnitten.

	Mittelwert Mädchen	Mittelwert Jungen	Signifikanz des Unterschieds
Vortest Physik (vor dem Unterricht erhoben)	4.9	7.1	hochsignifikant
Nachtest Akustik	16.1	17.0	signifikant
Nachtest Mechanik	13.1	15.7	hochsignifikant
Nachtest Wärme	18.4	19.4	signifikant
Nachtest Elektrizität	10.3	10.9	signifikant
Nachtest Physik	33.9	37.0	hochsignifikant
Verzögerter Nachtest Physik	34.1	35.2	nicht signifikant

Tabelle 8.1.8: Ergebnis des Mittelwertvergleichs der Testleistungen von Mädchen und Jungen (nicht nach Versuchsbedingungen unterschieden)

Zur Prüfung von **Hypothese 8** wurden die gleichen Rechnungen für jede der vier Versuchsbedingungen getrennt durchgeführt. Für die Versuchsbedingungen 2, 3 und 4 (ausschließlich Koedukation) ergaben sich dabei keine auffälligen Abweichung gegenüber der Gesamtpopulation. Insbesondere waren auch hier alle Mittelwertsunterschiede des verzögerten Nachtests nicht signifikant. Bei Versuchsbedingung 1 (zeitweise getrenntgeschlechtlicher Unterricht) ergab sich aber eine wesentliche Abweichung beim verzögerten Nachtest. Mädchen haben nämlich hier mit 39,2 einen wesentlich höheren Mittelwert als die Jungen (36,6) erreicht. Der Unterschied ist zwar mit 6% Irrtumswahrscheinlichkeit etwas außerhalb der üblichen 5%igen Signifikanzschwelle, zur Zurückweisung der Hypothese, daß Mädchen in allen Versuchsbedingungen unterlegen seien, reicht es natürlich allemal.

Anmerkung: Die von den Lehrkräften am Schuljahresende vergebenen Zeugnisnoten stimmen mit den Ergebnissen der unmittelbar an jede Unterrichtseinheit geschriebenen Tests relativ gut überein. Dies war insofern nicht unerwartet, als die Lehrkräfte diese Tests zur Grundlage ihrer Notengebung (für die schriftliche Leistung) gemacht haben. So ergeben sich z.B. in etwa die gleichen Rangfolgen für die innerhalb der verschiedenen Versuchsbedingungen erzielten Notendurchschnitte und für die Testleistungen: Die Durchschnittsnote liegt bei Versuchsbedingung 1 mit 2,6 deutlich über dem Niveau der anderen Bedingungen (Bed. 2 = 2,8; Bed. 3 = 3,0; Bed. 4 = 2,9). Auch sind in allen Versuchsbedingungen die Noten im Mittel für die Mädchen etwas schlechter als für die Jungen ausgefallen, was ebenfalls mit dem

Abschneiden von Mädchen und Jungen in den Nachtests gut übereinstimmt. Daß die Mädchen der Versuchsbedingung 1 zum Jahresende besser als alle anderen Gruppen waren (Jungen eingeschlossen), konnte in den Noten natürlich keinen Niederschlag finden, da die Ergebnisse des verzögerten Nachtests den Lehrkräften nicht zur Verfügung stand.

Ergebnis der Prüfung: **Hypothese 8** kann in Bezug auf die Versuchsbedingungen mit ausschließlicher Koedukation und in Bezug auf alle Tests, die unmittelbar im Anschluß an den Unterricht vorgegeben wurden (Nachtests) beibehalten werden. Für den verzögerten Nachtest muß sie verworfen werden. Hier sind die Mädchen den Jungen in keiner der vier Versuchsbedingungen unterlegen. Im Gegenteil: Unter Versuchsbedingung 1 (zeitweise getrenntgeschlechtlicher Unterricht), sind die Mädchen den Jungen sogar überlegen.

H 9: Das Vorwissen hat einen signifikanten Einfluß auf die Testleistung im Nachtest und im verzögerten Nachtest.

H10: Das Sachinteresse an Physik bzw. Chemie, das aktuelle Interesse an entsprechendem Unterricht sowie das auf diesen Unterricht bezogene Selbstkonzept von der eigenen Leistungsfähigkeit haben einen signifikanten Einfluß auf den Nachtest und den verzögerten Nachtest.

Zur Abschätzung, in welchem Maße die in den **Hypothesen 9 und 10** aufgeführten personenbezogenen Variablen überhaupt mit der Testleistung zusammenhängen, betrachten wir in Tabelle 8.1.9 zunächst die bivariaten Korelatinen mit der Testleistung.

	Nachtest	Verzögerter Nachtest
Vorwissen	.31	.20
Sachinteresse an Physik	.16	.20
Aktuelles Interesse am Unterricht zu Akustik	(.12)	.17
Aktuelles Interesse am Unterricht zu Mechanik	(.08)	(.10)
Aktuelles Interesse am Unterricht zu Wärme	(.11)	(.13)
Aktuelles Interesse am Unterricht zu Elektrizität	(.11)	(.13)
Auf Physikunterricht bezogenes Selbstkonzept	.31	.38

Tabelle 8.1.9: Bivariate Korrelationen zwischen personenbezogenen Variablen und den Testleistungen im Nachtest und im verzögerten Nachtest. (Nichtsignifikante Korrelationen sind eingeklammert)

Auf der Grundlage der Tabelle 8.1.9 ist zu erwarten, daß bei simultaner Betrachtung aller Einflüsse auf die Testleistungen, bei der der relative Einfluß jeden einzelnen Faktors ja höchstens abnehmen kann, nur noch das Vorwissen und das Selbstkonzept eine größere Rolle spielen werden, während alle Interessenmaße vermutlich keinen signifikanten Beitrag leisten werden.

Zur simultanen Prüfung von Hypothese 9 und 10 werden alle aufgeführten personenbezogenen Variablen zusammen mit den Variablen für die Versuchsbedingungen und die Lernumgebungen (vgl. Tabelle 8.1) gleichzeitig als Prädiktoren in die Regressionsgleichung für die verschiedenen Testleistungen eingesetzt. Die Rechnungen wurden für Mädchen und Jungen getrennt und dann noch einmal für die Gesamtpopulation durchgeführt. Dabei konnte bei den Mädchen 29%, bei den Jungen 37% und in der Gesamtpopulation 30% der interindividuellen Unterschiede in der Testleistung aufgeklärt werden. Abb. 8.1.7 zeigt die Verteilung der Regressionsgewichte.

Abb. 8.1.7 zeigt, daß von den in die Regression einbezogenen Parametern das Selbstkonzept den größten relativen Einfluß auf die Leistung im Nachtest hat, und daß er bei den Mädchen stärker zur Geltung kommt als bei den Jungen. Das könnte so gedeutet werden, daß Mädchen ihre eigene Leistungsfähigkeit im Fach Physik realistischer einschätzen als die Jungen, so daß das Selbstkonzept ein besserer Prädiktor für die tatsächlich im Test erbrachte Leistung ist.

Der nächstbedeutende Faktor ist das Vorwissen. Daß es für die Erklärung der Testleistung der Jungen von größerer Bedeutung als für die Mädchen ist, dürfte ein auswertungstechnisches Artefakt sein. Das Vorwissen der Jungen ist nämlich mit einer Standardabweichung von 3.4 bei einem Mittelwert von 7.1 wesentlich breiter gestreut als das der Mädchen (2,1; 4,9). Das größere Streuungsmaß zieht aber unweigerlich ein größeres ß-Gewicht nach sich. (Der Unterschied in den ß-Gewichten des Selbstkonzepts kann so nicht erklärt werden, denn hier liegen die Standardabweichungen und Mittelwerte relativ nahe beieinander (4,1; 23,7 bei den Mädchen vs. 4,4; 25,4 bei den Jungen)).

Daß das Vorwissen einen zwar signifikanten, aber doch eher bescheidenen Einfluß auf die Testleistung hat, mag daran liegen, daß es sich um den Physikanfangsunterricht handelt, so daß das vorunterrichtliche Wissen kein guter Prädiktor für das ganz anders strukturierte schulische Wissen ist. Diese Deutung wird auch durch die entsprechenden Rechnungen der einheitenspezifischen Nachtests (Akustik, Mechanik etc.) gestützt. Hier ergibt sich nämlich die Möglichkeit, von

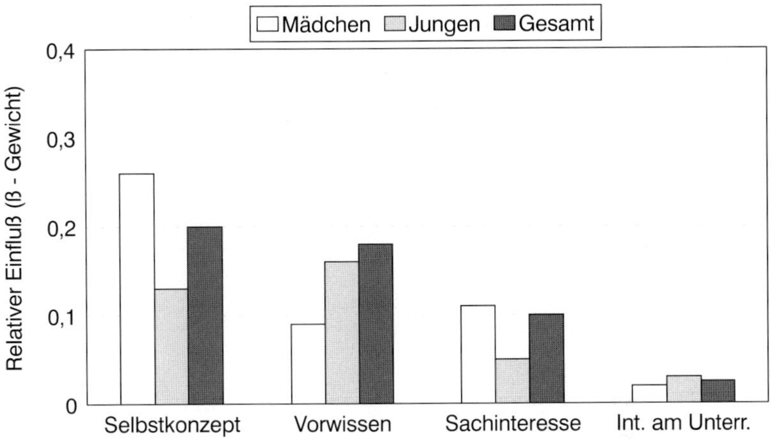

Abb. 8.1.7: Relativer Einfluß verschiedener personenbezogener Parameter auf das Physikwissen im Nachtest unmittelbar nach dem Unterricht, ausgedrückt in Regressionsgewichten einer multivariaten Regression (ß-Gewichten). Bei ß-Gewichten, die kleiner als 0,1 sind, ist die Wahrscheinlichkeit, daß der berechnete Einfluß aufgrund zufälliger Schwankungen zustandekommt, größer als 5%.

der zweiten Einheit an (Mechanik) die Testleistung in der jeweils vorausgegangenen Einheit als „Vorwissen" zu betrachten. Tabelle 8.1.10 faßt die dabei erzielten Ergebnisse zusammen.

	Mechanik	Mechanik	Wärme	Wärme	Elektrizität	Elektrizität
Vorwissen im Sinne vorunterrichtlichen Wissens	.14	.08	.13	.09	.17	.14
Wissen nach der vorausgegangenen Einheit	nicht einbezogen	.32	nicht einbezogen	.30	nicht einbezogen	.27
Sachinteresse	.12	.09	.13	.09	n. sign.	n. sign.
Selbstkonzept	.20	.15	.23	.17	.23	.17

Tabelle 8.1.10: Relativer Einfluß verschiedener personenbezogener Parameter auf die Testleistung in den einheitenbezogenen Nachtests Mechanik, Wärme und Elektrizität

Es ist deutlich zu erkennen, daß das auf der Basis der vorausgegangenen Einheit definierte „Vorwissen" ein wesentlich besserer Prädiktor für die jeweilige Testleistung ist.

Daß das Sachinteresse an physikalischen Gegenständen (typische Items: Ich interessiere mich dafür, ...wie Farben am Himmel zustande kommen; ... was Wärme eigentlich ist; ...wie das Wetter zustandekommt) so wenig mit der Testleistung zu tun hat, daß die entsprechenden ß-Gewichte in etwa an der Nachweisgrenze liegen, war aufgrund der geringen bivariaten Korrelationen (vgl. Tabelle 8.1.10) nicht anders zu erwarten. Der Befund ist in Übereinstimmung mit anderen Untersuchungen, in denen ebenfalls nur eine mäßige bivariate Korrelation zwischen dem Interesse an Physik und dem Physikwissen gefunden wurde.

Auch der Zusammenhang zwischen dem Interesse, das die Schülerinnen und Schüler dem aktuellen Physikunterricht entgegenbringen und dem Abschneiden in einem Leistungstest zu diesem Unterricht scheint bedeutungslos zu sein. Die Beiträge der unmittelbar im Anschluß an jede Unterrichtseinheit erbetenen Interessensbekundungen (typische Items: Es gab Dinge, die mich besonders interessiert haben; ich würde über dieses Thema gerne noch mehr erfahren) sind sämtlich nichtsignifikant.

Die entsprechenden Ergebnisse für den verzögerten Nachtest zeigt Abb. 8.1.8. Insgesamt zeigen sich die gleichen Tendenzen wie beim Nachtest, so daß den dort gegebenen Interpretationen nichts hinzuzufügen ist. Daß der Einfluß des Selbstkonzepts hier noch stärker ausgeprägt ist, könnte erhebungstechnisch bedingt sein und sollte nicht überinterpretiert werden. Der „verzögerte Nachtest" und Daten zum Selbstkonzept wurden nämlich zum gleichen Zeitpunkt erhoben, während sich der „Nachtest" (Abb. 8.1.7) aus Aufgaben zusammensetzt, die im Laufe des Schuljahres jeweils nach Abschluß einer Unterrichtseinheit vorgegeben wurden. Von daher ist es verständlich, daß das am Schuljahresende erhobene Selbstkonzept für diese früher erhobenen Teiltests ein schlechterer Prädiktor ist. Dank der höheren ß-Gewichte des Selbstkonzepts sind auch die aufgeklärten Varianzen mit 51% bei den Mädchen, 50% bei den Jungen und 43% in der Gesamtpopulation sehr hoch.

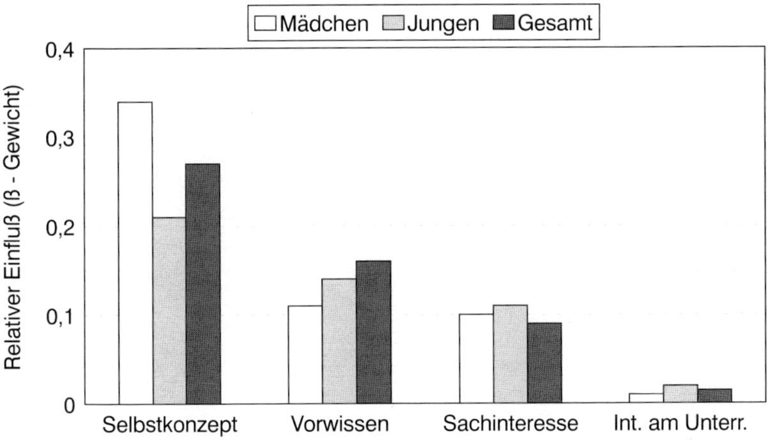

Abb. 8.1.8: Relativer Einfluß verschiedener personenbezogener Parameter auf das Physikwissen im verzögerten Nachtest am Schuljahresende, ausgedrückt in Regressionsgewichten einer multivariaten Regression (ß-Werten). Bei ß-Gewichten, die kleiner als 0,1 sind, ist die Wahrscheinlichkeit, daß der berechnete Einfluß aufgrund zufälliger Schwankungen zustande kommt, größer als 5%

Ergebnis der Prüfung: **Hypothese 9** kann beibehalten werden. Allerdings ergibt sich nur ein relativ schwacher Zusammenhang der Testleistungen mit dem vorunterrichtlichen Vorwissen. Der Zusammenhang ist wesentlich stärker ausgeprägt, wenn man die Testleistung der jeweils vorausgegangenen Unterrichtseinheit als „Vorwissen" ansetzt. Auch **Hypothese 10** wird durch die Daten im wesentlichen gestützt. Der am deutlichsten ausgeprägte Zusammenhang ergibt sich für das auf den Physikunterricht bezogene Selbstkonzept von der eigenen Leistungsfähigkeit. Der Zusammenhang mit dem Sachinteresse an Physik ist dagegen relativ schwach, mit dem aktuellen Interesse an dem stattgefundenen Unterricht sogar bedeutungslos.

8.1.2 Zusammenfassung der Ergebnisse des Physikunterrichts

Im Großen und Ganzen konnten die präexperimentell aufgestellten Hypothesen zur Wirkung der im Rahmen des Modellversuchs durchgeführten Maßnahmen zur kognitiven Förderung der Schülerinnen und Schüler bestätigt werden. Allerdings ergaben sich auch eine Reihe von Modifikationen, die sich vor allem darauf beziehen, daß die Wirkungen auf das Wissen unmittelbar nach Abschluß der einzelnen Unterrichtseinheiten und auf das Wissen am Schuljahresende differenzierter betrachtet werden müssen, als dies zu vermuten war. Im folgenden sind die bereits in Abschnitt 8.1.1 dargelegten Hypothesenprüfungen noch einmal zusammengestellt.

H1: Die Versuchsbedingungen haben in ihrer Gesamtheit einen signifikanten Einfluß auf die erzielten Testleistungen im Nachtest und im verzögerten Nachtest.

Ergebnis der Prüfung: **Hypothese 1** kann beibehalten werden. Testleistung und Versuchsbedingung hängen in signifikanter Weise zusammen.

H2: Bedingung 4 (Kontrollklassen) ist Bedingung 3 (Modellversuchsklassen mit sonst gleichen Merkmalen) im Nachtest und im verzögerten Nachtest unterlegen.

Ergebnis der Prüfung: **Hypothese 2** ist dahingehend zu modifizieren, als sie für die Testleistungen im Nachtest verworfen werden muß. Für den verzögerten Nachtest kann sie beibehalten werden. Mit anderen Worten: Die Testleistungen unmittelbar im Anschluß an die unterrichteten Einheiten sind in den Modellversuchs- und den Kontrollklassen statistisch nicht voneinander zu unterscheiden. Am Schuljahresende haben aber die Modellversuchsklassen einen hochsignifikanten Vorsprung vor den Kontrollklassen.

H3: Bedingung 3 (durchgehend ganze Klassen) ist Bedingung 2 (zeitweise Halbklassen mit sonst gleichen Merkmalen) im Nachtest und im verzögerten Nachtest unterlegen.

Ergebnis der Prüfung: **Hypothese 3**, in der die Überlegenheit eines Unterrichts mit teilweise halbierten Klassen gegenüber einem durchgehenden Ganzklassenunterricht postuliert wird, kann nicht in vollem Umfang bestätigt werden. Es zeigt sich zwar durchgängig eine Tendenz in der vermuteten Richtung, jedoch sind die Unterschiede bei dem geringen Klassenumfang des Modellversuchs zu gering, als daß sie statistisch einwandfrei gesichert werden könnten.

H4: **Bedingung 2 (durchgehend koedukativer Unterricht) ist Bedingung 1 (zeitweise monoedukativer Unterricht mit sonst gleichen Merkmalen) im Nachtest und im verzögerten Nachtest unterlegen.**

Ergebnis der Prüfung: Bei nach Geschlechtern nicht differenzierender Auswertung der Daten ist **Hypothese 4** dahingehend zu modifizieren, daß die Überlegenheit von Bedingung 1 (monoedukative Phasen) gegenüber Bedingung 2 (koedukativ) nur in Wissenstests auftritt, die unmittelbar nach der Unterrichtung der entsprechenden Einheit vorgegeben wurden. Bezüglich des am Ende des Schuljahres vorgelegten verzögerten Nachtests ist Bedingung 1 zwar in der Tendenz überlegen. Dies ist aber bei dem geringen Klassenumfang des Modellversuchs nicht zweifelsfrei statistisch zu sichern. (siehe auch Prüfung von Hypothese 5).

H5: **Die in den Hypothesen H2 bis H4 formulierten Wirkungen einzelner Merkmale auf die Testleistungen im Nachtest und im verzögerten Nachtest wirken sich differentiell günstiger für die Mädchen als für die Jungen aus.**

Ergebnis der Prüfung: **Hypothese 5** ist folgendermaßen zu modifizieren: Von den drei Merkmalen, die den Unterricht der Modellversuchsklassen gegenüber den Kontrollklassen auszeichnen, nämlich Monoedukation, Halbierung von Klassen und Unterricht nach einem anderen didaktischen Konzept hat sich nur das erste Merkmal differentiell günstiger für die Mädchen gegenüber den Jungen ausgewirkt: Mädchen, die zeitweise getrenntgeschlechtlich unterrichtet worden sind, haben zum Schuljahresende ein signifikant größeres Physikwissen als alle anderen Mädchen- bzw. Jungengruppen. Dieser Vorteil der Monoedukation für die Mädchen macht sich beim unmittelbar nach dem Unterricht der einzelnen Einheiten noch nicht bemerkbar. Bei den beiden anderen Merkmalen, nämlich die zeitweise Halbierung der Klassen und der Unterricht nach einem anderen didaktischen Konzept, konnten keine geschlechtsspezifischen Unterschiede in ihrer Wirkung auf das Abschneiden in den Wissenstests festgestellt werden.

H6: **Die konfundierte Wirkung von Schulklasse und Lehrkraft (Lernumgebung) auf die erzielte Testleistung im Nachtest und im verzögerten Nachtest ist signifikant.**

Ergebnis der Prüfung: **Hypothese 6** kann beibehalten werden. Testleistungen und Lernumgebungen (konfundierter Einfluß von Klasse und Lehrkraft) hängen in hochsignifikanter Weise zusammen.

H7: Das Geschlecht hat einen signifikanten Einfluß auf die Testleistung im Nachtest und im verzögerten Nachtest.

Ergebnis der Prüfung: **Hypothese 7** ist dahingehend zu modifizieren, daß nur die Ergebnisse des Vortests, der auf Unterrichtseinheiten bezogenen Nachtests sowie des Nachtests Physik einen signifikanten bzw. hochsignifikanten Zusammenhang mit dem Geschlecht (zugunsten der Jungen) aufweisen. Bei dem am Schuljahresende vorgegebenen verzögerten Nachtest haben dagegen Mädchen und Jungen innerhalb statistischer Schwankungen gleich gut abgeschnitten.

H8: Jungen erbringen im Nachtest und im verzögerten Nachtest unter allen Versuchsbedingungen signifikant bessere Testleistungen als Mädchen.

Ergebnis der Prüfung: **Hypothese 8** kann in Bezug auf die Versuchsbedingungen mit ausschließlicher Koedukation und in Bezug auf alle Tests, die unmittebar im Anschluß an den Unterricht vorgegeben wurden (Nachtests) beibehalten werden. Für den verzögerten Nachtest muß sie verworfen werden. Hier sind die Mädchen den Jungen in keiner der vier Versuchsbedingungen unterlegen. Im Gegenteil: Unter Versuchsbedingung 1 (zeitweise getrenntgeschlechtlicher Unterricht), sind die Mädchen den Jungen sogar überlegen.

H9: Das Vorwissen hat einen signifikanten Einfluß auf die Testleistung im Nachtest und im verzögerten Nachtest.

Ergebnis der Prüfung: **Hypothese 9** kann beibehalten werden. Allerdings ergibt sich nur ein relativ schwacher Zusammenhang der Testleistungen mit dem vorunterrichtlichen Vorwissen. Der Zusammenhang ist wesentlich stärker ausgeprägt, wenn man die Testleistung der jeweils vorausgegangenen Unterrichtseinheit als „Vorwissen" ansetzt.

H10: Das Sachinteresse an Physik bzw. Chemie, das aktuelle Interesse an entsprechendem Unterricht sowie das auf diesen Unterricht bezogene Selbstkonzept von der eigenen Leistungsfähigkeit haben einen signifikanten Einfluß auf den Nachtest und den verzögerten Nachtest.

Ergebnis der Prüfung: **Hypothese 10** wird durch die Daten im wesentlichen gestützt. Der am deutlichsten ausgeprägte Zusammenhang ergibt sich für das auf den Physikunterricht bezogene Selbstkonzept von der eigenen Leistungsfähigkeit. Der Zusammenhang mit dem Sachinteresse an Physik ist dagegen relativ schwach, mit dem aktuellen Interesse an dem stattgefundenen Untericht sogar bedeutungslos.

8.1.3 Ergebnisse des Chemieunterrichts

In Kapitel 7.1 wurden eine Reihe von präexperimentellen Hypothesen aufgestellt, in denen die mutmaßliche Wirkung der verschiedenen Modellversuchsbedingungen und der Einfluß individueller Merkmale auf die kognitive Förderung beschrieben wird. Diese Hypothesen gilt es nun anhand der Daten zu prüfen, die im Zusammenhang mit dem stattgefundenen Chemieunterricht erhoben worden sind. (Ergebnisse des entsprechenden Physikteils s. 8.1.1).

H1: Die Versuchsbedingungen haben in ihrer Gesamtheit einen signifikanten Einfluß auf die erzielten Testleistungen im Nachtest und im verzögerten Nachtest.

An Testleistungen, für die die Hypothese zu prüfen wäre, stehen zur Verfügung:

- **„Nachtest Chemie“**
  Er enthält 14 Items zu chemischen Sachverhalten, die in Gruppen zu 3 bis 4 Items jeweils unmittelbar nach einem Unterrichtsabschnitt vorgeben wurden
- **„Verzögerten Nachtests Chemie“**
  der mit dem „Nachtest“ übereinstimmt und am Ende des Schuljahres vorgegeben wurde.

In Hypothese H1 ist lediglich ein unspezifischer Zusammenhang zwischen Versuchsbedingung und Testleistung gefordert. Diese relativ schwach formulierte Hypothese kann genau dann beibehalten werden, wenn sich für den Nachtest und den verzögerten Nachtest mindestens je ein statistisch bedeutsamer Unterschied zwischen zwei Versuchsbedingungen ergibt. Da dies der Fall ist (s. die gegenüber H1 verschärften Hypothesen H3 und H4) kann auch H1 beibehalten werden.

Der Frage, in welcher Weise eine bestimmte Versuchsbedingung im Vergleich zu den anderen Bedingungen gewirkt hat, wird in den drei folgenden Hypothesen nachgegangen.

H2: Bedingung 4 (Kontrollklassen) ist Bedingung 3 (Modellversuchsklassen mit sonst gleichen Merkmalen) im Nachtest und im verzögerten Nachtest unterlegen.

Voraussetzung für die Prüfung von **Hypothese 2** ist es, daß der Unterricht in den Kontrollklassen und in den Modellversuchsklassen in denen koedukativer Unterricht im normalen Klassenverband erteilt wurde (Bedingung 3) sich auf die gleichen chemischen Inhalte bezieht. Da die Kontrollklassenlehrkräfte aber teilweise vom Modellversuch abweichende Inhalte unterrichteten oder zwar übers Jahr die gleichen Inhalte behandelten, aber in einer anderen zeitlichen Reihenfolge, kam es in einzelnen Kontrollklassen vor, daß bestimmte Aufgaben nicht bearbeitet werden konnten, weil der entsprechende Unterricht zumindest zum Zeitpunkt der Testvorgabe noch nicht erteilt worden war. Diese Benachteiligung in den Lernvoraussetzungen führte dazu, daß die durchschnittliche Testleistung der Kontrollklassen im Nachtest mit 23,6 Punkten gegenüber einem mittleren Punktwert der Modellversuchsklassen von 29,2 fast um eine Standardabweichung niedriger lag. Da unter diesen Umständen ein fairer Vergleich nicht möglich ist, haben wir auf eine Prüfung von Hypothese 2 verzichtet. Wir beschränken uns deshalb im folgenden auf einen Vergleich der drei Versuchsbedingungen des Modellversuchs.

H3: Bedingung 3 (durchgehend ganze Klassen) ist Bedingung 2 (zeitweise Halbklassen mit sonst gleichen Merkmalen) im Nachtest und im verzögerten Nachtest unterlegen.

Zur Prüfung von **Hypothese 3** wird ein Mittelwertvergleich (t-Test) aller Schülerinnen und Schüler durchgeführt, die an den Versuchsbedingungen 2 und 3 teilgenommen haben. Tabelle 8.1.11 zeigt die Mittelwerte der einzelnen Wissenstests, die Anzahl N der jeweils Beteiligten und die Signifikanzniveaus.

	Bedingung	Anzahl N	Mittelwert	Signifikanz
Vorwissen Chemie	Bed 2	92	3.1	keine Bedingung
	Bed 3	95	3.1	signifikant besser
Nachtest Chemie	Bed 2	77	29.2	keine Bedingung
	Bed 3	72	28.4	signifikant besser
Verzögerter Nachtest	Bed 2	90	27.4	Bedingung 3
Chemie	Bed 3	89	22.7	signifikant schlechter

Tabelle 8.1.11: Mittelwerte der in Bedingung 2 (zeitweise halbierte, koedukative Klassen des Modellversuchs) und Bedingung 3 (ungeteilte, koedukative Klassen des Modellversuchs) erzielten Testleistungen und Ergebnisse des Mittelwertvergleichs (t-Test).

Insgesamt kann man Tabelle 8.1.11 entnehmen, daß die beiden Bedingungen (bei nichtsignifikant unterschiedlichem Vorwissen) im Nachtest gleichwertig sind. Daß Hypothese 3 hinsichtlich des Nachtestergebnisses nicht voll bestätigt werden kann, ist insofern ein überraschender Befund, als man hätte erwarten können, daß unter den günstigeren Rahmenbedingungen von Bedingung 2 (zeitweise halbierte Klasse) effektiver unterrichtet würde als in Bedingung 3 (durchgehend ganze Klasse). Bedingung 2 ist zwar Bedingung 3 überlegen, aber der Vorsprung ist zu gering, als daß er sich im Rahmen der üblichen Signifikanzgrenzen von 5% Irrtumswahrscheinlichkeit statistisch einwandfrei sichern ließe. Auf den ersten Blick, sieht es so aus, als ob bezüglich des verzögerten Nachtests Hypothese 3 beibehalten werden könnte. Der Unterschied in den Mittelwerten ist hochsignifikant und beträgt über eine halbe Standardabweichung. Schaut man sich aber die Leistungsveränderungen zwischen den beiden Zeitpunkten für jede einzelne Klasse an, erweisen sich die Klassen der Bedingung 3 als extrem heterogen (Abb. 8.1.9).

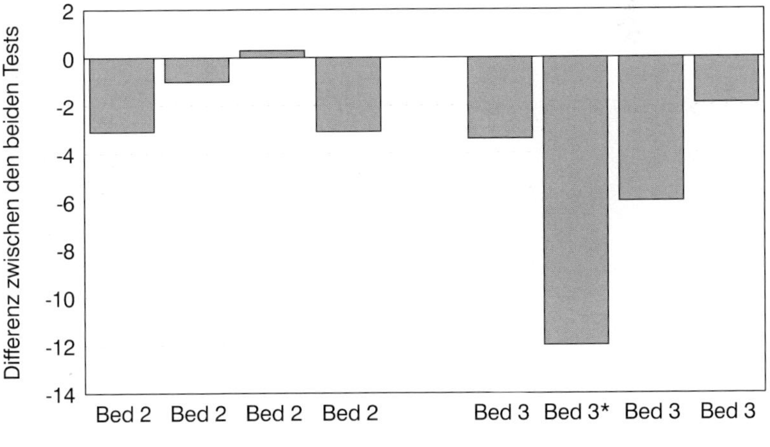

Abb. 8.1.9: Differenz der im Nachtest und im verzögerten Nachtest erzielten Punktwerte für die Klassen der Bedingung 2 und 3.

Insbesondere eine der vier Klassen von Bedingung 3 (in Abb. 8.1.9 mit * markiert) zeigt einen sehr starken Leistungsabfall im verzögerten Nachtest. Er ist etwa viermal so groß wie der größte Leistungsabfall in Bedingung 2. Da diese Klasse im Nachtest keine besonderen Auffälligkeiten zeigte, so lag z.B. ihr mittlerer Punktwert sogar knapp über dem Durchschnitt der Klassen von Bedingung 3, kann der Abfall nicht dem Unterricht in dieser Klasse zugeschrieben werden, sondern ist wahrscheinlich den besonderen Umständen der Testvorgabe am Schuljahresende anzulasten. Kurz vor den Sommerferien und in der

Gewißheit, daß sich das Abschneiden in diesem Test nicht mehr auf die Zeugnisnote auswirken kann, war die Motivation, sich noch einmal anzustrengen, wohl ziemlich gering. Da auch in den Klassen der Bedingung 1 ähnliche Leistungsdisparitäten im verzögerten Nachtest auftraten, haben wir uns entschlossen, denjenigen Teil der Hypothesen, der sich auf den am Schuljahresende vorgegebenen Test bezieht (also auf den verzögerten Nachtest), nicht mehr weiter zu prüfen. Wir beschränken uns also im folgenden auf den Vergleich der drei Modellversuchsbedingungen in Bezug auf ihr Abschneiden in den unmittelbar an den Unterricht vorgegebenen Nachtests.

H4: **Bedingung 2 (durchgehend koedukativer Unterricht) ist Bedingung 1 (zeitweise monoedukativer Unterricht mit sonst gleichen Merkmalen) im Nachtest unterlegen.**

Um **Hypothese 4** zu prüfen, werden Mittelwertvergleiche (t-Tests) zwischen den Bedingungen 1 und 2 durchgeführt. Tabelle 8.1.12 enthält die entsprechenden Daten.

	Bedingung	Anzahl N*	Mittelwert	Signifikanz
Vorwissen Chemie	Bed 1	101	2.9	keine Bedingung
	Bed 2	92	3.1	signifikant besser
Nachtest Chemie	Bed 1	83	30.1	keine Bedingung
	Bed 2	77	29.2	signifikant besser

* Es wurden nur jene Schülerinnen und Schüler einbezogen, die alle 4 Teile des Nachtests bearbeitet haben.

Tabelle 8.1.12 : Mittelwerte der in Bedingung 1 (zeitweise monoedukative, zeitweise halbierte Klassen des Modellversuchs) und Bedingung 2 (koedukative, zeitweise halbierte Klassen des Modellversuchs) erzielten Testleistungen und Ergebnisse des Mittelwertvergleichs (t-Test).

Bezüglich des Wissensstandes unmittelbar nach dem Unterricht ist keine der beiden Bedingungen überlegen. Der geringe unter Bedingung 1 erzielte Wissensvorsprung kann statistisch nicht gesichert werden. Ob der in Bedingung 1 realisierte getrenntgeschlechtliche Unterricht bei Mädchen und Jungen in gleicher Weise gewirkt hat, kann erst nach Prüfung der Wechselwirkungshypothese 5 beantwortet werden.

In Tabelle 8.1.13 sind die Ergebnisse der beiden Mittelwertsvergleiche zu Hypothese 3 und 4 übersichtlich zusammengestellt.

	Bed 1 Monoed. Halbkl. Modellv.		Bed 2 Koed. Halbkl. Modellv.		Bed 3 Koed. Ganzkl. Kontrollkl.
Nachtest Chemie	30.1	≅	29.2	≅	28.4

Tabelle 8.1.13: Überblick über die Mittelwertsvergleiche zwischen den drei Versuchsbedingungen des Modellversuchs (≅ bedeutet „innerhalb statistischer Schwankungen gleich").

Fassen wir zusammen:

- Bezüglich der Wissensstände unmittelbar im Anschluß an den Unterricht ist keine der drei Bedingungen überlegen. In der Tendenz ist zwar der phasenweise monoedukative Unterricht in Halbklassen (Bedingung 1) dem koedukativen Unterricht in Halbklassen (Bedingung 2), und dieser ist wiederum dem koedukativen Ganzklassenunterricht (Bedingung 3) überlegen, jedoch sind die Unterschiede so gering, daß sie sich bei der geringen Stichprobengröße statistisch nicht sichern lassen.
- Bezüglich der langfristigen Wirkung (gemessen am Wissensstand zum Schuljahresende) ließen sich die Vergleiche zwischen den Versuchsbedingungen nicht durchführen, weil aufgrund der heterogenen Wissensleistungen am Schuljahresende Zweifel berechtigt sind, ob die Testbearbeitungen in einigen Klassen der Bedingungen 1 und 3 mit genügendem „Ernstcharakter" stattfanden.

Wir kommen nun zur Prüfung von **Hypothese 5**, bei der es darum geht, ob sich die im Modellversuch getroffenen Maßnahmen für die Mädchen besonders günstig ausgewirkt haben.

H5: Die in den Hypothesen H3 und H4 formulierten Wirkungen einzelner Merkmale auf die Testleistungen im Nachtest wirken sich differentiell günstiger für die Mädchen als für die Jungen aus.

Zur Prüfung von **Hypothese 5** führen wir nun die bisherigen Rechnungen für Mädchen und Jungen getrennt durch. In Tabelle 8.1.14 sind die Ergebnisse zusammengestellt.

Es gibt somit hochsignifikante Unterschiede zugunsten der Jungen im Vorwissen, unmittelbar nach dem Unterricht haben die Mädchen

	Bed 1 Monoed. Halbkl. Modellv.		**Bed 2** Koed. Halbkl. Modellv.		**Bed 1** Koed. Ganzkl. Kontrollkl.
Vortest Chemie	M: 2.7	n.s.	M: 2.5	n.s.	M: 2.7
Signifikanz	0.047*		0.00**		0.03**
	J: 3.2	n.s.	J: 3.8	n.s.	J: 3.4
Nachtest Chemie	M: 30.7	n.s.	M: 28.3	n.s.	M: 28.2
Signifikanz	0.22 n.s.		0.14 n.s.		0.83 n.s.
	J: 29.1	n.s.	J: 30.3	n.s.	J: 28.5

Tabelle 8.1.14: Überblick über die nach Geschlechtern getrennt durchgeführten Mittelwertvergleiche zwischen den drei Versuchsbedingungen.

aber den Rückstand aufgeholt. In der Tendenz ist ihnen das in Versuchsbedingung 1 am besten gelungen. Das erkennt man deutlicher, wenn man die Mittelwerte einer Versuchsbedingung als Abweichung vom Gesamtmittelwert darstellt (Abb. 8.1.10).

Abb. 8.1.10 zeigt eine deutliche Tendenz, daß die Mädchen vom zeitweise getrenntgeschlechtlichen Unterricht (HK Mono) bezüglich ihrer Testleistung mehr als die Jungen profitiert haben. Bei der Versuchsbedingung mit zeitweise koedukativen Halbklassen (HK Koed) schneiden die Mädchen dagegen schlechter als die Jungen ab, und zwar ähnlich schlecht wie in den normal großen koedukativen Klassen. Das könnte als Hinweis darauf interpretiert werden, daß für die Mädchen das Merkmal „Kleine Klasse“ nur dann von Vorteil ist, wenn sie monoedukativ unterrichtet werden. Möglicherweise kommen in den „koedukativen, halbierten“ Klassen zwei gegenläufige Effekte zum Zuge. Der günstigen Wirkung der kleinen Klasse steht die Wirkung der Koedukation entgegen, die sich in der kleinen Klasse noch ungünstiger auf die Mädchen auswirkt als in der normal großen Klasse, in der sie sich als zahlenmäßig stärkere Gruppe besser behaupten können. Andererseits profitieren die Jungen von der Klassenhalbierung und von der Koedukation, so daß diejenige Versuchsbedingung für sie am günstigsten ist, in der beide Merkmale zusammentreffen. Da die Unterschiede aber nicht groß genug sind, um bei der kleinen Stichprobengröße (in Bedingung 1 sind gerade einmal 32 Mädchen, gegenüber 34 Mädchen in Bedingung 2) statistisch gesichert werden zu können, bleiben solche Schlüsse spekulativ.

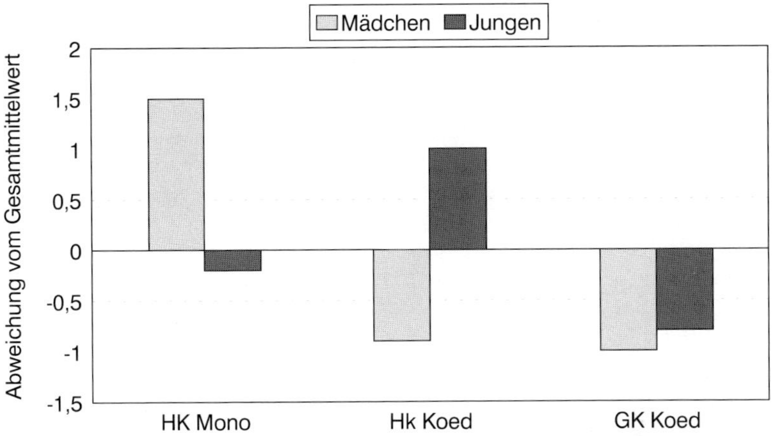

Abb. 8.1.10: Geschlechtsspezifischer Einfluß der Versuchsbedingung auf das Chemiewissen unmittelbar nach dem Unterricht: Ergebnis einer für Mädchen und Jungen getrennt durchgeführten Analyse des Nachtests Chemie. Als Ordinate ist die Abweichung vom über alle drei Versuchsbedingungen gemittelten Durchschnittswert dargestellt.

H6: Die konfundierte Wirkung von Schulklasse und Lehrkraft (Lernumgebung) auf die erzielte Testleistung im Nachtest ist signifikant.

Zur Prüfung von **Hypothese 6** könnten die Testleistungen der Schülerinnen und Schüler als eine gewichtete Summe der in Tabelle 8.1 festgelegten Variablen für die verschiedenen aus Schulklasse und Lehrkraft gebildeten Lernumgebungen dargestellt und geprüft werden, ob die aufgeklärte Varianz (multiples R2) signifikant von Null verschieden ist.

In Anbetracht der großen Mittelwertsunterschiede zwischen den einzelnen Klassen des Modellversuchs, die ähnlich wie im Physikteil des Modellversuchs bedeutend größer sind als die Mittelwertsunterschiede zwischen den einzelnen Versuchsbedingungen, gibt es keinen Zweifel daran, daß die durch die Lernumgebung aufgeklärte Varianz statistisch hochbedeutsam ist. Wir verzichten deshalb auf eine explizite Prüfung der Hypothese 6.

H7: Das Geschlecht hat einen signifikanten Einfluß auf die Testleistung im Nachtest.

H8: Jungen erbringen im Nachtest unter allen Versuchsbedingungen signifikant bessere Testleistungen als Mädchen.

Zur Prüfung von **Hypothese 7** genügt es, die Mittelwerte aller Mädchen (gleich an welchem Unterricht sie teilgenommen haben) mit den Mittelwerten aller Jungen nach Art eines Mittelwertvergleichs unabhängiger Stichproben (t-Test) miteinander zu vergleichen. Tabelle 8.1.15 zeigt die Ergebnisse.

	Mittelwert Mädchen	Mittelwert Jungen	Signifikanz des Unterschieds
Vortest Chemie (vor dem Unterricht erhoben)	2.6	3.5	hochsignifikant
Nachtest Chemie	29.2	29.3	nicht signifikant

Tabelle 8.1.15: Ergebnis des Mittelwertvergleichs der Testleistungen von Mädchen und Jungen (nicht nach Versuchsbedingungen unterschieden)

Hypothese 7 ist also zu verwerfen. Im Nachtest schneiden Mädchen und Jungen gleich gut ab. Da die Mädchen im Vortest hochsignifikant (d.h. mit einer Irrtumswahrscheinlichkeit < 1%) weniger Vorwissen als die Jungen hatten, bedeutet dieses Ergebnis, daß die Mädchen ihren anfänglichen Wissensrückstand aufgeholt haben.

Zur Prüfung von **Hypothese 8** wurden die gleichen Rechnungen für jede der drei Versuchsbedingungen getrennt durchgeführt. Die Ergebnisse sind bereits in Tabelle 8.1.14 enthalten.

Danach muß auch Hypothese 8 verworfen werden: Jungen erbringen unter keiner Versuchsbedingung bessere Chemiewissensleistungen als Mädchen.

H9: Das Vorwissen hat einen signifikanten Einfluß auf die Testleistung im Nachtest.

Der Korrelationskoeffizient zwischen der Testleistung im Nachtest und dem Vorwissen ist bei den Mädchen mit $r = 0.21$ beträchtlich geringer als bei den Jungen ($r = 0.38$). Damit wird bei den Mädchen 4%, bei den Jungen 14% der Varianz der Testleistung durch das Vorwissen aufgeklärt. Daß bei den Mädchen weniger durch das Vorwissen aufgeklärt wird, ist insofern plausibel, als daß Mädchen über ein signifikant geringeres Vorwissen als die Jungen verfügen. Da dieses geringere Vorwissen mit einer geringeren Streuung verknüpft ist (die Standardabweichung ist bei den Jungen mit 2.3 fast doppelt so groß wie bei den Mädchen mit 1.2) wird die Korrelation bei den Mädchen systematisch unterschätzt. Hypothese 9 kann beibehalten werden.

Allerdings ergibt sich nur ein relativ schwacher Zusammenhang der Testleistungen mit dem vorunterrichtlichen Wissen.

H10: Neben dem Vorwissen haben auch das Sachinteresse an Chemie, die motivierende Wirkung des Unterrichts und das auf diesen Unterricht bezogene (erwartete) Selbstkonzept von der eigenen Leistungsfähigkeit einen signifikanten Einfluß auf den Nachtest.

Zur Abschätzung, in welchem Maße die in H10 aufgeführten personenbezogenen Variablen mit der Testleistung zusammenhängen, wurden multivariate Regressionen mit der Testleistung als Kriteriumsvariablen für Mädchen und Jungen getrennt durchgeführt.

Dabei konnte bei den Mädchen 5%, bei den Jungen 25% und in der Gesamtpopulation 12% der interindividuellen Unterschiede in der Testleistung aufgeklärt werden. Abb. 8.1.11 zeigt die Verteilung der Regressionsgewichte.

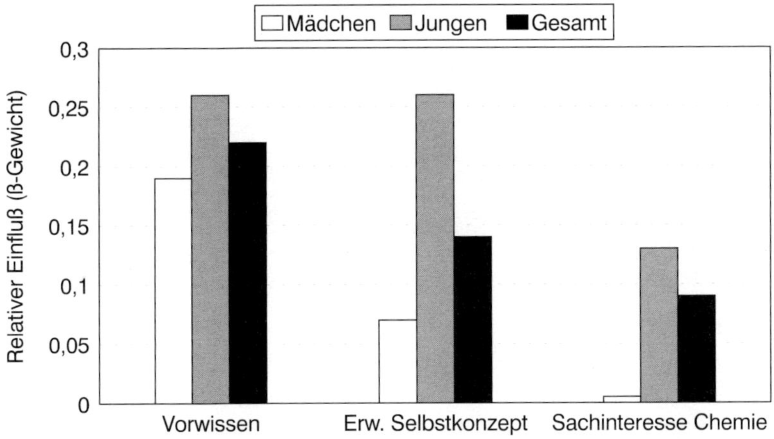

Abb. 8.1.11: Der Zusammenhang der Testleistung mit dem Vorwissen, dem Selbstkonzept und dem Sachinteresse ist relativ schwach ausgerpägt. Ergebnis einer multivariaten Regressionsanalyse. Aufgetragen sind die ß-Gewichte, die ein Maß dafür sind, welchen Beitrag eine Variable zur Aufklärung der Varianz der Nachtestleistung leisten.

Daß das Sachinteresse an Chemie so wenig mit der Testleistung zu tun hat (die eingezeichneten ß-Gewichte sind bei dem geringen Stichprobenumfang noch nicht einmal signifikant), ist sowohl in Übereinstimmung mit dem Physikteil des Modellversuchs als auch mit anderen Untersuchungen, in denen ebenfalls nur eine mäßige Korrelation zwischen dem Sachinteresse an einem Gegenstand und dem im Schulunterricht erworbenen Wissen über diesen Gegenstand gefunden wurde. Auch der Zusammenhang zwischen der motivierenden Wirkung des Unterrichts und dem Abschneiden in einem Leistungstest zu diesem Unterricht (in Abb. 8.1.11 nicht eingezeichnet) scheint bedeutungslos zu sein. Die Beiträge der unmittelbar im Anschluß an jede Unterrichtseinheit erbetenen Interessensbekundungen (typische Items: Es gab Dinge, die mich besonders interessiert haben; ich würde über dieses Thema gerne noch mehr erfahren) sind sämtlich nichtsignifikant.

8.1.4 Zusammenfassung und Diskussion der Ergebnisse des Chemieunterrichts

Zusammenfassung der Ergebnisse

Es konnte nur ein Teil der präexperimentell aufgestellten Hypothesen zur Wirkung der im Rahmen des Modellversuchs durchgeführten Maßnahmen zur kognitiven Förderung der Schülerinnen und Schüler beibehalten oder aber eindeutig verworfen werden. Einschränkungen sind in erster Linie auf den geringen Stichprobenumfang zurückzuführen, so daß kleinere Unterschiede zwischen den Versuchsbedingungen statistisch nicht im Rahmen der üblichen Irrtumswahrscheinlichkeit von 5% gesichert werden konnten.

H1: Die Versuchsbedingungen haben in ihrer Gesamtheit einen signifikanten Einfluß auf die erzielten Testleistungen im Nachtest.

Hypothese 1 kann beibehalten werden. Testleistung und Versuchsbedingung hängen in signifikanter Weise zusammen.

H2: Bedingung 4 (Kontrollklassen) ist Bedingung 3 (Modellversuchsklassen mit sonst gleichen Merkmalen) im Nachtest unterlegen.

Auf die Prüfung dieser Hypothese wurde verzichtet, weil der Unterricht in den Kontrollklassen teilweise mit anderen Inhalten, teilweise in andere zeitlicher Reihenfolge durchgeführt wurde, und somit eine unmittelbare Vergleichbarkeit der Wissensstände nicht gegeben war.

H3: Bedingung 3 (durchgehend ganze Klassen) ist Bedingung 2 (zeitweise Halbklassen mit sonst gleichen Merkmalen) im Nachtest unterlegen.

Hypothese 3, in der die Überlegenheit eines Unterrichts mit teilweise halbierten Klassen gegenüber einem durchgehenden Ganzklassenunterricht postuliert wird, kann nur bedingt bestätigt werden. Es zeigt sich zwar eine Tendenz in der vermuteten Richtung, jedoch sind die Unterschiede bei dem geringen Klassenumfang des Modellversuchs zu gering, als daß sie statistisch einwandfrei gesichert werden könnten.

H4: Bedingung 2 (durchgehend koedukativer Unterricht) ist Bedingung 1 (zeitweise monoedukativer Unterricht mit sonst gleichen Merkmalen) im Nachtest unterlegen.

Bei nach Geschlechtern nicht differenzierender Auswertung der Daten ist **Hypothese 4** nur bedingt beizubehalten. Es zeigt sich zwar eine Tendenz in der vermuteten Richtung, jedoch sind die Unterschiede so gering, daß sie sich statistisch nicht sichern lassen.

H5: Die in den Hypothesen H3 und H4 formulierten Wirkungen einzelner Merkmale auf die Testleistungen im Nachtest wirken sich differentiell günstiger für die Mädchen als für die Jungen aus.

Hypothese 5 ist folgendermaßen zu modifizieren: Von den zwei Merkmalen, die im Unterricht der Modellversuchsklassen variiert wurden, nämlich Monoedukation und Halbierung von Klassen hat sich nur das erste Merkmal (in der Tendenz) differentiell günstiger für die Mädchen gegenüber den Jungen ausgewirkt: Mädchen, die zeitweise getrenntgeschlechtlich unterrichtet wurden, haben unmittelbar nach dem Unterricht ein größeres Chemiewissen als alle anderen Mädchen- bzw. Jungengruppen.

H6: Die konfundierte Wirkung von Schulklasse und Lehrkraft (Lernumgebung) auf die erzielte Testleistung im Nachtest ist signifikant.

Hypothese 6 kann beibehalten werden. Testleistungen und Lernumgebungen (konfundierter Einfluß von Klasse und Lehrkraft) hängen in hochsignifikanter Weise zusammen.

H7: Das Geschlecht hat einen signifikanten Einfluß auf die Testleistung im Nachtest.

Hypothese 7 ist zu verwerfen. Im Nachtest schneiden Mädchen und Jungen gleich gut ab. Da die Mädchen im Vortest hochsignifikant (d.h. mit einer Irrtumswahrscheinlichkeit $< 1\%$) weniger Vorwissen als die Jungen hatten, bedeutet dieses Ergebnis, daß die Mädchen ihren anfänglichen Wissensrückstand aufgeholt haben.

H8: Jungen erbringen im Nachtest unter allen Versuchsbedingungen signifikant bessere Testleistungen als Mädchen.

Hypothese 8 muß verworfen werden. Jungen erbringen unter keiner der Versuchsbedingungen bessere Wissensleistungen im Chemietest als Mädchen.

H9: Das Vorwissen hat einen signifikanten Einfluß auf die Testleistung im Nachtest.

Hypothese 9 kann beibehalten werden. Allerdings ergibt sich nur ein relativ schwacher Zusammenhang der Testleistung mit dem vorunterrichtlichen Wissen.

H10: Neben dem Vorwissen haben auch das Sachinteresse an Chemie, die motivierende Wirkung des Unterrichts und das auf diesen Unterricht bezogene (erwartete) Selbstkonzept von der eigenen Leistungsfähigkeit einen signifikanten Einfluß auf den Nachtest.

Ergebnis der Prüfung: Auch **Hypothese 10** wird durch die Daten im wesentlichen gestützt. Die am deutlichsten ausgeprägten Zusammenhänge ergeben sich für das Vorwissen sowie für das auf den Chemieunterricht bezogene (erwartete) Selbstkonzept von der eigenen Leistungsfähigkeit. Der Zusammenhang mit dem Sachinteresse an Chemie ist dagegen relativ schwach, mit der motivierenden Wirkung des stattgefundenen Unterrichts sogar bedeutungslos.

Diskussion der Ergebnisse

Insgesamt sind die Ergebnisse in Chemie nicht so durchgängig überzeugend wie im Physikteil. Allerdings bestätigt sich die gleiche Tendenz in der Wirkung so wie es nach den aufgestellten Hypothesen erwartet worden war. Die Lernenden nach Bedingung 1 (zeitweise monoedukativer Unterricht mit sonst gleichen Merkmalen) erzielen die besten Leistungsdaten von allen Gruppen, gefolgt von denen in Bedingung 2 (durchgehend koedukativer Unterricht bei zeitweiser Bildung von Halbklassen) und Bedingung 3 (durchgehend ganze Klassen und durchgehend koedukativer Unterricht). Insbesondere die Mädchen profitieren von der zeitweisen Aufhebung der Koedukation. Es gelingt ihnen, den im Vortest noch sichtbaren Wissensrückstand im Laufe des Schuljahrs vollständig aufzuholen. Insofern sind die Ergebnisse vergleichbar mit denen des Physikteils, wenngleich die Effekte nicht so ausgeprägt sind wie dort.

Bei der Suche nach Ursache für diese Unterschiede zwischen Physik und Chemie kommen vermutlich vor allem zwei Bereiche in Frage: In Physik haben deutlich erkennbar sowohl das inhaltlich veränderte Curriculum (alle drei Versuchsbedingungen besser als Kontrollgruppe) als auch die organisatorischen Merkmale Auswirkungen auf die Ergebnisse im Nachtest gehabt. In beiden Bereichen gab es im Chemieteil Probleme. Im Verständnis der meisten Chemielehrer und -lehrerinnen ist es in Chemie weit mehr als in Physik erforderlich, einen logisch stringenten Unterrichtsgang zu entwickeln, in dem frühzeitig Grundlagen für späteres Verständnis zu legen sind. Die Inhalte bauen aufeinander auf und Schwächen in einer frühen Phase führen zu Lernschwierigkeiten auf folgenden Stufen. Dieses chemiedidaktische Verständnis macht es erheblich schwerer als in Physik, die fachlichen Inhalte in einen lebensweltlichen Kontext einzubetten. Die Umsetzung des an lebensweltlichen Themen orientierten didaktischen Konzepts gestaltete sich in der Arbeitsgruppe als entsprechend schwierig. Diese Spannungen zwischen traditionellen Strukturen und alternativem Konzept haben in der curricularen Ausgestaltung erkennbar zu Brüchen geführt, deren Auswirkung in den Leistungsdaten der Lernenden zu erkennen sind. Die zweifellos positive Auswirkung des inhaltlich veränderten Curriculums im Physikteil konnte sich deshalb in Chemie nicht entsprechend zeigen.

Darüber hinaus war die Arbeitsgruppe in Chemie bezüglich der Zielsetzungen des Modellversuchs deutlich heterogener zusammengesetzt als in Physik. Dies ist in Abbildung 8.3.4.5 sehr augenfällig. Während sich bei zwei von sechs Lehrkräften die Einstellung zu den Zielen des Modellversuchs deutlich zu höherer Akzeptanz hin entwickelt hat, ist bei zwei anderen Lehrkräften das genaue Gegenteil der Fall. Die Vermutung liegt nahe, daß diese Polarisierung innerhalb der Gruppe nicht ohne Auswirkung auf die Ergebnisse der Arbeit geblieben ist.

8.2 Ergebnisse der affektiv/emotionalen Förderung

Empirische Befunde belegen, daß Mädchen bereits bevor der Physikunterricht in der Schule erstmals einsetzt im Durchschnitt ein deutlich geringeres Interesse an Physik haben als Jungen und daß sie im Durchschnitt mit deutlich geringeren vor- und außerschulischen Erfahrungen im Bereich Physik und Technik in den Physikunterricht kommen (Häußler/Hoffmann 1990; Hoffmann 1990; Lie/Bryhni 1983; Todt/Händel 1984; Whyte 1986).

Um die Wirkung des im Modellversuch eingesetzten Maßnahmenbündels prüfen zu können, sind zunächst die Eingangsvoraussetzungen bei den Mädchen und Jungen zu Beginn des Physikunterrichts festzustellen. Es ist auch zu prüfen, ob sich die Mädchen und Jungen der Modellversuchsklassen von den Mädchen und Jungen der Kontrollklassen in den Anfangsbedingungen unterscheiden, um später bei der Darstellung der Ergebnisse zur Wirkung der im Modellversuch eingesetzten Maßnahmen gegebenenfalls auftretende Unterschiede nicht falsch zu interpretieren.

Die Darstellung der Eingangsvoraussetzungen soll anhand folgender präexperimenteller Hypothesen erfolgen (vgl. Abschnitt 7.2).

H 11: Mädchen kommen mit einem deutlich geringeren Sachinteresse an Physik in den Physikanfangsunterricht als Jungen.

H11/1: Mädchen haben deutlich geringere vor- und außerschulische Erfahrungen zum Bereich Physik.

H11/2: Mädchen schätzen die Bedeutung der Physik für den Alltag und für die zukünftige Entwicklungen geringer ein als Jungen.

Zur Prüfung dieser Hypothesen können die Antworten der Schülerinnen und Schüler auf die ihnen zu Beginn der 7. Klasse im Rahmen des Vortests vorgelegten Skalen
Sachinteresse an Physik, Faszination durch Natur, Faszination durch Technik, Freizeitinteresse an Physik, Geschlechtstypische Tätigkeiten und Bedeutung der Physik herangezogen werden.

Abbildung 8.2.1 zeigt das durchschnittliche ***Sachinteresse*** der Mädchen und Jungen der Modellversuchsklassen im Vergleich zum durchschnittlichen Sachinteresse an Physik der Mädchen und Jungen der Kontrollklassen. Die Mittelwertsunterschiede wurden mittels t-Test auf ihre Signifikanz überprüft.

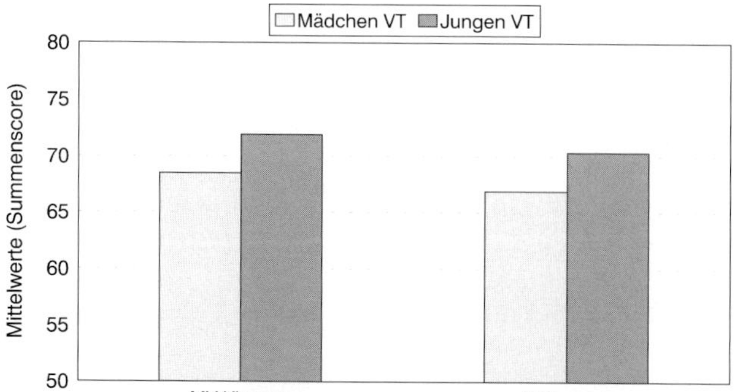

Abb. 8.2.1: Sachinteresse an Physik bei Mädchen und Jungen zu Beginn der 7. Klasse: Modellversuchsklassen vs. Kontrollklassen

Das Sachinteresse der Mädchen an Physik ist für die Gesamtstichprobe signifikant geringer als bei den Jungen ($p < .001$). Im Vergleich zu den Modellversuchsklassen äußern die Mädchen und Jungen der Kontrollklassen ein leicht geringeres Interesse an Physik. Die Unterschiede sind nicht signifikant.

Mädchen sind in höherem Maße von Naturphänomenen, Jungen von Technik fasziniert (vgl.Abbildung 8.2.2). Die Unterschiede sind mit ($p < .001$) hoch signifikant ausgenommen bei den Kontrollklassen: hier sind Mädchen und Jungen gleichermaßen von Naturphänomenen fasziniert. Bei den Modellversuchsklassen unterscheiden sich die Mädchen und Jungen hinsichtlich ihrer ***Faszination durch Naturphänomene und Technik*** deutlicher als in den Kontrollklassen.

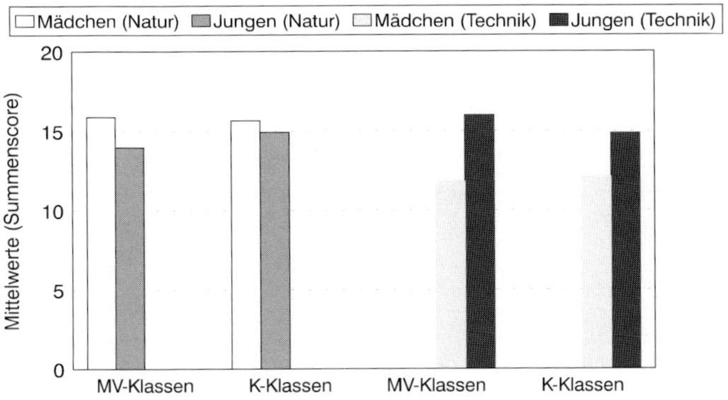

Abb. 8.2.2: Faszination der Mädchen und Jungen durch Natur und Technik zu Beginn der 7. Klasse: Modellversuchsklassen vs. Kontrollklassen

Als **Ergebnis** kann festgehalten werden:

> *Die Mädchen der Modellversuchsklassen und der Kontrollklassen kommen im Durchschnitt mit einem deutlich geringeren Sachinteresse an Physik in den Physikanfangsunterricht als Jungen dieser Klassen. Mädchen sind in höherem Maße von Naturphänomenen, Jungen in höherem Maße von Technik fasziniert.*
> *Hypothese H11 ist beizubehalten.*

Die Antworten der Schülerinnen und Schüler zum Freizeitinteresse an Physik liefern einerseits zusätzliche Information über das Interesse der Schülerinnen und Schüler an Physik, andererseits können sie herangezogen werden, um Einblick in die vor- und außerschulischen Erfahrungen der Mädchen und Jungen im Bereich von Physik und Technik zu gewinnen.

Die Ergebnisse sind in Abbildung 8.2.3 dargestellt.

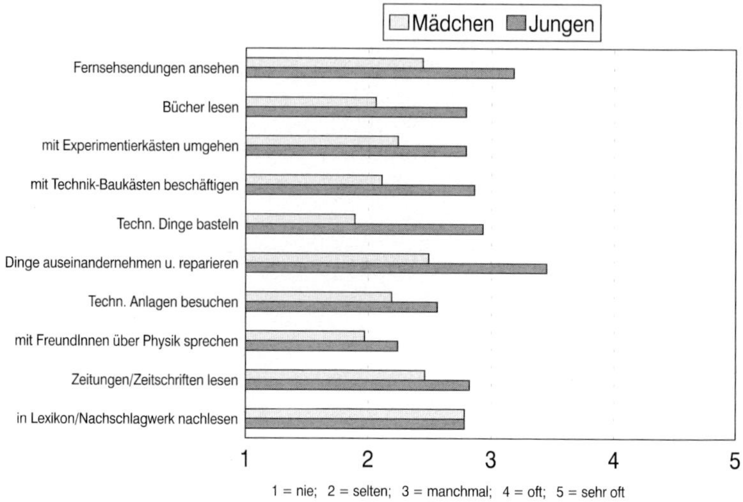

Abb. 8.2.3: Freizeitinteresse an Physik von Mädchen und Jungen zu Beginn der 7. Klasse: Mittelwerte

Sie zeigen einen deutlichen Erfahrungsvorsprung der Jungen gegenüber den Mädchen in allen erhobenen Bereichen mit Ausnahme beim letzten Item: Mädchen und Jungen lesen gleich häufig in Lehrbüchern oder Lexika nach, wenn eine technische oder physikalische Frage für sie auftaucht. Hier kann man allerdings davon ausgehen, daß für Mädchen solche Fragen seltener auftauchen als für Jungen., Alle anderen Unterschiede zwischen Jungen und Mädchen sind mit ($p < .001$) hoch signifikant. Im Vergleich zu den Jungen sehen sich Mädchen u.a. signfikant seltener Fernsehsendungen an, die etwas mit Physik oder Technik zu tun haben, sie lesen signifikant seltener Bücher oder Berichte in Zeitungen, die Themen aus dem Bereich Physik oder Technik behandeln, und sie haben signifikant weniger praktische Erfahrung im Umgang mit Technik.

Die markant geringere Erfahrung der Mädchen im Umgang mit technischen Werkzeugen und beim Durchführen von Reparaturen wird auch bei den Antworten der Schülerinnen und Schüler zur Skala ***Geschlechtstypische Tätigkeiten in der Freizeit*** klar ersichtlich. Dafür haben Mädchen markant mehr Erfahrung als Jungen beim Mithelfen im Haushalt, beim Versorgen kleiner Kinder und beim Versorgen von Tieren. Die entsprechenden Ergebnisse sind in Abbildung

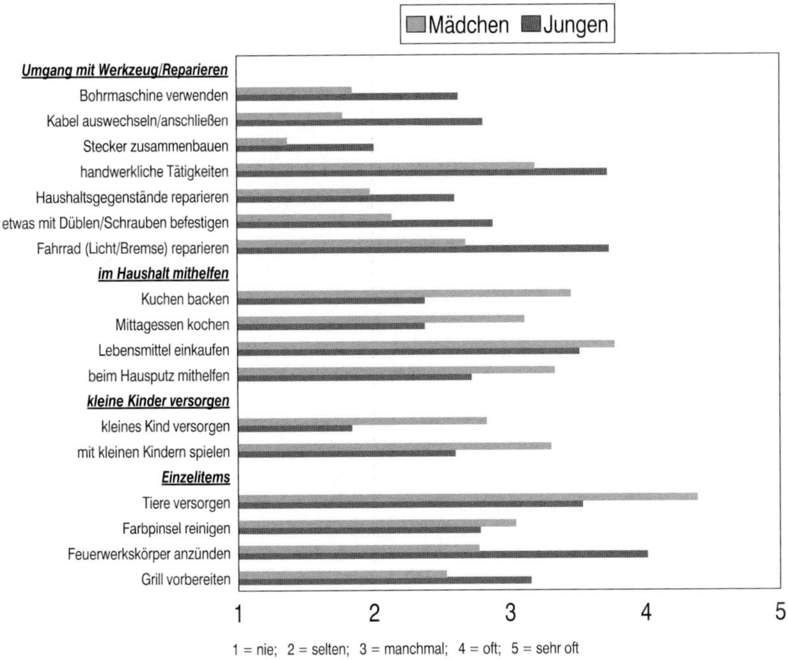

Abb. 8.2.4: Geschlechtertypische Tätigkeiten von Mädchen und Jungen in der Freizeit zu Beginn der 7. Klasse: Mittelwerte

8.2.4 wiedergegeben. Bei allen aufgeführten Tätigkeiten sind die geschlechtsspezifischen Unterschiede im t-Test mit $p < .001$ hoch signifikant. Eine Ausnahme bildet nur 'Farbpinsel reinigen', hier ist der Mittelwertsunterschied nur mit $p < .05$ signifikant.

Hinsichtlich ihrer Freizeitaktivitäten unterscheiden sich die Mädchen und Jungen der Modellversuchsklassen nicht von den Mädchen und Jungen der Kontrollklassen. Die Mädchen der Modellversuchsklassen geben lediglich signifikant häufiger als die Mädchen der Kontrollklassen an, daß sie Mittagessen kochen, kleine Kinder versorgen und den Grill vorbereiten. Die Jungen der Modellversuchsklassen geben ebenfalls signifikant häufiger an, daß sie Mittagessen kochen, und sie zünden auch noch signifikant häufiger als die Jungen der Kontrollklassen Feuerwerkskörper an.

Als **Ergebnis** kann festgehalten werden:

Mädchen haben deutlich geringere vor- und außerschulische Erfahrung im Bereich Physik und Technik. Sie haben deutlich weniger

Erfahrung mit technischem Spielzeug, im Umgang mit technischen Werkzeug und beim Druchführen von Reparaturen, und sie informieren sich deutlich seltener über Themen der Physik und Technik. Hypothese H11/1 ist beizubehalten.

Welche Bedeutung Schülerinnen und Schüler zu Beginn der 7. Klasse der Physik beimessen ist in Abbildung 8.2.5 dargestellt.

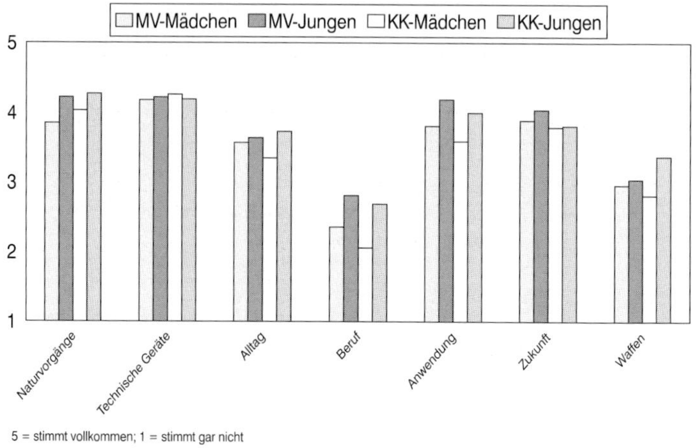

Abb. 8.2.5: Bedeutung der Physik aus Sicht der Schülerinnen und Schüler: Beginn 7. Schuljahr: Mittelwerte

Im Vergleich zu den Jungen sind die Mädchen der Modellversuchsklassen gleichermaßen wie die Mädchen der Kontrollklassen signfikant weniger der Meinung, daß man mit Physik viele Vorgänge in der Natur erklären kann und daß Physik zahlreiche Anwendungsmöglichkeiten hat. Die Mädchen beider Gruppen messen der Physik auch signifikant weniger Bedeutung für den Beruf bei, den sie später einmal ergreifen möchten. Die Mädchen der Kontrollgruppe sind zusätzlich deutlich weniger als die Jungen ihrer Klassen der Meinung, daß man mit Physik Ereignisse aus dem Alltag erklären kann. Die Jungen der Kontrollklassen sind signifikant stärker der Auffassung als alle übrigen Schülerinnen und Schüler, daß die Physik an den Waffen schuld ist, die die Welt zerstören.

Als **Ergebnis** kann festgehalten werden:

Im Vergleich zu den Jungen schätzen die Mädchen die Bedeutung der Physik für ihren Alltag deutlich geringer ein. Mädchen sind jedoch in gleichem Maße wie die Jungen der Meinung, daß Physik

ein Gebiet ist, das in Zukunft immer bedeutsamer wird.
Hypothese H11/2 kann nur teilweise beibehalten werden. Sie ist zu beschränken auf: Mädchen schätzen die Bedeutung der Physik für ihren Alltag und für ihren späteren Beruf deutlich geringer ein als Jungen.

Nach der Darstellung der Eingangsvoraussetzungen von Mädchen und Jungen, mit denen sie in den Anfangsunterricht Physik kommen, kann nun die Wirkung der im Modellversuch eingesetzten Maßnahmen geprüft werden. Auf der Grundlage der vorliegenden empirischen Befunde wurden analog zu den Zielen des Modellversuchs folgende präexperimentellen Hypothesen aufgestellt:

H12: Das im Modellversuch eingesetzte Maßnahmenbündel zur Veränderung des Anfangsunterichts Physik führt im Vergleich zum herkömmlichen Unterricht zu einem höheren Interesse an Physik insbesondere bei Mädchen aber auch bei Jungen.

H12/1: Die zeitweise Aufhebung der Koedukation führt im Vergleich zu den anderen Versuchsbedingungen bei Mädchen und Jungen zu höherem Interesse an Physik.

H12/2: Im Vergleich zum herkömmlichen Unterricht finden Mädchen und Jungen den Unterricht im Modellversuch motivierender.

H12/3: Die Unterschiede zwischen Mädchen und Jungen, inwieweit sie die verschiedenen Unterrichtseinheiten als motivierend wahrnehmen, sind bei den Modellversuchsklassen geringer als bei den Kontrollklassen.

H12/4: Im Vergleich zum herkömmlichen Unterricht bewirkt der Unterricht im Rahmen des Modellversuchs bei Mädchen und Jungen eine positivere Einstellung über die Bedeutung der Physik.

Zur Prüfung der Hypothesen H12 und H12/1 können die Antworten der Schülerinnen und Schüler zur Skala ***Sachinteresse an Physik*** im Nachtest mit den Antworten der Schülerinnen und Schüler auf dieselbe Skala im Vortest verglichen werden. In Abbildung 8.2.6 werden zunächst die Ergebnisse aus den Modellversuchsklassen insgesamt den Ergebnissen der Kontrollklassen gegenübergestellt.

Die Ergebnisse weisen darauf hin, daß sowohl bei den Mädchen und Jungen der Modellversuchsklassen als auch bei den Mädchen und Jungen der Kontrollklassen das Sachinteresse an Physik im Laufe der 7. Klasse abgenommen hat. Die Abnahme des Sachinteresses an Physik ist sowohl bei den Mädchen und Jungen der Modellversuchsklassen insgesamt als auch bei den Mädchen und Jungen der Kontrollklas-

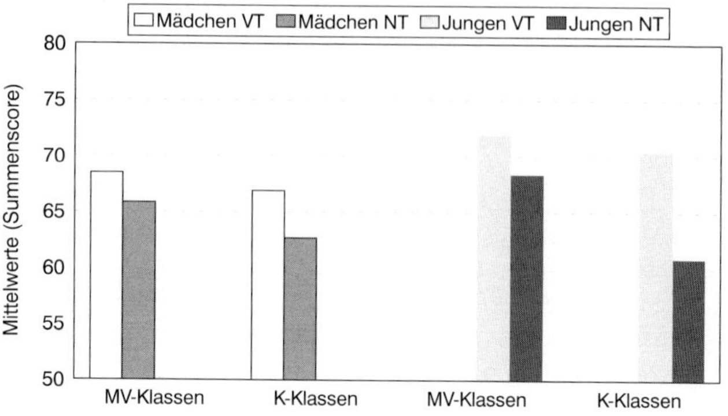

Abb. 8.2.6: Veränderung des Sachinteresses an Physik bei Mädchen und Jungen von Beginn bis Ende des 7.Schuljahres: Modellklassen vs. Kontollklassen

sen hoch signifikant (p = < .01). Der Interessenverlust ist bei den Mädchen der Kontrollklassen tendenziell größer als bei den Modellversuchsklassen. Am deutlichsten ist die Interessenabnahme bei den Jungen der Kontrollklassen.

Als **Ergebnis** ist festzuhalten:

> *Über alle Versuchsbedingungen zusammengefaßt führt der Modellversuch im Vergleich zum herkömmlichen Unterricht zu einem deutlich geringeren Interessenverlust an Physik bei den Jungen und zu einer tendenziell geringeren Interessenabnahme bei den Mädchen.*
> *Hypothese H12 ist wie folgt abzuändern:*
> *Das im Modellversuch eingesetzte Maßnahmenbündel zur Veränderung des Anfangsunterrichts Physik führt im Vergleich zum herkömmlichen Unterricht zu einem geringeren Interessenverlust an Physik insbesondere bei Jungen aber auch bei Mädchen.*

Im nächsten Schritt soll nun die weitergehende Hypothese 12/1 überprüft werden, ob die zeitweise Aufhebung der Koedukation bei den Mädchen zu einem höheren Interesse an Physik führt. In Abbildung 8.2.7 sind die Veränderungen des Sachinteresses für Mädchen und Jungen unter den einzelnen Versuchsbedingungen wiedergegeben. Die Mittelwertunterschiede wurden mittels t-Test auf ihre Signifikanz überprüft.

Die Versuchsbedingungen haben zusammen mit den anderen im Modellversuch eingesetzten Maßnahmen einen deutlichen Einfluß auf die Interessenentwicklung der Mädchen und Jungen. Die zeitweise

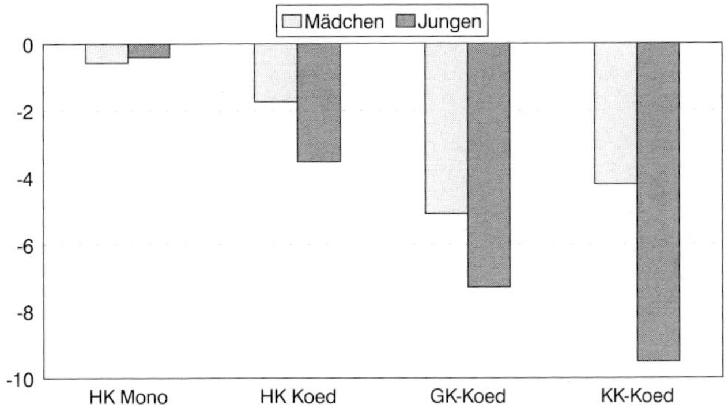

Abb. 8.2.7: Veränderung des Sachinteresses an Physik bei Mädchen und Jungen von Beginn bis Ende des 7. Schuljahres: Vergleich der Versuchsbedingungen

Aufhebung der Koedukation bewirkt, daß weder bei den Mädchen noch bei den Jungen das Sachinteresse an Physik abnimmt. Unter der Bedingung Unterricht zeitweise in Halbklassen jedoch durchgängig koedukativ ist tendenziell eine Abnahme des Sachinteresses, die bei den Jungen stärker ausfällt als bei den Mädchen, zu beobachten. Die Interessenabnahme wird nur aufgrund der geringen Stichprobe nicht signifikant. Unter der Bedingung Unterricht durchgängig koedukativ im Klassenverband nimmt das Sachinteresse an Physik bei Mädchen und Jungen signifikant ab.

Als **Ergebnis** ist festzuhalten:

> *Die zeitweise Aufhebung der Koedukation im Anfangsunterricht Physik unterstützt eine positive Interessenentwicklung bei Mädchen und Jungen. Während bei allen anderen Bedingungen das Sachinteresse an Physik im Laufe der 7. Klasse abnimmt, bleibt es bei den Mädchen und Jungen unter der Bedingung „zeitweise Aufhebung der Koedukation" stabil.*
> *Hypothese H12/1 kann beibehalten werden.*

Wie sieht es nun mit dem Interesse der Schülerinnen und Schüler am Unterrichtsfach Physik aus (Hypothese H12/2). Eine Antwort darauf geben die Abbildungen 8.2.8, 8.2.9a und 8.2.9b.

Im Vortest, zu Beginn der 7. Klasse, wurden die Schülerinnen und Schüler gefragt, was sie erwarten, wie interessant der Physikunterricht für sie sein wird. In Abbildung 8.2.8 ist die Differenz zwischen vorunterrichtlich erwarteter Interressantheit des Unterrichtsfaches Physik und wie interessant das Fach am Ende des Schuljahres bewertet wird aufgetragen.

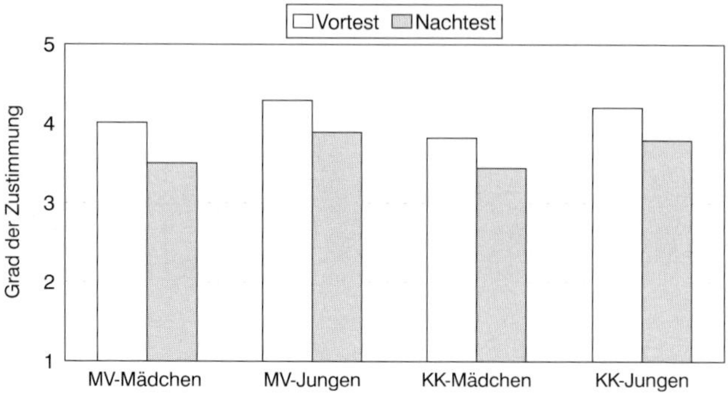

Abb. 8.2.8: Interesse am Unterrichtsfach Physik zu Beginn und am Ende der 7. Klasse

Sowohl bei den Mädchen und Jungen der Modellversuchsklassen als auch bei den Jungen der Kontrollklassen ist das Interesse am Ende des Schuljahres signifikant geringer als die erwartete Interessantheit zu Beginn des Schuljahres.

Wie interessant die Mädchen aus den Modellversuchsklassen und Kontrollklassen das Fach Physik im Vergleich zu den anderen Unterrichtsfächern beurteilen, ist in Abbildung 8.2.9a abzulesen. Die entsprechenden Ergebnisse für die Jungen sind in Abbildung 8.2.9b aufgeführt.

Bezogen auf den Fächerkanon liegt das Interesse der Mädchen am Unterrichtsfach Physik im Mittelfeld der Interessantheit, die die einzelnen Fächer für sie haben. Auf der Grundlage der vorliegenden Daten ist festzustellen, daß das Unterrichtsfach Physik für die Mädchen der Modellversuchsklassen und auch der Kontrollklassen am Ende der 7. Klasse im Durchschnitt mindestens ebenso interessant ist wie Deutsch, Mathematik, Musik, und tendenziell interessanter als Religion, Geschichte und Geographie. Auf seiten der Jungen sind Physik und Sport die beiden interessantesten Unterrichtsfächer.

Im Vergleich zu den Ergebnissen der IPN-Interessenstudie Physik stufen die Mädchen der Modellversuchsklassen und gleichermaßen auch die Mädchen der Kontrollklassen Physik im Vergleich zu den anderen Unterrichtsfächern am Ende der 7. Klasse im Durchschnitt als interessanter ein. In der IPN-Interessenstudie Physik erhielt Physik auf seiten der Mädchen in der Interessenrangreihe der Unterrichtsfächer den letzen Platz (Hoffmann/Lehrke 1985; Hoffmann 1990a).

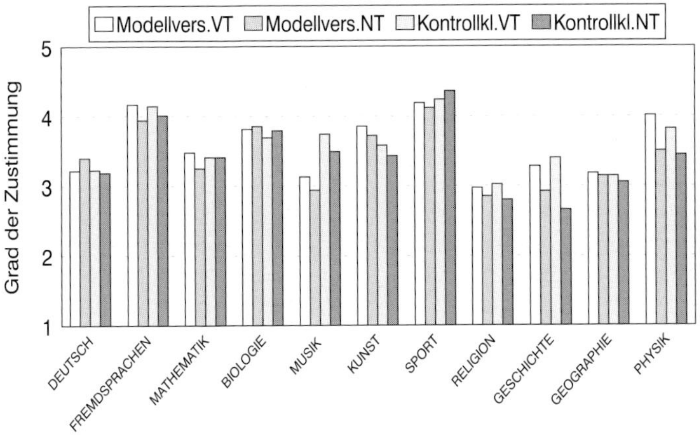

Abb. 8.2.9a: Das Interesse der Mädchen an verschiedenen Unterrichtsfächern - zu Beginn und am Ende der 7. Klasse: Mittelwerte

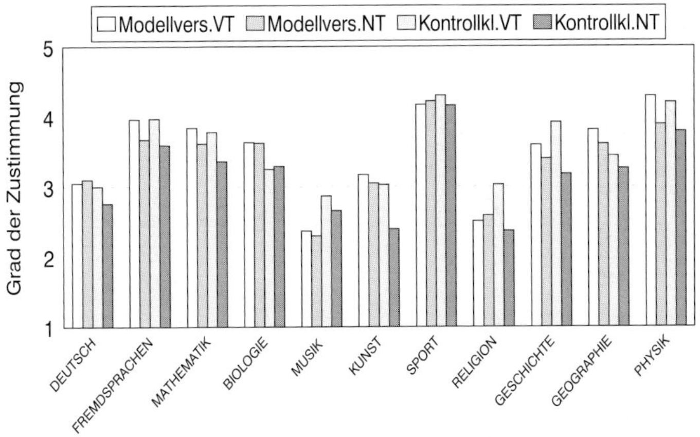

Abb. 8.2.9b: Das Interesse der Jungen an verschiedenen Unterrichtsfächern – zu Beginn und am Ende der 7. Klasse: Mittelwerte

Eine wesentlich ausführlichere Antwort auf die Frage, wie interessant und motivierend die Schülerinnen und Schüler den Physikunterricht in den Modellversuchsklassen im Vergleich zu den Kontrollklassen erlebt haben, können die Antworten der Schülerinnen auf die Fragebogen zur ***Motivierenden Wirkung der Unterrichtseinheiten*** liefern. Da diese Fragebogen nach jeder Unterrichtseinheit vorgegeben wurden, kann von diesen Antworten einerseits abgelesen werden, inwieweit die verschiedenen Unterrichtseinheiten ein unterschiedliches Motivationspotential für die Schülerinnen und Schüler hatten und andererseits inwieweit die verschiedenen Unterrichtseinheiten von den Schülerinnen im Vergleich zu den Schülern als unterschiedlich motivierend wahrgenommen wurden. In den Abbildungen 8.2.10a und 8.2.10b sind die detaillierten Antworten der Schülerinnen und Schüler zur Lehrplaneinheit „Schallerzeugung und Schallausbreitung“ (Kontrollklassen) bzw. zur zugehörigen Unterrichtseinheit aus dem Modellversuch „Wir bauen Musikinstrumente und messen Lärm“ dargestellt. In den Abbildungen 8.2.11a und 8.2.11b sind zur Veranschaulichung die entsprechenden Ergebnisse zur Lehrplaneinheit „Elektrischer Strom, Magnetismus“ (Kontrollklassen) bzw. zur Unterrichtseinheit „Von einfachen Schaltungen und raffinierten Schaltern“ (Modellversuchsklassen) dargestellt.

In Tabelle 8.2.1 sind die 19 Statements, die den Schülerinnen nach jeder Unterrichtseinheit vorgelegt wurden, aufgeführt. Sie sind zum Verständnis der Abbildungen 8.2.10a bis 8.2.11b erforderlich.

A	Der Unterricht war abwechslungsreich	K	Ich konnte mich leicht auf die Sache konzentrieren
B	Ich war neugierig darauf, was wir in der nächsten Stunde lernen	L	Ich hatte das Gefühl für mich selbst etwas dazugelernt zu haben
C	Ich bedauerte es, wenn der Unterricht ausfiel	M	Die Schule würde mir mehr Spaß machen, wenn wir öfter solche Dinge behandeln würden
D	Der Unterricht beschäftigte sich mit Dingen, die mir im täglichen Leben begegnen	N	Ich wünschte es gäbe bald eine Fernsehsendung über dieses Thema
E	Ich freute mich auf den Unterricht	O	Es hat Spaß gemacht, mein Verständnis über dieses Thema zu vertiefen
F	Im Unterricht gab es etwas Neues für mich zu entdecken	P	Mit solchen Themen hätte ich mich auch freiwillig gerne beschäftigt
G	Es gab Dinge, die mich besonders interessiert haben	Q	Ich würde über dieses Thema gerne noch mehr erfahren
H	Ich habe auch außerhalb des Unterrichts über manches nachge dacht, das wir zuletzt gelernt haben	R	Mein Interesse an Physik ist größer geworden, seit wir diesen Stoff durchgenommen haben
I	Ich habe in Büchern nachgeschlagen, um mehr Informationen über das Gebiet zu bekommen	S	Manchmal fand ich es schade, wenn es klingelte, und die Stunde vorbei war
J	Ich habe mit Freunden, Eltern und Geschwistern über Dinge aus die sem Gebiet gesprochen		

Tab. 8.2.1: Aussagen zur Motivierenden Wirkung der Unterrichtseinheiten

Die Lehrplaneinheit „Schallerzeugung und Schallausbreitung“ wurde als erste Unterrichtseinheit, die Lehrplaneinheit „Elektrischer Strom, Magnetismus“ als letzte abgeschlossene Unterrichtseinheit in allen Modellversuchs- und Kontrollklasse unterrichtet.

Vergleicht man die Abbildungen 8.2.10a und 8.2.10b so fällt auf, daß die unterschiedlichen Beurteilungen der motivierenden Wirkung der Unterrichtseinheit durch die Mädchen und Jungen in den Modellversuchsklassen und in den Kontrollklassen ähnlich ausfallen.

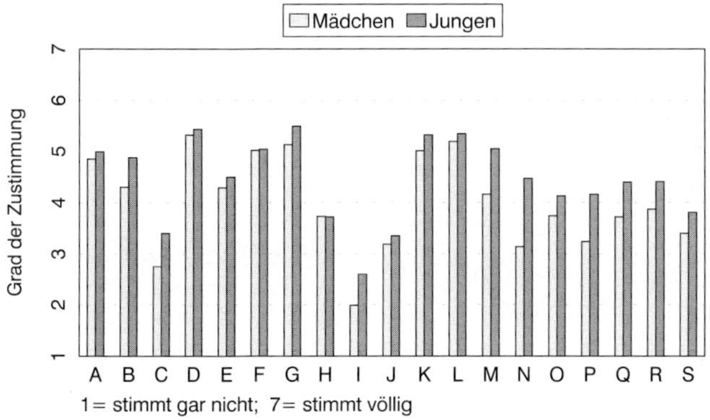

Abb. 8.2.10a: Motivierende Wirkung der Lehrplaneinheit „Schallerzeugung und Schallausbreitung“: Modellversuchsklassen (Unterrichtseinheit „Wir bauen Musikisnstrumente und messen Lärm“)

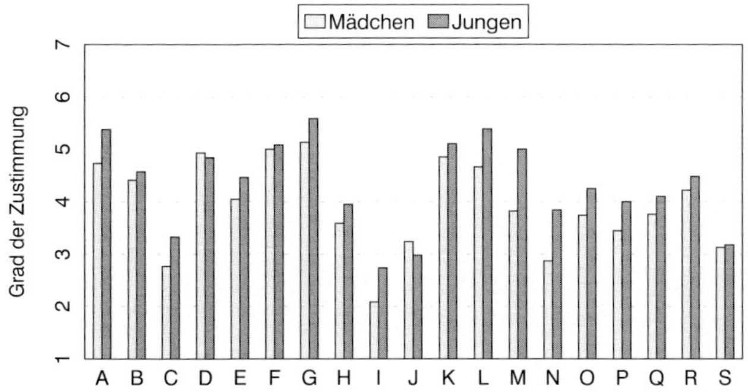

Abb. 8.2.10b: Motivierende Wirkung der Lehrplaneinheit „Schallerzeugung und Schallausbreitung“: Kontrollklassen:

Die durchgeführten Mittelwertvergleiche mittels t-Test ergeben folgendes Bild: Im Vergleich zu den Mädchen äußern die Jungen der Modellversuchsklassen in signifikant höherem Maße, daß sie es bedauerten, wenn der Unterricht ausfiel (C), sie durch den Unterricht angeregt wurden, in Büchern nachzuschlagen (I), ihnen die Schule mehr Spaß machen würde, wenn sie öfter solche Dinge behandeln würden (M), sie eine Fernsehsendung zum Thema begrüssen würden (N), sie sich gerne auch freiwillig mit dem Thema beschäftigt hätten (P) und über dieses Thema gerne mehr erfahren würden (Q) mit $p < .01$ sowie, daß sie neugierig waren, was sie in der nächsten Stunde lernen würden und daß ihr Interesse an Physik größer geworden sei mit $p < .05$.

Bei den Kontrollklassen sind die unterschiedlichen Einschätzungen der motivierenden Wirkung des Unterrichts durch Mädchen und Jungen bei den Aussagen M und N mit $p < .01$ und A, I, L und P mit $p < .05$ signifikant.

Im Vergleich zu den Mädchen der Kontrollklassen haben die Mädchen der Modellversuchsklassen in signifikant höherem Maße das Gefühl, etwas für sich dazugelernt zu haben (L) mit $p < .05$, und sie sind tendenziell in höherem Maße der Meinung, daß sich der Unterricht mit Dingen beschäftigt hat, die ihnen im täglichen Leben begegnen (D), sie freuten sich tendenziell mehr auf den Unterricht (E), konnten sich tendenziell leichter auf die Sache konzentrieren (K) und stimmen tendenziell der Aussage stärker zu, daß ihnen die Schule mehr Spaß machen würde, wenn solche Dinge öfter behandelt würden.

Wie das entsprechende Bild bei der letzten Unterrichtseinheit aussieht, ergibt sich aus dem Vergleich der Abbildungen 8.2.11a und 8.2.11b. Es zeigt sich eine deutliche Veränderung zugunsten der Mädchen der Modellversuchsklassen.

Zwar ist für die Mädchen in den Modellversuchsklassen auch bei dieser letzten Unterrichtseinheit der Unterricht in manchem Bereich noch nicht so motivierend wie für die Jungen (signifikante Unterschiede zeigen sich bei den Aussagen C, E, M, N, P und Q), die Unterschiede sind aber im Vergleich zur ersten Unterrichtseinheit deutlich geringer geworden.

Im Vergleich zu den Mädchen der Kontrollklassen beurteilen die Mädchen der Modellversuchsklassen den Unterricht deutlich motivierender. So stimmen sie in signifikant höherem Maße den Aussagen zu, daß

- der Unterricht abwechslungsreich war (A; $p < .01$),
- der Unterricht sich mit Dingen beschäftigte, die ihnen im täglichen Leben begegnen (D; $p < .01$),

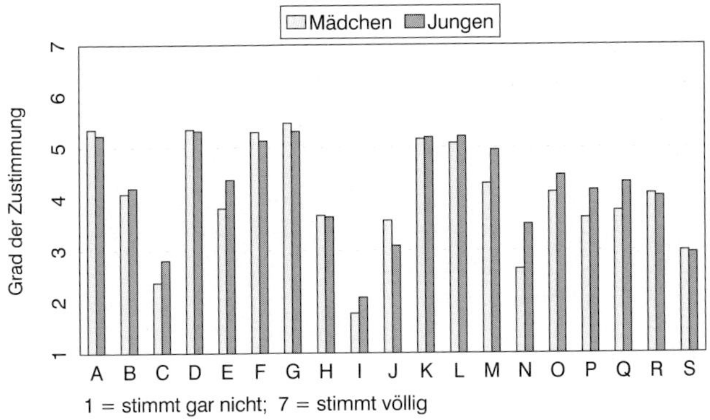

Abbildung 8.2.11a: Motivierende Wirkung der Lehrplaneinheit „Elektrischer Strom, Magnetismus": Modellversuchsklassen (Unterrichtseinheit „Von einfachen Schaltungen und raffinierten Schaltern")

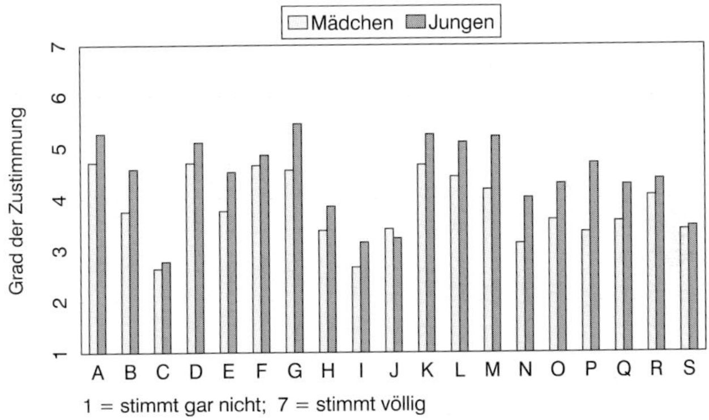

Abbildung 8.2.11b: Motivierende Wirkung der Lehrplaneinheit „Elektrischer Strom, Magnetismus": Kontrollklassen

- es im Unterricht etwas Neues für sie zu entdecken gab (F; $p < .05$),
- es Dinge gab, die sie besonders interessiert haben (G; $p < .001$),
- sie sich leicht auf die Sache konzentrieren konnten (K; $p < .05$),
- sie das Gefühl hatten, etwas für sich selbst dazugelernt zu haben (L; $p < .05$) und
- es ihnen Spaß gemacht hat, ihr Verständnis über dieses Thema zu vertiefen (0; $p < .05$).

Die Mädchen der Kontrollklassen wurden nach ihren Angaben deutlich stärker angeregt, in Büchern nachzuschlagen, um mehr Informationen über das Gebiet zu bekommen (I; $p < .001$). Insgesamt gesehen finden die Mädchen in den Kontrollklassen den Unterricht deutlich weniger motivierend als die Jungen.

Um besser vergleichen zu können, wie die Mädchen und Jungen der Modellversuchsklassen im Vergleich zu den Mädchen und Jungen der Kontrollklassen die motivierende Wirkung der verschiedenen Unterrichtseinheiten wahrgenommen haben, und um gegebenenfalls Veränderungen dieser Wahrnehmungen seitens der Schülerinnen und Schüler in der Abfolge der Unterrichtseinheiten sichtbar zu machen, werden die Differenzen der z-transformierten Summenscores für die einzelnen Unterrichtseinheiten als Abweichungen vom jeweiligen Mittelwert der Gesamtstichprobe (Kontrollklassen und Modellversuchsklassen) für die Mädchen und Jungen der Modellversuchsklassen in Abbildung 8.2.12a und für die Mädchen und Jungen der Kontrollklassen in Abbildung 8.2.12b dargestellt. D.h. für jede Unterrichtseinheit wurden die über alle 19 Items des Motivationsfragebogens gebildeten Summenscores für sich genommen z-transformiert mit Mittelwert = 0 und Standardabweichung = 1.

Der Vergleich der in den beiden Abbildungen 8.2.12a und 8.2.12b dargestellten Ergebnisse zeigt deutlich auf, daß die Mädchen der Modellversuchsklassen im Laufe des Schuljahres den Physikunterricht sowohl im Vergleich zu den Mädchen der Kontrollklassen als auch im Vergleich zu den Jungen ihrer Klassen im Durchschnitt zunehmend motivierender fanden. Die Modellversuchs-Unterrichtseinheit „Von einfachen Schaltungen und raffinierten Schaltern“ zur Lehrplaneinheit „Elektrischer Strom, Magnetismus“ war für Mädchen gleichermaßen motivierend wie für die Jungen. Der Mittelwertsunterschied ist nicht signifikant. Die Unterrichtseinheit „Wir machen Bilder“ zur Lehrplaneinheit „Die gradlinige Ausbreitung des Lichts“ war für die Mädchen sogar noch deutlich motivierender als für die Jungen. Zur Lehrplaneinheit „Die gradlinige Ausbreitung des Lichts“ wurden in den Kontrollklassen keine Erhebungen mehr durchgeführt, da in einigen Klassen mit dieser Einheit erst relativ knapp vor Schuljahresende begonnen wurde. Das Ergebnis zur Unterrichtseinheit „Von einfachen Schaltungen und raffinierten Schaltern“ ist insoferne beeindruckend, da sich in der IPN-Interessenstudie Physik gerade beim Gebiet Elektrizität/Magnetismus relativ große Interessenunterschiede zwischen Mädchen und Jungen zeigten.

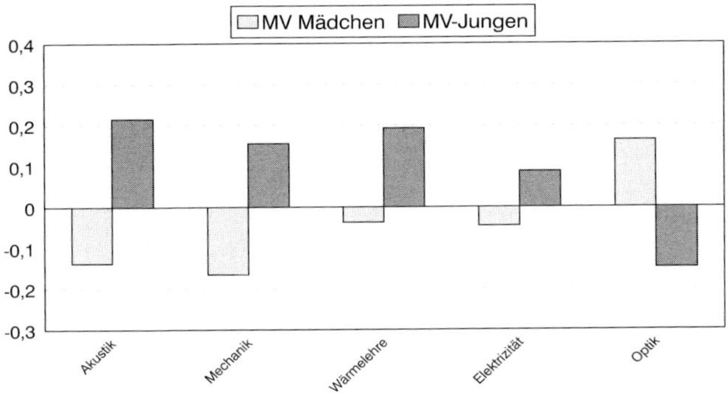

Abbildung 8.2.12a: Motivierende Wirkung der Physikunterrichtseinheiten aus Sicht der Schülerinnen und Schüler der Modellversuchsklassen: Abweichungen vom Mittelwert (z-Werte)

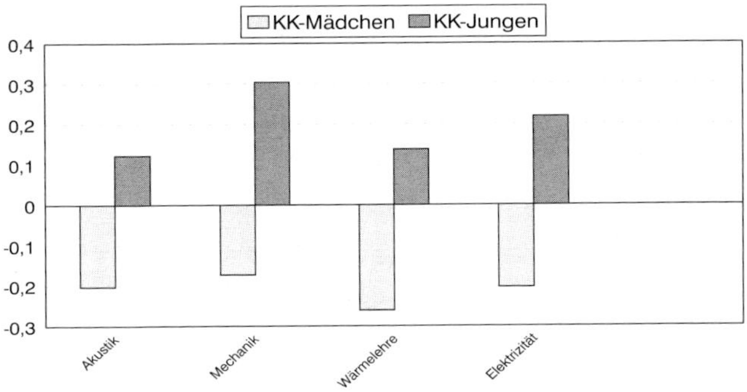

Abbildung 8.2.12b: Motivierende Wirkung der Physikunterrichtseinheiten aus Sicht der Schülerinnen und Schüler derKontrollklassen: Abweichungen vom Mittelwert (z-Werte)

Als **Ergebnis** kann festgehalten werden:

> *Im Vergleich zum herkömmlichen Unterricht finden die Mädchen und Jungen den Unterricht im Modellversuch motivierender.*
> *Zwar finden die Mädchen im Vergleich zu den Jungen den Physikunterricht durchgängig weniger anregend und interessant. In den Modellverrsuchsklassen wird der Physikunterricht für die Mädchen*

- wieder im Vergleich zu den Jungen - von Unterrichtseinheit zu Unterrichtseinheit immer interessanter. Am Ende des Schuljahres ist der Physikunterricht für die Mädchen nahezu genauso anregend und interessant wie für die Jungen. In den Kontrollklassen ist dagegen ein eher gegenläufiger Trend zu beobachten.
Die Hypothesen H12/2 und H12/3 können beibehalten werden.

Zur Prüfung der Frage, ob der Unterricht im Rahmen des Modellversuchs auch zu einer positiveren Einstellung bei Mädchen und Jungen über die Bedeutung der Physik führt, können die Antworten der Schülerinnen und Schüler zur Skala ***Bedeutung der Physik*** im Nachtest und mit den Antworten der Schülerinnen und Schüler zur gleichen Skala im Vortest verglichen werden. Welche Bedeutung Schülerinnen und Schüler am Ende der 7. Klasse der Physik beimessen, ist in Abbildung 8.2.13 dargestellt (Ergebnisse aus dem Vortest siehe Abb. 8.2.5).

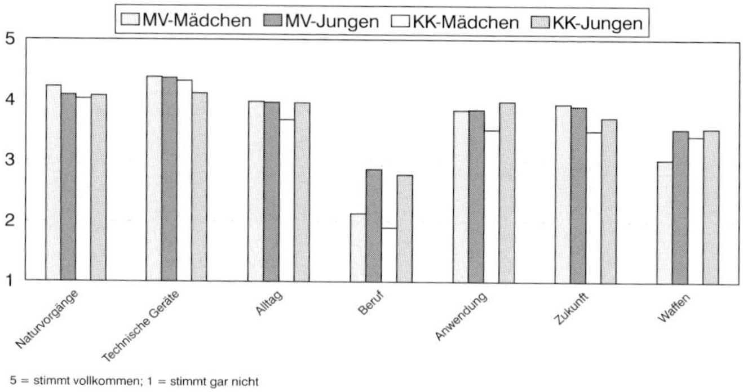

Abb. 8.2.13: Bedeutung der Physik aus Sicht der Schülerinnen und Schüler: Ende 7. Klasse: Mittelwerte

Während sich die Antworten der Mädchen der Modellversuchsklassen und der Kontrollklassen im Vortest zu Beginn der 7. Klasse nicht signifikant unterschieden, messen die Mädchen der Modellversuchsklassen am Ende der 7. Klasse der Physik in den meisten Bereichen eine signifikant höhere Bedeutung bei als die Mädchen der Kontrollklassen.

Wie sich die Meinungen der Schülerinnen und Schüler über die Bedeutung der Physik von Beginn bis Ende der 7. Klasse verändert haben wird für die Modellversuchsklassen in Abbildung 8.2.14a und für die Kontrollklassen in Abbildung 8.2.14b dargestellt.

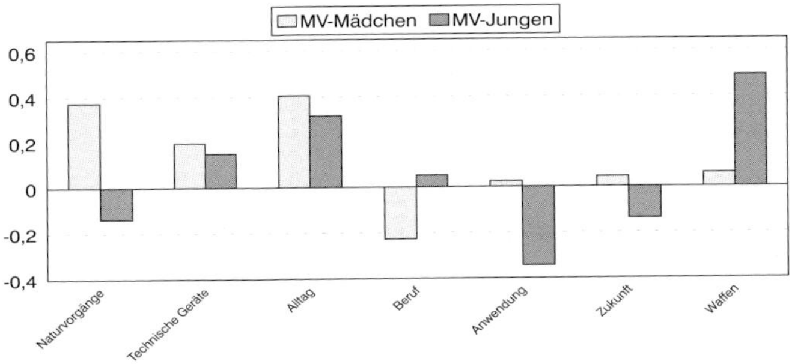

Abb. 8.2.14:a: Bedeutung der Physik aus Sicht der Schülerinnen und Schüler: der Modellversuchsklassen: Veränderungen von Beginn bis Ende des 7. Schuljahres

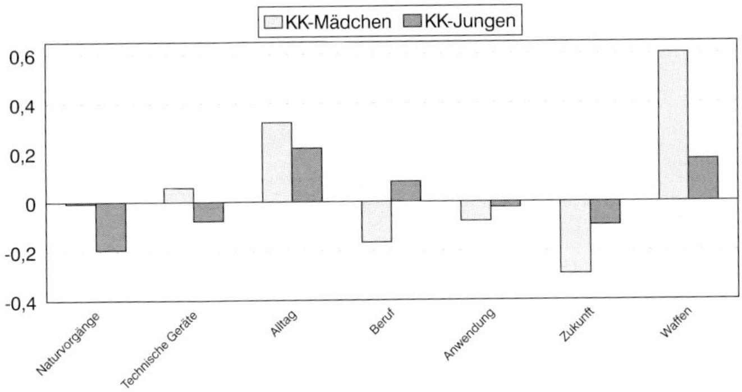

Abb. 8.2.14b: Bedeutung der Physik aus Sicht der Schülerinnen und Schüler der Kontrollklassen: Veränderungen von Beginn bis Ende 7. Schuljahr

Es sind jeweils die Mittelwertunterschiede zwischen Vor- und Nachtest zu den einzelnen Items der Skala Bedeutung der Physik aufgetragen. Die Mittelwertdifferenzen zwischen Vor- und Nachtest wurden mittels t-Test auf ihre Signifikanz geprüft.

Die Mädchen der Modellversuchsklassen messen der Physik im Vergleich zum Beginn des Schuljahres am Ende der 7. Klasse weitgehend mehr Bedeutung bei. Sie sind am Ende der 7. Klasse im Durchschnitt signifikant stärker der Meinung, daß man mit Physik viele Vorgänge in der Natur ($p < .001$) und viele Ereignisse im Alltag ($p < .001$) erklären kann, sowie, daß man mit Physik verstehen kann, wie technische Geräte funktionieren ($p < .05$). Sie sind allerdings gleichermaßen wie die Mädchen der Kontrollklassen noch weniger der Meinung, daß Physik für ihren späteren Beruf von Bedeutung ist ($p < .05$). Auch die Mädchen der Kontrollklassen sind am Ende der 7. Klasse stärker der Meinung, daß man mit Physik viele Ereignisse im Alltag erklären kann ($p < .001$), sie messen der Physik einerseits für die Zukunft deutlich weniger Bedeutung bei, als vor dem Physikunterricht ($p < .001$) und sind andererseits stärker von den negativen Auswirkungen der Physik überzeugt ($p < .001$). Die Jungen der Modellversuchsklassen und etwas abgeschwächt auch die Jungen der Kontrollklassen messen der Physik am Ende der 7. Klasse in einzelnen Bereichen mehr und in einzelnen Bereichen weniger Bedeutung bei als vor dem Physikunterricht.

Deutliche Veränderungen haben sich sowohl bei den Jungen der Modellversuchsklassen sowie bei den Mädchen der Kontrollklassen hinsichtlich der Meinung ergeben, daß Physik an den Waffen schuld ist, die die Welt zerstören ($p < .001$). Bei den Mädchen der Modellversuchsklassen ist diese Meinung am Ende der 7. Klasse am wenigsten ausgeprägt ($p < .05$).

Bei der Skala Bedeutung der Physik hatten die Schülerinnen und Schüler auch die Möglichkeit mit „Ich weiß nicht" zu antworten. Dies hat zwar den Nachteil, daß die „ich weiß nicht" Antworten bei der Datenanalyse wie fehlende Werte zu behandeln sind, sie geben aber andererseits darüber Aufschluß, in welchen Bereichen sich die Schülerinnen und Schüler noch keine feste Meinung gebildet haben und vermutlich auch kein oder nur wenig Wissen besitzen. Aus Tabelle 8.2.2 ist die Verteilung der „ich weiß nicht" Antworten der Schülerinnen und Schüler im Vor- und im Nachtest abzulesen. Eine Trennung nach Modellversuch- und Kontrollklassen ist aufgrund der geringen Stichprobe nicht zweckmäßig.

	Mädchen VT	Mädchen NT	Jungen VT	Jungen NT
Naturvorgänge	14	2	13	4
Techn. Geräte	10	2	10	3
Alltag	32	4	18	6
Beruf	93	84	67	57
Prakt. Anwendungen	43	21	21	11
Bedeutung für Zukunft	69	55	43	28
Waffen	75	56	37	15
N:	**260**	**226**	**203**	**184**

Tab. 8.2.2: Anzahl der Schülerinnen und Schüler die zur Bedeutung der Physik in verschiedenen Bereichen noch keine Meinung gebildet haben

Es fällt auf, daß zu Beginn der 7. Klasse 35% der Mädchen und 37% der Jungen noch keine Aussage dazu machen können, ob Physik für den Beruf, den sie einmal ergreifen wollen, wichtig ist. Am Ende der 7. Klasse sind dies 33% bzw. 31%. Inwieweit Physik ein Gebiet ist, das in Zukunft immer bedeutender werden wird, ist zu Beginn der 7. Klasse für 27% der Mädchen und für 24% der Jungen offen und am Ende der 7. Klasse für 21% bzw. 15%.

Als **Ergebnis** kann festgehalten werden:

> *Im Vergleich zum herkömmlichen Unterricht bewirkt der Unterricht im Rahmen des Modellversuchs bei den Mädchen eine weitgehend positivere Einstellung über die Bedeutung der Physik. Eine Ausnahme bildet die Einschätzung ihrer Bedeutung für den späteren Beruf, wo sich kein Unterschied ergeben hat. Bei den Jungen der Modellversuchsklassen sind die Einstellungsänderungen eher divergierend. Sie unterscheiden sich am Ende der 7. Klasse nicht von den Einstellungen der Jungen aus den Kontrollklassen.*
>
> *Die deutlichsten Veränderungen haben sich sowohl bei den Jungen der Modellversuchsklassen und insbesondere bei den Mädchen der Kontrollklassen hinsichtlich der Meinung ergeben, daß Physik an den Waffen schuld ist, die die Welt zerstören. Bei den Mädchen der Modellversuchsklassen ist diese Meinung am Ende der 7. Klasse am wenigsten ausgeprägt.*
>
> *Hypothese H12/4 kann nur für die Mädchen beibehalten werden.*

Theoretischen Ansätzen der Interessenforschung (Krapp 1992) und vorliegenden empirischen Befunden u.a. der beiden IPN-Interessenstudien zufolge (Gräber 1992a; b; Häußler/Hoffmann1995), sind die Einschätzung der eigenen Begabung bzw. das fachspezifische Selbstkonzept sowie der erwartete leistungsbezogene Kompetenzgewinn, den man sich durch die Beschäftigung mit Physik erwartet, für das Interesse an Physik bedeutsam.

Ein Ziel des Modellversuchs war es, Bedingungen zu schaffen, die es Mädchen ermöglichen, sowohl ein (auf Physik bezogen) positiveres Selbstkonzept zu entwickeln als auch Kompetenzgewinn durch die Beschäftigung mit Physik zu vermitteln.

In diesem Zusammenhang wurden die folgenden präexperimentellen Hypothesen aufgestellt:

H13: Im Vergleich zu den Jungen kommen Mädchen mit einem geringeren Selbstkonzept hinsichtlich ihrer Begabung für Physik in den Anfangsunterricht Physik.

H14: Das im Modellversuch eingesetzte Maßnahmenbündel zur Veränderung des Anfangsunterrichts Physik führt im Vergleich zum herkömmlichen Unterricht auf seiten der Mädchen zu einem positiveren fachspezifischen (auf Physik bezogenen) Selbstkonzept. Die diesbezüglichen geschlechtsspezifischen Unterschiede werden verringert.

H14/1: Die zeitliche Aufhebung der Koedukation führt im Vergleich zu den anderen Versuchsbedingungen bei Mädchen zu einem höheren fachspezifischen Selbstkonzept. Seitens der Jungen ist dies unbedeutend.

H14/2: Im Vergleich zum herkömmlichen Unterricht bewirkt der Unterricht im Rahmen des Modellversuchs, insbesondere bei Mädchen, aber auch bei Jungen, eine subjektiv höhere Einschätzung des Kompetenzgewinns durch den Physikunterricht.

Zur Prüfung dieser Hypothesen können die Antworten der Schülerinnen und Schüler auf die Skalen ***Fachspezifisches Selbstkonzept Begabung, Fachspezifisches Selbstkonzept Unterricht, Kompetenzgewinn*** und ***Allgemeines schulisches Selbstkonzept*** herangezogen werden. Die Skalen sind unterschiedlich lang. Um die Ergebnisse zu- einander in Beziehung setzen zu können, wurden die Summenscores dieser Skalen z-transformiert.

Im Vortest wurde mit der Skala ***Fachspezifisches Selbstkonzept Begabung*** erhoben, inwieweit die Schülerinnen und Schüler erwarten, daß sie für Physik begabt sind. Wie die Mädchen und Jungen ihre Begabung für Physik zu Beginn der 7. Klasse, d.h. unmittelbar vor bzw. zu Beginn des erstmals einsetzenden Physikunterrichts einschätzen, ist in Abbildung 8.2.15 dargestellt. Die Mittelwertunterschiede wurden wieder mittels t-Test auf ihre Signifikanz überprüft.

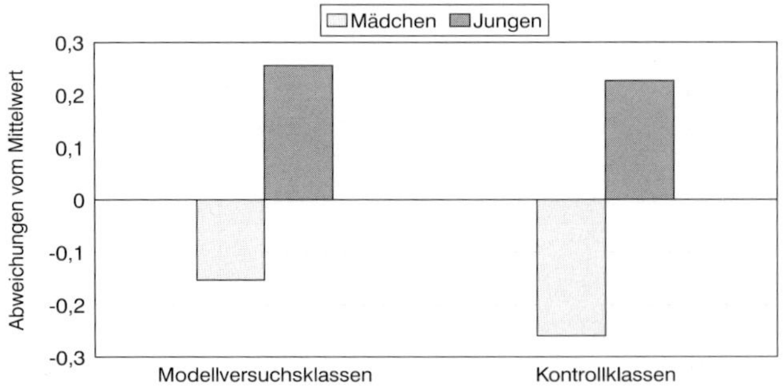

Abb. 8.2.15: Erwartete Begabung für Physik seitens der Mädchen und Jungen zu Beginn der 7. Klasse (Modellversuchsklassen vs . Kontrollklassen): Mittelwertvergleich (z-Werte)

Die Mädchen der Modellversuchsklassen schätzen schon vor bzw. zu Beginn des Physikunterrichts ihre Begabung für Physik gleichermaßen wie die Mädchen der Kontrollklassen im Durchschnitt deutlich geringer ein als die Jungen ihrer Klassen. Das Ergebnis ist hoch signifikant ($p < .001$). Im Vergleich zu den Modellversuchsklassen schätzen die Mädchen der Kontrollklassen ihre Begabung etwas geringer ein. Der Unterschied ist jedoch nicht signifikant.

Als **Ergebnis** kann festgehalten werden:

> *Im Vergleich zu den Jungen kommen Mädchen mit einem signifikant geringerem Selbstkonzept hinsichtlich ihrer Begabung für Physik in den Anfangsunterricht Physik.*
>
> *Hypothese H13 ist beizubehalten.*

Inwieweit die im Modellversuch eingesetzten Maßnahmen im Vergleich zum herkömmlichen Unterricht auf seiten der Mädchen zu einem positiveren fachspezifischen Selbstkonzept geführt haben, wird über die Differenz zwischen dem allgemeinen schulischen Selbstkonzept und dem auf Unterricht bezogenen fachspezifischen Selbstkonzept der Schülerinnen und Schüler geprüft. Es ist zu erwarten, daß bei den Jungen im Durchschnitt das auf den Physikunterricht bezogene Selbstkonzept (fachspezifisches Selbstkonzept Unterricht) höher ist als das allgemeine schulische Selbstkonzept, und im Gegensatz dazu bei den Mädchen im Durchschnitt das allgemeine schulische Selbstkonzept höher ist als das auf den Physikunterricht bezogene fachspezifische Selbstkonzept. Abbildung 8.2.16 zeigt das Ergebnis.

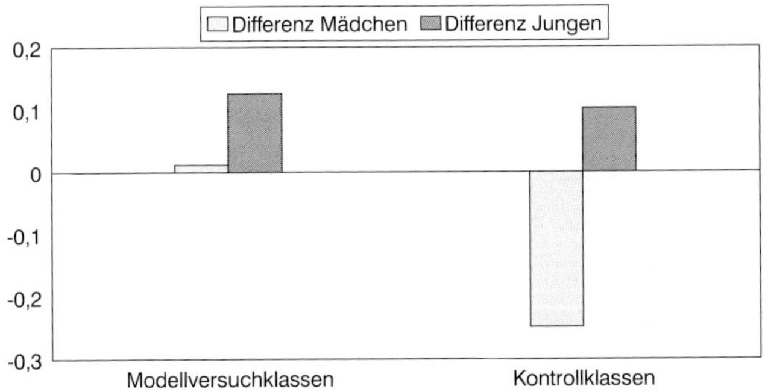

Abb. 8.2.16: Differenz zwischen allgemeinem schulischen Selbstkonzept und fachspezifischen Selbstkonzept Physik (bezogen auf den Unterricht) am Ende der 7. Klasse (z-Werte): Vergleich Modellversuchsklassen — Kontrollklassen

Bei den Mädchen, die am Modellversuch teilgenommen haben, ist im Durchschnitt das auf Physik bezogene Selbstkonzept genauso hoch wie das allgemeine schulische Selbstkonzept; bei den Mädchen der Kontrollklassen ist es deutlich niedriger. Die Differenz bei den Mädchen der Kontrollklassen ist mit $p < .05$ signifikant. Bei den Jungen der Modellversuchsklassen und ebenso bei den Jungen der Kontrollklassen ist das fachspezifische Selbstkonzept im Durchschnitt tendenziell höher als das allgemeine schulische Selbstkonzept. Die Unterschiede bei den Jungen sind nicht signifikant.

Wie sich die Einschätzung der eigenen Begabung für Physik von Beginn bis Ende der 7. Klasse ändert wird aus Abbildung 8.2.17 ersichtlich.

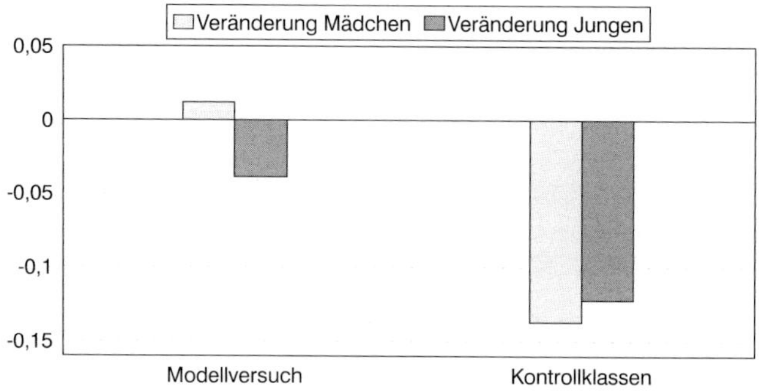

Abb. 8.2.17: Fachspezifisches Selbstkonzept Physik (Begabung): Differenz zwischen Beginn und Ende der 7. Klasse: Vergleich Modellversuchsklassen - Kontrollklassen

Die Mädchen und Jungen, die am Modellversuch teilgenommen haben, schätzen ihre Begabung für Physik am Ende der 7. Klasse genauso hoch ein wie zu Beginn der 7. Klasse, die Mädchen und Jungen der Kontrollklassen tendenziell geringer.

Als **Ergebnis** kann festgehalten werden:

Das im Modellversuch eingesetzte Maßnahmenbündel zur Veränderung des Anfangsunterrichts Physik führt im Vergleich zum herkömmlichen Unterricht auf seiten der Mädchen zu einem positiveren fachspezifsichen (auf Physik bezogenen) Selbstkonzept. Die diesbezüglichen geschlechterspezifischen Unterschiede werden verringert.

Hypothese H14 ist beizubehalten.

Ob die zeitweise Aufhebung der Koedukation im Vergleich zu den anderen Versuchsbedingungen bei den Mädchen zu einem höheren fachspezifischen Selbstkonzept führt, kann von Abbildung 8.2.18 abgelesen werden.

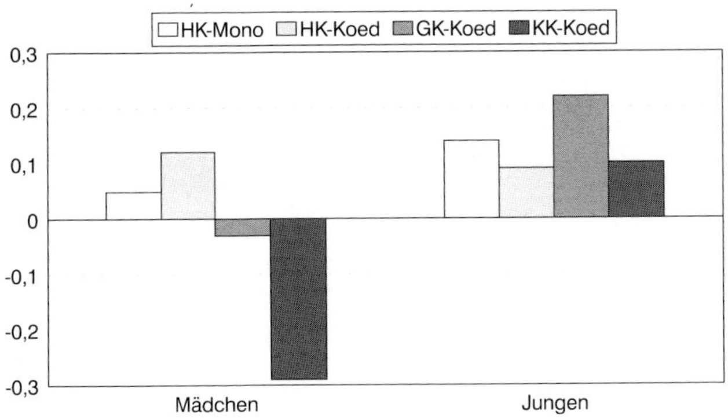

Abb. 8.2.18: Vergleich zwischen fachspezifischem und allgemeinem Selbstkonzept bei Mädchen und Jungen am Ende der 7. Klasse getrennt nach Versuchsbedingungen (Differenz der z-Werte)

Die zeitweise Aufhebung der Koedukation führt im Rahmen des Modellversuchs zu keinem höheren fachspezifischen Selbstkonzept auf seiten der Mädchen.

Als **Ergebnis** ist festzuhalten:

> *Die zeitweise Aufhebung der Koedukation erhöht in Relation zum allgemeinen schulischen Selbstkonzept weder bei den Mädchen noch bei den Jungen das physikbezogene Selbstvertrauen.*
> *Hypothese H14/1 wird nicht bestätigt.*

Ob es im Modellversuch gelungen ist, Bedingungen zu schaffen, die es Mädchen ermöglichen, durch die Beschäftigung mit Physik Kompetenzgewinn zu vermitteln, wird daran gemessen, inwieweit der von Schülerinnen und Schülern wahrgenommene Kompetenzgewinn durch den Physikunterricht den vorunterrichtlichen Erwartungen entspricht. In Abbildung 8.2.19 sind als Ergebnisse die durchschnittlichen Veränderungen der Schülerantworten zwischen Vortest und Nachtest zur Skala Kompetenzgewinn für die Versuchsbedingungen getrennt dargestellt.

Nur die Mädchen unter der Bedingung zeitweise Aufhebung der Koedukation verbuchen für sich am Ende der 7. Klasse im Durchschnitt einen signifikant höheren Kompetenzgewinn durch den Phy-

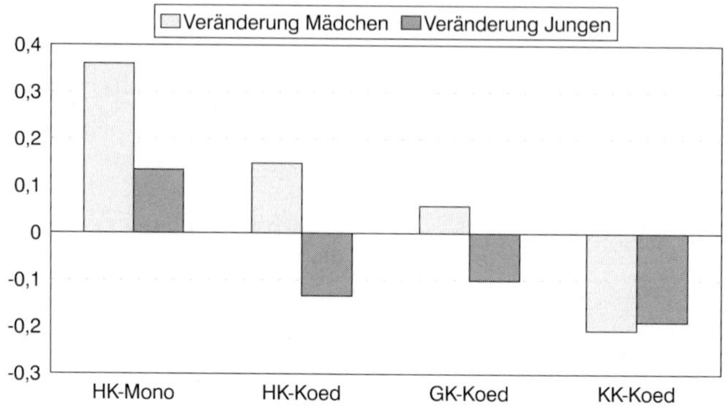

Abb. 8.2.19: Erwarteter Kompetenzgewinn durch Physik - Differenz zwischen Beginn und Ende der 7. Klasse (z-Werte): getrennt nach Versuchsbedingungen

sikunterricht ($p < .05$) als sie zu Beginn der 7. Klasse erwartet haben. Während die Mädchen der beiden anderen Versuchsbedingungen tendenziell auch einen etwas höheren Kompetenzgewinn als erwartet angeben, äußern die Jungen unter den beiden Bedingungen HK-Koed und GK-Koed und etwas stärker noch die Mädchen und Jungen der Kontrollklassen tendenziell am Ende der 7. Klasse einen geringeren Kompetenzgewinn als sie zu Beginn der 7. Klasse erwartet haben.

Als **Ergebnis** kann festgehalten werden:

> *Im Vergleich zum herkömmlichen Unterricht bewirkt die zeitweise Aufhebung der Koedukation im Rahmen des Modellversuchs bei Mädchen im Durchschnitt eine subjektiv signifikant höhere Einschätzung des Kompetenzgewinns durch den Physikunterricht. Tendenziell trifft dies auch für die Jungen bei zeitweiser Aufhebung der Koedukation sowie für die Mädchen aller Bedingungen des Modellversuchs zu.*
>
> *Die Hypothese H14/2 ist entsprechend abzuändern:*
>
> *Im Vergleich zum herkömmlichen Unterricht bewirkt die zeitweise Aufhebung der Koedukation im Rahmen des Modellversuchs bei Mädchen im Durchschnitt eine subjektiv signifikant höhere Einschätzung des Kompetenzgewinns durch den Physikunterricht.*

8.3 Ergebnisse bezüglich des Interaktionsgeschehens und zu den Einstellungen der Betroffenen

8.3.1 Wirkung der Maßnahmen zur Sensibilisierung der Lehrkräfte und zur Verbesserung des Interaktionsgeschehens

Es war ursprünglich vorgesehen, die in Abschnitt 5.2 beschriebenen Maßnahmen zur Sensibilisierung der Lehrkräfte und zur Verbesserung des Interaktionsgeschehens im Unterricht mittels Unterrichtsbeobachtung zu evaluieren. Es zeigte sich jedoch sehr bald, daß dies schon aus rein zeitlichen Gründen nicht leistbar war. Inwieweit die Maßnahmen insgesamt in die geplante Richtung gewirkt haben, kann so nur indirekt über die Antworten der Schülerinnen und Schüler zu den von ihnen wahrgenommen Zielen und Verhaltensweisen der Lehrkräfte rückgeschlossen werden (s. Abschnitt 8.3.3). Indirekt kann auch von den Ergebnissen der Lehrerbefragung mittels Fragebogen auf die Wirkung der Maßnahmen rückgeschlossen werden (vgl. Abschnitt 8.3.4). Wie die Lehrkräfte selbst mit den verschiedenen Vorschlägen zurechtgekommen sind, wurde in den abschließenden Interviews mit den Lehrkräften erfragt. Die Aussagen der Lehrkräfte sind in Abschnitt 8.3.5 wiedergegeben.

8.3.2 Ergebnisse der Unterrichtsbeobachtung

In Absprache mit den Lehrkräften wurde darauf geachtet, Ansatzpunkte zu finden, wo und wie im Interaktionsgeschehen Mädchen ermutigt werden können, sich stärker am Unterrichtsgeschehen zu beteiligen. Als generelle Devise für die Unterrichtsbeobachtungen galt: „Wenn wir davon ausgehen, daß gesellschaftliche Strukturen der Geschlechterdifferenzierung sich auch im Unterrichtsgeschehen niederschlagen, wo lassen sich dann Ansatzpunkte finden, diese Strukturen nicht zu verfestigen, sondern möglichst aufzubrechen?"

Schwerpunkte der Beobachtung wurden:

- Wo lassen sich die Lehrkräfte zu stark auf Schüler ein, hervorgerufen durch deren verbales und nonverbales aufmerksamkeitsforderndes Verhalten?
- Welche Strategien gibt es, um dagegenzusteuern?
- Wo und wie können Schülerinnen ermutigt und bestärkt werden, selbstbewußt Leistungen zu zeigen oder sich überhaupt am Unterricht zu beteiligen?

Zwar wurden während der gesamten Zeit der Unterrichtsbeobachtung die Chancen der Mädchen und Jungen, sich im Unterricht einzubringen, im Auge behalten, d.h. die ablaufenden Interaktionen zwischen Schülerinnen/Schülern und Lehrkräften wurden noch protokolliert, es wurden jedoch keine quantitativen Auswertungen vorgenommen. Stärker in den Vordergrund rückten einzelne Ereignisse, die die Chancen der Reflexion und somit Veränderungen der Wahrnehmungen und Verhaltensweisen der Lehrkräfte in sich bargen. Schwerpunkte der Gespräche waren:

- sowohl genutzte als auch nicht genutzte Gelegenheiten der Lehrkräfte im Sinne des Modellversuchs: das Selbstkonzept der Mädchen zu stärken;
- die Frage wie im Unterricht mit denjenigen Jungen umgegangen werden sollte, die einen hohen Anteil der Aufmerksamkeit der Lehrkräfte binden (dies nahm den größten Raum bei den Nachbesprechungen ein);
- Interaktionen der Schülerinnen und Schüler untereinander, die entweder von den Lehrkräften nicht wahrgenommen wurden oder im Interesse des Fachunterrichts während des Unterrichts nicht weiter beachtet werden konnten (seltener).

In der Phase der Unterrichtsbeobachtung wurde mit der einzelnen Lehrkraft über den Unterricht und die Wahrnehmung durch die beobachtende Person gesprochen, selten war gleich nach dem Unterricht dazu Zeit, deshalb mußten immer eine größere Anzahl Unterrichtsstunden zusammengefaßt werden. Der Unterricht der Lehrkräfte wurde zwischen 2 und 6 Wochen lang beobachtet. Einzelne Situationen, die für alle Lehrkräfte von Interesse waren, wurden im Lehrerarbeitskreis besprochen.

Die Unterrichtsbeobachtung als Evaluationsinstrument wurde aus den obengenannten Gründen aufgegeben. Jedoch konnte sie in Ansätzen dazu genutzt werden, die Bereitschaft der Lehrkräfte zu fördern, sich mit dem Anliegen des Modellversuchs auseinanderzusetzen. Ein Problem waren die verschiedenen Einordnungen der einzelnen Situationen in den Kontext des Modellversuchs: ist die Situation mit den Kategorien, die für diesen Modellversuch entwickelt wurden, zu beschreiben? So mußte auch im Lehrerarbeitskreis immer wieder darüber diskutiert werden, ob es bei der Beschreibung der einzelnen Situationen wirklich der Kategorien der Geschlechterdifferenzierung bedarf, oder ob es sich nicht vielmehr um Probleme der Behandlung von guten und schlechten oder stillen und lebhaften Schülern handelt.

Die Lehrkräfte des Modellversuchs handelten alle in der besten Absicht, jede einzelne Schülerin / jeden einzelnen Schüler bestmöglichst zu fördern. Einen breiten Raum nahmen deshalb die Diskussionen ein, was wird von den Schülerinnen und Schülern in die Schule mitgebracht, was kann eine einzelne Lehrkraft verändern, kann sie überhaupt etwas verändern. Sind nicht viele Probleme, die die Schülerinnen und Schüler mit in die Schule bringen durch das Elternhaus bzw. durch die altersgemäße Entwicklung (Pubertät) bedingt. Die Erörterungen drifteten beharrlich in die Problematisierungen des „So-Seins" von Schülerinnen und Schülern ab. Dazu, daß die Lehrkräfte hätten lernen können, sich nicht ständig rechtfertigen zu wollen, reichte der Raum, den die Sensibilisierung im Modellversuch einnahm, nicht aus. Es ist nicht gelungen, die Lehrkräfte davon zu überzeugen, daß das Anliegen nicht ist, eine Wertung über ihr Verhalten zu erstellen. Die unangenehmen Gefühle einer Kontrolle ausgesetzt zu sein, konnten nicht ausreichend abgebaut werden.

Manchmal konnten auch die Widersprüche, die diese Form der gemeinsamen Reflexion mit sich bringt, nicht aufgehoben werden. Einerseits wehrten sich einige Lehrkräfte gegen zurückgemeldete Beobachtungen, da sie der Überzeugung waren, sowieso schon das Beste aus der Situation zu machen: „Wenn Sie das sagen, sagen Sie ich bin kein guter Lehrer", andererseits wiederum nach Rezepten zu verlangen: „So, sagen Sie uns doch, was ich falsch mache".

Nicht alle Lehrkräfte konnten davon überzeugt werden, daß es nicht darum ging, zu beweisen, daß auch sie Jungen stärker als Mädchen fördern, sondern daß es das Anliegen des Modellversuchs ist, Mädchen noch mehr als bisher zu unterstützen.

Die Konzentration auf den fachlichen Ablauf der Unterrichtsstunden, die in diesem Fall ja auch keine Routine waren, da die Unterrichteinheiten neu entwickelt waren und erprobt werden mußten, ermöglichte den Lehrkräften nur selten die Reflexion des Interaktionsgeschehens. Oft erinnerten die Lehrkräfte an die Absicht des Unterrichtsgeschehens, es war jedoch sehr schwierig, über die Wirkungen der verbalen und nonverbalen Interaktionen zu reden und sich über die Interpretationen zu verständigen.

Mit einem Teil der Lehrerinnen konnte über die eigene Rollenidentität ansatzweise reflektiert werden. Anlaß waren hier sehr unruhige, störende Jungen, denen durch die sehr weibliche Art, sie um Ruhe zu bitten, mit ihnen über ihr Verhalten zu diskutieren und dabei doch auch sehr viel Nachsicht zu signalisieren, die Möglichkeit gegeben wurde, die Mädchen immer wieder einzuengen und zu behindern. Gespräche, die das eigene Rollenverhalten zum Thema hatten, konnten mit den Lehrern nicht geführt werden, aber auch nicht mit allen Lehrerinnen. Inhaltlich konnten die Fragen, wie weit eine Lehrkraft unnachsichtig sein muß und auch von 7. und 9. Klässlern verlangen kann, eigenes Verhalten zu kontrollieren, nicht geklärt werden.

Die Motivation, möglichst viel zu probieren, statt sich zu stark auf die fachlichen Aspekte der Unterrichtseinheiten zu konzentrieren, konnte nicht ausreichend geweckt werden. Hier deutete sich folgender Widerspruch an, einerseits verlangten die Lehrkräfte nach Informationen und gesicherten Ergebnissen, was denn überhaupt machbar und realisierbar ist, andererseits konnten sie ihre eigenen Unterrichtssituationen nur als einzigartige, nicht mit anderen vergleichbare Angelegenheit wahrnehmen. Die Verknüpfung theoretischer Erkenntnisse mit der individuellen Situation einer jeden Lehrkraft, die vielleicht eine andere Wahrnehmung und Interpretation mit sich bringt, benötigt offenbar viel mehr Zeit und Anstrengung als im Rahmen des Modellversuchs möglich war.

Schon früh, noch in der Vorbereitungsphase, wurde deutlich, daß die theoretische Auseinandersetzung mit dem Thema: Referate, Aufsätze und dergleichen mehr, kein Weg der Auseinandersetzung für die teilnehmenden Lehrkräfte ist. Die Notwendigkeit, seine eigenen eingefahrenen Interpretationsmuster über die theoretische Auseinandersetzung zu verändern, weil die bisher selbstverständlichen Kategorien vielleicht auch gar nicht greifen, ist nur von einem Teil der Lehrkräfte eingesehen worden und das auch erst gegen Ende des Modellversuchs. Insofern ist die Rückspiegelung durch die Unterrichtsbeobachtung sicherlich ein wichtiger Weg, überhaupt über dieses Thema nachzudenken; um Blockaden abzubauen reicht diese zeitlich doch sehr eingegrenzte Form der Unterrichtsbeobachtung jedoch nicht aus.

Zum Ende des Modellversuchs haben mehrere Lehrkräfte rückblickend gesagt, daß sie durch die Unterrichtsbeobachtungen neue Einsichten gewonnen haben und daß die Unterrichtsbeobachtung doch früher hätte einsetzen sollen. Am Ende des Modellversuchs glauben einige Lehrkräfte, daß sie durchaus Möglichkeiten gefunden haben, Mädchen besser zu unterstützen.

Durch die Unterrichtsbeobachtungen sind Veränderungen in Gang gesetzt worden, die nicht meßbar sind und auch größtenteils von den Lehrkräften nicht wahrgenommen worden sind, die aber durch Äußerungen der Lehrkräfte im Lehrerarbeitskreis rückschließbar sind. Auch in den Interviews, die gegen Ende des Modellversuchs durchgeführt wurden, äußern sich fast alle Lehrkräfte dahingehen, daß die Unterrichtsbeobachtungen früher und intensiver hätten einsetzen müssen. Jedoch sehen sie auch, daß hier von den Lehrkräften in der ersten Zeit sehr geblockt wurde. Unterrichtsbeobachtungen werden im Nachhinein von den Lehrkräften als der einzige gangbare Weg gesehen, etwas zu verändern, denn die Selbstbeobachtungen sind zu schwierig.

Aus diesen Erfahrungen folgt:

Wenn man auf der Bewußtseins- und Verhaltensebene der Lehrkräfte langfristig etwas ändern will, ist dafür eine wesentlich längere Zeitspanne einzuplanen als im Rahmen des Modellversuchs dafür vorgesehen war.

Neben den Unterrichtsbeobachtungen durch die Sozialwissenschaftlerinnen, führten auch die Fachdidaktiker Unterrichtsbeobachtungen durch. Hier wurde eher Wert auf die Umsetzung der entwickelten Unterrichtseinheiten und ihre Verknüpfung mit der Alltags- und Lebenswelt der Schülerinnen und Schüler gelegt. Doch bezogen sich auch die Rückmeldungen der Fachdidaktiker auf die Fragestellungen des Modellversuchs: Sprache, Klassenklima, Mitarbeit und Beteiligung der Klassen am Unterrichtsgeschehen, differenziert nach Geschlechtern. Auch diese Beobachtungen wurden schriftlich fixiert und die Protokolle mit den Lehrkräften besprochen. Nachfolgend drei Beispiele solcher Protokolle

Unterrichtsbeobachtung
zur Unterrichtseinheit
„Geschwindigkeit und Kraft"

Beobachtungszeitraum:	3. bis 19. November	
Beobachtete Klassen:	Quarta a:	Halbklasse mit 11 Schülerinnen Halbklasse mit 11 Schülern Ganze Klasse
	Quarta b:	Halbklasse mit 6 Schülerinnen und 5 Schülern

Unterrichtete Inhalte:

- Interpretation von Weg-Zeitdiagrammen
- Umrechnung von cm/s in km/h
- Bestimmung von Geschwindigkeiten im Freien
- Einführung des Kraftbegriffs

Einbettung der Inhalte:

Die Konzeption der von der Physikgruppe erarbeiteten Unterrichtseinheit ist in dem beobachteten Unterrichtsabschnitt eher traditionell. Dementsprechend werden die Inhalte relativ formal behandelt und die Verknüpfung mit der Alltags- und Lebenswelt der Schülerinnen und Schüler tritt in den Hintergrund. So wird z.B. die Umrechnung von einer Geschwindigkeitseinheit zu einer anderen sehr ausführlich im Klassengespräch entwickelt und in weiteren Stunden mehrfach, auch anhand von Übungsaufgaben, wiederholt. Auch bei der Bestimmung von Geschwindigkeiten im Freien (Schallgeschwindigkeit, Geschwindigkeit eines an der Schule vorbeifahrenden Kraftfahrzeugs) stehen die Meß- und Auswerteprozeduren im Vordergrund, während z.B. der Frage, was mit überführten „Temposündern" geschieht, nicht nachgegangen wird.

Beteiligung der Klasse am Unterrichtsgeschehen:

Die Lehrkraft achtet in vorbildlicher Weise darauf, die gesamte Klasse am Unterricht zu beteiligen und hat ein sicheres Gefühl, was sie von den einzelnen Schülerinnen und Schülern fordern kann. Auch in Zeitnot verfällt sie nicht in die Routine, den Unterricht mit einigen wenigen „Stars" voranzubringen, sondern wartet geduldig bis sich auch schwächere Schüler melden. Insgesamt wird in allen Klassen durch Variation der Schrittweite und des Lerntempos eine gute Passung zwischen Anforderung und Aufnahmebreitschaft erzielt. Eine besonders originelle Methode zur Messung der Schallgeschwindigkeit, die zwei Schülerinnen unaufgefordert vorschlagen, wird bereitwillig und anerkennend aufgegriffen und erfolgreich umgesetzt.

Wiederholungsphasen:

Innerhalb einer Stunde und stundenübergreifend wird häufig und stets so wiederholt, daß sich alle Schüler beteiligen können. Dies wird explizit am Meldeverhalten kontrolliert („Das müssen jetzt aber alle wissen!"). Hausaufgaben werden vollständig besprochen.

Sprache:

Die Sprache der Lehrkraft ist altersangemessen. Fragen und Aufträge werden klar formuliert. Die Verwendung der männlichen Form („Kann mir das mal einer erklären (Mädchengruppe)" oder „Der Physiker sagt dazu ...") fallen nicht ins Gewicht.

Mitarbeit der Klassen:

Die beiden Klassen sind trotz der ungünstigen Randlage der Stunden (5. bzw. 6. Stunden) und des nicht unbedingt immer interessanten

Themas (Rechnen!) zur Mitarbeit bereit und überwiegend aufmerksam. Auch die Arbeit in den Kleingruppen verläuft reibungslos. Unterschiede im Meldeverhalten zwischen Mädchen und Jungen waren nicht zu beobachten. Lediglich in einer einzigen Stunde (Funktionsweise eines Kraftmessers) kamen die Beiträge überwiegend von den Jungen (Quarta b).

Klassenklima:

Erwartungsgemäß ist die Atmosphäre in den Halbklassen entspannter als in der ganzen Klasse. Die Lehrkraft unterrichtet offensichtlich gern und respektiert die ihr Anvertrauten. Gelegentliche Störungen treten bevorzugt in den ganzen Klassen auf, werden aber souverän und angemessen unterbunden. Auch die Schülerinnen und Schüler gehen recht nett miteinander um. Gute Beiträge werden gelegentlich (ohne Ironie) anerkennend kommentiert, weniger geglückte Beiträge wurden in keinem einzigen Fall verächtlich gemacht. Die Stars der Klassen akzeptieren es, daß sie nicht häufiger als die anderen drankommen.

Unterrichtsbeobachtung
zur Unterrichtseinheit
„Wärmeausbreitung, Ausdehnung bei Erwärmung, Temperaturmessung"

Beobachtungszeitraum:	2. bis 17. Dezember	
Beobachtete Klasse:	Quarta b:	Halbklasse mit 8 Schülerinnen Halbklasse mit 14 Schülern Ganze Klasse

Unterrichtete Inhalte:

- Wärmegeräte in der Küche
- Wärmeleitung
- Gute Wärmeleiter, weniger gute Wärmeleiter, schlechte Wärmeleiter
- Wärmeströmung (Konvektion) und Wärmestrahlung

Einbettung der Inhalte:

Die Konzeption der von der Physikgruppe erarbeiteten Unterrichtseinheit gibt reichlich Gelegenheit, die physikalischen Inhalte mit der Alltagswelt der Schülerinnen und Schüler zu verknüpfen. Dementsprechend gibt die Lehrkraft Fragen wie „warum werden Speisen überhaupt erwärmt?" oder „auf welchem Weg kommt die Wärme in die Kartoffel?" breiten Raum. Die von ihr mitgebrachten Objekte (Kartoffeln, Baguettebrötchen, Fön, Rotlichtlampe, Brotröster) unterstützen diese Absicht wirkungsvoll. Am Rande einer Stunde äußern vor allem die Mädchen gegenüber dem Beobachter, daß Physik interessanter sei als andere Fächer, weil man was Praktisches lerne.

Beteiligung der Klasse am Unterrichtsgeschehen:

Die Lehrkraft läßt den Schülerinnen und Schülern genügend Zeit, ihre Vorerfahrungen einzubringen. Auch weniger gelungene Beiträge werden wohlwollend kommentiert. Verbesserungsvorschläge zur Durchführung eines Versuchs oder zum Tafelbild werden bereitwillig übernommen. In Zeitnot verfällt sie allerdings häufig in die Routine, Merksätze an die Tafel zu schreiben, ohne daß deren Gehalt vorher mit der Klasse erarbeitet worden wäre. Auch die Versuche werden häufig erst so spät im Verlauf einer Unterrichtsstunde begonnen, daß kaum Zeit bleibt, den Sinn des Versuchs zu diskutieren.

Die Lehrkraft achtet nicht immer darauf, die gesamte Klasse am Unterricht zu beteiligen. Es kommt vor, daß einzelne Schüler oder Schülerinnen für längere Zeit „abtauchen". In das Klassengespräch werden überwiegend solche Schülerinnen und Schüler einbezogen, die sich durch aktives Melden anbieten. Das Hantieren mit Bunsenbrennern (andere Gruppen arbeiten mit Elektroplatten) wurde bewußt Mädchen überlassen. Sie hatten es in einer vorausgegangenen Stunde gelernt, ohne Scheu damit umzugehen.

Wiederholungsphasen:

An den kurzen Wiederholungen zu Beginn der Unterrichtsstunden werden im wesentlichen nur die von sich aus aktiven Schülerinnen und Schüler beteiligt. Hausaufgaben wurden nur einmal aufgegeben (wie sind die Töpfe bei Euch zu Haus aufgebaut?) und die einzelnen Antworten in der nächsten Stunde kurz abgefragt, ohne zu einem systematischen Ergebnis zu kommen.

Sprache:

Die Sprache der Lehrkraft ist altersangemessen, geschlechtsneutral und nie verletzend. Aufträge zur Durchführung der Versuche werden klar formuliert. Im Unterrichtsgespräch sind die Fragen gelegentlich etwas diffus, so daß es längere Zeit dauern kann bis klar wird, worauf die Lehrkraft hinauswill.

Mitarbeit der Klasse:

Die Klasse ist auch noch in der 6. Stunde zur Mitarbeit bereit und überwiegend aufmerksam. Auch die Arbeit in den Kleingruppen verläuft überwiegend diszipliniert. Gelegentliche Löcher im Unterrichtsablauf werden allerdings häufig zu Fragen an die Lehrkraft genutzt, die nichts mit dem Unterricht zu tun haben. Unterschiede im Meldeverhalten und in der Qualität der Beiträge zwischen Mädchen und Jungen waren nicht zu beobachten.

Klassenklima:

Die Lehrkraft unterrichtet offensichtlich gern und respektiert die ihr Anvertrauten. Erwartungsgemäß ist die Atmosphäre in den Halbklassen in der Regel entspannter als in der ganzen Klasse. Kurioserweise traten die massivsten Störungen in Form von Albernheit, störenden Seitengesprächen und Unaufmerksamkeit in einer Unterrichtsstunde mit den 8 Mädchen auf, die in Anwesenheit des Schulleiters gegeben wurde. In der Regel gehen Schülerinnen und Schüler recht nett miteinander um. Diskriminierende Äußerungen wurden nicht beobachtet. Es gibt keine ausgesprochenen Stars in der Klasse, die den Unterricht dominieren und auch keine besonders verhaltensauffälligen Schülerinnen oder Schüler.

Unterrichtsbeobachtung
zur Unterrichtseinheit
„Elektrizität und Magnetismus"

Beobachtungszeitraum:	6. bis 19. Mai	
Beobachtete Klasse:	Quarta c:	Ganze Klasse, 16 Schülerinnen, 7 Schüler zeitweise ein Gastschüler aus der Quarta d

Unterrichtete Inhalte:

- Reed-Kontakt
- Elektromagnet
- Reedkontaktgesteuerter Elektromotor
- elektrische Klingel

Einbettung der Inhalte:

Die Konzeption der von der Physikgruppe erarbeiteten Unterrichtseinheit ist insgesamt eher traditionell. Dementsprechend tritt die Verknüpfung mit der Alltags- und Lebenswelt der Schülerinnen und Schüler in den Hintergrund. Innovativ ist die Einheit allenfalls in der Verknüpfung von Magnetismus und Elektrizität durch die Einführung eines magnetischen Schalters (Reedkontakt) mit dessen Hilfe elektrische Stromkreise zur Verblüffung der Schülerinnen und Schüler berührungslos ein- und ausgeschaltet werden können. Auch eine relativ leicht zu durchschauende Version eines Elektromotors konnte so mit den Schülern in überzeugender Weise erarbeitet werden. Daß, wie aus manchen Äußerungen hervorgeht, einige Schülerinnen und Schüler jetzt überzeugt sind, Reedkontakte und Elektromotoren gehören unbedingt zusammen, ja, daß sogar bei einer elektrischen Klingel irgendwo ein Reedkontakt versteckt sein müsse, kann in Kauf genommen werden.

Beteiligung der Klasse am Unterrichtsgeschehen:

Überlegungen zur Durchführung eines Versuchs oder sich daraus ergebende Schlußfolgerungen werden stets im Klassengespräch erarbeitet. Dabei werden allerdings nur solche Schülerinnen und Schüler einbezogen, die sich durch aktives Melden anbieten. Es kommt häufiger vor, daß einzelne Schüler oder Schülerinnen für längere Zeit „abtauchen". Die Situation ändert sich, wenn die Arbeit in kleinen Gruppen organisiert wird. Die Klasse ist es gewohnt, die erforderlichen Materialien abzuholen und hinterher wieder unaufgefordert zurückzubringen und während der Gruppenarbeit selbständig und diszipliniert zu arbeiten. Auch im Klassenverband „abgetauchte" Schülerinnen und Schüler beteiligen sich dann angemessen. Die Lehrkraft gibt den Gruppen klar formulierte und gut gegliederte Aufgabenstellungen. Treten Schwierigkeiten auf, so wiederholt sie sie geduldig oder gibt weitere Hilfestellungen. Bei Demonstrationsexperimenten ist die Lehrkraft stets bereit, einzelne Schülerinnen oder Schüler einzubeziehen.

Wiederholungsphasen:

Ausgesprochene Wiederholungsphasen konnten in dem beobachteten Unterrichtsabschnitt nicht registriert werden. Eine Kontrolle, bis zu welchem Grad das Gros der Schülerinnen und Schüler den behandelten Unterrichtsstoff verstanden hat, findet nur bedingt statt. Allerdings werden die Fragestellungen und die Ergebnisse durch entsprechende Hefteinträge gesichert, so daß ein Nacharbeiten zu Hause möglich ist. Hausaufgaben werden nicht gestellt.

Sprache:

Die Sprache der Lehrkraft ist altersangemessen und geschlechtsneutral. Der Ton ist freundlich und nie verletzend. Fragen und Aufträge werden klar formuliert.

Mitarbeit der Klassen:

Die Klasse ist zur Mitarbeit bereit und überwiegend aufmerksam. Über das normale Maß hinausgehende Störungen oder gar Disziplinlosigkeiten sind nicht aufgetreten. Auffallend ist, daß insbesondere die Mädchen in ihren Beiträgen sehr leise sprechen. Aber auch die Jungen strotzen nicht gerade von Selbstbewußtsein. Unterschiede in den informellen Interessensbekundungen und im Meldeverhalten zwischen Mädchen und Jungen waren nicht zu beobachten. Auch die Qualität der Beiträge war nicht auffallend voneinander verschieden. Lediglich in einer einzigen Stunde, in der die Schülerinnen und Schüler die Funktionsweise von Klingel und Elektromotor selbständig in kleinen Gruppen erarbeiten sollten, waren die Beiträge der Jungengruppen, obwohl in der Minderzahl, qualitativ besser.

Klassenklima:

Die Atmosphäre in der Klasse ist relativ entspannt. In keinem einzigen Fall konnten provozierende oder verächtlichmachende Äußerungen registriert werden. Die Lehrkraft versteht es sehr gut, durch gutes Timing der einzelnen Aktivitäten, eingestreute kleine Spiele (mit Mohrenkopfbelohnung), Beteiligung der Klasse an den entscheidenden Momenten eines Experimentes und durch eine geschickte Dramaturgie in jeder Stunde die Spannung zu halten. (Spontane Äußerung einer Schülerin in Abwesenheit des Lehrers: Physik ist mein Lieblingsfach, das hätte ich gern alle Tage!). Es gibt keine ausgesprochenen Stars in der Klasse, die den Unterricht dominieren, und auch keine besonders verhaltensauffälligen Schülerinnen oder Schüler.

8.3.3 Schülerverhalten und Lehrerverhalten aus Sicht der Schülerinnen und Schüler

Wie in den vorausgegangenen Abschnitten werden auch hier die Ergebnisse aus der Physikgruppe dargestellt.

In Abschnitt 7.3 wurden eine Reihe von Hypothesen über die Auswirkungen der bewußten Auseinandersetzung der Lehrkräfte mit der Problematik des Modellversuchs auf das Verhalten der Schülerinnen und Schüler, sowie auf das Verhalten der Lehrkräfte im Physik- bzw. Chemieunterricht aufgestellt, die nun mittels der in Abschnitt 6.2 beschriebenen Erhebungsinstrumente überprüft werden sollen.

Merkmale von Mädchen und Merkmale von Jungen

Ausgehend von der Annahme, daß der bewußte Umgang der Lehrkräfte mit der Problematik des Modellversuchs zum Abbau geschlechtsspezifischer Verhaltensmuster im Physikunterricht beiträgt, wurden die folgenden Hypothesen aufgestellt:

H21: Mädchen und Jungen beurteilen die Gruppe, der sie selbst angehören, positiver als die jeweils andersgeschlechtliche Gruppe.

H22: Im Physikunterricht wird die Differenz zwischen positiverer Beurteilung der gleichgeschlechtlichen Gruppe und negativerer Beurteilung der andersgeschlechtlichen Gruppe noch verstärkt.

H23: In den Modellversuchsklassen ist die Differenz zwischen positiverer Beurteilung der gleichgeschlechtlichen Gruppe und negativerer Beurteilung der andersgeschlechtlichen Gruppe geringer als in den Kontrollklassen.

Zur Prüfung der Hypothesen werden die Antworten der Schülerinnen und Schüler aus dem Vortest auf die Skalen *Merkmale von Mädchen* in der Klasse und *Merkmale von Jungen in der Klasse* und aus dem Nachtest am Ende des Schuljahres auf die Skalen *Merkmale von Mädchen im Physikunterricht* und *Merkmale von Jungen im Physikunterricht* herangezogen.

Wie die Mädchen im Vergleich zu den Jungen die Mädchen ihrer Klasse im Durchschnitt beurteilen ist im Abbildung 8.3.3.1a auf Itemebene für die Modellversuchsklassen wiedergegeben. Wie Mädchen im Vergleich zu den Jungen die Jungen ihrer Klasse sehen, ist in Abbildung 8.3.3.1b dargestellt. Die dargestellten Ergebnisse beruhen auf den Antworten von insgesamt 150 Mädchen und 139 Jungen. Für jedes Verhaltensmerkmal wurde mittels t-Test geprüft, ob die Mittelwertdifferenzen signifikant sind.

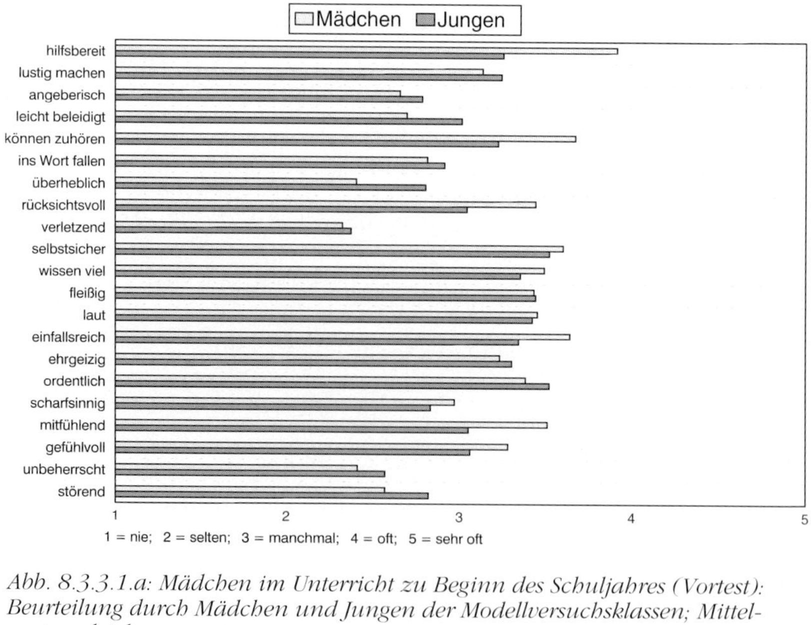

Abb. 8.3.3.1.a: Mädchen im Unterricht zu Beginn des Schuljahres (Vortest): Beurteilung durch Mädchen und Jungen der Modellversuchsklassen; Mittelwertvergleich

Die Abbildungen zeigen auf, daß Mädchen die Mädchen ihrer Klasse im Durchschnitt positiver beurteilen als die Jungen dies tun. Sie beurteilen im Vergleich zu den Jungen die Mädchen als signifikant hilfsbereiter, mitfühlender, rücksichtsvoller, weniger leicht beleidigt, weniger überheblich und meinen, daß sie besser zuhören können (für alle $p < .01$) und daß sie einfallsreicher sind und weniger stören ($p \leq .05$).

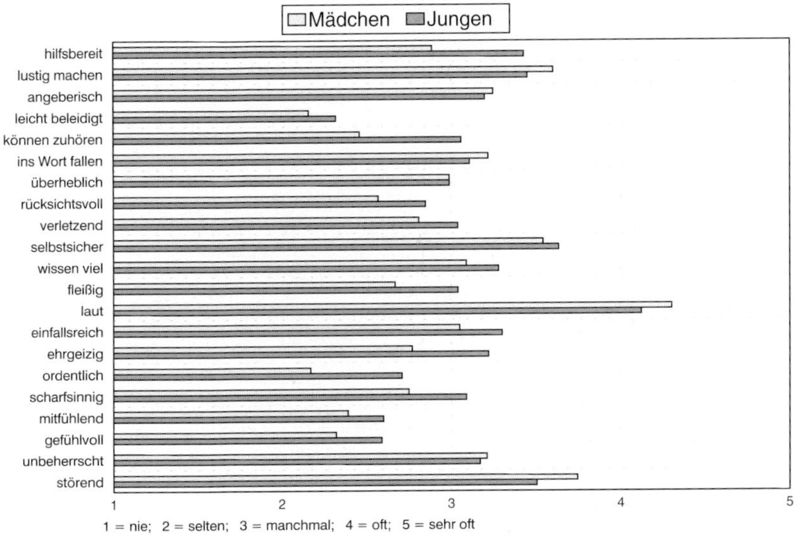

Abb. 8.3.3.1.b: Jungen im Unterricht zu Beginn des Schuljahres (Vortest): Beurteilung durch Mädchen und Jungen der Modellversuchsklassen; Mittelwertsvergleich

Jungen beurteilen im Gegenzug die Jungen ihrer Klasse positiver als die Mädchen dies tun. Sie beurteilen im Vergleich zu den Mädchen die Jungen als signifikant hilfsbereiter, scharfsinniger, ordentlicher, ehrgeiziger, fleißiger und meinen, daß sie besser zuhören können (für alle $p < .01$) und daß sie rücksichtsvoller, gefühlvoller, mitfühlender und einfallsreicher sind ($p \leq .05$).

Die Abbildungen 8.3.3.2a und 8.3.3.2b veranschaulichen die negativere Beurteilung der jeweils andersgeschlechtlichen Gruppe sowohl durch die Mädchen als auch durch die Jungen aus einem anderen Blickwinkel. In Abbildung 8.3.2.3a ist dargestellt wie die Mädchen sich selbst beurteilen und wie sie die Jungen beurteilen. In Abbildung 8.3.3.2b ist analog dazu dargestellt wie die Jungen sich selbst beurteilen und wie sie die Mädchen beurteilen. Abbildung 8.3.3.2a zeigt auf, daß Mädchen die Mädchen ihrer Klasse im Durchschnitt durchgängig deutlich positiver beurteilen als sie die Jungen ihrer Klasse beurteilen. Die Differenzen sind mit Ausnahme bei dem Merkmal „leicht beleidigt“ alle hoch signifikant ($p \leq .01$) oder signifikant ($p \leq .05$). Abbildung 8.3.3.2b belegt, daß nahezu spiegelbildlich dazu die Jungen die Jungen ihrer Klasse im Durchschnitt überwiegend deutlich positiver beurteilen als sie die Mädchen ihrer Klasse beurteilen. Bei den Merkmalen „leicht beleidigt, fleißig, laut, einfallsreich ehrgeizig und scharfsinnig“ sind die Unterschiede hinsichtlich der Bewertung der Mädchen und Jungen trotz der zum Teil deutlichen Ausprägung aufgrund der großen Streuung der Antworten statistisch gesehen nicht signifikant.

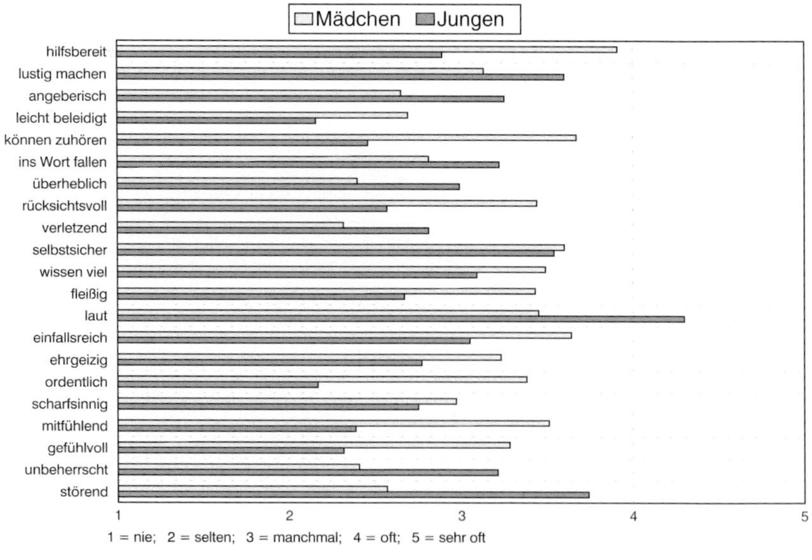

Abb. 8.3.3.2a: Mädchen und Jungen im Unterricht zu Beginn des Schuljahres (Vortest): Beurteilung durch die Mädchen der Modellversuchsklassen; Mittelwertvergleich

Bei den Kontrollklassen zeigt sich ein analoges Bild. Ein Vergleich der Ergebnisse der Modellversuchsklassen mit den Ergebnissen der Kontrollklassen ist anhand der Abbildungen 8.3.3.3a und 8.3.3.3b auf Skalenebene möglich. Um die Ergebnisse vergleichbar zu machen, wurden die Summenscores für die fünf unterschiedlich langen Subskalen *überheblich, laut, mitfühlend, wissen viel, ehrgeizig* und das Einzelitem *selbstsicher* (vgl. Abschnitt 6.3.2) z-transformiert (Gesamtmittelwert = 0;

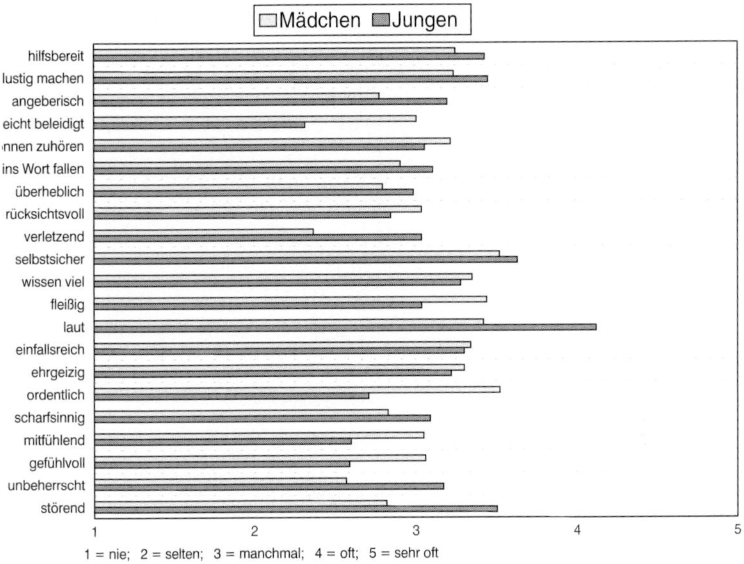

Abb. 8.3.3.2b: Mädchen und Jungen im Unterricht zu Beginn des Schuljahres (Vortest): Beurteilung durch die Jungen der Modellversuchsklassen; Mittelwertvergleich

Standardabweichung =1). In den Abbildungen sind die Mittelwerte der z-transformierten Summenscores aufgetragen. Der Vergleich der beiden Abbildungen belegt, daß die Mädchen und Jungen der Kontrollklassen ihre Mitschülerinnen und Mitschüler in gleicher Weise unterschiedlich beurteilen wie die Mädchen und Jungen der Modellversuchsschulen. Im oberen Abschnitt der beiden Abbildungen sind jeweils die Skalen und Ergebnisse für die Mädchen aufgetragen. Die Abweichungen vom Mittelwert geben an, wie die Mädchen seitens der Mädchen und seitens der Jungen beurteilt werden. Im unteren Abschnitt sind jeweils die Skalen und Ergebnisse für die Jungen aufgetragen, und die Abweichungen vom Mittelwert geben an, wie die Jungen seitens der Mädchen und seitens der Jungen eingestuft werden.

Die Mädchen der Modellversuchsklassen werden bei den Skalen *überheblich, mitfühlend* und *wissen viel*, die Mädchen der Kontrollklassen bei der Skala *mitfühlend* von den Jungen signifikant negativer beurteilt als sie sich selbst einschätzen. Die Jungen der Modellversuchsklassen werden entsprechend von den Mädchen bei

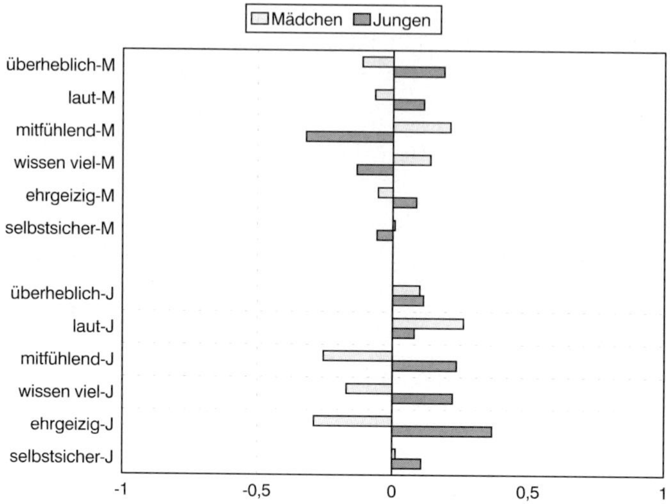

Aufgetragen sind die Mittelwerte der z-transformierten Summenscores; Mädchen N=150; Jungen N= 138

Abb. 8.3.3.3a: Mädchen und Jungen im Unterricht zu Beginn des Schuljahres (MV-Klassen): Beurteilung durch die Mädchen und die Jungen

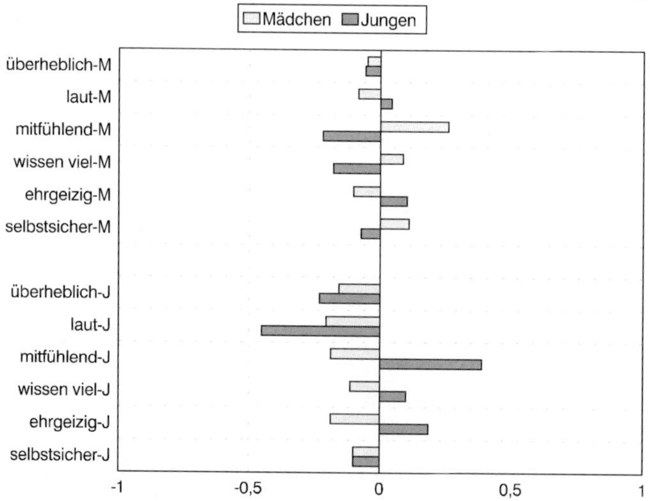

Aufgetragen sind die Mittelwerte der z-transformierten Summenscor ; Mädchen N = 103; Jungen N = 64

Abb. 8.3.3.3b: Mädchen und Jungen im Unterricht zu Beginn des Schuljahres (KK-Klassen): Beurteilung durch die Mädchen und die Jungen

den Skalen *mitfühlend, wissen viel, und ehrgeizig,* die Jungen der Kontrollklassen ebenfalls bei den Skalen *mitfühlend und ehrgeizig* von den Mädchen negativer beurteilt als sie sich selbst einstufen.

Zusammenfassend kann als **Ergebnis** festgehalten werden:

> *Mädchen und Jungen beurteilen sich wechselseitig negativer als sie sich selbst beurteilen.*
> *Hypothese 21 ist beizubehalten.*

Zur Prüfung der Hypothese H22 „im Physikunterricht wird die Differenz zwischen positiverer Beurteilung der gleichgeschlechtlichen Gruppe und negativerer Beurteilung der andersgeschlechtlichen Gruppe noch verstärkt" werden die Antworten der Schülerinnen und Schüler zu den Skalen *Merkmale von Mädchen im Physikunterricht* und *Merkmale von Jungen im Physikunterricht* herangezogen. Die Ergebnisse sind in Abbildung 8.3.3.4a für die Modellversuchsklassen und in Abbildung und 8.3.3.4b für die Kontrollklassen dargestellt. Die Mittelwertdifferenzen wurden wieder mittels t-Test auf ihre Signifikanz überprüft. Bei den Kontrollklassen stufen die Mädchen das Verhalten der Jungen im Physikunterricht bei allen Skalen deutlich negativer ein als die Jungen ihr Verhalten einstufen. Bei den Modellversuchsschulen trifft dies nur für die Skalen *laut, mitfühlend, wissen viel und ehrgeizig* zu. Im Gegenzug stufen die Jungen bei den Kontrollklassen die Mädchen im Physikunterricht bei allen Skalen deutlich negativer ein als die Mädchen sich selbst einstufen. Bei den Modellversuchsklassen trifft dies bei allen Skalen mit Ausnahme der Skala *ehrgeizig* ebenfalls zu. Die Beurteilungsunterschiede zwischen Mädchen und Jungen sind alle mit $p \leq .01$ hoch signifikant. Ein Vergleich insbesondere der Abbildungen 8.3.3.3b und 8.3.3.4b zeigt, daß die wechselseitig negativere Beurteilung von Mädchen und Jungen im Physikunterricht deutlich größer ist.

Als **Ergebnis** kann festgehalten werden:

> *Im Physikunterricht wird die Differenz zwischen positiverer Beurteilung der gleichgeschlechtlichen Gruppe und negativerer Beurteilung der andersgeschlechtlichen Gruppe noch verstärkt.*
> *Hypothese H22 ist beizubehalten.*

Ein Vergleich der in den Abbildungen 8.3.3.4a und 8.3.3.4b dargestellten Ergebnisse belegt gleichzeitig, daß im Vergleich zu den Kontrollklassen die Mädchen und Jungen der Modellversuchsklassen sich wechselseitig deutlich weniger negativ beurteilen. Die Unterschiede zwischen den jeweiligen Beurteilungen der Mädchen und Jungen sind in den Modellversuchsklassen deutlich geringer als zwischen den

Mädchen und Jungen in den Kontrollklassen, obwohl zu Beginn des Schuljahres die entsprechenden Unterschiede in den Modellversuchsklassen tendenziell größer waren als in den Kontrollklassen.

Zu Beginn des Schuljahres wurde ganz allgemein danach gefragt, wie die Mädchen und Jungen die Mädchen und Jungen in ihrer Klasse beurteilen. Am Ende des Schuljahres wurde gezielt danach gefragt, wie die Mädchen und Jungen die Mädchen und Jungen im Physikunterricht beurteilen. Anhand der vorliegenden Ergebnisse kann nicht geprüft werden, ob die bezogen auf den Physikunterricht feststellbare stärkere wechselseitige Abgrenzung der Mädchen und Jungen durch positivere Beurteilung der gleichgeschlechtlichen Gruppe und negativere Beurteilung der andersgeschlechtlichen Gruppe ein nur auf den Physikunterricht beschränktes Phänomen oder eher ein entwicklungsbedingtes generelles Phänomen darstellt.

Es ist jedoch festzuhalten, daß es in den am Modellversuch beteiligten Physikklassen im Durchschnitt gelungen ist, diese zunehmende wechselseitige Abgrenzung deutlich geringer zu halten.

Als **Ergebnis** kann festgehalten werden:

> *In den Modellversuchsklassen ist die Differenz zwischen positiverer Beurteilung der gleichgeschlechtlichen Gruppe und negativerer Beurteilung der andersgeschlechtlichen Gruppe geringer als in den Kontrollklassen. Dies berechtigt zu der vorsichtigen Annahme, daß die bewußte Auseinandersetzung der am Modellversuch aktiv beteiligten Physiklehrkräfte mit den Problemen des Modellversuchs zu einer Reduzierung geschlechtsspezifischer Verhaltens-muster im Physikunterricht geführt hat. Hypothese H23 ist beizubehalten.*

Vergleicht man die wechselseitigen Beurteilungen der Mädchen und Jungen im Physikunterricht für die Modellversuchsklassen getrennt nach den Versuchsbedingungen ergibt sich folgendes Bild. Über alle Skalen betrachtet stufen sich die Mädchen, die zeitweise getrenntgeschlechtlich unterrichtet wurden, tendenziell am positivsten ein; die Mädchen, die durchgängig in der Gesamtklasse koedukativ unterrichtet wurden, stufen die Jungen am negativsten ein. Auf seiten der Jungen stufen jene Jungen, die zeitweise in Halbklassen monoedukativ unterrichtet wurden, die Mädchen tendenziell am positivsten ein. Eine Ausnahme bilden hier die beiden Skalen überheblich und laut. Die Jungen, die durchgängig in der Gesamtklasse koedukativ unterrichtet wurden, stufen sich selbst tendenziell am positivsten ein. Die Unterschiede zwischen der jeweiligen Selbstbeurteilung der Mädchen und ihrer Beurteilung durch die Jungen sowie spiegelbildlich dazu der

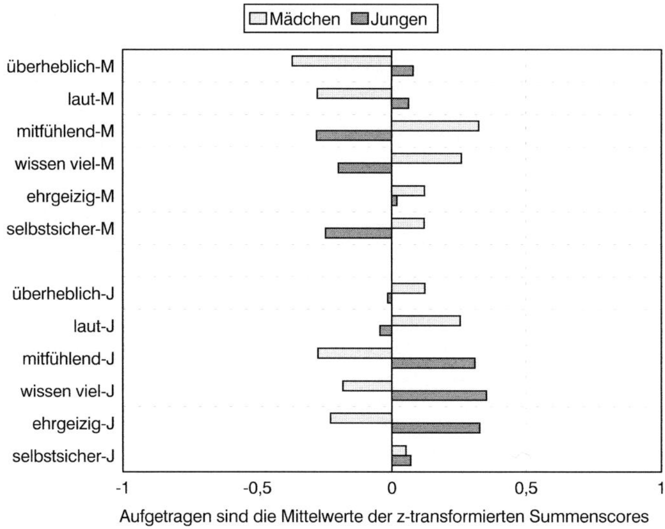

Abb. 8.3.3.4a: Mädchen und Jungen im Physikunterricht (MV-Klassen): Beurteilung durch die Mädchen und Jungen

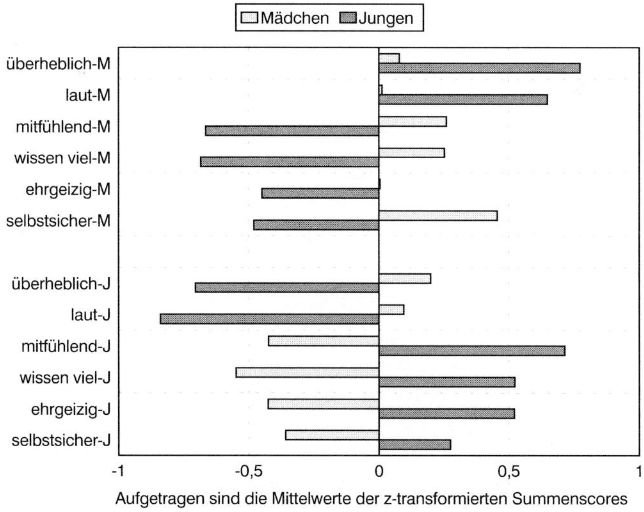

Abb. 8.3.3.4b: Mädchen und Jungen im Physikunterricht (Kontrollklassen): Beurteilung durch die Mädchen und Jungen

jeweiligen Selbstbeurteilung der Jungen und ihrer Beurteilung durch die Mädchen sind im Durchschnitt bei den Modellversuchsklassen, die durchgängig im Klassenverband unterrichtet wurden, am größten.

Sozialverhalten der Schülerinnen und Schüler im Physikunterricht

Inwieweit sich der bewußte Umgang der Lehrkräfte mit der Problematik des Modellversuchs auf das Sozialverhalten der Schülerinnen und Schüler ausgewirkt hat, kann anhand der Antworten der Schülerinnen und Schüler auf die Skalen *Kooperatives Verhalten* und *Konkurrenzverhalten* (vgl. Abschnitt 6.2) geprüft werden.

H24: Im Vergleich zu den Kontrollklassen verhalten sich die Mädchen und Jungen in den Modellversuchsklassen kooperativer und zeigen weniger Konkurrenzverhalten.

H25: Hinsichtlich der Förderung von kooperativem Verhalten und der Reduzierung von Konkurrenzverhalten ist Bedingung 2 (teilweise Unterricht in Halbklassen koedukativ) Bedingung 3 (Unterricht nur im Klassenverbandk oedukativ) bzw. Bedingung 1 (teilweise Unterricht in Halbklassen monoedukativ) Bedingung 2 überlegen.

Zur Prüfung der Hypothesen werden die Mittelwerte der Antworten der Schülerinnen und Schüler aus den Modellversuchsklassen bei den Subskalen Kooperatives Verhalten und Konkurrenzverhalten mit den Mittelwerten der Antworten der Schülerinnen und Schüler aus den Kontrollklassen verglichen. Die Mittelwerte der z-transformierten Summenscores sind für beide Skalen in Abbildung 8.3.3.5 dargestellt. Für die jeweiligen Mittelwertvergleiche wurden wieder t-Tests zur Signifikanzprüfung durchgeführt.

Die Mädchen der Modellversuchsklassen und die Mädchen der Kontrollklassen beurteilen das Verhalten der Mitschülerinnnen und Mitschüler im Physikunterricht in gleicher Weise als kooperativ.

Im Vergleich zu den Jungen beurteilen sowohl die Mädchen in den Modellversuchsklassen als auch die Mädchen in den Kontrollklassen das Verhalten ihrer Mitschülerinnen und Mitschüler im Physikunterricht im Durchschnitt als deutlich kooperativer. Die Ergebnisse sind mit $p = .008$ für die Modellgruppe und mit $p = .009$ für die Kontrollgruppe hoch signifikant. Der Unterschied in der Beurteilung zwischen Mädchen und Jungen ist bei der Kontrollgruppe tendenziell größer. Im Vergleich zu den Jungen aus den Modellversuchsklassen beurteilen die Jungen aus den Kontrollklassen das kooperative Verhalten in ihren Klassen tendenziell als geringer.

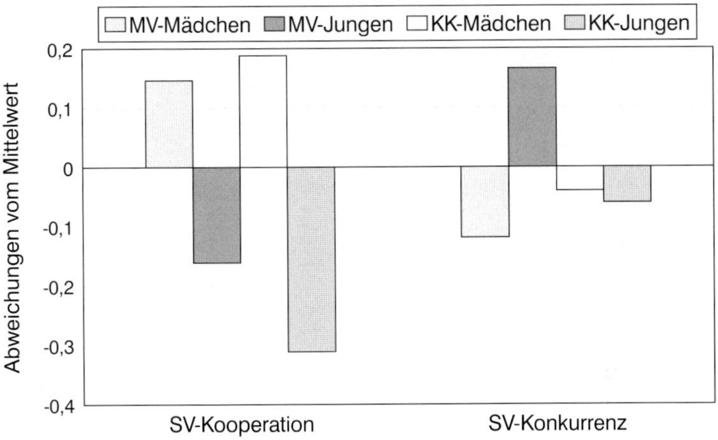

Abb. 8.3.3.5: Schülerverhalten (SV) im Physikunterricht aus der Sicht der SchülerInnen und Schüler (z-Werte): Mittelwertsvergleich

Inwieweit im Physikunterricht konkurrierendes Verhalten zum Tragen kommt, wird von den Mädchen und Jungen in den Modellversuchsklassen anders beurteilt als von den Mädchen und Jungen in den Kontrollklassen. Während die Mädchen und Jungen aus den Kontrollklassen in ihrer Beurteilung im Durchschnitt zum selben Ergebnis gelangen, beurteilen bei den Modellversuchsklassen die Mädchen im Vergleich zu den Jungen das Verhalten ihrer Mitschülerinnen und Mitschüler im Physikunterricht signifikant als weniger konkurrierend ($p = .011$). Tendenziell erleben die Mädchen in den Modellversuchsklassen das Verhalten ihrer Mitschülerinnen und Mitschüler im Physikunterricht als weniger konkurrierend als die Mädchen in den Kontrollklassen. Bei den Jungen ist es genau umgekehrt. Die Jungen aus den Modellversuchsklassen empfinden das Verhalten der Mitschülerinnen und Mitschüler tendenziell als konkurrierender.

Als **Ergebnis** kann festgehalten werden:

> *Zwar erleben die Jungen der Modellversuchsgruppe im Vergleich zu den Jungen aus den Kontrollklassen das Verhalten ihrer Mitschülerinnen und Mitschüler im Physikunterricht tendenziell als kooperativer und die Mädchen aus den Modellversuchsklassen das Verhalten tendenziell weniger konkurrierend als die Mädchen und Jungen in den Kontrollklassen, die Ergebnisse sind aber nicht signifikant.*
> *Hypothese H24 wird nicht bestätigt.*

Um zu prüfen, ob kooperatives Verhalten unter den einzelnen Versuchsbedingungen unterschiedlich gefördert wird, sind die Ergebnisse der einzelnen Versuchsbedingungen miteinander zu vergleichen. In

Abbildung 8.3.3.6a sind die Mittelwerte der Mädchen in den drei Versuchsbedingungen und in der Kontrollgruppe, in Abbildung 8.3.3.6b die Mittelwerte der Jungen in den vier Bedingungen wiedergegeben.

Sowohl bei den Mädchen als auch bei den Jungen unterscheiden sich die Mittelwerte der vier Bedingungen bei beiden Skalen nicht signifikant. Daß die Mittelwertunterschiede nicht signifikant werden, ist auf die geringe Anzahl der Versuchspersonen in den einzelnen Versuchsbedingungen zurückzuführen. Es lassen sich jedoch klare Tendenzen feststellen:

Die Mädchen unter der Bedingung HK-Mono empfinden das Verhalten ihrer Mitschülerinnen und Mitschüler im Physikunterricht tendenziell kooperativer als die Mädchen unter der Bedingung HK-Koed und diese wieder tendenziell kooperativer als die Mädchen unter der Bedingung GK-Koed. Die Mädchen unter der Bedingung GK-Koed erleben das Verhalten der Schülerinnen und Schüler am wenigsten konkurrierend.

Bei den Jungen ist das Bild nahezu komplementär. Die Jungen unter den beiden Bedingungen HK-Mono und KH-Koed empfinden das Verhalten zwischen den Schülerinnen und Schülern im Physikunterricht weniger kooperativ und dafür stärker konkurrierend als die Jungen unter der Bedingung GK-Koed. Die Jungen unter der Bedingung GK-Koed erleben das Verhalten der Schülerinnen und Schüler kooperativer als die Jungen der Kontrollklassen.

Der Vergleich der Mittelwerte der Jungen und Mädchen für jede Bedingung ergibt folgendes Bild:
Unter den beiden Bedingungen HK-Mono und HK-Koed erleben die Mädchen im Vergleich zu den Jungen das Verhalten der Schülerinnen und Schüler im Physikunterricht signifikant kooperativer ($p = .025$ bzw. $.017$). Im Vergleich zu den Jungen erleben auch die Mädchen der Kontrollklassen das Sozialverhalten im Physikunterricht signifikant kooperativer ($p = .009$). Bei der Skala Konkurrenzverhalten ist der entsprechende Mittelwertunterschied nicht signifikant.

Als **Ergebnis** kann festgehalten werden:

Hinsichtlich der Förderung des kooperativen Verhaltens zwischen den Schülerinnen und Schülern ist (aus der Sicht der Schülerinnen) tendenziell eine Überlegenheit der Bedingung HK-Mono gegenüber der Bedingung HK-Koed und der Bedingung HK-Koed gegenüber der Bedingung GK-Koed feststellbar. Die zeitweise Aufhebung der Koedukation scheint es Physiklehrkräften zu erleichtern, ein Unterrichtsklima zu schaffen, das Mädchen entgegenkommt.

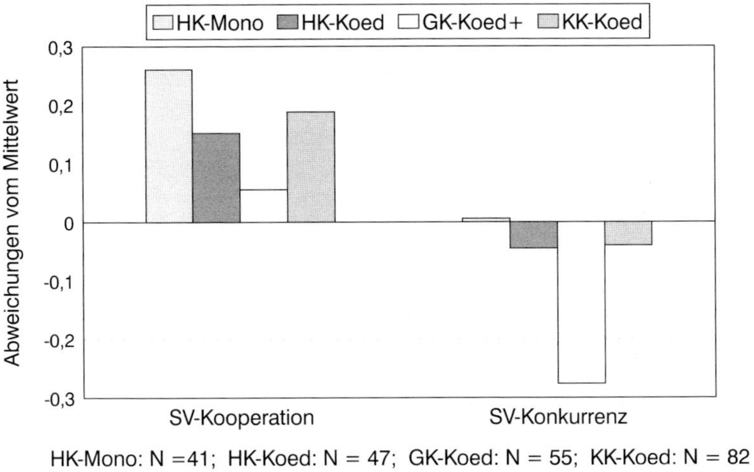

Abb. 8.3.3.6a:Schülerverhalten (SV) im Physikunterricht aus der Sicht der Schülerinnen in den einzelnen Versuchsbedingungen (z-Werte): Mittelwertvergleich

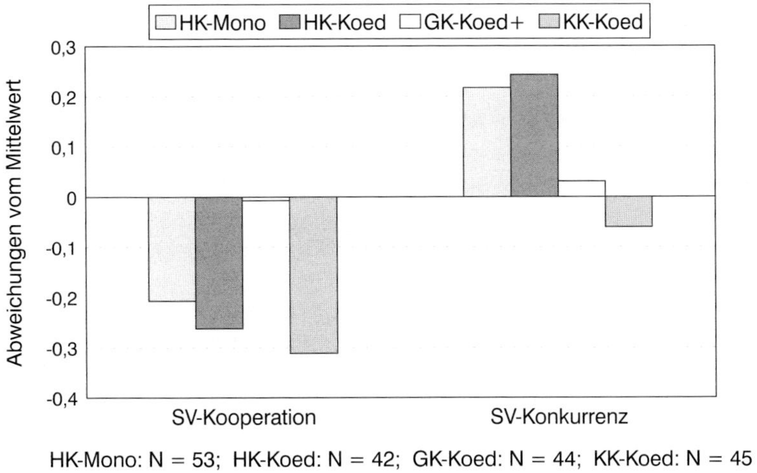

Abb. 8.3.3.6b: Schülerverhalten (SV) im Physikunterricht aus der Sicht der Schüler in den einzelnen Versuchsbedingungen (z-Werte): Mittelwertvergleich

Für Jungen, so scheint es, haben sich die beiden Bedingungen Unterricht in Halbklassen mit zeitweiser Aufhebung der Koedukation und Unterricht in Halbklassen durchgängig koedukativ gleichermaßen gegen die Ziele des Modellversuchs ausgewirkt. Sie erleben das Sozialverhalten im Physikunterricht weniger kooperativ und stärker konkurrierend als die Jungen unter der Bedingung durchgängig kooperativer Unterricht in der Gesamtklasse. Eine Erklärung dafür könnte sein, daß die Lehrkräfte den Zielen des Modellversuchs entsprechend den Mädchen mehr Aufmerksamkeit zugewendet haben, die Anliegen des Modellversuchs aber im Unterricht nicht thematisierten und nicht mit den Schülerinnen und Schülern aufgearbeitet haben, und die Jungen die Mädchen als Folge davon stärker als Konkurrenz empfinden.
Hypothese H25 kann nur für die Mädchen, und hier auch nur eingeschränkt, beibehalten werden.

Ziele und Verhalten der Lehrkraft aus der Sicht der Schülerinnen und Schüler

Ausgehend von der Annahme, daß sich die bewußte Auseinandersetzung der Lehrkräfte mit der Problematik des Modellversuchs auf das Verhalten der Lehrkräfte im Physikunterricht auswirkt, wurden die folgenden Hypothesen formuliert:

H26: Die Lehrkräfte der Modellversuchsklassen achten in höherem Maße auf das Sozialverhalten der Schülerinnen und Schüler im Physikunterricht als die Lehrkräfte der Kontrollklassen.

H27: Die Lehrkräfte der Modellversuchsklassen achten in höherem Maße darauf, Schülerinnen und Schüler gleichermaßen in den Unterricht einzubeziehen als die Lehrkräfte der Kontrollklassen.

H28: Die Lehrkräfte der Modellversuchsklassen achten stärker darauf, was in ihrem Unterricht abläuft als die Lehrkräfte der Kontrollklassen.

H29: Hinsichtlich der in den Hypothesen H26 bis H27 beschriebenen Aspekte des Verhaltens von Lehrkräften ist Bedingung 2 Bedingung 3 und Bedingung 1 Bedingung 2 überlegen.

Wenn sich die aktive Teilnahme am Modellversuch auf das Verhalten der Lehrkräfte ausgewirkt hat, dann müßte dies auch auf der Erfahrungsebene der Schülerinnen und Schüler feststellbar sein bzw. darüber erfaßbar sein, wie Schülerinnen und Schüler das Verhalten ihrer Lehrkräfte und deren Ziele subjektiv erleben und interpretieren. Zur Prüfung der aufgestellten Hypothesen können demzufolge die

Antworten der Schülerinnen und Schüler bei den Skalen *Kompetenz der Lehrkraft, Lehrkraft achtet auf Sozialverhalten, Lehrkraft ist gerecht, Lehrkraft achtet auf alle,* herangezogen werden.

Im ersten Schritt werden wieder zunächst die Antworten der Mädchen und Jungen der Modellversuchsklassen den Antworten der Mädchen und Jungen der Kontrollklassen gegenübergestellt. In Abbildung 8.3.3.7a sind die z-transformierten Mittelwerte der Mädchen und Jungen der Modellversuchskjlassen für die vier Skalen dargestellt, in Abbildung 8.3.3.7b die entsprechenden Mittelwerte der Mädchen und Jungen der Kontrollklassen. Tabelle 8.3.3.1 gibt Aufschluß über das Signifikanzniveau der verschiedenen Mittelwertvergleiche mittels t-Test (es sind nur die Wahrscheinlichkeiten p £ .10 aufgeführt).

Die dargestellten Ergebnisse belegen überzeugend, daß sich (aus der Sicht der Schülerinnen und Schüler) das Verhalten der Physiklehrkräfte in den Modellversuchsklassen im Durchschnitt deutlich vom Verhalten der Physiklehrkräfte in den Kontrollklassen unterscheidet:

Im Vergleich zu den Mädchen der Kontrollklassen

(1) sprechen die Mädchen der Modellversuchsklassen ihren Physiklehrkräften mehr Kompetenz zu: sie sind in höherem Maße der Meinung, daß ihre Lehrkraft alles im Griff hat und immer weiß, was in der Klasse vor sich geht (Skala *Kompetenzverhalten der Lehrkraft*), sie sind auch in höherem Maße der Meinung,

(2) daß ihre Physiklehrkraft gerecht ist und Mädchen gleichermaßen wie Jungen in den Unterricht miteinbezieht (Skala *Lehrkraft ist gerecht*),

(3) daß ihre Physiklehrkraft auf das Sozialverhalten der Schülerinnen und Schüler im Unterricht achtet, wie z.B. daß sich die Schülerinnen und Schüler gegenseitig helfen und partnerschaftlich zusammenarbeiten (Skala *Lehrkraft achtet auf Sozialverhalten*) und

(4) daß ihre Physiklehrkraft darauf achtet, daß alle Schülerinnen und Schüler in den Unterricht miteinbezogen werden und mitkommen (Skala *Lehrkraft achtet, daß alle mitkommen*).

Die aufgeführten Ergebnisse sind alle hoch signifikant.

Auch die Jungen der Modellversuchsklassen sind im Vergleich zu den Jungen der Kontrollklassen im Durchschnitt in höherem Maße der Meinung, daß ihre Physiklehrkraft auf das Sozialverhalten im Physikunterricht achtet. Tendenziell sprechen sie ihrer Physiklehrkraft auch kompetenteres Verhalten zu und daß sie darauf achtet, alle miteinzubeziehen.

Bei den Kontrollklassen unterscheiden sich bei keiner der vier Skalen die Beurteilungen der Schülerinnen signifikant von den Aussagen

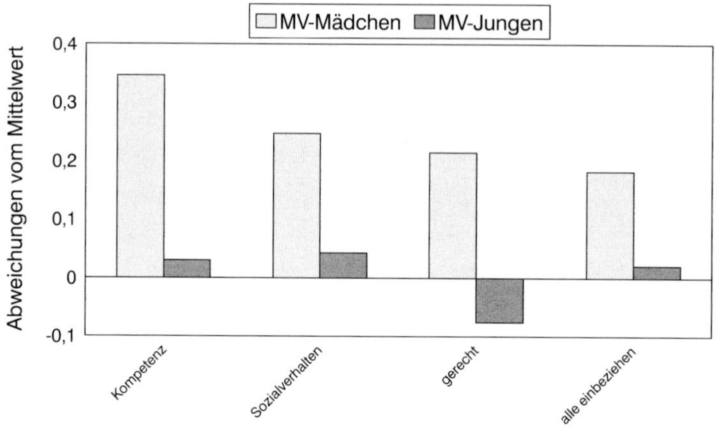

Abb. 8.3.3.7a:Ziele der Lehrkraft im Physikunterricht aus der Sicht der Schülerinnen und Schüler der Modellversuchsklassen ((z-Werte): Mittelwertvergleich

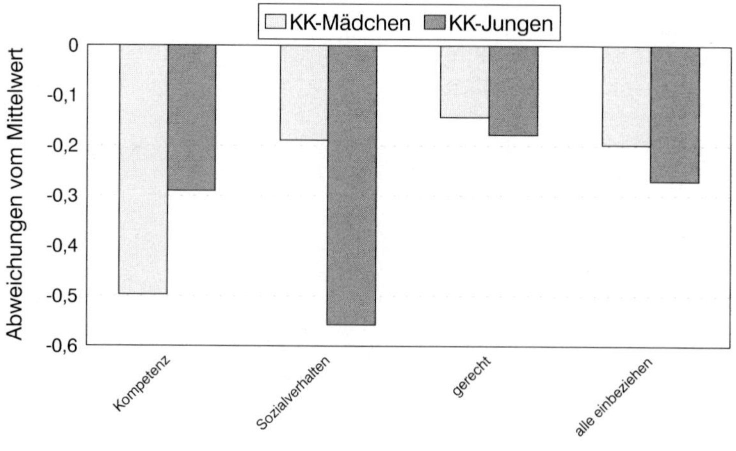

Abb. 8.3.3.7b: Ziele der Lehrkraft im Physikunterricht aus der Sicht der Schülerinnen und Schüler der Kontrollklassen ((z-Werte): Mittelwertvergleich

der Schüler. Tendenziell sind auch die Mädchen der Kontrollklassen in höherem Maße als die Jungen ihrer Klassen der Meinung, daß ihr Physiklehrer auf das Sozialverhalten im Physikunterricht achtet.

	Kompetenz	Sozial-verhalten	gerecht	alle einbeziehen
Mädchen vs. Jungen:				
Modellversuchsklassen	.006	.066	.008	
Kontrollklassen		.061		
nur Mädchen:				
MV-Klassen vs. K-Klassen	.000	.001	.005	.005
nur Jungen:				
MV-Klassen vs. K-Klassen	.082	.001		.095

Tab. 8.3.3.1: Signifikanzniveau zu den Mittelwertunterschieden in den Abb. 8.3.3.7a und 8.3.3.7.b: Mädchen versus Jungen und Modellversuchsklassen versus Kontrollklassen

Als **Ergebnisse** sind festzuhalten:

- *Die Physiklehrkräfte der Modellversuchsklassen achten in höherem Maße auf das Sozialverhalten der Schülerinnen und Schüler im Physikunterricht als die Physiklehrkräfte der Kontrollklassen. Hypothese H26 ist beizubehalten.*
- *Aus der Sicht der Mädchen achten die Physiklehrkräfte der Modellversuchsklassen in höherem Maße darauf, Schülerinnen und Schüler gleichermaßen in den Unterricht miteinzubeziehen als die Physiklehrkräfte der Kontrollklassen. Aus der Sicht der Jungen trifft dies nur tendenziell zu. Da mehrere Untersuchungen belegen, daß sich die Jungen benachteiligt fühlen, sobald die Lehrkräfte den Mädchen etwas mehr Aufmerksamkeit zuwenden (u.a. Spender 1985), kann angenommen werden, daß sich auch die Jungen in den Modellversuchsklassen etwas weniger einbezogen fühlen, als dies tatsächlich der Fall ist, und demzufolge das diesbezügliche Verhalten ihrer Physiklehrkraft unterbewerten. Hypothese H26 ist beizubehalten.*
- *Nach den Urteilen der Mädchen achten die Physiklehrkräfte der Modellversuchsklassen stärker darauf, was in ihrem Unterricht abläuft, als die Physiklehrkräfte der Kontrollklassen. Aus der Sicht der Jungen trifft dies nur tendenziell zu. Auch hier kann angenommen werden, daß sich die Jungen in den Modellversuchsklassen nicht mehr ausreichend beachtet fühlen, da den Mädchen etwas mehr Aufmerksamkeit zugewendet wird, und daß*

sie demzufolge das diesbezügliche Verhalten ihrer Physiklehrkraft unterbewerten.
Hypothese H26 ist beizubehalten.

Im Folgenden soll nun überprüft werden, inwieweit das Verhalten der Physiklehrkräfte durch die Versuchsbedingungen beeinflußt wird. Dazu werden die Ergebnisse der Modellversuchsklassen getrennt für die einzelnen Unterrichtsbedingungen dargestellt. In Abbildung 8.3.3.8a sind die Ergebnisse der Mädchen, in Abbildung 8.3.3.8b die Ergebnisse der Jungen unter den einzelnen Versuchsbedingungen im Vergleich zu den Ergebnissen der Kontrollklassen dargestellt. In Tabelle 8.3.3.2 sind die Signifikanzniveaus zu den einzelnen Mittelwertvergleichen (mittels t-Test) angegeben.

	Kompetenz	Sozial-verhalten	gerecht	alle einbeziehen
(1) Mädchen vs. Jungen:				
HK-Mono	.060			
HK-Koed	.011	.093	.071	
GK-Koed		.061		
Modellversuchsklassen	.006	.066	.008	
Kontrollklassen (KK-Koed)		.061		
(2) Mädchen:				
HK-Mono vs. HK-Koed	.041			
HK-Koed vs. GK-Koed				
GK-Koed vs. KK-Koed	.000	.018	.100	.019
MV-Klassen vs. K-Klassen	.000	.001	.005	.005
(3)Jungen:				
HK-Mono vs. HK-Koed	.020			.067
HK-Koed vs. GK-Koed				
GK-Koed vs. KK-Koed		.024		
MV-Klassen vs. K-Klassen	.082	.001		.095

Tab. 8.3.3.2: Signifikanzniveaus zu den Mittelwertunterschieden bei den vier Skalen zum Verhalten der Lehrkräfte (1) zwischen Mädchen und Jungen unter den verschiedenen Bedingungen, sowie (2) bei den Mädchen zwischen den einzelnen Bedingung und (3) bei den Jungen zwischen den einzelnen Bedingung (aufgeführt sind die Wahrscheinlichkeiten $p \leq .10$).

Nach den Urteilen der Jungen gelingt es den Physiklehrkräften unter der Bedingung zeitweise getrenntgeschlechtlicher Unterricht (HK-Mono) tendenziell durchgängig besser, durch ihr Verhalten ein den Zielen des Modellversuchs entsprechendes positives, den Mädchen entge-

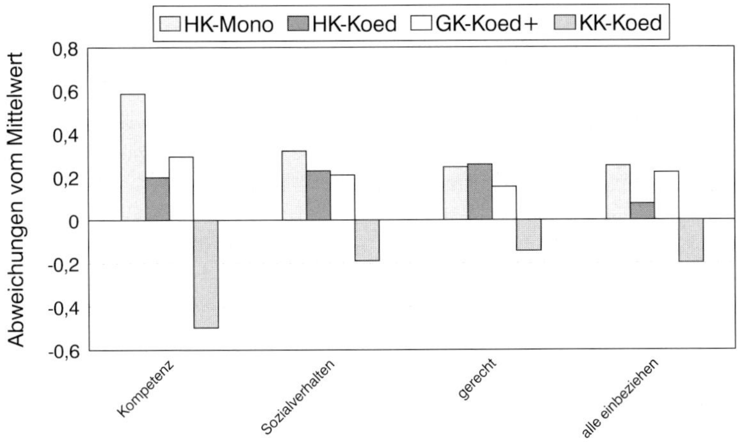

Abb. 8.3.3.8a:Ziele der Lehrkraft im Physikunterricht aus der Sicht der Schülerinnen in den einzelnen Versuchsbedingungen ((z-Werte): Mittelwertvergleich

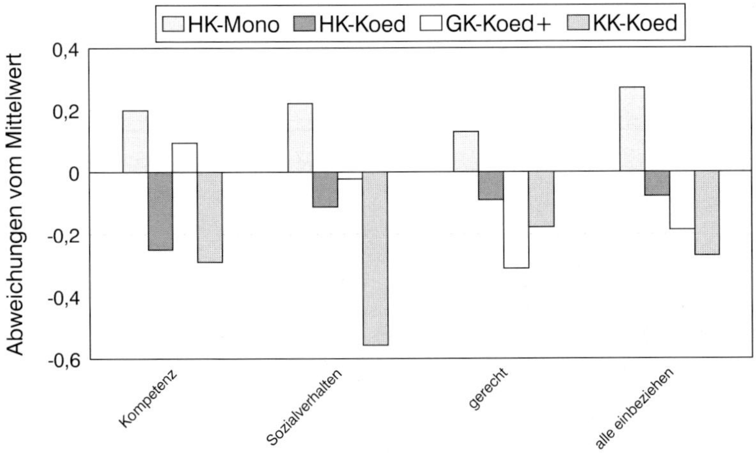

Abb. 8.3.3.8b: Ziele der Lehrkraft im Physikunterricht aus der Sicht der Schüler in den einzelnen Versuchsbedingungen ((z-Werte): Mittelwertvergleich

genkommendes Unterrichtsklima zu bewirken, als unter den beiden anderen Bedingungen des Modellversuchs (HK-Koed und GK-Koed).

Zwar belegen auch die Urteile der Mädchen, daß es den Physiklehrkräften unter der Bedingung zeitweise getrenntgeschlechtlicher Unterricht besser gelingt, das ganze Unterrichtsgeschehen im Blick zu behalten, eine durchgängige Überlegenheit einer Bedingung hinsichtlich des Lehrkraftverhaltens ist auf seiten der Mädchen nicht feststellbar.

Tendenziell beurteilen die Mädchen unter allen drei Bedingungen des Modellversuchs das Verhalten ihrer Physiklehrkraft im Durchschnitt positiver als die Jungen ihrer Klassen und positiver als die Mädchen der Kontrollklassen.

Als **Ergebnis** ist festzuhalten:

Es ist bei keiner der Bedingungen eine durchgängige Überlegenheit hinsichtlich des Verhaltens der Lehrkräfte feststellbar.
Hypothese H29 wird nicht bestätigt.

Faßt man die in diesem Abschnitt berichteten Ergebnisse zusammen, so kann man es als bestätigt ansehen, daß der bewußte Umgang der Physiklehrkräfte mit der Problematik des Modellversuchs bei Jungen und Mädchen Verhaltensänderungen dahingehend bewirkt hat, daß störendes und überhebliches, andere verletzendes Verhalten abgebaut und wechselseitige Abgrenzungen durch negativere Beurteilungen der jeweils andersgeschlechtlichen Gruppe zumindest verringert, und daß kooperative Verhalten zwischen den Schülerinnen und Schülern gefördert wurde. Die zeitweise Aufhebung der Koedukation scheint es Physiklehrkräften zu erleichtern, ein Unterrichtsklima zu schaffen, das Mädchen entgegenkommt.

Die vorliegenden Ergebnisse berechtigen auch zu der Annahme, daß die bewußte Auseinandersetzung mit der Problematik des Modellversuchs sich auch auf das Verhalten der Physiklehrkräfte in den Modellversuchsklassen positiv ausgewirkt hat. Aus den Antworten der Schülerinnen und Schüler kann geschlossen werden, daß die aktiv am Modellversuch beteiligten Physiklehrkräfte sich in höherem Maße als die Physiklehrkräfte der Kontrollklassen bemüht haben, im Unterricht auf Mädchen gleichermaßen wie auf Jungen zu achten und sie in den Unterricht einzubeziehen, sowie daß sie stärker auf das Sozialverhalten der Schülerinnen und Schüler im Unterricht geachtet und ein positiveres Unterrichtsklima für Mädchen geschaffen haben. Nicht bestätigen lies sich jedoch die Annahme, daß es den Lehrkräften unter den Bedingungen „zeitweiser Unterricht in Halbklassen koedukativ“ bzw. „zeitweiser Unterricht in Halbklassen mit Aufhebung der Koedukation“ besser gelingt, für Mädchen und Jungen durchgängig ein positiveres Unterrichtsklima zu schaffen als unter der Bedingung „Unterricht im Klassenverband koedukativ".

Ebenso nicht bestätigen ließ sich die Annahme, daß der Unterricht in Halbklassen und die zeitweise Aufhebung den Koedukation auch für Jungen zu einem positiveren Unterrichtsklima führt. Für die Jungen, so scheint es, haben sich diese beiden Unterrichtsbedingungen gleichermaßen gegen die Ziele des Modellversuchs ausgewirkt. Sie erleben im Durchschnitt das Sozialverhalten im Physikunterricht weniger kooperativ und stärker konkurrierend als die Jungen unter der Bedingung durchgängig kooperativer Unterricht in der Gesamtklasse und empfinden mehr Konkurrenz zwischen den Schülerinnen und Schülern als die Jungen der Kontrollklassen. Eine Erklärung dafür könnte sein, daß die Lehrkräfte den Zielen des Modellversuchs entsprechend den Mädchen mehr Aufmerksamkeit zugewendet haben, es ihnen aber gleichzeitig nicht gelungen ist, die Anliegen des Modellversuchs im Unterricht angemessen zu thematisieren und mit den Schülerinnen und Schülern aufzuarbeiten, so daß die Jungen die Mädchen als Folge davon stärker als Konkurrenz empfinden.

8.3.4 Einstellungen der Lehrkräfte zum Modellversuch

Die Ergebnisdarstellung zu den Lehrerfragebögen erfolgt analog zu den in Abschnitt 6.3.3 aufgeführten vier Kriterien, die sich auf die Einstellungen der Lehrkräfte zu den Ansatzpunkten und Zielen des Modellversuchs beziehen:

(1) Bereitschaft, sich auf Inhalte einzulassen, die nicht zur Fachsystematik gehören
(2) Befürwortung pädagogischer Maßnahmen zugunsten der Mädchen
(3) Einschätzung, daß die Chancengleichheit von Mädchen durch das eigene Lehrverhalten mitbestimmt wird
(4) Einschätzung der Chancengleichheit für Mädchen im eigenen Unterricht

Für das Gelingen des Modellversuchs ist zumindest eine gewisse Aufgeschlossenheit gegenüber diesen Kriterien vorauszusetzen.

Für die Auswertung stehen folgende Daten zur Verfügung:

- Die Fragebögen der aktiv am Modellversuch beteiligten sechs Physik- und sechs Chemielehrkräfte, die zu drei Erhebungszeitpunkten vorgegeben wurden: zum Beginn des Modellversuchs, nach einem Jahr zum Beginn der Erprobungsphase und nach zwei Jahren am Ende des Modellversuchs sowie

- die Fragebögen der insgesamt 13 Lehrkräfte der Kontrollklassen, die einmalig zu Beginn der Erprobungsphase bearbeitet wurden.

Der Fragebogen enthielt insgesamt 10 Statements, die man auf einer vierstufigen Skala ablehnen oder annehmen konnte: 0 = stimme völlig zu; 1 = stimme bedingt zu; 2 = lehne eher ab; 4 = lehne völlig ab.

Die Statements sind so gepolt, daß sie bei Erfüllung der obigen Kriterien abgelehnt werden müssen. Die Zuordnung dieser Statements zu den Kriterien ist wie folgt:

(1) Bereitschaft, sich auf Inhalte einzulassen, die nicht zur Fachsystematik gehören

- Die grundlegenden Inhalte und Arbeitsweisen der Chemie bzw. der Physik zu vermitteln, sind für mich das ausschließliche Ziel des Chemie- bzw. des Physikunterrichts
- Wenn ich mich im Chemie- bzw. Physikunterricht um Bezüge zum Alltag, zur Umwelt oder zur Politik kümmere, gehe ich an seinem eigentlichen Anliegen vorbei
- Wenn ich mich nach den Interessen der Jugendlichen richte, bleiben wesentliche Ziele des Chemie- bzw. Physikunterrichts auf der Strecke

Die Auswertung ergab für die über die drei Statements und über allePersonen einer Gruppe gebildeten Mittelwerte folgendes Bild (Abb. 8.3.4.1)

Die mittlere Anfangsbereitschaft, sich auf Inhalte außerhalb der Fachsystematik einzulassen, ist in allen Gruppen relativ hoch. (Ein Wert von 2 entspricht einer bedingten Zustimmung). Die individuellen Einzel-

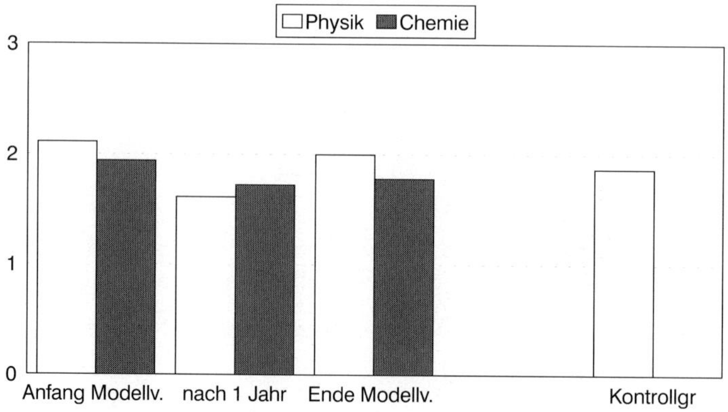

Abb. 8.3.4.1: Bereitschaft sich auf Inhalte einzulassen, die nicht zur Fachsystematik gehören

werte liegen in einem Intervall zwischen 1,7 und 2,7. Die Mittelwertunterschiede zwischen den beiden Gruppen und zur Kontrollgruppe sind pädagogisch unbedeutend. Im Verlauf des ersten Jahres, in dem der Unterricht des Modellversuchs im Detail geplant wurde, sinkt die Bereitschaft jedoch merklich ab, um am Ende des Modellversuchs wieder annähernd auf den Ausgangswert anzusteigen. In der Physikgruppe zeigt sich dieser Verlauf bei allen Lehrkräften. Möglicherweise kann dies als Ausdruck dafür angesehen werden, daß sich während der Planung eine gewisse Unsicherheit einstellte, ob die beabsichtigte Neugestaltung der Inhalte unterrichtspraktisch überhaupt umsetzbar wäre; und daß diese Unsicherheit erst angesichts der konkreten, überwiegend als positiv bewerteten Unterrichtserfahrun-gen wieder zurückging. In der Chemiegruppe waren die individuellen Verläufe uneinheitlicher, so daß insgesamt ein etwas „geglätteter" Mittelwertsverlauf resultierte.

(2) Befürwortung pädagogischer Maßnahmen zugunsten der Mädchen

- Den Interessen von Mädchen im Chemie- bzw. Physikunterricht entgegenzukommen, ist nur auf Kosten der Interessen der Jungen möglich
- Mädchen bedürfen keiner besonderen Förderung im Chemie- bzw. Physikunterricht, weil sie ja ihre Fähigkeiten in den sprachlichen Fächern entfalten können
- Jeder Schritt, die Koedukation, und sei es auch nur zeitweise, aufzuheben, wäre ein Schritt in die falsche Richtung

Die Auswertung bezüglich der Einstellung gegenüber diesen Statements ergab das folgende Bild (Abb. 8.3.4.2).

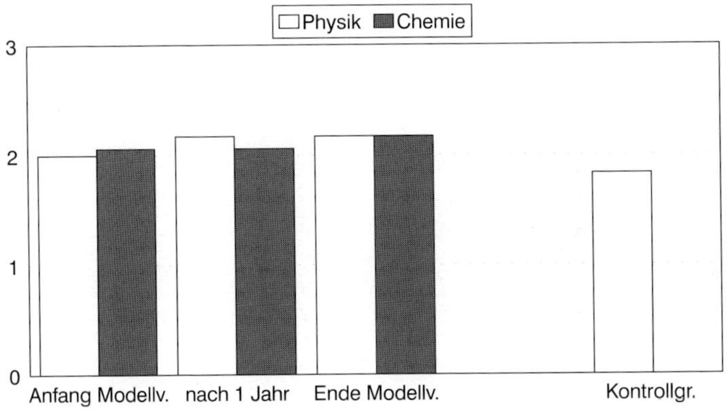

Abb. 8.3.4.2: Befürwortung pädagogischer Maßnahmen zugunsten der Mädchen

Die Anfangswerte der Befürwortung pädagogischer Maßnahmen zugunsten der Mädchen sind mit einem mittleren Skalenwert von 2 (bedingte Zustimmung) bei den Modellversuchslehren relativ hoch und liegen etwas über dem Zustimmungsniveau der Lehrkräfte der Kontrollklassen. Die Zustimmung wäre ohne das dritte Statement noch größer: Die meisten Lehrkräfte haben nämlich ein Abweichen von der Koedukation abgelehnt. Im Verlauf des Modellversuchs zeigen beide Modellversuchsgruppen eine positive Tendenz, Maßnahmen zugunsten der Mädchen zu befürworten. Insbesondere wird nun auch die (zeitweise) Monoedukation eher akzeptiert.

Während in der Physikgruppe die intraindividuellen Unterschiede nur gering sind (Mittelwerte zwischen 1,7 und 2,3), ist die Chemiegruppe sehr heterogen zusammengesetzt. Die Mittelwerte streuen hier von 1,3 bis 3.

(3) Einschätzung, daß die Chancengleichheit von Mädchen durch das eigene Lehrverhalten mitbestimmt wird

- Als Lehrer bzw. Lehrerin kann ich nur wenig dazu beitragen, daß sich Mädchen mehr für Chemie oder Physik interessieren
- Chancengleichheit für Mädchen und Jungen im Chemie- bzw. Physikunterricht hat nichts mit meinem Lehrverhalten zu tun

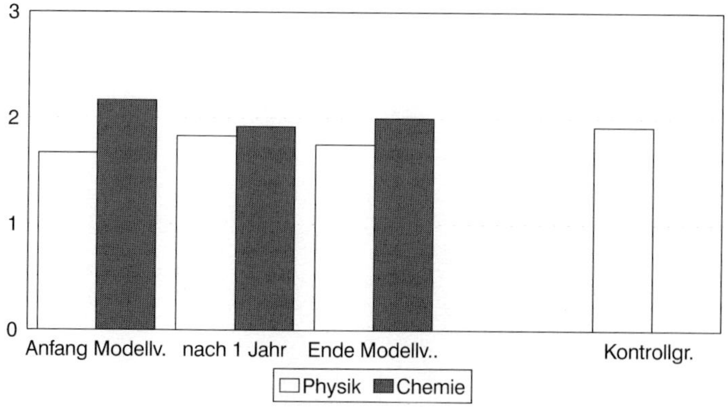

Abb. 8.3.4.3: Einschätzung, daß die Chancengleichheit von Mädchen durch das eigene Lehrerverhalten mitbestimmt wird

Die Überzeugung, aktiv etwas zur Verbesserung der Chancengleichheit beitragen zu können, ist in der Physikgruppe vergleichsweise gering ausgebildet. Dabei mag die Erfahrung der Lehrkräfte eine Rolle spielen, daß ihr bisheriger Physikunterricht (trotz aller Bemühungen) die Mädchen nicht in gleicher Weise wie die Jungen interessiert hat, weist aber im Verlauf des Modellversuchs eine leicht positive Tendenz auf. In der Chemiegruppe liegen die Anfangswerte etwas günstiger, aber die leicht negative Tendenz im zeitlichen Verlauf kann kaum befriedigen.

(4) Einschätzung der Chancengleichheit für Mädchen im eigenen Unterricht

- Mädchen sind in meinem Chemie- bzw. Physikunterricht in keiner Weise benachteiligt
- Ich habe nicht den Eindruck, daß ich in meinem Unterricht Mädchen und Jungen ungleich behandle

Für die Darstellung (Abbildung 8.3.4.4) wurden diese beiden Items umgepolt, so daß sie bei völliger Zustimmung mit 3, bei völliger Ablehnung mit 0 signiert wurden.

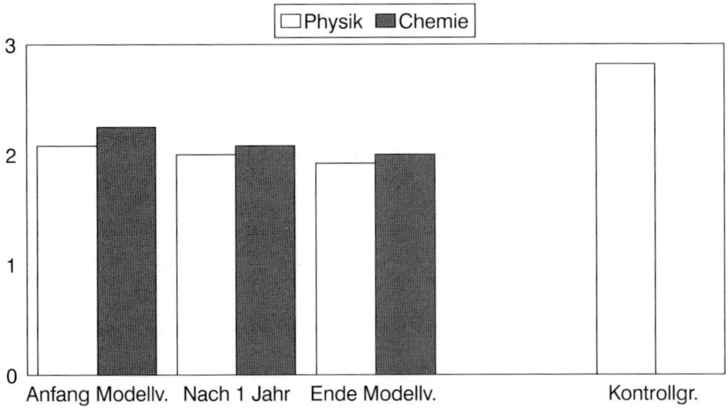

Abb. 8.3.4.4: Einschätzung der Chancengleichheit für Mädchen im eigenen Unterricht

Hier zeigt sich ein relativ stark ausgeprägter Unterschied zwischen den Modellversuchslehrkräften und den Lehrkräften der Kontrollklassen. Während letztere davon überzeugt sind, Mädchen nicht zu benachteiligen, sind die am Modellversuch beteiligten auch schon am Anfang des Modellversuchs in dieser Beziehung vorsichtiger. Daß sich diese

Tendenz im Verlauf des Modellversuchs sogar noch verstärkt, kann als eine zunehmende Sensibilisierung gegenüber einer bisher nicht so deutlich wahrgenommenen Ungleichbehandlung gedeutet werden.

Insgesamt läßt sich sagen, daß die Mittelwertunterschiede der beiden Modellversuchsgruppen nur minimal sind, daß sich aber in der Chemiegruppe zwischen den Personen und zwischen den einzelnen Zeitpunkten sehr viel größere Unterschiede gezeigt haben. Bildet man für jede Person und jeden Zeitpunkt einen Gesamtscore aus den ersten 8 Statements, so sind die Gruppenmittelwerte dieser Scores nur um 0,2% voneinander verschieden, ihr Streuungsmaß liegt aber bei der Chemiegruppe um über 200% über dem der Physikgruppe (Abbildung 8.3.4.5).

Die Grafik veranschaulicht diesen Befund. Als Ordinate aufgetragen ist der Mittelwert der Veränderung zwischen dem ersten und dem zweiten und zwischen dem ersten und dem dritten Meßzeitpunkt. Während die Veränderungen in der Physikgruppe klein sind, deutet sich in der Chemiegruppe eine gewisse Polarisierung an: Zwei Lehrkräfte stehen am Ende des Modellversuchs dessen Zielen bedeutend näher als zu Anfang, während zwei Lehrkräfte sich am Ende bedeutend weniger mit dessen Zielsetzungen als noch zu Beginn identifizieren können.

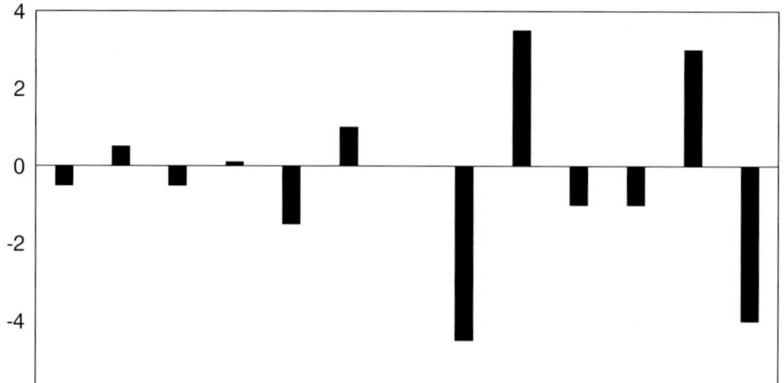

Abbildung 8.3.4.5: Mittlere Veränderungen gegenüber dem Ausgangsniveau

8.3.5 Ergebnisse der Interviews mit den am Modellversuch beteiligten Lehrkräften

Die Interviews mit den 12 am Modellversuch beteiligten Lehrkräften wurden am Ende des Schuljahres 1992/93 als Einzelinterviews durchgeführt und dauerten etwa je eine Schulstunde. Die Fragen waren vorher in einem Interviewleitfaden festgelegt worden und wurden in der weiter unten wiedergegebenen Reihenfolge gestellt. Die Interviews fanden in einer überwiegend offenen und entspannten Atmosphäre statt, in der Kritik freimütig geäußert wurde und auch sehr persönlich gefärbte Aussagen möglich waren. Es versteht sich von selbst, daß wir die Interviews keiner *quantitativen* Inhaltsanalyse unterzogen haben, indem wir z.B. ausgezählt hätten, an wieviel Schulen das Thema Koedukation/Gleichberechtigung bereits (in welcher Tiefe) behandelt oder welches Argument wie häufig vertreten wurde. Wir haben uns aber daran gehalten, daß alle *qualitativ* unterschiedlichen Meinungen zu unseren Fragen vollständig und in direkter Rede repräsentiert werden. Aus Platzgründen erforderliche Kürzungen sind mit .... gekennzeichnet. Aussagen, die einen direkten Bezug zu einer bestimmten Person oder einer bestimmten Schule enthalten, wurden in neutralisierter Form wiedergegeben oder ganz weggelassen. Kommentare oder dem besseren Verständnis dienende Erläuterungen sind *kursiv* gedruckt.

Wurde das Thema „Koedukation/Gleichberechtigung" an Ihrer Schule schn (vor Beginn des Modellversuchs) ausführlich behandelt und wie?

Das Thema tauchte immer mal wieder auf, es gab hier an der Schule immer wieder Diskussionen, allerdings leider eben vielfach auf einer Ebene, die dem Thema nicht dienlich sind, das was da eben manchmal läuft, ist mehr so diese unerfreuliche Ebene.

Ansatzweise ja, aber nicht tiefergehend, auf jeden Fall nicht in der Weise, daß da richtig was gemacht wurde.

Ja, mit einzelnen Lehrerinnen, im Kollegium wurde Problematik eher abgewertet.

Haben Sie sich schon vor dem Modellversuch mit diesem Thema auseinandergesetzt? Wenn ja, wie?

Nein, bis auf den Unterschied in den Leistungen zwischen Jungen und Mädchen, der wird schon deutlich, der war mir klar.

Nicht so speziell, nur die Frage, wie kommt es, daß wir so viele Mädchen im Laufe der Jahre im Physikunterricht abhängen.

Oberflächlich, weil zwei Kolleginnen in der Vorbereitungsphase des Modellversuchs dabei waren, die ab und zu erzählt haben.

Auf privater Ebene habe ich mit Kolleginnen darüber diskutiert, wie ich von meiner Einstellung her rüberbringen kann, Mädchen können das genau so gut wie Jungen.

Ich war schon in der Vorbereitungsphase dabei .... und habe das eine oder andere Buch dazu gelesen.

Sicher, klar, irgendwo setzt man sich natürlich damit auseinander, aber es hat nie dazu geführt, daß es irgendwelche Konsequenzen für den Unterricht hatte, also jedenfalls nicht durchdachte, daß man gezielt daraufhin etwas gemacht hat.

Welche persönliche Motive hatten Sie für die Teilnahme am Modellversuch?

Gar keine, blöde Frage, da kam kaum jemand anderes in Frage ....

Ich wollte mal wieder was Neues anfangen, aus dem Trott rauszukommen, mit anderen diskutieren (*Dieses Motiv wurde mehrfach geäußert*)

Um der Schule einen Gefallen zu tun und aus Interesse, mit verschiedenen Chemikern zusammenzukommen und Einheiten zu überarbeiten. Habe seit 10 Jahren keine Mittelstufe unterrichtet und hätte sowieso was Neues machen müssen, also günstige Gelegenheit.

Die Hoffnung, doch ganz konkret was für den Fachunterricht zu tun.

Mein Chef hat mich gefragt, ob ich Physik machen würde, wahrscheinlich auch, weil ich die einzige Frau bin, die Physik unterrichtet ..... und weil mir eigentlich der gesamte Physikunterricht in der Mittelstufe nicht so richtig gut gefällt.

Einerseits war es sicherlich das Thema, was ich interessant fand, ich bin schon lange mit dem Anfangsunterricht nicht zufrieden gewesen. Es hat mir schon häufig zu denken gegeben, daß das den Leuten relativ wenig Spaß macht und daß das so schnell immer mit der Motivation bergab geht.

Interesse, weil ich durchaus glaube, daß ich da Fehler mache, mich einseitig verhalte, das mal ausprobieren wollte.

Ich finde es ausgesprochen wichtig, gerade Mädchen zu fördern, habe ich eigentlich immer getan, wollte aber mehr darüber wissen.

Anlass waren einige sehr gute und interessierte Mädchen in Chemie, die an einer Stelle ausgestiegen sind und nicht wieder einsteigen konnten.

Ich wollte was dazulernen, das Problem sehe ich schon, daß Mädchen im Bereich größere Schwierigkeiten haben. Ob sie benachteiligt sind, weiß ich nicht, aber etwas von den Schwierigkeiten, die die Mädchen haben aus dem Weg räumen.

Die Hoffnung, Möglichkeiten zu finden, weniger Mädchen abzuhängen.

Ich hatte mich vorher ein klein bißchen mit dem Thema beschäftigt und sehe das Problem im Schulalltag, daß da gerade in den naturwissenschaftlichen Fächern Defizite sind.

Gab es eine Einbindung des Modellversuchs in die Schule? Wurde der Modellversuch von den Lehrkräften Ihrer Schule wahrgenommen und wie?

Nein, bis auf anfängliche Neugier.

Der Modellversuch wurde nicht besonders wahrgenommen, es gab schon Gespräche mit einzelnen Fachkollegen, aber mehr so Frotzeleien: Mädchen haben im Fremdsprachenunterricht ihre Vorzüge, dann müssen Jungen da gefördert werden.

Weiß Gott nicht, im Gegenteil, man hatte eigentlich Nachteile, daß man an solchem Versuch teilnahm.

Einzelne Leute haben mal gefragt, was läuft denn hier , ... , die Gleichstellungsbeauftragte hat teilweise ein bißchen intensiver nachgefragt.

..... die Mehrzahl der Leute halten das eher für überflüssig und .... sie haben das nicht so ganz ernstgenommen.

Interesse nicht in bezug auf Chancengleichheit, aber fachbezogenes Interesse und wie das mit der Teilung der Klassen lief.

Im ersten Jahr innerhalb der Fachschaft, besonders der Kollege, der die Parallelklasse hat.

Ein Kollege hat sich die Unterrichteinheiten geben lassen und hat auch Teile davon unterrichtet.

Gab es Unterstützung seitens der Schulleitung?

Es wurden keine Schwierigkeiten gemacht und man kümmerte sich um alle Anliegen.

(ähnlich äußern sich etwa zwei Drittel aller Lehrkräfte)

Organisatorisch ja, aber so ideell, ja, da möchte ich jetzt nichts weiter zu sagen.
Nein, auch organisatorisch keine Unterstützung.

Genau das Gegenteil war der Fall.

Entsprechen die entwickelten Unterrichtseinheiten ungefähr Ihren anfänglichen Erwartungen?
Äußerungen zu den Chemieeinheiten:

Hatte mir einen größeren Alltagsbezug erhofft, aber mehr ist wohl in der Gruppe nicht möglich gewesen.

Ich habe mich schon immer um so eine Thematik bemüht und habe die entwickelten Unterrichtseinheiten als nichts Neues empfunden, hatte vielleicht illusionäre Erwartungen, daß mir jetzt irgendwie Erkenntnisse zufallen würden, die ich vorher nicht hatte.

Anfangs hatte ich keine Vorstellungen, aber auf den Tagungen am Anfang gab es Vorstellungen. Toll, die hätte ich gerne ausprobiert, davon ist nichts geblieben. Wir machen schon was anderes, aber im Grunde genommen haben wir doch immer wieder die gleichen Sachen, die wir schon immer gemacht haben, umgestellt und ein bißchen anders eingebunden. Na gut, vielleicht ist es das, was man nur machen kann.

Richtig zündende Unterrichtseinheiten und Ideen, so richtig zündend ist es nicht; ich hatte große Rosinen im Sack, wir sind ja schwerstens über diese Mülleinheit ins Schleudern gekommen, das ist so symptomatisch. Mit der Müllentsorgung geht es in Wirklichkeit ja genauso, das mit den blauen und gelben Säcken, das geht doch pleite. Wir haben das verkehrte Thema aufgegriffen, und daran haben wir uns auseinander gearbeitet. .....

Es ist herkömmlicher Unterricht mit dem einen oder anderen Zusatz.

Meine Erwartungen wurden voll erfüllt, Einschränkung: die Experimente lassen sich nicht weiter so durchführen, wenn ich die Klasse nicht halbieren kann.

Äußerungen zu den Physikeinheiten:

Ich habe vielleicht zuviel erwartet, ein bißchen mehr Originalität erhofft. Einzelne Passagen sind doch wieder recht konventionell. Ich habe den Eindruck, daß für die Jungen fast mehr dabei rausgekommen ist als für die Mädchen, hat eher die Jungen noch stärker angesprochen, noch mehr motiviert.

.... ich denke, wir haben im Grunde genommen relativ wenig geändert. Wir haben versucht, einen guten Physikunterricht zu entwickeln, der sicherlich auch besser geworden ist, ... aber mit Sicherheit haben wir nicht das Ei des Kolumbus gefunden.

Teils, teils, ich hatte mehr Innovation erwartet, das ist hinter meinen Vorstellungen etwas zurückgeblieben, das muß man eben als kleinsten gemeinsamen Nenner ansehen, und dann finde ich sie in Ordnung. Man kann gut danach unterrichten, sie sind in der Praxis anwendbar ....

Die Einheiten sind zum großen Teil eigentlich gut geworden, es gibt bei jeder Einheit eigentlich irgendsowas, wo ich sagen würde, also nee, das finde ich nicht so gut, hier hätten wir was anders machen müssen. Aber im Prinzip sind die gut geworden. Also ich habe erwartet, daß ich hier gute Unterrichtseinheiten für die Quarta bekomme, oder mir erarbeite und ich finde, genau das haben wir auch gemacht.

Das war für mich überhaupt das Befriedigendste am ganzen System, das Gefühl, daß man das Richtige getan hat.

.... Ich bin da relativ naiv reingegangen und so gesehen könnte ich mal sagen, es hat mir eigentlich gefallen.

Wie weit haben Sie sich an das Programm der entwickelten Unterrichtseinheiten gehalten, wieviel haben Sie neu / zusätzlich gemacht, wo sind Sie abgewichen, was haben Sie weggelassen?
Alle Lehrkräfte gaben an, daß sie sich im großen und ganzen an die Unterrichtseinheiten gehalten haben und daß Abweichungen minimal waren.

Hat das Thema des Modellversuchs die Arbeit in den Klassen beeinflußt, wenn ja, wie? (War „Chancengleichheit“ auch in den Klassen Thema?)
Thematisiert von mir wurde das Thema nur beim Vorstellen des Modellversuchs, in der ersten Stunde, bevor wir mit dem Unterricht begonnen haben. Und dann noch mal auf der Elternversammlung, wo die Schüler ja nicht anwesend waren. Aber sonst nicht.

Zu Anfang war es ein Thema, vor allem in der reinen Mädchengruppe, die ja eigentlich nicht wollte, die konnten einfach nicht einsehen, warum sie nun gesondert unterrichtet werden sollten, ob sie dümmer wären. In der anderen Klasse war es nicht nötig, da sind ja nur 4 Jungen, die sind auch etwas zurückhaltender.

Am Anfang, wie ich erklärt habe, was der Versuch soll, da haben sie sich das angehört, aber es gab keine große Diskussion, das haben sie hingenommen. Ab und zu habe ich mal von der Mädchengruppe gehört, daß sie die Stunden, in denen sie allein sind, gut finden. Auch eine Kollegin hat mit erzählt, daß die Mädchen ihr das vermittelt hätten.

Hat der Modellversuch auch die Schülerinnen und Schüler sensibilisiert? (Hat jemand Ideen geliefert, Forderungen gestellt?)
Nein, überhaupt nicht. Die koedukativ getrennten Klassen hatten die Schwierigkeit, daß sie nicht ganz einsahen, wenn wir schon unter diesem Aspekt ein Projekt machen, warum dann nicht wirklich getrennt zwischen Jungen und Mädchen, die hätten das gerne gehabt. Vom IPN hatte man ihnen das zwar erklärt, welchen Sinn es hat, daß sie zwar geteilt werden, aber trotzdem Mädchen und Jungen zusammenbleiben, aber ich glaube, das war nicht einleuchtend für sie.

Naja, in der getrennt-geschlechtlichen Klasse gab es Mädchen, die lieber in der Jungengruppe mitgemacht hätten und Jungen, die lieber in der Mädchengruppe mitgemacht hätten, nämlich die leistungsstarken Mädchen. Die fühlten sich in der Mädchengruppe stark gebremst. Sobald die da versuchten Aktivitäten zu entfalten, galten sie als Streberinnen, und umgekehrt gab es natürlich einige wenige schwächere Jungen, die in der leistungsstarken Jungengruppe schlechte Karten hatten und nicht mehr wußten, wo's lang ging, die wären lieber in der Mädchengruppe gewesen.

Welche organisatorischen Schwierigkeiten gab es bei der geteilten Klasse?
Keine.

Einige, weil eine Gruppe öfter als die andere ausfiel.

Am Anfang häufig durch Stundenausfall, später habe ich beide Gruppen zusammengelegt, so daß öfter zwei koedukative Stunden hintereinander stattfanden.

Durch Ausfälle gab es mal mit der einen, mal der anderen Gruppe Probleme, die Gruppen in Tritt zu halten.

Schulorganisatorisch nicht, aber vom Unterrichtsablauf her, ich hatte Schwierigkeiten mit dem Stoff, das so hinzukriegen, daß sie möglichst immer auf dem gleichen Stand sind.

Ja, bei einer Gruppe paßte die Zeit besser, es sind Fahrschüler.

Vorschlag: alle drei Stunden als Randstunden, dann kann die Lehrkraft flexibler reagieren.

Welche Unterschiede haben Sie zwischen der Klasse und den Teilgruppen bemerkt, was war am auffälligsten?

Der Lärmpegel sinkt in kleinen Gruppen.

Die Hektik und die Unruhe ist deutlich geringer in kleinen Gruppen.

Die Rivalitäten zwischen Mädchen und Jungen verschwinden.

Weil es wenige sind, ist es netter, es läßt sich besser diskutieren - keine kann sich verstecken - und man kann besser experimentieren, es gibt keinen Kampf um Aufmerksamkeit.

Mein Eindruck ist, daß einige Mädchen sich in der Gesamtgruppe stärker zurückziehen, als in der monoedukativen Kleingruppe.

Einige Jungen können sich in der Gesamtgruppe stärker zurückziehen als in der monoedukativen Kleingruppe.

Es war ein Nachteil für den Unterricht und lästig, darauf zu achten, daß beide Gruppen den gleichen Stand haben.

Die Mädchen konnten in kleinen Gruppen besser arbeiten, für die Jungen war es unverändert.

Die Mädchen haben die monoedukative Kleingruppe ausgesprochen genossen, die Jungen waren in der Ganz- und Teilgruppe gleich undiszipliniert und chaotisch.

Die Mädchen waren in der kleinen Gruppe, wo sie alleine sind, logischerweise aktiver. Die Atmosphäre war wesentlich locker und entspannter.

Die Beschäftigung und das Gespräch ist mit den Mädchen in den (*koedukativen*) Halbgruppen wesentlich intensiver. Einigen stillen Mädchen konnte ich in der Halbgruppe Sicherheit geben, sich auch in der Ganzklasse zu beteiligen und zu regelmäßiger Mitarbeit zu kommen. .....

Die Jungen waren in der ganzen Klasse Chaoten, in Teilgruppen haben sie gut mitgearbeitet.

Das jeweilige Verhalten war in beiden Teilgruppen extremer: Die Mädchen waren konstuktiver, die Jungen noch chaotischer.

Die reine Mädchengruppe stellte sich besonders ungeschickt beim Experimentieren an, fühlte sich dazu verpflichtet. Die besseren Mädchen hatten da Schwierigkeiten, das hat sich aber gelegt, durch die gemischten Stunden wahrscheinlich.

Wenn Sie nochmal die Chance hätten eine Klasse zu teilen, würden Sie diese Chance wahrnehmen? Und wenn ja: wieder mit regelmäßiger Teilung oder en bloc? Oder haben Sie andere sinnvolle Ideen?

Nein, denn die Gefahr des Auseinanderlaufens ist zu groß; oder vielleicht doch mal wieder in der Obertertia.

Ja, aber auf keinen Fall monoedukativ, zum Beispiel nach Charakteren, oder wie man Außenseiter zusammenbringt.

Ja, aber die Teilung müßte je nach Bedarf gemacht werden können, es müßte eine größere Flexibilität rein.

Ja, aber nur für Schülerübungen, die Unterrichtsgespräche müßten immer in der gesamten Klasse sein.

Ja, aber lieber en bloc.

Ja, aber dann lieber gemischt.

Ja, wieder Mädchen und Jungen getrennt.

Ja, aber endlich mal Mädchen und Jungen getrennt.

Ja, wie wäre egal, Hauptsache Halbklassen.

Sind Sie anders auf Mädchen zugegangen als vorher, sowohl zu Beginn als auch während des Unterrichtsjahres?

Nein, aber ich habe mich vielleicht mehr beobachtet, mich selbst und die Mädchen.

Ja, ich habe die Mädchen mehr ermuntert, sich mehr zu beteiligen.

Große Geduld habe ich schon gehabt, vielleicht habe ich jetzt mehr Verständnis oder noch mehr Zuspruch, und doch noch ein bißchen mehr Geduld.

Ja, wir haben uns im Laufe dieser zwei Jahre doch einiges bewußt gemacht.

Grundsätzlich hat sich nicht allzuviel geändert, aber im Detail sicherlich, man ist doch wesentlich aufmerksamer dem Problem gegenüber geworden. Ich habe inzwischen auch keine Scheu gehabt, Mädchen ganz bewußt zu bevorzugen, um sie zu stützen und um ihnen mehr Selbstvertrauen gegenüber der Gruppe der Jungen zu geben, weil zu diesem Zeitpunkt das vielleicht, aus meiner Sicht, vernünftig war, das habe ich vorher nicht getan.

Ich sehe genauer hin, vielleicht habe ich mehr Geduld mit Mädchen, lasse mehr Zeit, aber im Prinzip behandele ich beide gleich.

Ja, ich wende jetzt vielleicht ein bißchen ausgiebiger bestimmteTricks an: länger warten, namentlich vorhergegangene Beiträge erwähnen; aber ich habe schon vor dem Modellversuch darauf geachtet.

Ja, aber es war nicht unbedingt besser.

Ich war vorher unbefangener, ständig Chancengleichheit im Kopf ist ein störendes Gefühl.

Ich weiß nicht, ob sich das durch den Modellversuch geändert hat. Ich habe mich eher dabei erwischt, daß ich die Mädchen, von denen ich wußte, die sind gut, mit einer besonderen Ungeduld behandelt habe, wenn Sie sich genauso verhielten wie die Jungen, wenn sie mal undiszipliniert waren oder gestört haben oder auch keine Lust hatten irgend etwas zu machen, d.h. ich hatte eine ganz hohe Erwartungshaltung. Wahrscheinlich habe ich insgeheim gedacht, daß die Mädchen mir mein Interesse irgendwie honorieren würden. ....

Kann ich ganz schwer beantworten, zunächst mal würde ich sagen, nein, habe ich vorher, wie hinterher gemacht. Aber die eigenen Veränderungen merkt man ja immer am wenigsten, sicherlich habe ich darauf geachtet, zu Beginn, Mädchen und Jungen möglichst gleich dran zunehmen. Und ich habe das auch mit der Geduld versucht, wobei, dieses lange Warten, was ja immer ein Aspekt gewesen ist, der so hoch gehalten wurde, finde ich inzwischen keine gute Maßnahme mehr, weil meiner Meinung nach der Unterricht langsamer, träger wird, die stellen sich darauf ein und sagen, ich habe ja eh Zeit, der wartet ja sowieso. Die guten Leute, die dann spontan irgendwas äußern können, was ja nicht immer was negatives ist, sondern das ist ja häufig sogar gewünscht, die unterdrückt man letztendlich dadurch. Also, diesen speziellen Aspekt, länger warten, bis sich auch die Mädchen melden, den finde ich inzwischen nicht mehr besonders gut. ....

Im Verhältnis möglichst gleichmäßig drannehmen, etwas später die Beiträge namentlich erwähnen.

Ich habe darauf geachtet, daß ich die Mädchen beim Experimentieren ermutige, selbständig zu arbeiten.

Die stilleren Mädchen habe ich auch ohne melden drangenommen.

Ich habe Mädchen, die von den Leistungen her mithalten können, ermutigt, sich dem Wettbewerb zu stellen.

In der geteilten Klasse habe ich gerade am Anfang ganz bewußt versucht, diese sogenannten „stillen Mädchen“ ganz gezielt aus der Reserve zu locken.

Ich habe versucht zu vermitteln, ich glaube, du kannst das, du schaffst das schon, so aufmunternd kucken, so Gesten, - ist schlecht zu beschreiben.

Im Unterricht habe ich versucht ihnen Mut zu machen, daß sie sich mal melden, daß sie auch ruhig mal was Falsches sagen können, daß das kein Problem ist.

Bei der Erarbeitung neuer Themen gute Mädchen verstärkt drannehmen, es gab aber auch gute Mädchen, die ihre Leistungen zeigen wollten.

Versucht, stereotype Reaktionen möglichst zu vermeiden. Wenn die Forschung sagt, gleiche Leistungen werden bei Mädchen schlechter bewertet, so habe ich versucht, mir das bewußt zu machen und es zu vermeiden.

Ich habe einiges an Aktionen nachmittags gemacht, z.B. zuhause bei mir mit ihnen gekocht, um ihnen persönlich näher zu kommen.

Die Chemie-AG habe ich im zweiten Halbjahr angefangen, die mache ich jetzt zusätzlich, ohne daß ich irgendwelche Stundenvergütung oder so etwas bekomme. Da sind fast gleich viele Mädchen wie Jungen.

Die Überflieger, Jungen, die hab ich gebremst.

Wie bewerten Sie den Erfolg Ihrer Aktivitäten?

Die Mädchen hatten sehr großen Erfolg beim Experimentieren, sie experimentieren jetzt sehr selbständig und nicht mehr ängstlich. Ich hatte sehr viele zurückhaltende Schülerinnen, bei einigen wurde die Zurückhaltung weniger, bei anderen nicht.

Wenn ich die Mädchen allein hatte, dann, glaube ich, ist es mir schon gelungen, allein schon durch die äußeren Bedingungen. Das war eine andere Atmosphäre, die sind auch drangeblieben, die sind auch nicht abgesprungen bei diesem Molkapitel, das ist schon ein Unterschied zu vorher, aber ob das mein Verhalten war, das weiß ich nicht.

Durch die Koch-Aktionen ist das Klima lockerer geworden, hätte ich aber bei jeder anderen Klasse auch gemacht.

Eine Mädchengruppe ist mutiger geworden, meldet sich mehr, aber das gab es früher auch schon mal.

Im Vergleich zu den Schuljahren vorher hat sich nichts geändert, ich habe einige wenige Mädchen für Chemie gewonnen und viele bei den ersten Rechnungen verloren.

Unterschiedlich, gute, dominante Mädchen fühlen sich wahrscheinlich zu wenig gefördert, in der anderen Klasse haben einige Mädchen das wohl als ganz wohltuend empfunden, zu zeigen, was sie können.

Die „stillen Mädchen" aus der Reserve zu locken denke ich, daß das bei den meisten eigentlich ganz gut geklappt hat. Die sind also nicht die spontanen Beteiligten, nach wie vor nicht, aber so einige sehr unsichere Kandidatinnen, die wirklich fachlich durchaus ihre Schwierigkeiten haben, die sind dann eben ab und an selbst mit dem Finger dabei.

Also insgesamt denke ich, ist der Ansatz die Mädchen stärker zu fördern, leider manchmal überschattet von der Notwendigkeit, die Jungen in Schach zu halten. Man könnte bestimmt auf Anhieb 4 oder 5 Jungen nennen, die immer wieder einfach drauflos reden. Eine Situation, die ich bei Mädchen einfach nicht erlebe, das kommt eben in der Form überhaupt nicht vor. ... Ich weiß nicht, wie man das Problem lösen soll. Ein kleiner Erfolg ist schon da, wenn dann so Rückmeldungen kommen wie „ach, schon wieder die Mädchen" oder „schon wieder die Jungen". Wo also auch die merken, daß man versucht die Schwerpunkte zumindest gleichzusetzen und vielleicht eben auch ab und an so ein bißchen in die andere Richtung zu verlagern.

Mit alten Klassen von früher verglichen, würde ich jetzt schon sagen, daß sie jetzt Physik lieber machen.

Kann ich wirklich nicht sagen, weil man ja nicht vergleichen kann, wie wäre es anders gewesen.

Mädchen werden mehr als sonst sagen: Physik kann auch mal nett, witzig sein und ich kann auch mal was verstehen davon.

Hatten Sie Schwierigkeiten mit den Jungen - das Gefühl, die Jungen bekämen zuwenig Aufmerksamkeit?

Am Anfang meinten die Jungen, sie würden jetzt auf jeden Fall benachteiligt, das legte sich aber.

Die Beobachtung, die man immer wieder macht, ist, daß die Jungen ihre eigenen Interessen durchzusetzen wissen. Also ich glaube nicht, daß irgend einer der Jungen nun wirklich, wenn er ernsthaft darüber redet, den Eindruck hat, daß sie jetzt bewußt hintenan gesetzt worden sind. Mal so einige wenige Bemerkungen, aber die spielen sich immer mehr so´n bißchen auf dieser flapsigen Ebene ab. Ich glaube nicht, daß man sagen könnte, hier ist irgendetwas auf Kosten der Jungen gelaufen, von den Themen her ohnehin nicht.

Einmal haben sich die Jungen beschwert und gesagt, die Mädchen würden bevorzugt, weil ich tatsächlich auch einmal die Mädchen mehr drangenommen habe, das stimmte. Aber daß sie das sofort bemerkt haben, das hat mich gewundert. Liegt vielleicht auch daran, daß sie wußten, wir sind ein Modellversuch, und jetzt kamen doch tatsächlich auch mal 5, 6 Mädchen hintereinander dran und dann nur 2 Jungen, und das fiel ihnen auf. ...

Ja, ich denke, daß die Jungen das Gefühl hatten, sie kämen zu kurz und sie hatten von Anfang an das Gefühl, einige jedenfalls, das ist etwas, was sich gegen uns richtet und die Mädchen sollen in besonderem Maße gepäppelt werden. Und besonders in dieser ... sind 5, 6 Schüler, die nicht nur bei mir, das muß ich dazu sagen, sondern ganz allgemein, ein extremes Machoverhalten an den Tag legen. Ich habe das auch auf Elternsprechtagen zu hören gekriegt, daß die mit mir als Person oder als Frau extreme Schwierigkeiten haben und es gibt Schüler, die völlig abgeschaltet haben, und an die ich auch in Einzelgesprächen nicht herangekommen bin, weil sie das Gefühl haben, daß ich sie vielleicht in ihrem Jungensein oder Mannsein oder irgendsoetwas, nicht genug anerkenne. Da mag was Richtiges dran sein, da spielen nun einfach auch persönliche Probleme eine Rolle, die mich einerseits sehr offen dafür machen, andererseits mir auch sicher manchen Weg versperren.

Haben Sie „interventionsbedürftige Situationen" wahrgenommen und wenn ja, wie haben Sie interveniert?

Wenn also so entsprechende Äußerungen seitens der Jungen gegenüber den Mädchen kamen, da bin ich allerdings kräftig gegen vorgegangen, indem ich die Jungen entsprechend angemacht habe.

Ich habe eigentlich nie in diesem Jahr irgendwie eine extreme Situation erlebt, daß man wirklich das Gefühl hatte, man muß jetzt mal eingreifen. Irgendwo hat man mal auf Bemerkungen reagiert, aber es ist eigentlich nie passiert, daß ein Tiefschlag in irgend so einer Richtung erfolgt wäre, dazu sind die eigentlich alle noch zu nett, ich weiß nicht, wie man das jetzt umschreiben soll, also Extremsituationen hat es eigentlich nie gegeben.

Ja, aber keine schwerwiegenden Fälle, nichts Gravierendes, und auch nur in der Klasse, die neu zusammengesetzt ist, die müssen sich erst zusammenraufen.

Ja, zwei Jungen mußte ich sehr bremsen, die hab ich auch mal rausgeschmissen.

Ja, es gibt dort einige sehr kluge Mädchen, die sich auch ein bißchen was darauf einbilden, die dann teilweise von der ganzen Klasse oder auch von Jungen ein bißchen gehänselt werden. Man läßt sie dann nicht so gern ausreden oder redet dazwischen, ach du, du weißt schon wieder alles besser und so weiter und da bin ich so mit den pädagogischen Mitteln, die ich habe, dagegen angegangen, um das aufzulösen. Aber die Klasse ist eben sehr groß und bei experimentellem Unterricht kann man diese feinen Dinge, die dort ablaufen, häufig gar nicht sehen und erkennen, und es ist auch schwer dagegen anzugehen. Der Vorteil der kleinen Gruppe ist da ungeheuer. Nur dann könnte man wirklich etwas tun.

Man interveniert mehrmals jede Stunde, das ist normal, ein Junge war dabei, mit dem habe ich allein geredet, gedroht, geredet, einmal rausgeschmissen, sein Verhalten war zum Ende des Schuljahres wesentlich angenehmer als zum Anfang des Schuljahres.

Ja, aber es betrifft nicht die Mädchen/Jungen Problematik. In beiden Klassen war das nötig, es waren nicht Jungen gegen Mädchen, sondern Gewalt gegen Jüngere. Ich habe mit dem Verteilen von Tadeln und Weitergabe an den Schulleiter reagiert. Es gab auch viel Gewalt im Umgang mit Geräten.

Haben Sie das Anliegen des Modellversuchs in den Klassen zum Thema gemacht?

Nein, es gab keinen Anlaß

Gelegentlich, aber nicht ausführlich

Den Brief fanden sie bei mir ziemlich überflüssig, das haben Sie uns doch schon alles erzählt, was sollen wir damit. Da hab ich gesagt, dann gebt den trotzdem zuhause ab, damit eure Eltern den auch haben. Und den Fragebogen, der uns mal vom IPN gegeben wurde, damit ein Gespräch in Gang kommt, den habe ich da nicht verteilt, weil ich denke, daß das in der 7.Klasse schwierig ist, das Thema auf diese Weise anzufangen. Müßte man anders rangehen, ja und das kann ich nicht.

Ja, gegen Ende, als die drei bis vier Schülerinnen und Schüler zum Interview raus waren, da konnte ich ja keinen vernünftigen Unterricht mehr machen, da haben wir darüber gesprochen. Sonst nur kurz mal, an sich ist mir bei 2 Wochenstunden die Zeit meines Unterrichts zu schade dazu. .... Das einzige was wir diskutiert haben, das ist dieser Kernsatz aus dem Brief: Was Mädchen interessiert, ist auch für Jungen interessant und was Jungen interessiert, interessiert die Mädchen weniger. Das stieß natürlich bei den Mädchen auf äußerstes Unbehagen, weil das für Mädchen ja wirklich diskriminierend ist. Das bedeutet ja, Mädchen sind nur halb so intelligent wie Jungen, sie können ja wirklich nur die halbe Chemie verstehen, das was die Mädchen nicht interessiert, muß dann ja von vornherein ausgeblendet werden, während die Jungen das ganze Spektrum von vornherein abdecken können mit ihren Interessen, so haben sie das gesehen.

Haben sich die Mädchen durch den Modellversuch angesprochen gefühlt oder wurde der Modellversuch von den Mädchen eher skeptisch beurteilt?

Ich denke schon, wenn überhaupt, daß sie es positiv registriert haben, es ist ja auch wirklich so das Problem, daß sie ja nicht vergleichen können, sie wissen ja nicht, was ist nun bei uns wirklich anders gelaufen als vorher. Was sie sehr positiv registriert haben, sagten sie mir zwischendurch immer mal wieder, sind die vielen Versuche, aber das ist nicht unbedingt etwas Spezifisches nun für diesen Modellversuch.

Die Mädchen haben ihre Chancen genutzt.

Also, die Reaktionen waren zunächst mal, ach, das ist ja komisch, was soll das eigentlich, wieso denn. In der Klasse, wo die Mädchen dann alleine unterrichtet wurden, haben sie es dann nach einiger Zeit als sehr angenehm empfunden und genossen. In der anderen Klasse haben sie das einfach so hingenommen. Ansonsten glaube ich, daß die noch zu klein und zu jung sind und mit sich und Pubertät und dem anderem Geschlecht ganz andere Probleme haben, als nun darauf zu achten, ob sie gleichberechtigt sind oder nicht.

Die Mädchen waren eher gleichgültig.

Die Mädchen wollten, wenn schon die Trennung, dann auch richtig. *(Diese Klasse war koedukativ getrennt).*

Einzelne Schülerinnen fühlten sich herabgesetzt durch den Modellversuch.

Die Mädchen hatten am Anfang die Befürchtung, der gesamte Unterricht soll ganz getrennt werden in Mädchen und Jungen, das wollten sie nicht.

Zuerst meinten die Mädchen, sie hätten das nicht nötig, dann haben sie aber gespürt, wie angenehm das ist in den gleichgeschlechtlichen Gruppen.

Ich habe versucht sie davon zu überzeugen, daß es von Vorteil ist, ohne die Chaoten arbeiten zu können.

Wir haben unterschiedliche Materialien bereitgestellt, die Ihnen helfen sollten, sie für die Mädchenproblematik zu sensibilisieren. Konnten sie etwas davon verwenden und was haben sie Ihnen gebracht?

An Materialien war von Seiten der IPN-Gruppe folgendes an die Lehrkräfte herangetragen worden:

(a) Leitfaden zur reflexiven Selbstbeobachtung

(b) Leitfaden zu Verhaltensweisen, die einer positiven Entwicklung des Selbstbildes von Mädchen dienlich sind - 8 Situationen

(c) Raster zur Erweiterung der Aufmerksamkeit auf geschlechtsspezifische Interaktionen im Unterricht

(d) Kriterienkatalog zur Beurteilung der Schülerinnen und Schüler durch die Lehrkraft

Das ist unterschiedlich. An den Tagen mit wenig Unterrichtsstunden konnte ich mich natürlich sehr viel besser auf so etwas konzentrieren. .... das ging eigentlich ganz gut, weil ich mir nur ein, zwei Aspekte rausgesucht hatte, mehr wollte ich nicht (*gemeint ist (a)*). Das, was mir noch einfällt, was ganz gut war, dieser Zettel (*gemeint ist (b)*), wie man Mädchen unterstützen kann, ... das hat mir schon geholfen. Aber nicht solche Listen (*gemeint sind (a) und (c)*).

Nur als es neu war, nachher kommt man sowieso doch immer wieder in den alten Trott hinein. Eine Zeitlang hab ich mich schon mal daran etwas orientiert, aber das ist im Alltag häufig schwer anzuwenden. Da ist ein gewisser Automatismus drin, wenn ich mich selbst damit auseinandersetze, dann werde ich vielleicht ein bißchen sensibilisiert dabei, aber die zu erlernenden Verhaltensmuster, die habe ich nicht übernehmen können.

Diesen Leitfaden zu den Verhaltensweisen, das habe ich als ganz positiv empfunden, da mal gezielt zu suchen, wie kann ich mich verhalten, wie könnte so was eventuell wirken. Besonders viel Originelles ist uns da auch nicht eingefallen, aber das ist vielleicht auch nicht zu erwarten.

Ich hatte damit Schwierigkeiten, nur dieser letzte Bogen, der war eigentlich gut, weil man sich dann auch über jede und jeden noch mal so Gedanken macht. .....

Es hat keine klaren Erkenntnisse gebracht, daß man dieses oder jenes falsch macht oder dieses und jenes richtig macht. .....

Ich kann das ganz schlecht, neben dem Leitfaden „Thema im Unterricht“ dann noch einen anderen daneben. Ich habe trotzdem den Eindruck, daß in den 2 Jahren schon so eine Sensibilisierung stattgefunden hat und daß man auf bestimmte Dinge schon eher mal achtet. .....

Womit ich mich noch mal beschäftigen will, was ich bis jetzt aber nicht gemacht habe, das sind diese Situationsbeschreibungen und wie würde ich reagieren, wenn ...... Das finde ich eigentlich schade, daß ich das nicht gemacht habe, aber ich finde, das kann ich jetzt immer noch machen. Die finde ich sehr nachdenkenswert. Alles, was sich direkt auf den Unterricht bezieht, wo man sofort nach der Stunde sich hinsetzen und aufschreiben muß, war für mich nicht durchführbar: Nächste Stunde, kurze Pause, ich hab´s nicht ein einziges Mal geschafft.

Ich war schlicht und ergreifend überfordert.

Ich habe mich da eigentlich nicht so drum gekümmert ...... sondern habe mich mehr auf die Unterrichtseinheiten konzentriert.

Das hat mir weniger gebracht, als auf Äußerungen von Schülern zu hören, mit denen ich nicht zurechtkam und dann plötzlich zu merken, da ist etwas in mir oder zwischen uns, was schiefläuft und das hat mir eigentlich sehr viel mehr gebracht.

Für eine konkrete Unterrichtssituation weniger. Man hat vielleicht ein bißchen mehr darüber nachgedacht, ob ich da irgendwelche Lehren raus ziehen könnte, wage ich zu bezweifeln.

Vielleicht müssen wir für so eine Sache, die sehr kompliziert und sehr komplex ist, einfach mal eine Woche ganz aus der Schule raus und eine Woche lang mal was ganz anderes machen, was nur das zum Thema hat.

Wir sind Naturwissenschaftler, die haben für solche Sachen meistens nicht so furchtbar viel Verständnis. Ich denke, Naturwissenschaftler denken ganz anders, die arbeiten ganz anders. ...... Die wollen Ergebnisse sehen.

Wovor ich am Anfang auch Angst hatte, daß das so eine ganz große Schwarzweißmalerei wird. Und das macht einen dann wieder so auf kontra gehend, daß man so denkt, jetzt wollen sie dich wieder in diese Ecke schieben, jetzt wollen sie einem wieder sagen: ihr benachteiligt die Mädchen. Und das ist etwas, wo man dann auch so gegen angeht. Und dann sagt man sich, wir wissen sowieso, was dabei rauskommen soll und nun müssen wir das auch noch ein paarmal aufschreiben.

Jeder denkt von sich, du bist doch eigentlich ein ganz guter Lehrer oder Lehrerin und da glaube ich, daß der Bedarf gar nicht so da ist, sich da irgendwie ändern zu müssen. .... Das, was einen breiten Raum eingenommen hat und weil es auch von uns so gewünscht war, war eben, daß man wieder an der Sache gearbeitet hat. Und da war auch, jedenfalls in unserer Gruppe, häufig eine gute Stimmung dabei.

Die erste Beobachtungsphase, die war einfacher, das war die Interaktion zwischen Lehrer und Schüler, das ist das, was man täglich macht. Aber zu beobachten, was Schüler untereinander machen ist schwierig. Beim Experiment muß man aufpassen, während des Experimentierens muß man die Klasse beobachten, in Hinblick auf Disziplin, man selbst muß schon wieder eine Frage stellen, man muß darauf achten, was sie antworten, man muß fachlich immer dabei bleiben und das Experiment läuft weiter. Und ich denke, es ist sehr schwierig, was läuft jetzt unter den Schülern.

Da ist zu wenig gekommen. Es ist so angeboten worden, daß man damit nichts anfangen konnte, das konnte man nicht umsetzen, das war schon schlecht, das hat wenig gebracht, finde ich, wenig genützt. Wobei ich keine fertigen Rezepte erwarte, das weiß ich, daß das nicht geht. Z.B. Mädchen können nicht aus den Bemerkungen von Lehrkräften den Profit rausziehen wie Jungen. Über solche Problematiken sollte man mehr sprechen, und das in kleineren Gruppen.

Zu theoretisch, für die Praxis schlecht umsetzbar. Neben sich stehen, ist in der Unterrichtssituation nicht leistbar.

Die Gruppe am IPN, die die ganze Sache in die Wege geleitet hatte, besaß eigentlich zuwenig eigene Erfahrung über Unterricht und mußte in der Richtung erst einmal eigentlich lernen und sehen, wie Unterricht so abläuft. .... Es kann natürlich auch sein, daß es natürlich grad als Lehrer schwer ist, zuzugeben, daß man eben wohl irgendwelche Fehler macht, daß möglicherweise Blockaden vorliegen.

Entsprechen die im Modellversuch entwickelten Maßnahmen zur Sensibilisierung ungefähr dem Ihrer Einschätzung nach Möglichen und Machbaren – oder hätten Sie andere Ideen?

Man hätte doch mehr konkrete Situationen nehmen sollen, vielleicht den Unterricht intensiver beobachten sollen, auch den Unterricht intensiver besprechen, über einzelne Personen, über einzelne Situationen, das war zu global, dadurch konnte ich nichts dazu lernen.

Ich hatte mir noch Genaueres, aber vielleicht geht das auch nicht, mehr von Ihrer Seite erhofft: Daß Sie uns noch auf Dinge, die uns nicht auffallen, aufmerksam machen können. Ich hatte gehofft, daß meine Beobachtungsmöglichkeiten, in der Unterrichtssituation, daß die noch verstärkt, daß ich da noch irgendwelche Hilfsmittel an die Hand kriegen würde. Sich zu Hause hinzusetzen mit dem Leitfaden, so im stillen Kämmerlein, was kann ich machen, ist so die eine Sache, aber das in der entsprechenden Situation überhaupt erst einmal zu registrieren, da hatte ich mir, glaube ich, mehr Hilfe, mehr Unterrichtsbeobachtung erhofft.

Ich weiß nun auch nicht, ob ich mich auf eine Supervision hätte einlassen wollen oder können. Ich denke nur, daß insgesamt so ein gewisses Unbehagen da ist und man an bestimmten Stellen gern weitergekommen wäre. Das Bedürfnis danach ist durchaus dagewesen.

Mit dem Bogen (d), den wir zum Schluß gemacht haben, sollte man anfangen. Der ist ganz brauchbar, auch für andere Klassen.

Im Bereich Selbstbeobachtung sind alle Möglichkeiten versucht worden, da kann ich nur sagen, je kürzer, desto machbarer. Und von diesen gruppendynamischen Sachen, ich persönlich schwärme ja für Praktisches, fürs Ausprobieren. Aber das geht ja auch nur, wenn alle das wollen, das war in unserer Gruppe nicht machbar.

Bevor mir jemand so ein Rollenspiel aufdrängt, da muß schon viel passieren, da habe ich mich immer gegen gesträubt. Ich wäre jetzt doch schon bereit, mal so ein Rollenspiel zu machen.

Wenn da jemand darüber erzählt, dann denkt man, das könnte sein, aber im nächsten Fall ist schon wieder alles ganz anders, das ist alles so schwammig und das macht die Sache so schwierig.

Die einzige Idee, auch wenn ich das in dem Sinne nicht mag, ist wirklich, daß man vielleicht in der Schule mit befreundeten Kolleginnen und Kollegen, zu denen man auch so weit Vertrauen hat, daß man weiß, man kann da so sein wie man ist, daß man einfach da versucht, sich gegenseitig ein bißchen auf die Sprünge zu helfen. Aber ob das praktisch umsetzbar ist, das wage ich sehr zu bezweifeln. Denn das heißt immer, daß der eine Unterricht hat, der andere eine Freistunde, wer mag schon eine Stunde länger dableiben. Es müßte einem relativ wichtig werden, damit man so etwas macht und solange das einem nicht wichtig ist, macht man so etwas nicht.

Ideen, die sehr unrealistisch sind wahrscheinlich, fächerübergreifend, auch vor allem mit ganz anderen Disziplinen, wo manches noch viel offensichtlicher ist, Deutsch, Kunst. Manchmal öffnet das Türen, die dann auch in der Chemie wirken können, aber die Chemie kann selten eine Tür aufmachen, weil der Zugang so ein besonderer ist.

Mehr Informationen und Hilfen für den Umgang mit Schülern und Schülerinnen, denn letztendlich bin ich für Schüler gescheitert. Schüler reagieren manchmal so, daß sie sagen, besonders in der Oberstufe: „Das ist Ihr Problem, das hat mit uns nichts zu tun."

Ich hatte mir erhofft, daß wir lernpsychologische Aspekte etwas stärker berücksichtigen würden, daß wir auch stärker auf lernpsychologische Unterschiede zwischen Jungen und Mädchen eingehen würden, auch erwartet, daß anthropologische Betrachtungsweisen stärker berücksichtigt würden. Mir kommt das so auch ein bißchen einseitig vor.

Was wünschen / erwarten Sie noch von uns?
Die Auswertung und eine Diskussion der Ergebnisse (ist mittlerweile erfolgt) und Weitergabe an Interessierte und in die Lehrerfortbildung, sowie weiterhin losen Kontakt.:

Welche allgemeine Kritik haben Sie am Modellversuch?
Ich halte Mädchenförderungsprogramme für sinnlos. Das ist weniger eine Kritik am IPN-Team als an der Materie Pädagogik als Wissenschaft zu betreiben. Das ist irgendwie ein Widerspruch in sich selbst und führt meistens in die Binsen. Die ganze Interessenstudie, die find ich so grausig und so wenig aussagekräftig. Das was wir hier machten, ist so an den Haaren herbeigezogen, ... , nein, nie wieder. Wie gesagt, ich hätte gerne gewußt, was ich eigentlich erreichen soll, die Mädchen sollen mehr Spaß haben, gut. Dann kann ich mit ihnen auch um die Schule laufen oder sonst etwas machen, da haben sie mehr Spaß. Ich kann mich natürlich in die Luft sprengen, das ist auch sehr spaßig. Aber irgendwann müssen sie auch was lernen, sie müssen sich auch dem Wettbewerb stellen, das halt ich für beinahe wichtiger. Dieser auch von Frau (X) immer geforderte „Schonraum Frau", ob das den Mädchen hilft? Das glaub ich nicht. Es ist auch bedenklich, wenn die Generation der 40 bis 50jährigen ihre eigenen Frustrationen auf die 16jährigen von heute überträgt, das ist verdammt gefährlich. Deswegen kommt es dann auch zu so manchen Klagen, daß die Mädchen so wenig solidarisch sind mit den entsprechenden Kolleginnen.

Die Chemiegruppe hatte die Schwierigkeit, daß die Fachdidaktiker zu selten gemeinsam anwesend waren, wir haben so oft wiederholt, was wir vorher besprochen hatten, das ist uneffektiv, dann ist man gefrustet, hat keine Lust mehr und dann beginnt auch das, daß man rumalbert. Ich hätte mir gewünscht, daß beide hauptamtlich damit befaßt sind.

Und daß das Arbeiten zuhause so abgeblockt wurde, effektiver wäre gewesen, man macht sich Gedanken, sortiert, schreibt sie auf und stellt dann den Entwurf vor. Wir haben hier jedesmal eine dreiviertel Stunde diskutiert und bei der 4. Überarbeitung wurde doch alles wieder umgestoßen, was schon dreimal festgelegt war, dafür war die Gruppe zu groß oder die Art der Zusammensetzung zu kompliziert, um zu arbeiten.

Sie haben manchmal gesagt, sie wollten das mit uns zusammen erarbeiten, ich habe das nicht so ganz verstanden. Ich habe da eigentlich gedacht, daß Sie doch schon das eine oder andere Konzept haben. Ich hätte mir gewünscht, daß wir Konkreteres gehört hätten, das man verändern kann.

Mit diesen gruppendynamischen Sachen hätte man früher einsetzen sollen. Das ist eigentlich nicht eine gezielte Kritik an die IPN-Gruppe, doch, insofern, als sie die leitende Gruppe gewesen ist.

Auf den Tisch hauen hätte man mal müssen, denke ich.

Ich hätte es ganz gut gefunden, wenn Sie doch vielleicht, das ist aber auch teilweise mit Selbstkritik verbunden, wenn Sie vielleicht noch früher an die Schulen gegangen wären. Auch unseren Unterricht beobachtet hätten, dann hätten wir auch früher irgendwie ins Gespräch kommen können dadrüber. Vielleicht haben wir auch, oder ich auch am Anfang geblockt, das ist durchaus auch mit Selbstkritik behaftet. Ich glaube, Sie hätten bei einigen Sitzungen etwas stärker lenken sollen. Ich glaube, wir haben zu oft zu lange darüber diskutiert, was wir machen wollen. Ich glaube, dann kamen wir manchmal ungewollt in so eine Schülerhaltung herein. Wir haben zu oft zu viel Zeit vertan.

Daß manches vielleicht nicht ganz so gelaufen ist, wie wir es vielleicht erwartet und gewünscht hätten, liegt sicherlich auch mit daran, daß wir uns doch relativ schnell immer in unserem Fachbereich zurückgezogen haben. Uns in die Arbeit gestürzt haben, von der wir meinten, die kriegen wir vielleicht auf die Reihe und an anderen Stellen vielleicht auch manchmal zu schnell klein beigegeben haben. Da hätte man vielleicht von Ihrer Seite konsequenter bleiben, hartnäckiger bleiben oder wie auch immer bleiben müssen, obwohl es uns dann auch wahrscheinlich unangenehm aufgestoßen wäre, an einigen Stellen, wie auch immer, ich weiß es nicht. Ich weiß auch nicht, wie man manche Dinge anders hätte angehen können, ich habe mich letztlich mit einer Bekannten unterhalten, die einen Supervisionsversuch mitmacht und die Art, wie sie mir das geschildert hat, war für mich eigentlich so eine Sache, wo ich mir gesagt habe, vielleicht hätte man damals da doch ein bißchen nachhaken müssen, obwohl ich sicherlich auch mit zu denen gehört habe, die nach diesem Nachmittag, den wir da im IPTS verbracht haben, eher geblockt hätte. Vielleicht hätte man an manchen Stellen wirklich so eine bestimmte Schwelle, wie weiß ich nicht, überwinden müssen. Ich denke, daß an der Stelle eigentlich unsere Erwartungen höhere waren, wir sie selbst aber auch uns selbst gegenüber nicht erfüllen konnten und daß das natürlich schon an manchen Stellen einfach zu Frustration geführt hatte, ist natürlich völlig klar.

Vielleicht hätte mal irgendwann jemand seitens des IPN auf den Tisch hauen müssen. Ich denke mal, so einige Probleme, die in der Gruppe aufgetreten sind, hätte man durch einen strafferen Führungsstil eventuell in den Griff bekommen können. Unter Umständen muß man eben auch einfach den Mut haben zu sagen, so, raus, und dann muß eben jemand anderes her. Aber das kann die Gruppe nicht regeln, vor allem kann das die Gruppe der Lehrerinnen und Lehrer nicht regeln, das muß einfach die Führungsetage machen. So, dann ist das halt geregelt und dann kann das auch wieder kooperativ weitergehen.

Mangelnde Sachkenntnis im pädagogischen Bereich und daran sind in der Chemiegruppe doch viele Dinge gescheitert und extrem verzögert worden, weil die betreuenden Personen vom IPN eben die Schulrealität nicht kannten. Manche Dinge haben sich eben extrem verzögert, weil soviel Nachholbedarf bestand, und wir haben uns an irgendwelchen fachlichen Minimalitäten erhitzt und viel, viel Zeit gebraucht, ohne wirklich am Thema zu arbeiten. Und da fehlte mir manchmal doch auch die Kompetenz, muß ich sagen, daß jemand da steht, der auch wirklich mehrere Jahre mal an einem Gymnasium dieses Fach unterrichtet hat und weiß, was ankommt. .....

Ich dachte, daß Ihr von Schule mehr Ahnung habt, von Schule konkret, von Unterricht und so, nicht theoretisch, sondern wie das tatsächlich aussieht und in welcher angespannten Situation man steckt, wenn man eine Klasse unterrichtet. Wie wenig Zeit und Muße man hat, um über das Fachliche hinaus irgend etwas zu machen, sozusagen.

Ich habe eine ganz starke Spannung zwischen den IPN-Mitarbeitern und der Lehrergruppe gespürt. Ihr habt bestimmt gesagt, diese Lehrer, die sind ja doof, mit denen kann man nicht, und wir bieten ihnen alles an, und sie wollen nicht, jammern immer und schreien. Und wir haben gesagt, die vom IPN, die kriegen nichts auf die Reihe, und das ist eben auch nicht abgestellt worden. Und ich denke für die Chemiegruppe gilt es jetzt noch, da war das sehr schlimm.

Es war im großen Plenum häufig so, daß da nicht viel bei raus kam, daß ich immer froh war, wenn wir in die Physikgruppe gingen, das war das angenehmere Arbeiten. Nachher war das einfach festgefahren. Ihr wart da natürlich auch irgendwie unvorbereitet, ihr habt andere Leute erwartet, sozusagen, ihr habt erwartet, es kommen Leute, die da sowieso drüberstehen, die das hier machen wollen. Und dann kam so eine zusammengewürfelte Gruppe und dann war das von eurer Seite wohl auch eine gewisse Unsicherheit. Am Ende hatte ich den Eindruck, jeder hatte seine Rolle da, der eine muß dies machen, der andere immer das sagen und der dritte muß widersprechen. Das war klar, das war nachher eingespielt.

Ich weiß nicht, wie man das von der Situation der Statistiker her anders machen kann, was auf Schülerinnen- und Schülerseite eher schlecht angekommen ist, das sind diese Fragebögen. Wobei ich eben nicht weiß, wie weit man zu einer vernünftigen Auswertung kommen kann, wenn man diesen Griesbreitest (*gemeint ist ein nach jeder abgeschlossenen Unterrichtseinheit vorgegebener Motivationstest, der im Anleitungsteil, das Wort „Griesbrei" enthält*) eben beim 2. oder 3. Mal in einer etwas variierten Form vorlegen würde.

Die Auswertung erfolgt eigentlich grundsätzlich nur über schriftliche Äußerungen der Schüler, und das ist ein bißchen kritisch, denn wichtige Dinge laufen, gerade was physikalisches Verständnis und technisches Verständnis angeht, auf andere Art und Weise und sind durch eine schriftliche Äußerung nicht abprüfbar. Ich weiß nicht, wie man das hätte anders machen können, ob man Schüler an einzelnen Übungen eigene Experimente ausführen lassen soll, oder wie man das hätte machen sollen. Aber, es ist eine sehr einseitige Betrachtungsweise und ich kann Sie nur bitten, zu versuchen, die Erfahrungen der Lehrer in irgendeiner Form, dann bei der Auswertung und bei der Beurteilung dieser Versuche einzubeziehen.

Und ich hatte eben auch den Eindruck, bei einem mehr beim anderen weniger, daß im Vordergrund dieses Modellversuchs doch im Endeffekt steht, welches Ergebnis kriegen wir fürs IPN dabei heraus, wie können wir das rechtfertigen, daß soviel Geld hineingesteckt wurde und das muß im Abschlußbericht irgendwie klar sein, daß das übers IPN auch richtig ausgegeben wurde. Ich habe das bei manchen so im Hintergrund gespürt, daß das Interesse an der Sache an sich kleiner ist, als so ein bißchen vorgegeben. Ich kann das nachvollziehen, das IPN lebt natürlich auch davon, daß solche Projekte gemacht werden und daß das Geld irgendwoher kommt und so gesehen ist das ein richtiges und wesentliches Kriterium. Das ist bei uns halt anders in der Schule, so müssen wir halt nicht denken in der Schule.

Hat dieser Modellversuch für Sie einen Sinn gemacht?
Ich bedaure es nicht, teilgenommen zu haben.

Der Sinn liegt in meiner persönlichen Erfahrung, eben mein persönliches Verhalten angekuckt zu haben. Worauf ich hätte verzichten können, sind unsere diversen Querelen in der Chemiegruppe, aber wenn man 6 Lehrer und 2 Fachdidaktiker zusammensetzt, dann kriegt man eben entsprechend viele verschiedene Meinungen. Gut, da hätte ich auf manches verzichten können, auch in der Art der Auseinandersetzung.

Ich habe auch was dazugelernt.

Das mal wieder andere Nachdenken über Unterricht und vielleicht ist man doch in der einen oder anderen Richtung wieder auf Ideen gekommen, was ich an Schülerverhalten beobachten kann, vielleicht anders bewerten kann.

Was nach wie vor für mich ein positiver Aspekt ist, zwei Jahre lang mal mit Leuten von anderen Schulen zusammen gearbeitet zu haben. Ich fand es in der Physikgruppe wenig frustig, das war in irgendeiner Form auch produktiv und ich finde, wir haben da auch ordentliche Sachen dabei rausgekriegt, das in der Gesamtgruppe sehe ich problematischer, aber insgesamt überwiegt mehr das positive.

Es hat mir Spaß gemacht, wenn auch nicht immer, mich mit anderen Leuten über Unterricht zu unterhalten. Seit zehn Jahren habe ich das nicht mehr gemacht, jedenfalls nicht so eine richtige Planung, das fand ich für mich angenehm, und es hat mir was gebracht.

Sinn sehe ich vor allem im Abstand vom Schulalltag: ich konnte mich ein bißchen ausruhen, denn ich konnte meine Stundenzahl reduzieren, das war natürlich sehr angenehm, das hat einen gewissen Sinn gemacht, daß ich für die volle Stundenzahl wieder Kraft getankt hab und vielleicht mal wieder 3 oder 4 Jahre voll arbeiten kann.

Hat sich bei Ihnen die Einstellung zur Problematik „Chancengleichheit" im Laufe des Modellversuchs verändert?
Ja, ein bißchen schon. Ich bin ein bißchen empfindlicher geworden, was Sprache anlangt. Ich war bisher auch immer der Meinung, daß der Schüler ein neutraler Begriff sei. Inzwischen bin ich doch nicht mehr so ganz der Meinung, und ich achte auch im Unterricht darauf, beide anzusprechen. Aber ansonsten glaube ich, daß wir so kurzfristig nicht so viel verändern können.

Es hat auf jeden Fall für mich persönlich an manchen Stellen eine deutlichere Bewußtmachung gebracht und das auf jeden Fall im positiven Sinn. Ich denke, daß man sich an manchen Stellen vielleicht noch mehr hätte drauf einlassen sollen und müssen. Auf der einen Seite sieht man manche Sachen jetzt doch ein bißchen klarer, als das vorher der Fall war. Auf der anderen Seite sieht man vielleicht aber eben gerade die Grenzen sehr deutlich: weil eben soviele Dinge vorher schon derart massiv gelaufen sind, merkt man eben, daß wir da mit unseren 2 Stunden Physik ja sowieso nicht, aber auch insgesamt so mit unserer Lehrerpersönlichkeit selber, doch relativ wenig Einfluß haben im Vergleich zu den Einflüssen, denen die Schülerinnen und Schüler ansonsten ausgeliefert sind.

Eigentlich nicht. Ich denke eben, es gibt schwache Schülerinnen und schwache Schüler, beide müssen gefördert werden. Das Interesse ist sicherlich unterschiedlich, von weiblich und männlich, aber ich .... hab ich nicht das Gefühl, daß wir jetzt Jungen bevorzugen oder Jungen mehr fördern und von vornherein die Einstellung haben, die Mädchen kapieren das sowieso nicht.

Ich hab intensiver darüber nachgedacht und unabhängig von dem Modellversuch bin ich auf mehrere Sachen aufmerksam geworden, ... worauf ich noch mal achten will.

Nein, eigentlich ist eher das Bedürfnis stärker geworden, da trotz aller Widerstände doch noch weiterzumachen und mehr zu wissen, nur im Augenblick muß ich sagen, finde ich nicht so richtig den Ansatzpunkt.

Ich meine, daß ich jetzt genauer hinsehe bei Jungen und Mädchen, und ich versuche schon, die Mädchen so etwas stärker zu fördern, nicht auffällig, aber so ein bißchen. Ich merke jetzt, wo muß man Mädchen ein bißchen helfen, wo muß man nicht helfen. ....

Man ging davon aus, daß so wenig Mädchen in die Leistungskurs kommen und sagte, das ist nicht in Ordnung so. Ich würde mal so als Prognose abgeben, daß sich bei diesen Quarten in so und so viel Jahren nichts geändert hat.

Dann müßte ich bei mir festgestellt haben, daß ich inzwischen irgendwas generell anders mache als vorher, und das kann ich bei mir nicht sagen. Vielleicht die unbewußten Sachen, die so eingeflossen sind, aber die Einstellung hat sich nicht geändert.

Ja, ins Gegenteil. Ich war ursprünglich der Meinung, daß der liebe Gott das nicht so gemacht hat, daß die Mädchen zwangsläufig dümmer sein müßten. Inzwischen ändert sich mein Selbstbild, da aber auch natürlich durch den Modellversuch. Es ging mir langsam auf die Nerven, aber ich glaube, es wird sich in den nächsten Jahren, wenn ich nichts mehr mit dem IPN zu tun hab, langsam wieder einpendeln, und ich werde den Mädchen wieder normal gegenübertreten. Ich glaube, mein Unterricht war vorher besser und auch mädchenfördernder. Ich habe einen ziemlich hohen Anteil von Mädchen in den Leistungskursen gehabt und dann auch, wie es schien, durchs Studium gebracht. Wenn jemand bei mir Leistungskurs gehabt hat, dann sind die Mädchen mindestens Chemieingenieurin geworden oder studieren es noch. Und zwar keine Assistentinnen, denn das kriegen sie schon im Leistungskurs fertig, das Assistentinnenpraktikum, das lernen sie in den 3 Jahren, das brauchen sie nicht mehr zu studieren.

Wenn noch mal so ein Modellversuch geplant werden würde, was sollte anders gemacht werden? - Was hätte anders laufen müssen?

Die Anlage des Modellversuchs erscheint mir logisch. Dann kann ich mir natürlich unter Umständen noch 15 andere logische Ansätze denken, aber so ist er nun mal und dann habe ich mich darauf eingelassen und dann mache ich das so. Ich hätte da nur was dran rumzumäkeln, wenn ich da grundsätzlich irgend etwas unlogisch dran fände, dann ja, aber so sieht das für mich schlüssig aus, was da gemacht wurde, was rauskommt ist eine andere Frage.

Man müßte erstmal ein in sich stimmiges Konzept haben, bevor man an so einen Versuch herangeht. ....

Das, was gemacht werden soll, deutlicher umreißen, wir hatten zwar die Thesen, aber das war doch relativ theoretisch. Es könnte noch ein bißchen praxisnaher erklärt werden.

Ich würde darauf bestehen, daß man eine lange Probezeit hat, weil ich die übrigen Mitarbeiter kennenlernen möchte.

Im Rahmen einer Lehrerfortbildung, erst einmal ein paar Wochen Seminare u.ä. machen, auf einer ganz bescheidenen Stufe vielleicht, aber einfach, daß man über sich selbst zunächst einmal mehr lernt, das ist eigentlich der wesentliche Schritt. Es ist der einzige Weg.

Daß ich mich in einer Frauen-Gruppe, in so einem frühen Stadium, vielleicht wohler gefühlt hätte, vermute ich einmal. Und bestimmte Dinge sich vielleicht eben nicht so stark verfestigt hätten, wie sie sich dann de facto verfestigt haben.

Mehr Informationen, viel mehr Austausch, auch auf Tagungen oder ähnliches.

Vormittags vor den Zusammenkünften müßte frei sein oder noch besser, vormittags tagen.

Die Randbedingungen müßten besser abgeklärt werden vorher, darunter habe ich ein bißchen gelitten in den zwei Jahren. Die Dienstagnachmittage waren immer sehr anstrengend. Ich weiß wohl, das ist eine Organisationsfrage, daß es nicht so gut geklappt hat, daß man einfach nicht fit ist, wenn man 5 Stunden unterrichtet hat und dann fährt man gleich weiter dahin, um in der Gruppe zu arbeiten. Das ist ungünstig.

In einer funktionierenden Gruppe müssen das eher auch Leute sein, die wirklich zur Zusammenarbeit bereit sind.

Vielleicht auch nur mit Frauen, vom Prinzip her denke ich, wir haben letztlich Mädchenförderung betrieben, und manche Probleme sind von den Männern gar nicht wahrgenommen worden.

Es reicht nicht, ein Jahr da irgendwie was zu machen. Das ist jetzt so, 7. Klasse hat es gemacht, 8. 9. 10., das sind noch 3 Jahre bis zur Studienstufe, wo sie dann wieder herkömmlichen Unterricht bekommen und ob da dieses eine Jahr irgendwelche Auswirkungen hat, wage ich sehr zu bezweifeln, notwendig wäre eine längere Laufzeit.

Wir haben viel Zeit verloren dadurch, daß das Interaktionsproblem bearbeitet wurde und sind da zu wenigen Ergebnissen gekommen. Und wir sind öfter mal dann auch wieder weggefahren von unserer Arbeit und haben gesagt, eigentlich war gar nichts. Ob das wirklich so ist, daß gar nichts war, ist eine andere Sache, denn man muß sich damit auseinandersetzen. Aber ich meine, daß, wenn man dieses Problem genauer bearbeiten will, dann muß man wirklich sich mit den Fachleuten zusammensetzen, die gewohnt sind, Unterricht zu beobachten, und das sind nun mal die Fachleiter in der Lehrerfortbildung, und ohne die geht das mit Sicherheit nicht und da liegt eigentlich soviel Erkenntnis vor, die man hier hätte nutzen können, daß das auch einer der Kritikpunkte ist, daß man das nicht getan hat.

Was hat Ihnen gut gefallen?

Die Zusammensetzung der Chemiegruppe war nicht schlecht, ich hab Leute kennengelernt, die ich sonst nicht kennengelernt hätte. Die mehrtägigen Veranstaltungen waren beinahe besser als die wöchentlichen Treffen.

Das Klima war eigentlich recht angenehm.

Daß man mal wieder nicht nur fachlich, sondern überhaupt mal wieder über Schule, über das, was man eigentlich macht, nachdenkt.

Diese Routine ist ein schlimmer Feind vom Lehrersein und da mal ein bißchen auszubrechen und irgendwie mal wieder was anderes gemacht zu haben, das finde ich angenehm für mich persönlich.

Das Ausarbeiten der Unterrichtseinheiten hat Spass gemacht.

Ich denke, daß hier wirklich für die Physik motiviert worden ist; die Zusammenfassungen der einzelnen Unterrichtseinheiten ..... brachten im allgemeinen Erfolgserlebnisse.

Ich finde gut, daß der Modellversuch ergebnisoffen ist, daß er verschiedene Bereiche abfragt. Die Organisation finde ich in sich schlüssig. .... Die Unterrichtseinheiten finde ich so, wie sie zustandegekommen sind, gut. Ich kann gut danach unterrichten, ich werde auch in Zukunft danach unterrichten, nicht immer 100%ig, aber auf jeden Fall werde ich da Teile nehmen und kann mir in jedem Falle unter anderen Voraussetzungen auch etwas anderes denken. D.h. heißt aber, daß ich das, wie das hier gelaufen ist, erst mal in Ordnung fand.

Ich meine, wir haben auch offen miteinander geredet, das ist auch das, was ich mir immer wünsche.

Daß Konflikte angespochen wurden, hätte auch schon ein bißchen früher sein können. Daß wir vieles verschiedenes probiert haben, fand ich auch gut. Was ich vom Ablauf gut fand, waren die 3er-Wochenenden am Anfang, würde ich auf jeden Fall noch mal so machen, vielleicht sogar noch häufiger, wenn man das so hinkriegt.

Ich bewundere Ihre Geduld, wenn Sie diese übermüdete Lehrergruppe, die da dienstags angekrabbelt kommt, so mit Kaffee versorgen und dann das Geschwätz mit einer solchen stoischen Gleichmut da über sich ergehen lassen. Es ist schon schwer mit Schülern umzugehen, wie wir im Spiegel gelesen haben, aber mit Lehrern ist das wohl noch schwerer.

Was ich nicht gut finden würde, wenn das wirklich homogene Gruppen wären, da kommt dann nichts bei raus. Das finde ich schon gut, wenn das schön gemischt ist, wenn dann auch mal jemand sagt, das verstehe ich aber nicht oder das sehe ich anders. Und das ist auch gut, wenn solche Leute dabei sind, die auch mal was sagen, erstens Ideen haben und dann wirklich was sagen, solche Leute braucht man auch.

Jemand sagte, daß es durchaus sinnvoll ist, wenn man da sozusagen einen repräsentativen Querschnitt des Alltages hat, von Befürwortern und ablehnenden Leuten zusammen, weil das dann wiedergibt, wie es eben im normalen Alltag auch aussieht. Dadurch wird dieser

Modellversuch in einer Form glaubwürdiger und spiegelt das Leben wider, das fand ich ganz überzeugend, daß man nicht lauter Leute raussucht, die das sowieso alles toll finden.

Welche Wirkungen erhoffen Sie sich auf die Schülerinnen und Schüler und auf Sie selber?

Im Augenblick mache ich die Erfahrung, daß ich auch mit anderen Aktivitäten, wo ich Mädchen extrem oder überhaupt fördern möchte, eher auf Unwillen oder auch gar nicht auf Beachtung stoße, und daß Mädchen auch eher bereit sind, zu sagen, nee, wollen wir nicht, sollen die Jungen das doch machen. Da komme ich mir manchmal lächerlich vor, wenn ich immer wieder darauf dringe, daß auch eine Schulsprecherin da ist oder wie auch immer und daß Mädchen sich irgendwo exponieren. Und sie fallen mir auch in den Rücken, d.h., wir müssen sie auch irgendwie mit diesem Thema nerven oder es falsch machen oder sie mauern so stark, daß sie in dem Augenblick, in der Altersstufe es nicht wissen wollen.

Für mich selber, weiß ich nicht, vielleicht, daß ich anfang zu weinen, wenn ich Mädchen sehe. Ich denke, am besten ist, wenn man da gar nicht drüber nachdenkt, sondern die Mädchen nimmt wie sie sind, versucht bei jedem oder jeder, das beste rauszuholen.

Generell erhoffe ich mir, sagen wir mal, das ist aber geschlechtsunabhängig, daß Interesse für Physik vorhanden ist, so nach dem Aspekt, was für die Mädchen gut ist, ist auch für die Jungen gut. Und wenn da bei beiden jetzt in Klasse 7 ein Interesse geweckt wurde und das bei einigen auch erhalten bleibt, das fände ich schon ganz angenehm.

Daß gerade bei den Mädchen sehr viel Spaß und Motivation gefördert wird und daß ich jetzt eben auch fachlich gemerkt habe, daß man auch in der Obertertia schon eine Menge auffangen kann.

Auf mich selber, daß ich weiter auf diese Einzelsituationen aufmerksam bin. Auf die Schülerinnen und Schüler, daß sie ein bißchen was rüberretten, insbesondere die Schülerinnen, was sie positiv erlebt haben.

Werden Sie etwas aus dem Modellversuch in die 8. bzw. 10. Klassen tragen und was?

Das ist ein großes Problem, denn hier ist eines der größten Hindernisse der Lehrplan, der uns zu schrecklich langweiligen Dingen zwingt. Und hier haben wir jetzt nicht mehr die generelle Unterstützung durch die Vorbereitung. Wir sitzen wieder allein davor.

Ich würde ganz sicherlich versuchen, irgendwie auf diese Dinge weiterhin stärker zu achten. Und im Lehrerverhalten da denke ich, daß sich doch so ein bißchen was geändert hat, und das werde ich doch hoffentlich beibehalten.

Das Suchen nach neutralen Beispielen für den Unterricht. ... daß das in 8 unheimlich schwierig ist, vom Thema her ist das nicht günstig. Das ist ein Aspekt, den werde ich sicherlich mit rübernehmen und wie ich halt als Lehrer unterrichte und wirke, das nehme ich sowieso mit.

Eignen sich naturwissenschaftliche Fächer, um bei Mädchen das Einknicken des Selbstbewußtseins zu mildern?

Ja. Gerade, wenn ich an die ersten Versuche denke, die Jungen und Mädchen das erstemal in Chemie gemacht haben, die Erfahrung, daß sie das genauso gut können wie die Jungen, und gerade im Anfangsunterricht.

Die Modellversuche allein bringen das nicht. Aber es gibt genug Möglichkeiten, wo ich den Mädchen Erfolg vermitteln kann.

Mit Sicherheit, klar, wenn gute Mädchen da sind, und im Fach Mathematik ist das so. Aber, die Ergebnisse dieses Versuches täuschen auch ein bißchen was vor, denn es werden so typische schulische Leistungen abgefragt. Wir haben nur schriftliche Äußerungen zur Bewertung des Versuches. Und das ist eine Sache wo immer, auch in allen anderen Fächern die Mädchen besser sind, sie können besser formulieren, sie sind weniger Legastheniker, bei schriftlichen Äußerungen, wo sie dann auch gelernt haben, schneiden sie deutlich besser ab. Das, was wir brauchen, ist eigentlich so etwas, wie keine Angst mehr vor einem physikalischen Experiment und Selbstvertrauen, irgendeine technische Vorrichtung auch zu verstehen und zu beherrschen, und das haben wir natürlich versucht mit den Mädchen im Einzelunterricht, in der kleinen Gruppe, in der Mädchengruppe zu machen. Aber das ist wirklich nur ein Tropfen auf einen heißen Stein. An der Stelle müßte man natürlich viel viel mehr tun und an der Stelle kann man wirklich Kompetenz mehren, denn man muß wirklich Selbstvertrauen haben: hier ist eine Maschine und ich krieg das schon heil, ich kriege das Ding in Gang. Und mit diesem Selbstvertrauen, das häufig völlig unberechtigt ist, treten fast alle Jungen an. Und Mädchen treten grundsätzlich erst einmal einen Schritt zurück, das Ding könnte knallen.

Bei einigen Mädchen vielleicht, aber ich denke für das Gros gibt es sicherlich geeignetere Fächer. Ich glaube, da müßten wir wesentlich mehr Zeit haben, als wir durch den Lehrplan haben.

Ich habe nicht das Gefühl, daß Mädchen nun grundsätzlich ein schwaches Selbstbewußtsein haben, das ist wirklich ganz unterschiedlich, ganz im Gegenteil, das kann auch genau umgekehrt sein.

Dieses Abknicken des Selbstbewußtseins, stimmt das? Das ist eigentlich eher so, daß für manchen Jungen Chemie einen Aufbau des Selbstbewußtseins bewirkt, der mit Sprachen arg geknickt ist. Manchmal ist Chemie der einzige Lichtblick und in den anderen Fächer hangeln sie sich durch. .... und wenn man das nun schon will, Mädchen stärker für Chemie zu interessieren, dann sollte man es ihnen nicht zu laut sagen. Ich glaube anstelle eines so groß aufgeblähten Modellversuchs, wäre es auf einer niedrigeren Ebene wesentlich klüger gewesen, wenn man es unterschwellig macht, ohne es zu sagen, und auch ohne es ständig abzutesten und wissenschaftlich zu erforschen ...

Vor allem auch im Verbund mit Fächern, die Mädchen besonders ansprechen, mit Fächern, die sehr viel mit Gefühl zu tun haben, z.B. Kunst, finde ich. Es gibt auch viele Deutschlehrerinnen und Kunstlehrerinnen die zusammenarbeiten, sich austauschen und versuchen, so übe optische Dinge Probleme deutlich zu machen und da wünschte ich mir wirklich mehr Zusammenarbeit.

9 Zusammenfassung der Ergebnisse und Folgerungen

Der Modellversuch hat Innovationen in drei Richtungen angestrebt:

(1) *Innovationen hinsichtlich der Unterrichtsinhalte und -methoden:* Hier sollte geprüft werden, ob durch einen Physik- bzw. Chemieunterricht, der die Lebenszusammenhänge, Fähigkeiten, Interessen und Vorerfahrungen von Mädchen berücksichtigt, das Interesse und die Beteiligung von Mädchen am Unterricht erhöht werden können und ob ein so veränderter Unterricht bei Mädchen und Jungen zu einem besseren Langzeitbehalten des Gelernten sowie zu besseren Transferleistungen führt.

(2) I*nnovationen bezüglich des Interaktionsgeschehens im Unterricht:* Hier sollten Verfahren entwickelt und erprobt werden, die es den Lehrkräften erleichtern, Mädchen benachteiligende Verhaltensmuster zu erkennen und gegebenenfalls abzubauen. Diese Maßnahmen zur Erreichung eines für Mädchen förderlichen Unterrichtsklimas konzentrierten sich vor allem auf eine Variable, die sich im Hinblick auf ein hohes Interesse am naturwissenschaftlichen Unterricht als besonders erklärungsmächtig erwiesen hat: das auf das Fach Physik bzw. Chemie bezogene Selbstkonzept.

(3) *Innovationen bezüglich der Unterrichtsorganisation:* Hier ging es vor allem um die Erprobung einer Kombination von Unterricht im Klassenverband und in Halbklassen, wobei ein Teil der Klassen in einer Mischform in regelmäßiger Abfolge koedukativ und monoedukativ unterrichtet wurde. Die Frage ist, inwieweit Mädchen von einer partiellen Aufhebung der Koedukation und von einem Unterricht in kleineren Klassen profitieren.

Ergebnisse der kognitiven Förderung

Die Erfassung der kognitiven Förderung durch den Modellversuch basiert im wesentlichen auf den zu verschiedenen Zeitpunkten erbrachten Testleistungen der Schülerinnen und Schüler. An Testleistungen stehen für den Physik- bzw. den Chemieteil des Modellversuchs jeweils zur Verfügung:

- „Nachtest“: Ein Wissenstest, dessen einzelne, aus je 3 bis 4 Items bestehenden Teile jeweils unmittelbar nach Abschluß der vier Unterrichtsabschnitte, also zu vier verschiedenen, über das Schuljahr verteilten Zeitpunkten, vorgegeben wurden
- „Verzögerter Nachtest“: Ein Test, der aus den gleichen Items wie der Nachtest besteht und am Ende des Schuljahres vorgegeben wurde.

Ergebnisse des Physikteils des Modellversuchs

Abb. 8.1.5 zeigt, daß bezüglich der Wissensstände unmittelbar im Anschluß an den Unterricht die Bedingung HK Mono allen anderen Bedingungen hochsignifikant überlegen ist. Da nur in dieser Versuchsbedingung Unterricht mit Geschlechtertrennung stattfand, liegt es nahe, diesen Effekt mit dem Merkmal des monoedukativen Unterrichts in Verbindung zu bringen.

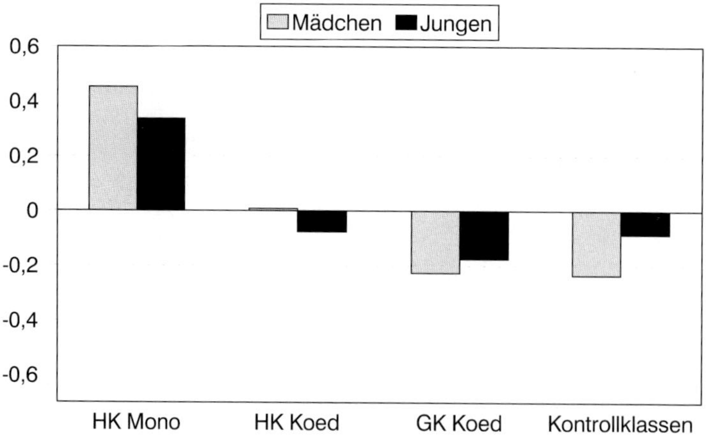

Abb. 8.1.5: Geschlechtsspezifischer Einfluß der Versuchsbedingung auf das Physikwissen unmittelbar nach dem Unterricht: Ergebnis einer für Mädchen und Jungen getrennt durchgeführten Regressionsanalyse des Nachtests Physik (Vorgabe unmittelbar nach jeder Unterrichtseinheit)

Bezüglich der langfristigen Wirkung (gemessen am Wissensstand zum Schuljahresende) sind dagegen alle Modellversuchsklassen den Kontrollklassen hochsignifikant überlegen (Abb. 8.1.6). Da nur in den Kontrollklassen das im Modellversuch entwickelte Unterrichtskonzept nicht unterrichtet wurde, kann man annehmen, daß die Art und Weise, wie die Unterrichtsinhalte in den Modellversuchsklassen an die Interessen- und Erfahrungshorizonte der Schülerinnen und Schüler angepaßt wurden, für diese Überlegenheit verantwortlich zu machen sind.

Aus Abb. 8.1.6 kann auch abgelesen werden, daß am Schuljahresende die Mädchen deutlich mehr als die Jungen profitiert haben, wenn der vorausgegangene Unterricht zeitweise getrenntgeschlechtlich erfolgt ist. Die Mädchen in Versuchsbedingung HK Mono haben auch gegenüber den Mädchen aller anderen Versuchsbedingungen signifikant besser abgeschnitten, während es bei den Jungen am Schuljahresende überhaupt keinen Unterschied macht, an welcher der drei Varianten des Modellversuchs sie teilgenommen haben.

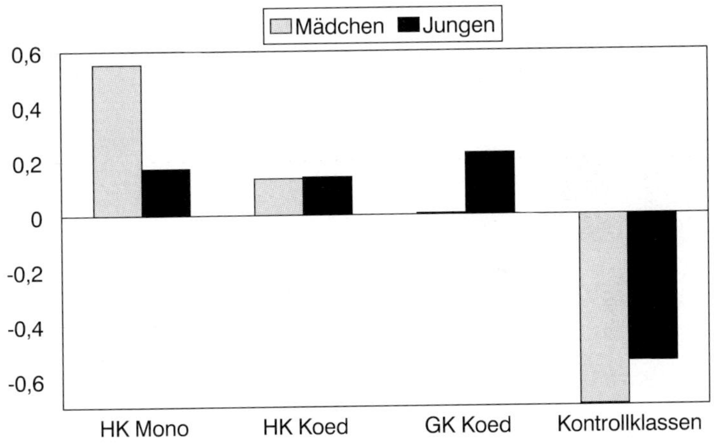

Abb. 8.1.6: Geschlechtsspezifischer Einfluß der Versuchsbedingung auf das Physikwissen am Ende des Schuljahres: Ergebnis einer für Mädchen und Jungen getrennt durchgeführten Regressionsanalyse des verzögerten Nachtests Physik (Vorgabe am Ende des Schuljahres)

Ergebnisse des Chemieteils des Modellversuchs

Abb. 8.1.10 zeigt, daß bezüglich der Wissensstände unmittelbar im Anschluß an den Unterricht in der Tendenz der phasenweise monoedukative Unterricht in Halbklassen (HK Mono) dem koedukativen Unterricht in Halbklassen (HK Koed), und dieser wiederum dem koedukativen Ganzklassenunterricht (GK Koed) überlegen ist. Die Unterschiede sind jedoch zu gering, als daß sie sich bei der geringen Stichprobengröße statistisch einwandfrei sichern ließen.

Darüber hinaus ist in Abb. 8.1.10 eine deutliche Tendenz zu erkennen, daß die Mädchen vom zeitweise getrenntgeschlechtlichen Chemieunterricht (HK Mono) bezüglich ihrer Testleistung mehr als die Jungen profitiert haben. Bei der Versuchsbedingung mit zeitweise koedukativen Halbklassen (HK Koed) schneiden die Mädchen dagegen schlechter als die Jungen ab, und zwar ähnlich schlecht wie in den normal großen koedukativen Klassen. Das könnte als Hinweis darauf interpretiert werden, daß für die Mädchen das Merkmal „Kleine Klasse“ nur dann von Vorteil ist, wenn sie monoedukativ unterrichtet werden.

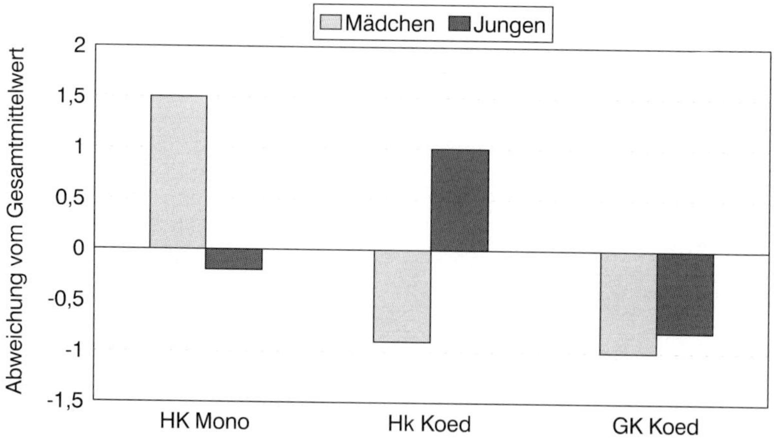

Abb. 8.1.10: Geschlechtsspezifischer Einfluß der Versuchsbedingung auf das Chemiewissen unmittelbar nach dem Unterricht: Ergebnis einer für Mädchen und Jungen getrennt durchgeführten Analyse des Nachtests Chemie. Als Ordinate ist die Abweichung vom über alle drei Versuchsbedingungen gemittelten Durchschnittswert dargestellt.

Ergebnisse der affektiv/emotionalen Förderung

Wie bei früheren Untersuchungen hat sich auch hier wieder gezeigt, daß Mädchen im Vergleich zu den Jungen mit einem deutlich geringeren Sachinteresse an Physik (Abb. 8. 2.1), mit deutlich weniger vor- und außerschulischen Erfahrungen im Bereich Physik und Technik (Abb. 8.2.3 und 8.2.4), sowie mit einem signifikant geringeren Selbstvertrauen in die eigene auf Physik bezogene Begabung (Abb.8.2.15) in den Physikanfangsunterricht kommen und die Bedeutung der Physik für ihren Alltag deutlich geringer einschätzen.

Im Vergleich zum herkömmlichen Unterricht führt der Unterricht im Rahmen des Modellversuchs zu einer deutlich positiveren Interessenentwicklung (Abb. 8.2.6). Dies ist insbesondere auf die zeitweise Aufhebung der Koedukation zurückzuführen: bei den Mädchen und gleichermaßen bei den Jungen bleibt das Anfangsinteresse an Physik erhalten, bei allen anderen Bedingungen nimmt das Sachinteresse bei Mädchen und Jungen im Laufe des Schuljahres ab (Abb. 8.2.7).

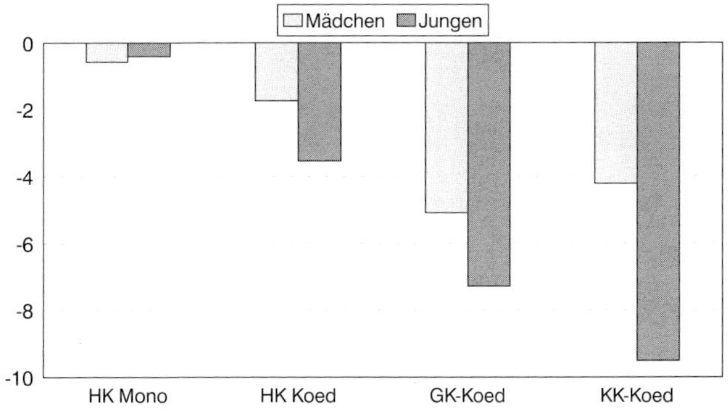

Abb. 8.2.7: Veränderung des Sachinteresses an Physik bei Mädchen und Jungen von Beginn bis Ende des 7. Schuljahres: Vergleich der Versuchsbedingungen

Der Unterricht im Modellversuch führt auch dazu, daß die Mädchen im Vergleich zu den Jungen den Physikunterricht im Laufe des Jahres immer motivierender und letztendlich bei der Unterrichtseinheit „Wir machen Bilder" noch motivierender als die Jungen finden, während bei den Mädchen der Kontrollgruppe ein eher gegenläufiger Trend zu beobachten ist (Abb. 8.2.12a und 8.2.12b).

Der Unterricht im Modellversuch bewirkt auf Seiten der Mädchen eine weitgehend positivere Einstellung über die Bedeutung der Physik für ihren Alltag (Abb.8.2.13 bis 8.2.14b).

Das im Modellversuch eingesetzte Maßnahmenbündel schafft für die Mädchen Bedingungen, die es ihnen ermöglichen, ein positiveres (auf Physik bezogenes) Selbstkonzept zu entwickeln (Abb. 8.2.16 und 8.2.17).

Die zeitweise Aufhebung der Koedukation hat hier keine zusätzlich verstärkende Wirkung gezeigt (Abb.8.2.18).

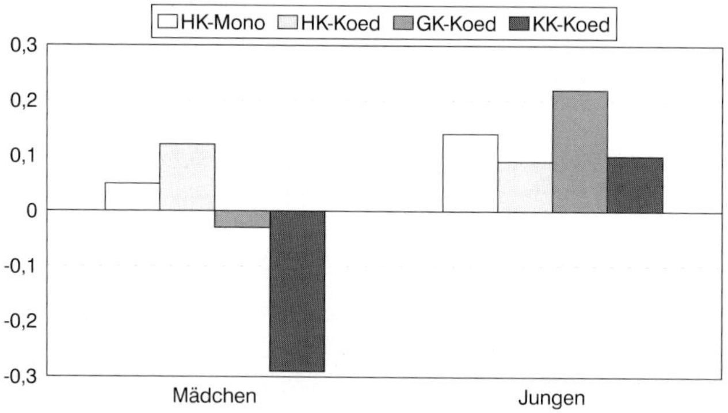

Abb. 8.2.18: Vergleich zwischen fachspezifischem und allgemeinem Selbstkonzept bei Mädchen und Jungen am Ende der 7. Klasse getrennt nach Versuchsbedingungen (Differenz der z-Werte)

Der Unterricht im Modellversuch bewirkt, daß die Mädchen am Ende des Schuljahres durch die Beschäftigung mit Physik für sich einen höheren Kompetenzgewinn erwarten als zu Beginn des Schuljahres. Bei zeitweiser Aufhebung der Koedukation ist diese Effekt signifikant (Abb. 8.2.19).

Ergebnisse im Bereich des Sozialverhaltens

Wie zu erwarten, nehmen Mädchen und Jungen sich wechselseitig negativer wahr als sie sich selbst wahrnehmen. Im Physikunterricht wird diese Differenz zwischen Selbst- und Fremdwahrnehmung noch verstärkt. In den Modellversuchsklassen ist die Differenz zwischen positiverer Beurteilung der eigenen Gruppe und negativerer Beurteilung der andersgeschlechtlichen Gruppe deutlich reduziert. Dies berechtigt zu der vorsichtigen Annahme, daß die bewußte Auseinandersetzung der am Modellversuch aktiv beteiligten Physiklehrkräfte mit den Problemen des Modellversuchs zu einer Reduzierung geschlechtsspezifischer

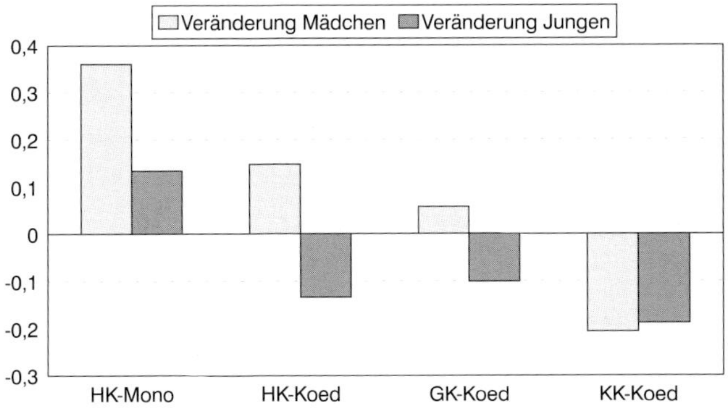

Abb. 8.2.19: Erwarteter Kompetenzgewinn durch Physik - Differenz zwischen Beginn und Ende der 7. Klasse (z-Werte): getrennt nach Versuchsbedingungen

Verhaltensmuster bei den Schülerinnen und Schülern geführt hat (Abb. 8.3.3.4a und 8.3.3.4b).

Die zeitweisen Aufhebung der Koedukation führt in der Wahrnehmung der Mädchen tendenziell zu einem kooperativeren Verhalten zwischen den Schülerinnen und Schülern (Abb.8.3.3.6a).

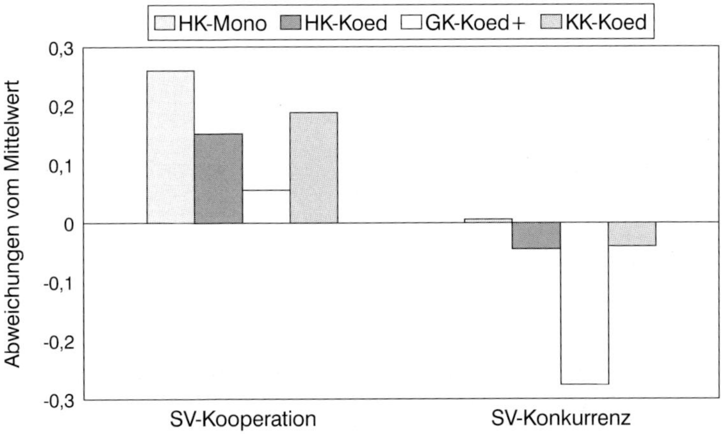

HK-Mono: N =41; HK-Koed: N = 47; GK-Koed: N = 55; KK-Koed: N = 82

Abb. 8.3.3.6a:Schülerverhalten (SV) im Physikunterricht aus der Sicht der Schülerinnen in den einzelnen Versuchsbedingungen (z-Werte): Mittelwertvergleich

Bei Jungen scheint die stärkere Aufmerksamkeitszuwendung den Mädchen gegenüber Konkurrenzdruck auszulösen. Sie erleben das Verhalten der Schülerinnen und Schüler unter beiden Bedingungen der zeitweisen Klassenteilung als weniger kooperativ und stärker konkurrierend (Abb. 8.3.3.6b).

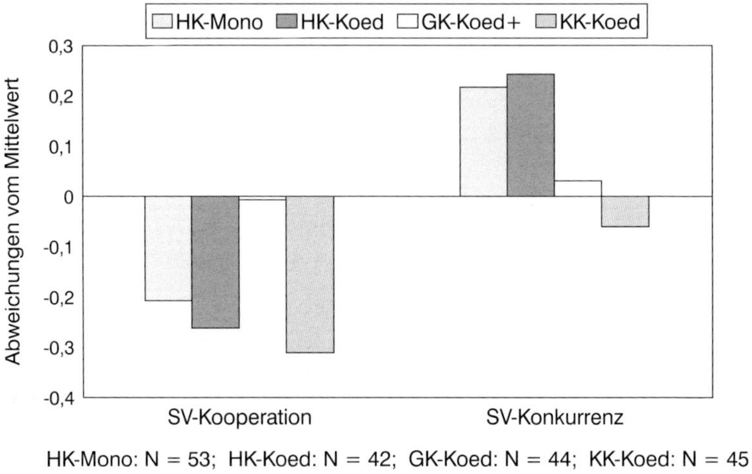

Abb. 8.3.3.6b: Schülerverhalten (SV) im Physikunterricht aus der Sicht der Schüler in den einzelnen Versuchsbedingungen (z-Werte): Mittelwertvergleich

Die bewußte Beschäftigung mit den Problemen des Modellversuchs scheint eine Verhaltensänderung seitens der Lehrkräfte bewirkt zu haben, zumindestens erleben dies die Schülerinnen und in etwas abgeschwächtem Maße auch die Schüler so (Abb. 8.3.3.7a und 8.3.3.7b).

Die Schülerinnen und Schüler der Modellversuchsklassen sind in signifikant höherem Maße der Meinung, daß ihre Lehrkraft u.a immer weiß, was in der Klasse vor sich geht (Kompetenz), auf das Sozialverhalten zwischen den Schülerinnen und Schülern achtet (Sozialverhalten), Mädchen und Jungen gleich behandelt (gerecht) und sich bemüht, alle Schülerinnen und Schüler in den Unterricht einzubeziehen.

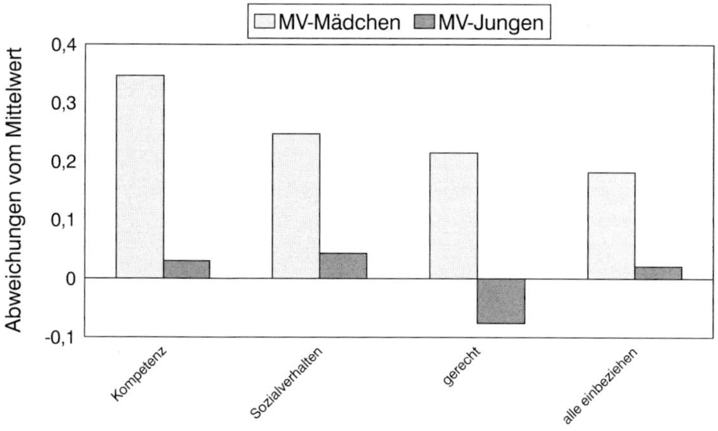

Abb. 8.3.3.7a:Ziele der Lehrkraft im Physikunterricht aus der Sicht der Schülerinnen und Schüler der Modellversuchsklassen ((z-Werte): Mittelwertvergleich

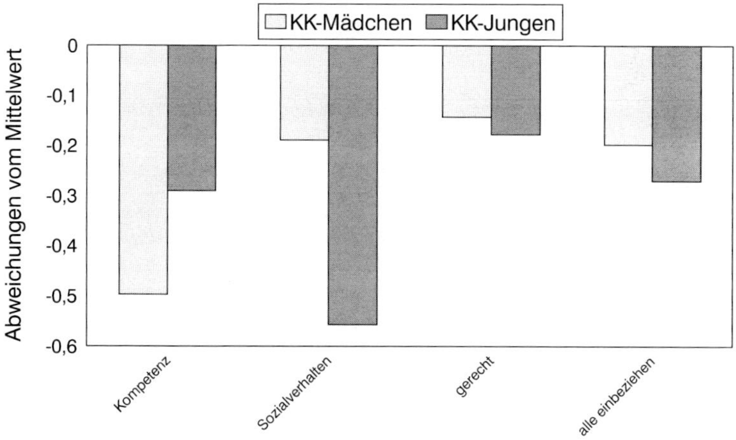

Abb. 8.3.3.7b: Ziele der Lehrkraft im Physikunterricht aus der Sicht der Schülerinnen und Schüler der Kontrollklassen ((z-Werte): Mittelwertvergleich

Ergebnisse bei der Sensibilisierung der Lehrkräfte

Was die Sensibilisierung bei den Lehrkräften bewirkt hat, kann anhand einiger Antworten aus den Lehrerinterviews am Ende der Erprobungsphase auf die Frage „Sind sie anders auf Mädchen zugegangen als vorher, sowohl zu Beginn als auch während des Unterrichtsjahres" dargestellt werden:

> *Grundsätzlich hat sich nicht allzuviel geändert, aber im Detail sicherlich, man ist doch wesentlich aufmerksamer dem Problem gegenüber geworden. Ich habe inzwischen auch keine Scheu gehabt, Mädchen ganz bewußt zu bevorzugen, um sie zu stützen und um ihnen mehr Selbstvertrauen gegenüber der Gruppe der Jungen zu geben, weil zu diesem Zeitpunkt das vielleicht, aus meiner Sicht vernünftig war, das habe ich vorher nicht getan.*
>
> *Ich habe darauf geachtet, daß ich die Mädchen beim Experimentieren ermutige, selbständig zu arbeiten.*
>
> *In der geteilten Klasse habe ich am Anfang ganz bewußt versucht, diese sogenannten „stillen Mädchen" ganz gezielt aus der Reserve zu locken.*
>
> *Nein, aber ich habe mich vielleicht mehr beobachtet, mich selbst und die Mädchen.*
>
> *Ja, wir haben uns im Laufe dieser zwei Jahre doch einiges bewußt gemacht.*

Und auf die Frage „Wie bewerten sie den Erfolg Ihrer Aktivitäten?" antworteten die Lehrkräfte u.a.:

> *Die Mädchen hatten sehr großen Erfolg beim Experimentieren, sie experimentieren sehr selbständig und nicht mehr ängstlich. Ich hatte sehr viel zurückhaltende Schülerinnen, bei einigen wurde die Zurückhaltung weniger, bei anderen nicht.*
>
> *Wenn ich die Mädchen allein hatte, dann glaube ich, ist es mir schon gelungen, allein schon durch die äußeren Bedingungen. Das war eine andere Atmosphäre, die sind auch drangeblieben, die sind auch nicht abgesprungen bei diesem Molkapitel, das ist schon ein Unterschied zu vorher, aber ob das mein Verhalten war, das weiß ich nicht.*
>
> *Mit alten Klassen von früher verglichen, würde ich jetzt schon sagen, daß sie jetzt Physik lieber machen.*

Folgerungen aus den Ergebnissen

Aus den jeweils erzielten Ergebnissen lassen sich einige Folgerungen ableiten, die für ihre Umsetzung in die Unterrichtspraxis und für die Durchführung von Modellversuchen im allgemeinen von Bedeutung sind.

(1) Folgerungen zur inhaltlichen Gestaltung:

- Die Orientierung des Unterrichts an den Interessen und am Erfahrungshintergrund der Mädchen führt nicht zu einer Benachteiligung der Jungen. Im Gegenteil, ein so gestalteter Unterricht bietet Mädchen *und* Jungen ein günstiges Lernklima mit kognitiven und affektiven Lernerfolgen, die signifikant höher als im herkömmlichen Unterricht sind.

- Je besser es gelingt, einen Unterrichtsabschnitt in einen lebensweltlichen Kontext einzubetten, dem Mädchen und Jungen Bedeutung zumessen können, desto besser sind die Behaltensleistungen, weil die gelernten Inhalte häufiger im Alltag aktualisiert werden können. Im Physikteil des Modellversuchs ist die Ausrichtung an übergeordneten Leitmotiven überzeugender gelungen als im Chemieteil, und die meisten Lernerfolgsindikatoren zeigen entsprechend günstigere Werte.

- Auf diesem Hintergrund ist ein naturwissenschaftlicher Unterricht denkbar, der die Entwicklung der Inhalte in einem lebensweltlichen Kontext und die Beachtung der Interessenlage und des Erfahrungshintergrundes der Mädchen (und damit auch der Jungen) noch konsequenter verfolgt. Für eine gute Passung zwischen den Erwartungen der Schülerinnen und Schüler einerseits und der Gestaltung eines solchen Unterrichts andererseits, ist es günstig, die folgenden Grundsätze zu beherzigen:

(a) Wird Gelegenheit gegeben, über etwas zu staunen?

(b) Wird an Vorerfahrungen angeknüpft, die auch Mädchen zugänglich sind?

(c) Werden Erfahrungen aus erster Hand ermöglicht?

(d) Wird dazu angeregt, über die Bedeutung der Physik nachzudenken?

(e) Wird die Physik in einen anwendungsbezogenen Kontext eingebettet?

(f) Wird ein Bezug zum eigenen Körper hergestellt?

(g) Wird der Nutzen der Einführung quantitativer Größen deutlich?

(2) Folgerungen zur Sensibilisierung von Lehrkräften:

- Aufgrund des Wegfalls der Vorlaufphase konnten die Schulen erst mit Beginn des Modellversuchs angesprochen werden.

  Es sollte bereits vor Beginn des Modellversuchs ein persönlicher Kontakt der Projektgruppe mit den Schulen hergestellt und eine breite Informationsbasis über das Vorhaben an den Schulen geschaffen werden, um für die Schulen und Lehrkräfte transparent zu machen, was auf sie bei einer Teilnahme zukommt, und um den später am Modellversuch beteiligten Lehrkräften in ihren Schulen bzw. in ihren Kollegien mehr Rückhalt zu geben.

- Obwohl es vorher mit den Schulen abgesprochen war, daß die vier Entlastungsstunden für die am Modellversuch beteiligten Lehrkräfte so in den Stundenplänen zu berücksichtigen sind, daß sie für jeweils einen bestimmten Tag vom Unterricht und Schulalltag freigestellt sind, um sich voll mit den Aufgaben des Modellversuchs auseinandersetzen zu können, wurde dies von den Schulen nicht eingehalten. So kamen einige Lehrkräfte nach zum Teil sechs Unterrichtsstunden relativ müde zu den Arbeitskreissitzungen, was für den Fortgang der Arbeiten und die Arbeitsatmosphäre nicht unbedingt zuträglich war. Eine entsprechende Zeitplanung für die Lehrkräfte ist seitens der Schulen als Voraussetzung für die Teilnahme am Modellversuch zu gewährleisten.

- Es sind klare und verbindliche Absprachen der Rahmenbedingungen möglichst schon in der Vorlaufphase zu treffen, die gegebenenfalls auch ein sich Trennen zur Folge haben können, ohne den Modellversuch zu gefährden.

- Die Projektgruppe setzte sich aus fünf Wissenschaftlern und Wissenschaftlerinnen zusammen. Ihnen gegenüber standen zwölf Lehrkräfte. Um zwischen Wissenschaft und Praxis zu vermitteln und ein wechselseitiges Verständnis für die Bedingungen beider Seiten zu erleichtern sowie eine entsprechende Vertrauensbasis aufzubauen, wäre es förderlich, eine Lehrkraft freizustellen und in die Projektgruppe verantwortlich miteinzubeziehen.

- Aufgrund der kurzfristigen Bewilligung des Modellversuchs mußte die Vorlaufphase ganz entfallen. Das führte dazu, daß parallel mit der Entwicklung von Unterrichtseinheiten und der Sensibilisierung der Lehrkräfte sowie der Entwicklung von Strategien zur eigenen Aufmerksamkeitserweiterung hinsichtlich des Interaktionsgeschehens im Unterricht begonnen werden mußte. Dadurch fühlten sich die Lehrkräfte stark unter Druck gesetzt. Zeitdruck ist aber für das Ingangsetzen von Reflexionsprozessen, die das eigene Verhalten und damit auch die eigene Persönlichkeit in Frage stellen, eine denkbar ungünstige Voraussetzung.

Es ist eine ausreichend lange Vorlaufphase vorzusehen, die sicherstellt, daß sich die Lehrkräfte ohne Zeitdruck über einen längeren Zeitraum hinweg langsam mit der Thematik der Geschlechterproblematik vertraut machen können bzw. Spiel haben, um sich für die Thematik zu öffnen, insbesondere dann, wenn es sich um eine sehr heterogene Gruppe handelt.

- Einige Lehrkräfte haben am Ende des Modellversuchs gesagt, daß sie jetzt so weit wären, um an ihren Verhaltensmustern zu arbeiten, daß sie mehr Zeit dafür gebraucht hätten. Modellversuche bzw. Projekte, die zum Ziel haben, geschlechtsspezifische Einstellungen und Verhaltensmuster und damit auch die eigene Persönlichkeit in Frage zu stellen und aufzubrechen, sind langfristig anzulegen. Einstellungsänderungen und langfristige Verhaltensänderungen sind nicht kurzfristig zu erreichen.

- Die wiederholt von der Projektgruppe angeregte Reflexion über das eigene Verhalten im Unterricht wurde von den Lehrkräften als nicht einlösbar angesehen. Sie halten es für schwer möglich, im Unterricht „neben sich zu treten" und das eigene Verhalten zu beobachten.

  Eine intensive über einen längeren Zeitraum stattfindende Unterrichts-beobachtung oder Supervision - gegebenenfalls auch eine wechselseitige Unterrichtsbeobachtung durch Kolleginnen oder Kollegen - wurde von den meisten Lehrkräften als Königsweg angesehen, obwohl sie zu Beginn des Modellversuchs diese noch nicht zugelassen hätten. Das Offensein für Unterrichtsbeobachtung von seiten der Lehrkräfte setzt eine Vertrauensbasis voraus, die nicht von vorneherein vorausgesetzt werden kann. Das Schaffen dieser Vertrauensbasis macht ebenfalls eine längere Vorlaufzeit erforderlich.

- Die beiden Einführungstagungen wurden von den Lehrkräften als sehr positiv bewertet. Solche Arbeitstagungen, sollten über den ganzen Zeitraum des Modellversuchs verteilt eingeplant werden, um den Lehrkräften eine Chance zu geben, aus dem Schulalltag herauszutreten.

(3) Folgerungen zur Organisation des Unterrichts:

- Die zeitweise Aufhebung der Koedukation hat sich bezüglich der erzielten kognitiven und affektiv/emotionalen Lernerfolge bewährt. Mehr noch als die Verkleinerung der Klassen hat sich ein Unterricht mit monoedukativen Phasen für Mädchen als besonders günstig erwiesen, ohne daß daraus für Jungen ein Nachteil entsteht. Es ist zu vermuten, daß die Geschlechtertrennung nur wirksam wird, wenn sie von überzeugten Lehrkräften gestützt wird.
- Von seiten der am Modellversuch beteiligten Lehrkräfte wurde die Trennung von Mädchen und Jungen insbesondere im Zusammenhang mit Schülerübungen als hilfreiche Maßnahme angesehen. An Organisationsmodellen wurden zusätzlich zu der im Modellversuch praktizierten Variante folgende Möglichkeiten vorgeschlagen:

  Die Teilung einer Klasse in geschlechtshomogene Gruppen über einen Zeitraum von einigen Wochen, also nicht jede zweite Unterrichtsstunde. (Die Halbierung einer Klasse in koedukative Gruppen wird als weniger günstig angesehen).

  Getrenntgeschlechtlicher Unterricht für die Mädchen bzw. die Jungen zweier Parallelklassen.
- Wo eine Trennung nach Geschlechtern schwierig ist, könnte ein zusätzliches Angebot für Mädchen (etwa im Rahmen einer Arbeitsgemeinschaft) eine Alternative sein.

Literatur

Ahrend, A. (1991). Der Chancengleichheit eine Chance. Handreichungen für alle, die die Gleichberechtigung von Frauen und Männern anstreben. Berlin: Pädagogisches Zentrum.

Alt, Ch., v. Bardeleben, R., Ostendorf, H. (Hrsg.) (1982). Werkstattberichte aus den Modellversuchen zur Erschließung gewerblich/technischer Ausbildungsberufe für Mädchen. Berlin: Bundesinstitut für Berufsbildung.

Amindon, E., Flanders, N. (1985). Interaktionsanalyse als Feedback-System. In R. Biermann (Hrsg.), Interaktion, Unterricht, Schule. Darmstadt (Erstveröffentlichung 1963).

Bales, R.F. (1956). Die Interaktionsanalyse: Ein Beobachtungsverfahren zur Untersuchung kleiner Gruppen. In R. König (Hrsg.), Beobachtung und Experiment in der Sozialforschung. Praktische Sozialforschung, Bd. 2, 3. Aufl., 1966.

Barke, H.-D., Kuhrke, R. (1992). Einführung in die Chemie. Von Alltagsvorstellungen zu ersten Strukturmodellen der Materie. Frankfurt a.M/Bern/New York: Peter Lang.

Baumert, J., Evans, R.H., Geiser, H (in Vorbereitung). Technical Problem Solving Among Ten-Year-Old Students as Related to Science Achievement, Out-of-School Experience, Domain-Specific Control-Beliefs and Attribution Patterns. J. of Res. in Science Teaching (JRST), USA..

Beinke, L. (1992). Darstellung erster Ergebnisse des Modellversuchs. Didaktik der Berufs- und Arbeitswelt, 10. Jg. (4), 24-30.

Beinke, L., Habel, K.-L., Harreis, H., Richter, H., Sieger, H. (1991). Förderung naturwissenschaftlich-technischer Bildung für Mädchen in der Realschule in Nordrhein-Westfalen. 1. Zwischenbericht. Gießen: Polytechnik/Arbeitslehre.

Beinke, L., Richter, H. (Hrsg.) (1993). Mädchen und Physikunterricht. Bad Heilbrunn: Klinkhardt.

Burg, C.G. (1979). Die Analyse der dyadischen Interaktion in der Schule. (Diplomarbeit). Gießen: Universität Gießen, Fachbereich Psychologie.

Conrads, H., Conrads, A. (1992). Modellversuch „Mädchen in Naturwissenschaften und Technik (MINT)“. Grundlagen und Ergebnisse. Sozialwissenschaftliche Begleituntersuchung. Frankfurt a.M/Bern/New York: Peter Lang.

Crossman, M. (1987). Teachers' interactions with girls and boys in science lessons. In: A. Kelly (Ed.), Science for Girls? Milton Keynes/Philadelphia: Open University Press. 58-65.

Die Ministerin für Bildung, Wissenschaft, Jugend und Kultur des Landes Schleswig-Holstein. (1990). Koedukation und Naturwissenschaften. Dokumentation zum Forum „Koedukation und Naturwissenschaften“ am 12. Januar 1990. Kiel: MBWJK.

Dohm, H. (1988). Sie tun mir auch herzlich leid, die armen zarten Jungen. In: Erziehung zum Stimmrecht der Frau. Berlin 1910 (2.Auflage), S. 2-9. Auch in: G. Pfister (Hrsg.), Zurück zur Mädchenschule? Pfaffenweiler: Centaurus, 197-202.

Dweck, C. S., Davidson, W., Nelson, S., Enna, B. (1978). Sex Differences in Learned Helplessness: II. The Contingencies of Evaluative Feedback in the Classroom and III. An Experimental Analysis. Developmental Psychology, Vol. 14 (3), 268-276.

Enders-Dragässer, U., Fuchs, C. (1989). Interaktionen der Geschlechter. Weinheim und München: Juventa Verlag

Epstein, S. (1979). Entwurf einer Integrativen Persönlichkeitstheorie. In S.H. Filipp (Hrsg.), Selbstkonzeptforschung. Probleme, Befunde, Perspektiven. Stuttgart.

Faißt, W., Häußler, P. u.a. (1994). Physik-Anfangsunterricht für Mädchen und Jungen. IPN-Materialienband. Kiel: Institut für die Pädagogik der Naturwissenschaften.

Faulstich-Wieland, H. (1988). Koedukation und Mathematik/Naturwissenschaften/ Technik. In: G. Pfister (Hrsg.), Zurück zur Mädchenschule? Pfaffenweiler: Centaurus.

Faulstich-Wieland, H. (1991). Koedukation - Enttäuschte Hoffmungen? Darmstadt: Wissenschaftliche Buchgemeinschaft.

Frasch, H., Wagner, A. (1982). „Auf Jungen achtet man einfach mehr“. In: I. Brehmer (Hrsg.), Sexismus in der Schule. Weinheim/Basel: Beltz, 260-278.

Fuchs, M. (Hrsg.) (1987). Naturwissenschaften und Technik – doch Frauensache? München.

Gardner, P.L. (1975). Attitudes to science: a review. Stud. Sci. Educ. 2, 1-41.

Gardner, P. L.(1987). Schülerinteressen an Naturwissenschaften und Technik. In: M. Lehrke, L. Hoffmann (Hrsg.), Schülerinteressen am Naturwissenschaftlichen Unterricht. Köln: Aulis, 13-38.

Goehrke, R. (1976). Eine Untersuchung über „Motivationsvariablen“ im Physikunterricht bei Gesamtschülern der 7. und 8. Klassenstufe. (Diplomarbeit) Gießen: Universität Gießen, Fachbereich Psychologie.

Gräber, W. (1990). Schülerfragebogen zur Veränderung von Schülerinteressen an Chemie und Chemieunterricht. Kiel: Institut für die Pädagogik der Naturwissenschaften (polyscript).

Gräber, W. (1992a). Untersuchung zum Schülerinteresse an Chemie und Chemieunterricht. Chemie in der Schule, 39 (7/8), 270-273.

Gräber, W. (1992b). Interesse am Unterrichtsfach Chemie an Inhalten und Tätigkeiten. Chemie in der Schule, 39 (10), 254-357.

Gräber, W. (in Vorbereitung): Schülerinteresse an Chemie und Chemieunterricht .

Gramm, A., Bohne, J., Stephan, H. (1992). Vom Fachunterricht zum Sachunterricht. Biologie, Chemie, Physik, Technisches Werken. Frankfurt/M./Bern/New York:.

Händel, B. (1984). Interesse und Einstellung gegenüber Physik. (Diplomarbeit) Gießen: Universität Gießen, Fachbereich Psychologie.

Hannover, B. (1991). Zur Unterrepräsentanz von Mädchen in Naturwissenschaften und Technik: Psychologische Prädiktoren der Fach- und Berufswahl. Z. f. Päd. Psychol., 5 (3), 169-186.

Hannover, B. (1992). Spontanes Selbstkonzept und Pubertät. Zur Interessenentwicklung von Mädchen koedukativer und geschlechtshomogener Schulklassen. Bildung und Erziehung, 45 (1), 31-45.

Hannover, B., et al. (1989). Mehr Mädchen in Naturwissenschaft und Technik. Abschlußbericht. Berlin: Technische Universität.

Häußler, P. (1983). Wie sich physikalisches Wissen im Gedächtnis des Lernenden verändert. Lernzielorientierter Unterricht, H. 4, 27-37.

Häußler, P. (1985). Questionnaire for Measuring three different curricular components of pupils´ interest in physics: Topic, context and action. In M. Lehrke, L. Hoffmann, P.L. Gardner (Eds.), Interest in science and technology education, 12, (IPN Symposion) IPN-Bd. 102. Kiel: Institut für die Pädagogik der Naturwissenschaften.

Häußler, P. (1987). Measuring students´ interest in physics – design and result of a cross-sectional study in the Federal Republic of Germany. Int. J. Sci. Educ., 79-92.

Häußler, P., Frey, K., Hoffmann, L., Rost, J., Spada, H. (1980). Physikalische Bildung: Eine curriculare Delphi-Studie. IPN-Arbeitsbericht 41. Kiel: Institut für die Pädagogik der Naturwissenschaften.

Häußler, P., Frey, K., Hoffmann, L., Rost, J., Spada, H. (1983). Physika lische Bildung für heute und morgen. Naturwissenschaften im Unterricht - Physik/Chemie, 31 (12) (Beilage).

Häußler, P., Frey, K., Hoffmann, L., Rost, J., Spada, H. (1988). Physikalische Bildung für heute und morgen - Education in Physics for today and tomorrow. IPN-Schriftenreihe 116. Kiel: IPN.

Häußler, P., Hoffmann, L. (1990). Wie Physikunterricht auch für Mädchen interessant werden kann. NiU-Physik, 1 (1), 12-18.

Häußler, P., Hoffmann, L. (1995). Physikunterricht an den Interessen von Mädchen und Jungen orientiert. Unterrichtswissenschaft, 107-126.

Heinrichs, U., Schulz, Th. (Feb. 1988). Projekt: Mädchen und Naturwissenschaften in der Schule. Zusammenfassender Bericht. Hamburg: Behörde für Schule und Berufsbildung – Amt für Schule (Polyscript).

Heinrichs, U., Schulz, TH. (1989). Einstellung von Mädchen und Jungen zu den Fächern Physik und Geschichte. Hamburg: Feb. (Polyskript).

Heinzerling, M. (Vorabausgabe 1991). 1. Münchner-Mädchen-Technik-Tag. Dokumentation als Leitfaden zur Vorbereitung von Mädchen-Technik-Tagen. Ottobrunn: Deutscher Akademikerinnenbund (Polyscript).

Helmke, A. (1985). Instrumente der Fragebogenstudie im Rahmen des Projektes „Unterrichtsqualität und Leistungszuwachs". München: Max-Planck-Institut für Psychologische Forschung.

Helmke, A. (1992). Selbstvertrauen und schulische Leistungen. Göttingen: Hogrefe.

Hoffmann, L. (1989). Die Interessen von Schülerinnen an Physik und Technik – Mögliche Ansatzpunkte für Unterricht auf der Sekundarstufe I. Die Realschule, 97.Jg.(5) 201-206.

Hoffmann, L. (1990a). Naturwissenschaftlich-technische Bildung und berufliche Orientierung (Teil A). In: W. Lenske, H. Wollenweber (Hrsg.), Frauen im Beruf - Förderung naturwissenschaftlich-technischer Bildung für Mädchen in der Realschule. Köln: DIV, 118-148.

Hoffmann, L. (1990b). Mädchen und Physik – ein aktuelles, ein drängendes Thema. NiU-Physik, 1 (1), 4-11.

Hoffmann, L. (1991). Chancengleichheit - Die Veränderung des Anfangsunterrichts Physik/Chemie unter besonderer Berücksichtigung der Kompetenzen und Interessen von Mädchen. Begründung, Ziele, Untersuchungsplan. Kiel: IPN (Polyscript).

Hoffmann, L. (1992). Mädchen und Frauen in der naturwissenschaftlichen Bildung. In K. Riquarts et al. (Hrsg.), Naturwissenschaftliche Bildung in der Bundesrepublik Deutschland. Bd. IV: Didaktik. Kiel: IPN.

Hoffmann, L., Bünder, W., Häußler, P., Nentwig, P., Peters-Haft, S. (1. bis 4. Zwischenbericht. Kiel, IPN, 1992, 1993, 1994, 1995). Chancengleichheit - Die Veränderung des Anfangsunterrichts Physik/Chemie unter besonderer Berücksichtigung der Kompetenzen und Interessen von Mädchen. Kiel: IPN (Polyscripte).

Hoffmann, L., Bünder, W., Häußler, P., Nentwig, P., Peters-Haft, S. (Abschlußbericht, 1995a). Chancengleichheit - Die Veränderung des Anfangsunterrichts Physik/ Chemie unter besonderer Berücksichtigung der Kompetenzen und Interessen von Mädchen. Abschlußbericht. Kiel: IPN (Polyskript).

Hoffmann, L., Bünder, W., Häußler, P., Nentwig, P., Peters-Haft, S. (1995b). Chancengleichheit - Die Veränderung des Anfangsunterrichts Physik/Chemie unter besonderer Berücksichtigung der Kompetenzen und Interessen von Mädchen. Dokumentation zum Abschlußbericht. Kiel: IPN (Polyskript).

Hoffmann, L., Häußler, P., Lehrke, M., Todt E. (1984). Schülerfragebogen zur Veränderung von Schülerinteressen an Physik und Technik vom 5. bis zum 10. Schuljahr. Kiel: IPN (Polyscript).

Hoffmann, L., Häußler, P., Lehrke, M.(erscheint 1997). Die IPN-Interessenstudie Physik. Eine Dokumentation. IPN-Schriftenreihe. Kiel: IPN.

Hoffmann, L., Lehrke, M. (1985). Eine Zusammenstellung erster Ergebnisse aus der Querschnitterhebung 1984 über Schülerinteressen an Physik und Technik vom 5. bis 10. Schuljahr. Kiel: IPN (Polyscript).

Hoffmann, L., Lehrke. M. (1986). Eine Untersuchung über Schülerinteressen an Physik und Technik. Z.f.Päd. 32, 189-204.

Hopkins University Press (1986), 67-101.

Horstkemper, M. (1987). Schule, Geschlecht und Selbstvertrauen. Weinheim: Juventa.

Horstkemper, M. (1989). Jungen und Mädchen in der Schule. Formale Gleichheit und unterschwellige Benachteiligung. Hamburg macht Schule (5), 4-8.

Horstkemper, M. (1990). „Jungenfächer" und weibliche Sozialisation - Lernprozesse im koedukativen Unterricht. In: Die Deutsche Schule, 1. Beiheft, 97-109.

IPN-Interessenstudie: diverse vorliegende noch nicht veröffentlichte Analyseergebnisse.

Janshen, D., Rudolph, H. (1987). Ingenieurinnen. Frauen für die Zukunft. Berlin/New York: de Gruyter.

Janshen, D., Rudolph, H. (Hrsg.) (1988). Frauen gestalten Technik. Ingenieurinnen im internationalen Vergleich. Pfaffenweiler: Centaurus.

Kaiser, A. (1985). Mädchen und Jungen - eine Frage des Sachunterrichts? In: Valtin, R., Warm, U. (Hrsg.), Frauen machen Schule. Frankfurt am Main: Arbeitskreis Grundschule, 52-64.

Kelly, A., Smail, B. (1983). Sex stereotypes and attitudes to science among eleven year old schoolchildren. In: Contributions to the second GASAT conference. Oslo: Univ. of Oslo, 7-24.

Kelly, A. (Ed.) (1987). Science for Girls? Milton Keynes/Philadelphia: Open University Press.

Kelly, A. (1987). The construction of masculine science. In: Kelly, A. (Ed.): Science for Girls? Milton Keynes/Philadelphia: Open University Press, 64-77.

König, W., Zedler, P. (1983). Einführung in die Wissenschaftstheorie der Erziehungswissenschaft. (Hier besonders Kap. 2: Beobachtung und Beschreibung der Erziehungswirklichkeit). Düsseldorf.

Kort-Krieger, U. (1991). Zur Situation der Studentinnen an der Technischen Universität München. München: Technische Universität (Polyscript).

Krapp, A. (1992). Konzepte und Forschungsansätze zur Analyse des Zusammenhangs von Interesse, Lernen und Leistung. In A. Krapp, M. Prenzel (Hrsg.), Interesse, Lernen, Leistung. Münster: Aschendorff, 9-52.

Küllchen, H., Sommer, L. (1991). Mädchen, Macht (und) Mathe. Geschlechtsspezifische Leistungskurswahl in der reformierten Oberstufe. Düsseldorf: Ministerin für die Gleichstellung von Frau und Mann.

Lenske, W., Wollenweber, H.(Hrsg.) (1990). Frauen im Beruf. Förderung naturwissenschaftlich-technischer Bildung für Mädchen in der Realschule. Köln: Deutscher Instituts-Verlag.

Lie, S., Bryhni, E. (1983). Girls and physics: Attitudes, experiences and unachievement. In: Contributions to the second GASAT conference. Oslo: University of Oslo, 202-215.

Linn, M.C., Hyde, J.S. (1989). Gender, Mathematics, and Science. Educational Researcher, Vol. 8 (8),17-27.

Linn, M. C., Petersen, A. C. (1986).: A meta-analysis of gender differences in spacial ability: Implications for mathematics and science achievement. In: J. Hyde, M. C Linn, . (Eds.), The psychology of gender: Advances through meta-analysis. Baltimore: John Hopkins University Press.

Lopatecki, C., Lüking, I. (1989). Bescheiden, Sittsam und rein? Rollenklischees in Mathematik-Schulbüchern für die Sekundarstufe I. Bremen: Zentralstelle für die Verwirklichung der Gleichberechtigung der Frau.

Lord, Th. R. (1987). A look at spatial abilities in undergraduate women science majors. J.Res.Sci.Teach. 8, 757-767.

Mendler, W., Gräber, W. (Im Druck). Schülerinteresse im Chemieunterricht der Sekundarstufe I: Strukturanalyse und Vorhersage .

Metz-Göckel, S. (1987). Licht und Schatten der Koedukation. Zeitschrift für Pädagogik, 33, 455-475.

Nagler-Springmann, S. (1992). Hypatias Töchter. Berühmte Frauen in den Naturwissenschaften. Broschüre zur gleichnamigen Ausstellung der Erlanger Mädchen-Technik-Tage 1992.

Nicholls, J.G., Cobb, P., Yackel, E., Wood, T., Wheatly, G. (1990). Students´ theories about mathematics and their mathematical knowledge: Multiple dimensions of assessment. In G. Kulm (Ed.), Assessing higher order thinking in mathematics. Washington, DC: American Association for the Advancement of Science, Chapter 9.

Niederdrenk-Felgner, C. (1993). Mädchen und Computer. Computer im koedukativen Unterricht. Tübingen: Deutsches Institut für Fernstudien an der Universität Tübingen.

Ormerod, M. B., Duckworth, D. (1975). Pupils attitude to science. A review of research. Windsor: NFER.

Pauls, M. (1979). Zur Situation der Studentinnen in den Natur- und Ingenieurwissenschaften. In: S. Metz-Göckel (Hrsg.), Frauenstudium. Zur alternativen Wissenschaftsaneignung von Frauen. Hamburg: Arbeitsgemeinschaft zur Hochschuldidaktik e.V., 99-144.

Prenzel, M. (1988). Die Wirkungsweise von Interesse. Ein Erklärungsversuch aus pädagogischer Sicht. Opladen: Westdeutscher Verlag.

Projektgruppe BIJU (1994a). Bildungsverläufe und psychosoziale Entwicklung im Jugendalter (BIJU). Berlin: Max-Planck-Institut für Bildungsforschung; Kiel: Institut für die Pädagogik der Naturwissenschaften.

Projektgruppe BIJU (1994b). BIJU Skalenhandbuch – Nullversion – November 1994. Berlin: Max-Planck-Institut für Bildungsforschung; Kiel: Institut für die Pädagogik der Naturwissenschaften.

Raat, J., Harding, J., Mottier, J. (1981). Contributions GASAT conference 1981. Eindhoven: Eindhoven University of Technology.

Renninger, K.A. (1992). Individual interest and development: implications for theory and practice. In K.A. Renninger, S. Hide, A. Krapp (Hrsg.), the Role of interest in learning and development, 361-395. Hillsdale, NJ: Erlbaum.

Roloff, Ch. (1989). Von der Schmiegsamkeit zur Einmischung. Professionalisierung der Chemikerinnen und Informatikerinnen. Aktuelle Frauenforschung Band 3. Pfaffenweiler: Centaurus.

Roloff, Ch., Metz-Göckel, S., Koch, Ch., Holzrichter, E. (Hrsg.) (1987). Nicht nur ein gutes Examen". Dortmunder Diskussionsbeiträge zur Hochschuldidaktik 11. Dortmund: Hochschuldidaktisches Zentrum d. Univ. Dortmund.

Rost, H., Lamsfuss, S. (1992). Entwicklung und Erprobung einer ökonomischen Skala zur Erfassung des Selbstkonzepts schulischer Leistungen und Fähigkeiten (SKSLF). Zeitschrift für Pädagogische Psychologie, 6 (4), 239-250.

Rustemeyer, R. (1982). Wahrnehmungen eigener Fähigkeit bei Jungen und Mädchen. Frankfurt/M.

Schwäbisch, L., Siems, M. (1974). Anleitung zum sozialen Lernen für Paare, Gruppen und Erzieher. Reinbek: Rowohlt.

Schwarzer, R. (1981). Streß, Angst und Hilflosigkeit. Stuttgart: Kohlhammer.

Sieger, H. (1991). Zur Konzeption und empirischen Begleitung des Physikunterrichts im Modellversuch. Didaktik der Berufs- und Arbeitswelt, 10. Jg. (4), 14-23.

Simpson, B. (1985). Differences in attribution of ability in science in male and female high ability subjects. In: Contributions to the third GASAT conference. London: Chelsea College, 235-242.

Sommerkorn, I. (1992). Netzwerk LINT – Lehrende in Informatik, Naturwissenschaften und Technik. In: R. Luca, H. Kahlert, S. Müller-Balhorn, (Hrsg.), Frauen bilden – Zukunft planen. Bielefeld: Kleine Verlag, 336-337.

Spear, M.G. (1984). Sex bias in science teacher ratings of work and pupil characteristics. Eur.J.Sci.Educ. Vol 6, 369-377.

Spear, M.G. (1985). Teachers' attitudes towards girls and technology. In: J. Whyte, et al. (Eds.), Girl friendly schooling. London: Methuen, 36-44.

Spear, M.G. (1987). The basing influence of pupil sex in a science marking exercise. In A. Kelly (Ed.), Science for Girls?. Milton Keynes/Philadelphia: Open University Press, 46-51.

Spender, D. (1985). Frauen kommen nicht vor - Sexismus im Bildungswesen. (Teil 3: Im Klassenzimmer, 89-133). Frankfurt/M.: Fischer.

Stanworth, M. (1988). Gender and Schooling. A Study of Sexual Divisions in the Classroom. London 1983 (zit. nach Faulstich-Wieland, H.: Koedukation und Mathematik/Naturwissenschaften. In: Pfister, G. (Hrsg.): Zurück zur Mädchenschule? Pfaffenweiler: Centaurus, 131).

Statistisches Bundesamt Wiesbaden (Hrsg.) (ab 1989). Bildung im Zahlenspiegel 1979 bis 1991. Stuttgart/Mainz: Kohlhammer: Stuttgart: Metz-Poeschel.

Taber, K.S. (1992). Girls´ Interactions with Teachers in Mixed Physics Classes: Results of Classroom Observation. International Journal of Science Education, 14 (2), 163-189.

Todt, E. (1978). Das Interesse. Bern/Stuttgart/Wien: Huber.

Todt, E. (1985). Die Bedeutung der Schule für die Entwicklung der Interessen von Kindern und Jugendlichen. Unterrichtswissenschaft, 13, 362-376.

Todt, E. (1990). Entwicklung des Interesses. In H. Hetzer (Hrsg.), Angewandte Entwicklungspsychologie des Kindes- und Jugendalters. Wiesbaden: Quelle & Meyer.

Todt, E./Arbinger, R., Seitz, H., Wildgrube, W. (1974). Bericht über den 1.Teil des von der Stiftung Volkswagenwerk finanzierten Untersuchungsprojektes „Untersuchungen über die Motivation zur Beschäftigung mit naturwissenschaftlichen Problemen (Sekundarstufe I: Klassenstufe 5-9)“ (Biologie und Physik). Gießen: Universität.

Todt, E., Händel, B. (1984). Analyse der Kontextabhängigkeit von Physikinteressen. Gießen: Universität Gießen, Fachbereich Psychologie (Polyscript).

Uhlenbusch, L. (1992). Mädchenfreundlicher Physikunterricht. Motivationen, Exempla, Reaktionen. Frankfurt a.M:/Bern/New York: Peter Lang.

Ulich, D. (1976). Pädagogische Interaktion. Weinheim, Basel.

Ulich, D. (1982). Interaktionsbedingungen von Verbalisation. In: G.L. Huber, H. Mandl (Hrsg.), Verbale Daten. Eine Einführung in die Grundlagen und Methoden der Erhebung und Auswertung. Weinheim, Basel.

Vockell, E. L., Lobonc, S. (1981). Sex-role stereotyping by high school females in science. J. Res. Sci. Teach. 18 (3), 209-219.

Vogt, H. (1986). Lernziel Gleichberechtigung. Hinweise und Anregungen für Schule und Unterricht. Leitstelle Gleichstellung der Frau. Hamburg.

Wetzel-Schumann, M. (1984). Naturwissenschaften und Technik ein Reservat für Jungen? Situation an den allgemeinbildenden Schulen in Rheinland-Pfalz. In Pädagogisches Zentrum des Landes Rheinland-Pfalz (Hrsg.), Mathematik, Naturwissenschaften und Technik – nicht für Mädchen? PZ-Information 4/98, 19-46.

Whyte, J. (1986). Girls into Science and Technology: the Story of a Project. London: Routledge & Kegan Paul.

Wienekamp, H. (1990). Mädchen im Chemieunterricht. Essen: Westarp Wissenschaften.

Wildt, C., Naundorf, G. (1986). „Der Streit um die Koedukation". In: K. Hurrelmann u.a. (Hrsg.), Koedukation – Jungenschule auch für Mädchen? Opladen: Leske + Budrich, 88-127.

Zinnecker. J. (1972). Emanzipation der Frau und Schulausbildung. Weinheim: Beltz.

A

[1] Schülernummer:

INSTITUT FÜR DIE PÄDAGOGIK DER NATURWISSENSCHAFTEN
AN DER UNIVERSITÄT KIEL
BLK MODELLVERSUCH "CHANCENGLEICHHEIT"

Nachtest Physik

Erhebung Juni 1993

[2] Schule:

[3] Klasse:

[4] Geschlecht: [ ] männlich [ ] weiblich

[5] Wie sehr oder wie wenig interessierst Du Dich für die folgenden Themen aus der Physik?

Bitte mache in jeder Zeile nur ein Kreuz.
Laß bitte keine Zeile aus!

	Mein Interesse daran ist:				
	sehr groß	groß	mittel	gering	sehr gering
1. Mehr darüber erfahren, wie Farben am Himmel zustandekommen (Himmelsblau, Abendrot, Regenbogen)	( )	( )	( )	( )	( )
2. Mehr darüber erfahren, was Wärme eigentlich ist	( )	( )	( )	( )	( )
3. Ein einfaches optisches Gerät (z.B. Mikroskop, Fernrohr oder Fotoapparat) aus Glaslinsen und schwarzer Pappe selbst bauen	( )	( )	( )	( )	( )
4. Darüber diskutieren, welchen Sinn Lärmschutzverordnungen haben und an wen man sich bei Lärmbelästigungen wenden kann	( )	( )	( )	( )	( )
5. Mehr Einblick erhalten, welche künstlichen Organe (z.B. Herz als Blutpumpe) und Gelenke heute in der Medizin zur Verfügung stehen	( )	( )	( )	( )	( )
6. Mehr darüber erfahren, wie das Wetter zustandekommt	( )	( )	( )	( )	( )
7. Sich ein Sicherheitsfahrzeug ausdenken, in dem auch bei schweren Unfällen, Fahrer und Beifahrer wenig oder nichts passiert	( )	( )	( )	( )	( )
8. Aus geeigneten Materialien (z.B. Holzwolle, Stroh, Glaswolle) einfache Warmhaltegefäße bauen und ausprobieren	( )	( )	( )	( )	( )
9. Berechnen, wie groß das Bild eines Gegenstands ist, der mit Hilfe einer Glaslinse auf einer Leinwand abgebildet wird	( )	( )	( )	( )	( )
10. Mehr Einblick erhalten, wie Mikroskope oder Spiegel in einer Arztpraxis Verwendung finden	( )	( )	( )	( )	( )

	Mein Interesse daran ist :				
	sehr groß	groß	mittel	gering	sehr gering
11. Mehr darüber erfahren, wovon die Höhe und die Lautstärke eines Tons abhängen	( )	( )	( )	( )	( )
12. Mehr darüber erfahren, wie schädlich Lärm sein kann und wie man sich davor schützen kann	( )	( )	( )	( )	( )
13. Mehr darüber erfahren, wie Blitze entstehen und wie sie wirken	( )	( )	( )	( )	( )
14. Die Stromstärke beim Anschluß mehrerer Geräte berechnen	( )	( )	( )	( )	( )
15. Sich ein Gerät ausdenken, mit dem Farbenblinde Farben unterscheiden können	( )	( )	( )	( )	( )
16. Mehr darüber erfahren, durch welche Maßnahmen bei Häusern viel Wärme gespart und wie die Sonnenenergie besser genutzt werden kann	( )	( )	( )	( )	( )
17. Mit einem Gerät die Lautstärke verschiedener Lärmquellen messen (z.B. Verkehr, laute Musik)	( )	( )	( )	( )	( )
18. Sich Versuche ausdenken, mit denen man die Eigenschaften von Elektromagneten untersuchen kann	( )	( )	( )	( )	( )
19. Sich mit Unfallstatisiken beschäftigen und über den Sinn von Geschwindigkeitsbegrenzungen diskutieren	( )	( )	( )	( )	( )
20. Mehr darüber erfahren, wie man die Lichtbrechung mathematisch berechnen kann	( )	( )	( )	( )	( )
21. Mehr darüber erfahren, wie in einem Haus Lichtleitungen verlegt und abgesichert sind	( )	( )	( )	( )	( )

[6] Im folgenden findest Du einige Aussagen darüber, wie man bestimmte Situationen erleben kann. Gib bitte an, wie Du solche Situationen erlebst.

	sehr stark	stark	mittel	weniger stark	gar nicht
1. Wenn ich einen Regenbogen sehe, dann beeindruckt mich das	( )	( )	( )	( )	( )
2. Wenn ich neue technische Geräte sehe (z. B. Computer, Windkraftwerk), dann fasziniert mich das	( )	( )	( )	( )	( )
3. Wenn ich eine Sonnen- oder eine Mondfinsternis beobachten kann, dann beeindruckt mich das	( )	( )	( )	( )	( )
4. Wenn ich Berichte über den Flug von Raketen, Raumsonden und Satelliten sehe (oder lese), dann fasziniert mich das	( )	( )	( )	( )	( )
5. Wenn ich ein Gewitter sehe, dann beeindruckt mich das	( )	( )	( )	( )	( )
6. Wenn ich selbst mit technischen Geräten (z. B. Fernrohr, Fotoapparat) umgehen kann, begeistert mich das	( )	( )	( )	( )	( )
7. Wenn ich daran denke, daß Sonne und Mond Ebbe und Flut hervorrufen, dann beeindruckt mich das	( )	( )	( )	( )	( )
8. Wenn ich bei Reparatur oder Herstellung technischer Geräte (z. B. Autos, Haushaltsgeräten) zusehen oder mitarbeiten kann, dann begeistert mich das	( )	( )	( )	( )	( )

[7] Im folgenden findest Du eine Reihe von Behauptungen. Gib bitte an, inwieweit die aufgeführten Behauptungen Deiner Meinung nach stimmen.

	stimmt vollkommen	stimmt überwiegend	stimmt zum Teil	stimmt nur etwas	stimmt gar nicht	ich weiß nicht
1. Mit Physik kann man viele Vorgänge in der Natur erklären.	( )	( )	( )	( )	( )	○
2. Mit Physik kann man verstehen, wie technische Geräte arbeiten.	( )	( )	( )	( )	( )	○
3. Mit Physik kann man viele Ereignisse aus dem Alltag erklären.	( )	( )	( )	( )	( )	○
4. Physik ist für den Beruf, den ich einmal ergreifen möchte, wichtig.	( )	( )	( )	( )	( )	○
5. Physik hat zahlreiche praktische Anwendungsmöglichkeiten.	( )	( )	( )	( )	( )	○
6. Physik ist ein Gebiet, das in Zukunft immer bedeutender wird.	( )	( )	( )	( )	( )	○
7. Physik ist an Waffen schuld, die die Welt zerstören können.	( )	( )	( )	( )	( )	○

	sehr gern	gern	weder gern noch ungern	ungern	auf keinen Fall
[8] Wie gern möchtest Du einen Beruf erlernen, der etwas mit Physik zu tun hat?	( )	( )	( )	( )	( )
[9] Wie gern möchtest Du einen Beruf erlernen, der etwas mit Technik zu tun hat?	( )	( )	( )	( )	( )

[10] Gib bitte an, wie oft Du die folgenden Dinge, die mit Physik und Technik zu tun haben, in Deiner Freizeit tust (getan hast).

	sehr oft	oft	manchmal	selten	nie
1. Fernsehsendungen ansehen, die mit Physik oder Technik zu tun haben	( )	( )	( )	( )	( )
2. Bücher lesen, die Themen aus den Bereichen Physik oder Technik behandeln	( )	( )	( )	( )	( )
3. Mich mit Experimentierkästen beschäftigen	( )	( )	( )	( )	( )
4. Mich mit Technik-Baukästen beschäftigen (z. B. Fischer-Technik)	( )	( )	( )	( )	( )
5. Technische Dinge basteln (z. B. eine elektrische Klingel, ein Modellflugzeug bauen)	( )	( )	( )	( )	( )
6. Dinge auseinandernehmen und reparieren (z. B. das Fahrrad, Mofa, einen Wecker oder Walkman)	( )	( )	( )	( )	( )
7. Technische Anlagen (z. B. Kraftwerk), Museen oder Ausstellungen, die mit Physik oder Technik zu tun haben, besuchen	( )	( )	( )	( )	( )
8. Mit Freundinnen oder Freunden über Themen aus der Physik oder Technik sprechen	( )	( )	( )	( )	( )
9. In Zeitungen oder Zeitschriften Berichte über physikalische oder technische Themen lesen	( )	( )	( )	( )	( )
10. In einem Lehrbuch, Nachschlagewerk (Lexikon) oder woanders nachlesen, wenn eine technische oder physikalische Frage auftaucht	( )	( )	( )	( )	( )

[11] Gib bitte auch noch an, wie oft Du das Folgende in Deiner Freizeit tust bzw. getan hast:

	sehr oft	oft	manchmal	selten	nie
1. Tiere versorgen	( )	( )	( )	( )	( )
2. eine Bohrmaschine verwenden	( )	( )	( )	( )	( )
3. einen Kuchen backen	( )	( )	( )	( )	( )
4. ein Mittagessen kochen	( )	( )	( )	( )	( )
5. ein kleines Kind versorgen	( )	( )	( )	( )	( )
6. mit kleinen Kindern spielen	( )	( )	( )	( )	( )
7. ein Kabel auswechseln oder anschließen	( )	( )	( )	( )	( )
8. einen Stecker zusammenbauen	( )	( )	( )	( )	( )
9. Farbpinsel reinigen	( )	( )	( )	( )	( )
10. bei handwerklichen Tätigkeiten mithelfen	( )	( )	( )	( )	( )
11. Lebensmittel einkaufen	( )	( )	( )	( )	( )
12. Haushaltsgegenstände reparieren	( )	( )	( )	( )	( )
13. etwas mit Dübel und Schraube befestigen	( )	( )	( )	( )	( )
14. beim Hausputz mithelfen	( )	( )	( )	( )	( )
15. den Grill vorbereiten	( )	( )	( )	( )	( )
16. Feuerwerkskörper anzünden	( )	( )	( )	( )	( )
17. ein Fahrrad (Licht, Bremse) reparieren	( )	( )	( )	( )	( )

[12] Gib bitte an, wie interessant Du die folgenden Unterrichtsfächer findest.

	sehr interessant	interessant	mittel	weniger interessant	ganz uninteressant
1. Deutsch	( )	( )	( )	( )	( )
2. Fremdsprachen	( )	( )	( )	( )	( )
3. Mathematik	( )	( )	( )	( )	( )
4. Biologie	( )	( )	( )	( )	( )
5. Musik	( )	( )	( )	( )	( )
6. Kunst	( )	( )	( )	( )	( )
7. Sport	( )	( )	( )	( )	( )
8. Religion	( )	( )	( )	( )	( )
9. Geschichte	( )	( )	( )	( )	( )
10. Geographie/Erdkunde	( )	( )	( )	( )	( )
11. Physik	( )	( )	( )	( )	( )

Die Fragen auf den folgenden Seiten beziehen sich auf den Physikunterricht

[13] Wenn Du an die Mädchen im Physikunterricht denkst, wie häufig trafen die folgenden Eigenschaften auf sie zu?

	sehr oft	oft	manchmal	selten	nie
hilfsbereit	()	()	()	()	()
machen sich über andere lustig ..	()	()	()	()	()
angeberisch	()	()	()	()	()
leicht beleidigt	()	()	()	()	()
können zuhören	()	()	()	()	()
fallen anderen ins Wort	()	()	()	()	()
überheblich	()	()	()	()	()
rücksichtsvoll	()	()	()	()	()
andere verletzend	()	()	()	()	()
selbstsicher	()	()	()	()	()
wissen viel	()	()	()	()	()
fleißig	()	()	()	()	()
laut	()	()	()	()	()
kraftvoll	()	()	()	()	()
einfallsreich	()	()	()	()	()
ehrgeizig	()	()	()	()	()
ordentlich	()	()	()	()	()
scharfsinnig	()	()	()	()	()
mitfühlend	()	()	()	()	()
gefühlvoll	()	()	()	()	()
unbeherrscht	()	()	()	()	()
störend	()	()	()	()	()

[14] Es gibt unterschiedliche Bedingungen, die dazu führen, daß man sich im Physikunterricht zufrieden fühlt.
Was trifft für Dich zu?

Ich fühle mich im Physikunterricht vollauf zufrieden, wenn...

	trifft völlig zu	trifft eher zu	trifft eher nicht zu	trifft nicht zu
1. ich ein physikalisches Problem durch eigene Anstrengung wirklich löse.	( )	( )	( )	( )
2. ich im Physikunterricht die ganze Zeit intensiv beschäftigt bin.	( )	( )	( )	( )
3. ich mehr weiß als die anderen.	( )	( )	( )	( )
4. die Aufgaben von mir wirkliches Nachdenken verlangen.	( )	( )	( )	( )
5. ich allein die richtige Antwort weiß.	( )	( )	( )	( )
6. das Gelernte wirklich Sinn für mich macht.	( )	( )	( )	( )
7. ich intensiv arbeite.	( )	( )	( )	( )
8. ich vor den anderen fertig bin.	( )	( )	( )	( )
9. ich einen neuen Weg herausfinde, eine Aufgabe oder ein Problem zu lösen.	( )	( )	( )	( )
10. ich mehr Aufgaben als die anderen richtig habe.	( )	( )	( )	( )
11. der Physikunterricht mich zum Nachdenken bringt.	( )	( )	( )	( )
12. ich bessere Noten bekomme als andere.	( )	( )	( )	( )
13. mich das Gelernte dazu bringt, mehr über das Thema erfahren zu wollen.	( )	( )	( )	( )
14. ich etwas herausbekomme, das mich am Thema festhält.	( )	( )	( )	( )
15. ich zeigen kann, wie gut ich bin.	( )	( )	( )	( )
16. ich ein schwieriges Problem endlich verstehe.	( )	( )	( )	( )

[15] Jeder Schülerin und jedem Schüler passiert es mal, daß sie oder er im Physikunterricht nicht gleich alles versteht oder daß eine Arbeit mißlingt. Wenn Dir dies einmal passiert, woran liegt das dann?

	oft	manchmal	selten	nie
1. Ich habe im Physikunterricht nicht richtig aufgepaßt, weil ich an etwas anderes dachte.	( )	( )	( )	( )
2. Ich habe mich zu wenig angestrengt.	( )	( )	( )	( )
3. Die Lehrkraft hat es nicht genug erklärt.	( )	( )	( )	( )
4. Es ist meistens Glückssache, ob man etwas versteht oder eine Arbeit gelingt.	( )	( )	( )	( )
5. Während des Physikunterrichts ist es zu laut in der Klasse, so daß man die Lehrkraft nicht verstehen kann.	( )	( )	( )	( )
6. Ich habe so ein schlechtes Gedächtnis.	( )	( )	( )	( )
7. Ich bin in Gedanken ganz woanders.	( )	( )	( )	( )
8. Die Lehrkraft hat zu wenig Beispiele gebracht.	( )	( )	( )	( )
9. Ich habe einfach Pech gehabt.	( )	( )	( )	( )
10. Während des Physikunterrichts ist es so unruhig, daß man sich nicht konzentrieren kann.	( )	( )	( )	( )
11. Manche Sachen wollen mir einfach nicht in den Kopf.	( )	( )	( )	( )
12. Ich lasse mich zu leicht ablenken.	( )	( )	( )	( )
13. Ich habe zu Hause nicht genügend gelernt.	( )	( )	( )	( )
14. Die Lehrkraft wiederholt die Sachen zu selten.	( )	( )	( )	( )

	oft	manchmal	selten	nie
15. Wenn die Lehrkraft etwas erklärt, gibt es immer einige, die dazwischen rufen.	()	()	()	()
16. Es hängt einfach zu sehr vom Zufall ab, ob man etwas versteht.	()	()	()	()
17. Ich kann vieles nicht behalten.	()	()	()	()
18. Ich kann mich einfach nicht die ganze Stunde konzentrieren.	()	()	()	()
19. Ich war einfach nicht in Form.	()	()	()	()
20. Die Lehrkraft unterbricht oft ihre Ausführungen, um Einzelne zu ermahnen.	()	()	()	()
21. Ich habe mal gefaulenzt.	()	()	()	()
22. Für Physik bin ich einfach nicht so begabt.	()	()	()	()
23. Die Lehrkraft ist zu schnell vorangegangen.	()	()	()	()
24. Bei den Schülerversuchen geht immer alles durcheinander, weil einige Unsinn machen.	()	()	()	()
25. Der Physikunterricht ist zu schwierig.	()	()	()	()
26. Es hat mich einfach nicht interessiert.	()	()	()	()
27. Ich habe Wissenslücken und schaffe es nicht, diese aufzuholen.	()	()	()	()
28. Bei den Schülerversuchen drängen sich immer einige vor, sodaß ich nicht zum Zuge komme.	()	()	()	()

[16] Wenn Du etwas im Physikunterricht nicht auf Anhieb verstehst oder bei einer Aufgabe Schwierigkeiten hast, wie verhältst Du Dich?

	oft	manchmal	selten	nie
1. Wenn ich im Physikunterricht etwas nicht sofort verstehe, frage ich möglichst gleich die Lehrkraft.	( )	( )	( )	( )
2. Wenn ich einen Fehler mache, finde ich die richtige Lösung lieber selbst heraus, als von der Lehrkraft die richtige Antwort zu bekommen.	( )	( )	( )	( )
3. Wenn ich bei einer Aufgabe nicht weiterkomme, hole ich mir möglichst schnell Hilfe bei				
- der Lehrkraft	( )	( )	( )	( )
- anderen Schülerinnen/Schülern	( )	( )	( )	( )
4. Wenn ich feststelle, daß ich einen Fehler mache, frage ich lieber gleich, wie es richtig geht				
- die Lehrkraft	( )	( )	( )	( )
- andere Schülerinnen/Schüler	( )	( )	( )	( )

[17] Wenn es im Physikunterricht schwierig wird, inwieweit treffen dann die folgenden Aussagen für Dich zu?

	trifft völlig zu	trifft eher zu	trifft eher nicht zu	trifft gar nicht zu
1. Ich kann mir meistens selbst helfen, wenn ein Problem für mich auftaucht.	( )	( )	( )	( )
2. Wenn ich mich im Physikunterricht anstrenge, erziele ich gute Leistungen.	( )	( )	( )	( )
3. Auch wenn wir eine unangekündigte Arbeit schreiben, gelingt es mir immer, gut abzuschneiden.	( )	( )	( )	( )
4. Auch wenn ich mich auf eine Klassenarbeit vorbereitet habe, gehöre ich doch immer wieder zu den weniger guten Schülern/Schülerinnen.	( )	( )	( )	( )
5. Wenn ich im Physikunterricht aufgerufen werde, ohne daß ich mich gemeldet habe, ist mein Kopf wie leergefegt.	( )	( )	( )	( )
6. Wenn ich genügend übe, gelingt es mir immer, eine gute Arbeit zu schreiben.	( )	( )	( )	( )
7. Egal, was auch kommen mag, ich werde es schon in den Griff bekommen.	( )	( )	( )	( )
8. Auch wenn ich genau weiß, wann wir eine Physikarbeit schreiben, weiß ich nicht, wie ich eine gute Note erreichen soll.	( )	( )	( )	( )
9. Ich habe im Physikunterricht die Erfahrung gemacht, daß ein hoher Einsatz sich immer lohnt.	( )	( )	( )	( )
10. Egal, ob ich mich anstrenge oder nicht, meine Physiknote wird davon auch nicht besser.	( )	( )	( )	( )

[18] Wenn Du an die Jungen im Physikunterricht denkst, wie häufig trafen die folgenden Eigenschaften auf sie zu?

	sehr oft	oft	manchmal	selten	nie
hilfsbereit	( )	( )	( )	( )	( )
machen sich über andere lustig ..	( )	( )	( )	( )	( )
angeberisch	( )	( )	( )	( )	( )
leicht beleidigt	( )	( )	( )	( )	( )
können zuhören	( )	( )	( )	( )	( )
fallen anderen ins Wort	( )	( )	( )	( )	( )
überheblich	( )	( )	( )	( )	( )
rücksichtsvoll	( )	( )	( )	( )	( )
andere verletzend	( )	( )	( )	( )	( )
selbstsicher	( )	( )	( )	( )	( )
wissen viel	( )	( )	( )	( )	( )
fleißig	( )	( )	( )	( )	( )
laut	( )	( )	( )	( )	( )
kraftvoll	( )	( )	( )	( )	( )
einfallsreich	( )	( )	( )	( )	( )
ehrgeizig	( )	( )	( )	( )	( )
ordentlich	( )	( )	( )	( )	( )
scharfsinnig	( )	( )	( )	( )	( )
mitfühlend	( )	( )	( )	( )	( )
gefühlvoll	( )	( )	( )	( )	( )
unbeherrscht	( )	( )	( )	( )	( )
störend	( )	( )	( )	( )	( )

[19] Bitte vervollständige die folgenden Sätze durch Ankreuzen:

	sehr gut	gut	mittel	schlecht	sehr schlecht
1. Ich verstehen den Stoff in Physik	( )	( )	( )	( )	( )
2. Ich behalte den Stoff in Physik	( )	( )	( )	( )	( )
3. Meine Leistungen in Physik sind nach meiner eigenen Einschätzung	( )	( )	( )	( )	( )
4. Ich beteilige mich am Physikunterricht	( )	( )	( )	( )	( )
5. Ich glaube, daß mich die anderen in meiner Klasse in Physik für .... halten.	( )	( )	( )	( )	( )
6. Ich glaube, daß mein Physiklehrer/ meine Physiklehrerin meine Leistungen in Physik als .... einschätzt.	( )	( )	( )	( )	( )
7. Ich erwarte, daß in Zukunft meine Leistungen in Physik .... sein werden.	( )	( )	( )	( )	( )

[20] Gib bitte noch an, inwieweit die folgenden Aussagen für Dich zutreffen:

	trifft völlig zu	trifft eher zu	trifft eher nicht zu	trifft nicht zu
1. Mir macht der Physikunterricht Spaß.	( )	( )	( )	( )
2. Mir fällt Physik leicht.	( )	( )	( )	( )
3. Ich bin für Physik begabt.	( )	( )	( )	( )
4. Ich bringe in Physik gute Leistungen.	( )	( )	( )	( )
5. Ich lerne in Physik etwas, das ich unmittelbar brauchen kann.	( )	( )	( )	( )
6. Ich lerne in Physik etwas, das für mich sehr wichtig ist.	( )	( )	( )	( )
7. Ich lerne in Physik etwas, das ich später sehr oft brauchen werde.	( )	( )	( )	( )

[21] Wenn Du Deine Leistungen im Physikunterricht mit den Leistungen der anderen in Deiner Klasse vergleichst, wo ordnest Du Dich zu?

Ich gehöre in Physik zum
( ) ersten Drittel
( ) mittleren Drittel
( ) letzten Drittel

[22] Was ist für Euren Physiklehrer/Eure Physiklehrerin wichtig?

Unser Physiklehrer/unsere Physiklehrerin achtet darauf, ...

	trifft völlig zu	trifft eher zu	trifft eher nicht zu	trifft nicht zu
1. daß wir bei Schülerversuchen zusammenarbeiten.	( )	( )	( )	( )
2. daß wir uns gegenseitig helfen.	( )	( )	( )	( )
3. daß über andere keine abfälligen Äußerungen gemacht werden.	( )	( )	( )	( )
4. daß über andere, auch wenn sie etwas nicht wissen oder etwas Falsches sagen, nicht gelacht wird.	( )	( )	( )	( )
5. daß andere nicht abgewertet werden.	( )	( )	( )	( )
6. daß Mädchen und Jungen partnerschaftlich zusammenarbeiten.	( )	( )	( )	( )
7. daß wir im Unterricht alle einmal drankommen.	( )	( )	( )	( )
8. daß alle im Unterricht mitkommen.	( )	( )	( )	( )
9. daß wir vor allem möglichst viel Stoff durchnehmen.	( )	( )	( )	( )

[23] Noch ein paar Fragen zu Eurem Physiklehrer/Eurer Physiklehrerin:

Unser Physiklehrer/unsere Physiklehrerin	trifft völlig zu	trifft eher zu	trifft eher nicht zu	trifft nicht zu
1. achtet genau darauf, daß wir die Hefteintragungen im Unterricht richtig machen.	()	()	()	()
2. weiß immer genau, was in der Klasse vor sich geht.	()	()	()	()
3. kontrolliert immer genau unsere Hausaufgaben.	()	()	()	()
4. merkt sofort, wenn Schüler beginnen, etwas anderes zu treiben.	()	()	()	()
5. achtet sehr darauf, daß wir aufpassen.	()	()	()	()
6. vergibt Noten gerecht.	()	()	()	()

[24] Wenn Du an Deinen Physikunterricht denkst, inwieweit treffen dann die folgenden Aussagen zu?

Im Physikunterricht...	oft	manchmal	selten	nie
1. machen wir Schülerexperimente.	()	()	()	()
2. bekommen wir regelmäßig Hausaufgaben.	()	()	()	()
3. wiederholen wir häufig den Unterrichtsstoff.	()	()	()	()
4. üben wir das Gelernte oft an neuen Beispielen.	()	()	()	()
5. werden Jungen bevorzugt.	()	()	()	()
6. werden Mädchen bevorzugt.	()	()	()	()
7. Werden die besseren Schüler/ Schülerinnen bevorzugt.	()	()	()	()

[25] Wie geht Ihr im Physikunterricht miteinander um?

	trifft völlig zu	trifft eher zu	trifft eher nicht zu	trifft nicht zu
1. Wenn jemand im Physikunterricht in der Klemme sitzt, kann er/sie sich auf die anderen verlassen.	( )	( )	( )	( )
2. Einige versuchen immer, besser zu sein als die anderen.	( )	( )	( )	( )
3. Wenn jemand mit anderen zusammenarbeiten möchte, findet er/sie schnell Anschluß.	( )	( )	( )	( )
4. Manche sagen anderen nichts vor, weil sie selbst die Frage der Lehrkraft beantworten wollen.	( )	( )	( )	( )
5. Manche streiten sich oft darum, wer die besseren Leistungen gezeigt hat.	( )	( )	( )	( )
6. Wenn jemand Schwierigkeiten hat, sind die anderen hilfsbereit.	( )	( )	( )	( )
7. Vielen kommt es nur darauf an, im Unterricht mehr zu wissen als die andern.	( )	( )	( )	( )
8. Wenn jemand nicht mehr weiter weiß, helfen ihm gleich die anderen.	( )	( )	( )	( )

[26] Wenn man sich für bestimmte Fächer sehr stark interessiert und engagiert oder wenn man bestimmte Berufsvorstellungen äußert, kann man ganz unterschiedliche Rückmeldungen erhalten.

hier sind Mehrfachankreuzungen pro Zeile möglich:

Kreuze bitte an, welche Rückmeldungen Du erwarten würdest (oder bereits erhalten hast), ...

	Anerkennung	Bewunderung	Unterstützung	Unverständnis	Abraten	Ablehnung
1/ ... wenn Du Dich für Physik sehr stark interessieren und engagieren würdest (bzw. weil Du Dich schon sehr für Physik interessierst), von ...						
Deinen Eltern	( )	( )	( )	( )	( )	( )
Deinen Mitschülerinnen	( )	( )	( )	( )	( )	( )
Deinen Mitschülern	( )	( )	( )	( )	( )	( )
Deinem Freundeskreis	( )	( )	( )	( )	( )	( )
2/ ... wenn Du die Absicht äußern würdest (oder geäußert hast), später einmal Physikerin/ Physiker zu werden, von ...						
Deinen Eltern	( )	( )	( )	( )	( )	( )
Deinen Mitschülerinnen	( )	( )	( )	( )	( )	( )
Deinen Mitschülern	( )	( )	( )	( )	( )	( )
Deinem Freundeskreis	( )	( )	( )	( )	( )	( )
3/ ... wenn Du die Absicht äußern würdest (oder geäußert hast), später einmal Physiklehrerin/Physiklehrer zu werden, von ...						
Deinen Eltern	( )	( )	( )	( )	( )	( )
Deinen Mitschülerinnen	( )	( )	( )	( )	( )	( )
Deinen Mitschülern	( )	( )	( )	( )	( )	( )
Deinem Freundeskreis	( )	( )	( )	( )	( )	( )

[27] Warum gibt es so wenig Frauen in naturwissenschaftlich-technischen Berufen (wie z.B. Physikerin, Chemikerin, Elektro- oder Bauingenieurin)?

Gib bitte an, inwieweit die aufgeführten Behauptungen Deiner Meinung nach zutreffend sind.

	trifft völlig zu	trifft eher zu	trifft eher nicht zu	trifft gar nicht zu
1. Frauen interessieren sich nicht für diese Berufe.	( )	( )	( )	( )
2. Für Frauen gibt es in solchen Berufen keine berufliche Perspektive.	( )	( )	( )	( )
3. Frauen eignen sich nicht für diese Berufe.	( )	( )	( )	( )
4. Frauen glauben, daß sie die geforderten Arbeiten nicht leisten können.	( )	( )	( )	( )
5. Frauen werden in diesen Berufen nicht als volle Arbeitskraft anerkannt.	( )	( )	( )	( )
6. Diese Berufe fordern männliche Eigenschaften.	( )	( )	( )	( )
7. Diese Berufe lassen sich schlecht mit einer Familie vereinbaren.	( )	( )	( )	( )
8. Frauen werden mit ihren Fähigkeiten und Kenntnissen mehr in sozialen Berufen gebraucht.	( )	( )	( )	( )
9. Eltern/Verwandte/Freunde/Partner wollen es nicht.	( )	( )	( )	( )

Die Fragen auf den folgenden Seiten beziehen sich auf Schule und Unterricht ganz allgemein

[28] Wie beurteilst Du Dich selbst?

	trifft völlig zu	trifft eher zu	trifft eher nicht zu	trifft gar nicht zu
1. Ich gehöre in der Schule zu den Besten.	( )	( )	( )	( )
2. Ich habe ein gutes Gefühl, was meine Arbeit in der Schule angeht.	( )	( )	( )	( )
3. Ich weiß die Antwort auf eine Frage schneller als die anderen.	( )	( )	( )	( )
4. Gute Noten fallen mir zu.	( )	( )	( )	( )
5. Meine Arbeit ist im allgemeinen mindestens ebensogut wie die meines Nachbarn/meiner Nachbarin.	( )	( )	( )	( )
6. Ich kann Sachen selbst rauskriegen.	( )	( )	( )	( )
7. Es fällt mir leicht, Probleme zu lösen.	( )	( )	( )	( )
8. Ich bin so schlau, wie ich gerne sein möchte.	( )	( )	( )	( )
9. Ich bin zufrieden mit meiner Fähigkeit, vor der Klasse zu sprechen.	( )	( )	( )	( )
10. Manchmal fühle ich mich anderen überlegen und glaube, daß sie noch manches von mir lernen können.	( )	( )	( )	( )

[29] Wenn Du Deine Leistungen ganz allgemein mit den Leistungen der anderen in Deiner Klasse vergleichst, wo ordnest Du Dich zu?

Ich gehöre zum ( ) ersten Drittel

( ) mittleren Drittel

( ) letzten Drittel

[30] Es gibt unterschiedliche Bedingungen, die dazu führen, daß man sich in der Schule zufrieden fühlt.
Was trifft für Dich zu?

Ich fühle mich im Unterricht vollauf zufrieden, wenn...	trifft völlig zu	trifft eher zu	trifft eher nicht zu	trifft nicht zu
1. ich ein Problem durch eigene Anstrengung wirklich löse.	( )	( )	( )	( )
2. ich die ganze Zeit intensiv beschäftigt bin.	( )	( )	( )	( )
3. die Aufgaben von mir wirkliches Nachdenken verlangen.	( )	( )	( )	( )
4. das Gelernte wirklich Sinn für mich macht.	( )	( )	( )	( )
5. ich vor den anderen fertig bin.	( )	( )	( )	( )
6. ich einen neuen Weg herausfinde, eine Aufgabe oder ein Problem zu lösen.	( )	( )	( )	( )
7. ich mehr Aufgaben als die anderen richtig habe.	( )	( )	( )	( )
8. der Unterricht mich zum Nachdenken bringt.	( )	( )	( )	( )
9. mich das Gelernte dazu bringt, mehr über das Thema erfahren zu wollen.	( )	( )	( )	( )
10. ich etwas herausbekomme, das mich am Thema festhält.	( )	( )	( )	( )
11. ich zeigen kann, wie gut ich bin.	( )	( )	( )	( )
12. ich ein schwieriges Problem endlich verstehe.	( )	( )	( )	( )

[31] Jeder Schülerin und jedem Schüler passiert es mal, daß sie oder er im Unterricht nicht gleich alles versteht oder daß eine Arbeit mißlingt. Wenn Dir dies einmal passiert, woran liegt das dann?

	oft	manchmal	selten	nie
1. Ich habe nicht richtig aufgepaßt, weil ich an etwas anderes dachte.	( )	( )	( )	( )
2. Ich habe mich zu wenig angestrengt.	( )	( )	( )	( )
3. Ich habe so ein schlechtes Gedächtnis.	( )	( )	( )	( )
4. Ich bin in Gedanken ganz woanders.	( )	( )	( )	( )
5. Manche Sachen wollen mir einfach nicht in den Kopf.	( )	( )	( )	( )
6. Ich lasse mich zu leicht ablenken.	( )	( )	( )	( )
7. Ich habe zu Hause nicht genügend gelernt.	( )	( )	( )	( )
8. Ich kann vieles nicht behalten.	( )	( )	( )	( )
9. Ich kann mich einfach nicht die ganze Stunde konzentrieren.	( )	( )	( )	( )
10. Ich war einfach nicht in Form.	( )	( )	( )	( )
11. Ich habe mal gefaulenzt.	( )	( )	( )	( )
12. Für die Schule bin ich einfach nicht so begabt.	( )	( )	( )	( )
13. Es hat mich einfach nicht interessiert.	( )	( )	( )	( )
14. Ich habe Wissenslücken und schaffe es nicht, diese aufzuholen.	( )	( )	( )	( )